PASTORALISM IN TROPICAL AFRICA

LES SOCIÉTÉS PASTORALES EN AFRIQUE TROPICALE

*Etudes présentées et discutées
au XIIIᵉ Séminaire International Africain,
Niamey, décembre 1972*

PASTORALISM
IN TROPICAL AFRICA

*Studies presented and discussed at the XIIIth International
African Seminar, Niamey, December 1972*

Edited with an Introduction by
THÉODORE MONOD

Membre de l'Institut de France (Académie des Sciences)
Professeur honoraire au Muséum National d'Histoire Naturelle,
Directeur honoraire de l'IFAN

Published for the

INTERNATIONAL AFRICAN INSTITUTE
by
OXFORD UNIVERSITY PRESS
London   Ibadan   Nairobi
1975

Oxford University Press, Ely House, London W.1

GLASGOW NEW YORK TORONTO MELBOURNE WELLINGTON
CAPE TOWN IBADAN NAIROBI DAR ES SALAAM LUSAKA ADDIS ABABA
DELHI BOMBAY CALCUTTA MADRAS KARACHI LAHORE DACCA
KUALA LUMPUR SINGAPORE HONG KONG TOKYO

ISBN 0 19 724196 4

*Printed in Great Britain by Richard Clay (The Chaucer Press) Ltd.,
Bungay, Suffolk*

IN MEMORIAM
PROFESSOR DARYLL FORDE
(1902–1973)

XIIIth International African Seminar

XIIIe Séminaire International Africain

Pastoralism in tropical Africa: traditional societies and their development

Les sociétés pastorales en Afrique tropicale: tradition et développement

Niamey, Niger

13–21 December 1972

13–21 décembre 1972

Chairman and Editor:

Président et éditeur:

Professeur Théodore Monod
(Paris)

Contents

PART I. INTRODUCTION
THÉODORE MONOD

PART II. SPECIAL STUDIES

Illustrations

Avant-propos

Le XIIIe séminaire de l'Institut Africain International sur 'Les Sociétés pastorales en Afrique tropicale: Tradition et Développement' s'est tenu à Niamey (Niger) du 13 au 21 décembre 1972. Il a été organisé en commun par le bureau de Londres—assisté d'un petit groupe parisien animé par M. et Mme. Edmond Bernus et Mlle. M. Dupire—et par le Centre nigérien de Recherches en Sciences humaines (directeur: M. Diouldé Laya).

Les responsables du Séminaire tiennent à exprimer ici leur vive reconnaissance aux autorités du Niger pour leur accueil généreux aux participants, leur aide substantielle dans l'organisation de la réunion et l'intérêt manifesté pour les travaux de celle-ci. Nous tenons à citer ici, en particulier, M. Diori Hamani, Président de la République du Niger, M. Boubou Hama, Président de l'Assemblée nationale et M. Mourdour Zakara, Ministre des Finances et des Affaires sahariennes et nomades.

Le Centre nigérien de Recherches en Sciences humaines doit être tout particulièrement remercié pour la part qu'il a prise dans l'organisation matérielle du séminaire, dans des conditions d'ailleurs parfois difficiles, mais auxquelles chacun a su faire face avec autant de complaisance que de bonne humeur: M. Diouldé Laya et Madame Edmond Bernus, avec tous leurs collaborateurs, ne sauraient être oubliés ici. Je tiens à remercier aussi M. Jeremy Swift pour l'obligeance avec laquelle il a bien voulu m'aider à l'établissement du texte d'un certain nombre de résumés.

THÉODORE MONOD

List of Participants, Observers and Contributors of Papers

I. AUTHORS

Dr. Randall Baker, Overseas Development Group, University of East Anglia

Dr. P. T. W. Baxter, University of Manchester

Edmond Bernus, O.R.S.T.O.M., Villennes-sur-Seine, France

Pierre Bonte, C.N.R.S., France

André Bourgeot, Université de Paris (Nanterre)

Souleyman Diarra, Université de Dakar

René Dognin, O.R.S.T.O.M., Paris.

Mlle. Marguerite Dupire, C.N.R.S., Paris

Professor Charles Frantz, State University of New York, Buffalo

Professeur Jean Gallais, Institut de Géographie, Université de Rouen

Professor P. H. Gulliver, York University, Ontario

Professor Michael M. Horowitz, State University of New York, Binghamton

Dr. Alan H. Jacobs, Western Michigan University

Professor I. M. Lewis, London School of Economics

Professeur Théodore Monod, Muséum national d'Histoire naturelle, Paris

Jeremy Swift, Sussex University

Charles Toupet, Université de Dakar

Marie-José Tubiana, C.N.R.S.–E.R.A.

II. ORGANIZERS

Edmond Bernus (see above)

Mme. Suzanne Bernus, C.N.R.S., Villennes-sur-Seine

Mlle. Marguerite Dupire (see above)

Diouldé Laya, Centre nigérien de Recherches en Sciences humaines, Niamey

Théodore Monod (see above)

Jean Rouch, C.N.R.S., Paris

III. OBSERVERS

Mme. Catherine Baroin, Villennes-sur-Seine
François Bendel, Université de Neuchâtel
M. Brochaye, St. Etienne du Rouvray
André Chaventré, Institut national d'études démographiques, St. Maur-des-Fossés
Frédérique Danbard, Université de Rouen
Mme. Germaine Dieterlen, C.N.R.S., Paris
Georges Festinger, Centre nigérien de Recherches en Sciences humaines, Niamey
Henri Guillaume, Bayonne
Danièle Kintz, Université de Paris (Nanterre)
Dr. Philippe Lefevre-Witier, Centre d'hémotypologie, 31-Toulouse
Jean-Claude Leyrat, Niamey
Yaakov Orev, F.A.O., U.N.D.P., Niamey
B. Peyre de Fabrègues, Institut d'Élevage et de Médecine vétérinaire tropicale, Niamey
H. Raulin, C.N.R.S., Paris
Jackou Sanoussi, Centre voltaïque de la Recherche scientifique, Ouagadougou
R. Chr. Sawadogo, Centre voltaïque de la Recherche scientifique, Ouagadougou
Dr. Vét. Tsélikas, S.E.D.E.S., Paris

Thèmes proposés

Il a paru nécessaire de reproduire ici l'énumération des thèmes devant constituer le sujet du séminaire, à la fois les *communications* proprement dites et pour les *discussions* elles-mêmes. Il s'agit naturellement des questions inscrites à l'ordre du jour et choisies longtemps à l'avance, à la suite d'un échange de vues entre un petit groupe parisien et la direction de l'I.A.I.

Certaines régions naturelles ne permettent pas aux sociétés humaines de subsister en dehors de la pratique de l'élevage, impliquant des mouvements de nomadisation de plus ou moins grande ampleur. L'abolition par décision des instances politiques modernes de l'élevage 'nomade' ne peut aboutir qu'à la disparition de la présence humaine dans les régions interessées (sauf par l'exploitation éventuelle du sous-sol). Or pour le nomade, le genre de vie qu'il pratique est à lui seul une *réponse* à un milieu particulier dans lequel il vit, et le *choix* d'un système de valeurs spécifiques. C'est ce point de vue que les communications et les discussions devraient tenter de dégager, en faisant appel à toutes les disciplines susceptibles d'éclairer certains aspects de la vie pastorale: géographie, biologie, botanique, médecine humaine et vétérinaire, étude du milieu dans le sens le plus large. La limite Nord du domaine envisagé est la suivante: Mauritanie, Mali, Niger, Tchad, Soudan, Ethiopie.

METHODOLOGIE : Examen critique des données disponibles. Mise au point de méthodes spécifiques d'enquête et de représentation, portant notamment sur les déplacements, l'utilisation des points d'eau et des pâturages, les modes de groupement.

A. RELATIONS ECOLOGIQUES ET SOCIALES
(y compris économiques et politiques)

1. *Ecologie du pastoralisme en Afrique Tropicale*

   (a) Pastoralisme et environnement: rapports entre élevage nomade et équilibre naturel. Estimation de la capacité de charge pastorale; facteurs pouvant la faire varier.

   (b) Situation démographique. Relations entre taille et mouvements des troupeaux et main d'oeuvre disponible pour l'entretien des troupeaux (techniques d'élevage, amplitude des déplacements dans le temps et dans l'espace, gardiennage, abreuvement, traite, etc.; emploi du temps et organisation du travail selon les différentes gestions de troupeaux, les variations de la mobilité (nomades, semi-nomades, transhumants, sédentaires).

2. *Variation des formes de contrôle social* (y compris institutions domestiques, politiques, juridiques et religieuses), en fonction de la structure de l'économie, de la mobilité et de la densité de population pastorale.

Rôle de la parenté, classes d'âge,'castes'. Situation de la main d'oeuvre servile. Nouvelles relations entre maîtres et anciens captifs; conséquences de cette évolution sur l'élevage.

3. Relations entre: (*a*) types d'organisation sociale et valeurs reconnues et (*b*) gestion et contrôle du troupeau et transactions le concernant. Le troupeau comme réserve de nourriture en fonction de la périodicité et de l'importance des ventes de bétail.

B. PROBLEMES DE CONTACT

1. *Complémentarité et rivalité*
Pasteurs d'éthnies différentes dans une même région. Relations de voisinage, hostilité. Co-ordination dans l'utilisation différente des ressources naturelles par éleveurs et cultivateurs (pâture des chaumes en saison sèche par ex.), transactions (commerce, prestations). Stéréotypes réciproques.

2. *Relations politiques entre populations nomades et sédentaires*
Variations du statut politique (subordination ou domination des groupes pastoraux) à l'intérieur et entre Etats. Influence de facteurs spécifiques (par ex. Islam, manières de faire la guerre, pression économique et démographique, etc . . .)

C. L'IMPACT DES FACTEURS EXTERNES MODERNES SUR L'ECONOMIE ET L'ORGANISATION SOCIALE DES COMMUNAUTES PASTORALES.

1. *Effets du contrôle administratif:* recensements, impôts, ouverture de nouveaux marchés pour les produits de l'élevage.

2. *Amélioration de l'élevage:* ressources en eau, contrôle des pâturages, action des services vétérinaires sur les épizooties et la sélection. Possibilités et réalisations en face des contraintes de la tradition. Expériences passées et plans en cours concernant l'éducation et le développement.

3. *Effets du développement du commerce et de l'industrialisation:* migrations de main d'oeuvre, adaptation au travail salarié, prolétarisation.

4. *Politiques de sédentarisation:* problèmes qui découlent: attitudes administratives et politiques face au nomadisme. Estimation de la productivité relative, des coûts et des bénéfices. Le 'conservatisme pastoral'; ses bases et les moyens à utiliser pour modifier les attitudes.

5. *Contribution de l'élevage* à l'économie des Etats contemporains.

6. *Comparaisons régionales* du développement moderne de l'élevage en Afrique.

En conclusion, il serait souhaitable de rechercher, dans tous les domaines abordés, la mise en évidence des spécificités des sociétés pastorales. Les valeurs propres du pastoralisme sont en effet les points forts d'une société sur lesquels toute action devrait s'appuyer si elle veut éviter la destruction pure et simple.

On notera sans peine, comme sans surprise, que la *théorie* (le programme) et la *réalité* ne se seront pas exactement superposées. C'est ainsi, par exemple, que des nomadismes typiquement sahariens (Touaregs de l'Ahaggar) n'ont point été exclus de la compétence du séminaire alors que, par ailleurs, certains sujets cependant spécifiquement prévus au programme (p. ex. le paragraphe C 2, 'amélioration de l'élevage' ou la situation de la main d'oeuvre servile) n'ont reçu que très peu d'attention.

PART I
INTRODUCTION

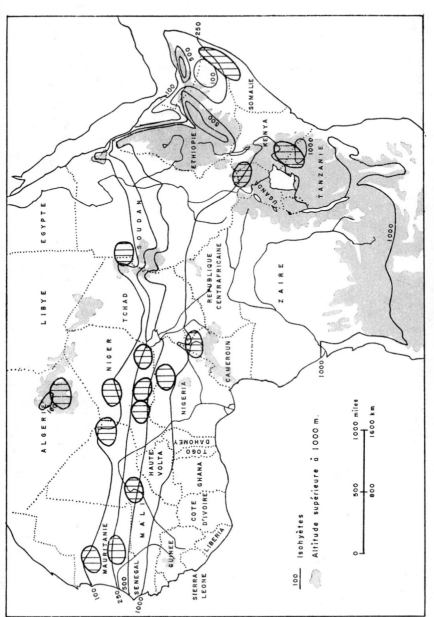

Main areas to which the various papers refer

Régions principales intéressées par les communications présentées

Légende:
— 100 — Isohyètes
▨ Altitude supérieure à 1000 m.

0 — 500 — 1000 miles
0 — 800 — 1600 km

INTRODUCTION

THÉODORE MONOD

Est-il besoin de souligner l'embarras—pour ne pas dire plus—où devait se trouver l'infortuné président du séminaire, statutairement tenu de rédiger au volume réunissant les travaux présentés une introduction substantielle—quantitativement au moins!—mais dont le contenu demeurait à son entière discrétion?

Je disposais à la fois du texte des communications, de celui des introductions aux divers thèmes abordés, enfin d'un nombre considérable de résumés écrits des interventions.

Comment traiter une matière aussi diverse? Le plus facile donc le plus tentant, eût été la formule du compte-rendu systématique, simple travail 'clérical' (au sens anglais du terme, bien entendu). On pouvait envisager aussi un essai plus homogène, plus personnel, mais qui n'eût guère fait qu'ajouter un article, sans grand intérêt sans doute, aux excellentes contributions des spécialistes.

Je me suis, finalement, décidé pour une solution plus souple, moins formelle, conservant à l'auteur de l'introduction une large liberté mais à l'intérieur d'un cadre général tracé, pour l'essentiel, par l'énumération des thèmes inscrits à l'ordre du jour et par conséquent par la chronologie des séances.

Il était manifestement impossible d'organiser cette introduction en suivant très exactement soit l'ordre du jour, soit le déroulement réel de discussions au cours desquelles les thèmes abordés n'ont pas pu toujours se voir maintenus groupés, un même sujet pouvant être évoqué à plusieurs reprises au cours de séances successives ; il est même arrivé qu'un seul résumé d'une intervention traite d'une série de sujets différents . . .

En fait, il est apparu rapidement qu'un regroupement systématique des sujets discutés était pratiquement impossible et que l'on retrouvera souvent un même thème évoqué dans des chapitres différents, dont les titres, dès lors, pourront sembler parfois discutables.

Ce n'est certes pas très satisfaisant mais, avec la matière dont je disposais, il n'a pas été possible d'aboutir à un traitement plus rigoureux et systématique de la documentation à mettre en oeuvre et je m'en excuse. D'autre part, je ne suis pas parvenu à maintenir un équilibre entre les différents chapitres. On excusera d'ailleurs, sans doute, le naturaliste d'avoir insisté sur les aspects écologiques du nomadisme pastoral en reproduisant ici un certain nombre de pages de son rapport, présenté au colloque à titre personnel et officieux : 'Notes sur quelques aspects écologiques du nomadisme pastoral en Afrique.'

Ce n'est pas sans hésitation qu'il m'a fallu aborder une tâche pour laquelle je devais m'estimer, pour des raisons trop évidentes, très médiocrement qualifié, et que par ailleurs, mes obligations professionnelles, passablement éloignées des problèmes en cause, devaient me laisser peu de loisirs pour exécuter.

J'ai tenu cependant à remplir, de mon mieux, mes engagements, sans me dissimuler les difficultés de la tâche : je n'en signalerai qu'une seule, le déchiffrement des 310 interventions manuscrites recueillies par les secrétaires de séances, et dont certaines devaient trop souvent défier mes efforts de déchiffrement. J'espère quand même être parvenu à ne pas trahir la pensée de mes collègues.

On notera également que pour simplifier, à travers le texte du volume, les noms propres sont cités volontairement réduits à l'essentiel, sans prénoms ni titres : mes collègues m'en excuseront certainement.

Ajoutons enfin que dans la description de structures traditionnelles en voie de disparition, l'emploi du verbe au présent ne signifie pas forcément qu'il s'agisse d'un fait encore actuellement observable.

Le choix de Niamey pour la tenue du Séminaire, était, à n'en point douter, particulièrement heureux, puisque l'on sait le développement à travers tout le Sud de la République du Niger d'une zone bioclimatique déterminée, le *Sahel*, à vocation largement pastorale, et qui envoie vers le Nord jusqu'en plein Sahara une importante presqu'île, l'Aïr.

L'importance du nomadisme pastoral, elle se retrouvera d'ailleurs, plus ou moins marquée sans doute, dans la plupart des régions semi-arides ou arides du continent africain, bien que, malgré l'intérêt évident de telles recherches, l'*étude comparée* des divers pastoralismes africains, dont certains se trouvent dans l'hémisphère Sud, soit encore insuffisamment avancée.

Depuis quelques années cependant, un effort s'est manifesté pour regrouper, soit à l'échelle régionale, soit même à l'échelle de la zone érémienne de l'Ancien Monde, des travaux sur *les* nomadismes : le plus récent en date paraissant être le volume 'Perspectives on nomadism' paru en 1972 et édité par William Irons et Neville Dyson-Hudson.

Cette nécessité reconnue d'une confrontation des données acquises et, en ce qui nous concerne ici, pour l'Afrique intertropicale et sud-saharienne, justifiait l'intérêt, à la fois scientifique, et on veut l'espérer, pratique, d'un Colloque comme celui-ci, organisé conjointement par l'Institut International Africain et le Centre nigérien de Recherche en Sciences humaines, et consacré aux sociétés pastorales, leur caractères propres, également leur évolution.

Le sujet est vaste et exigeait pour devoir être traité de façon tant soit peu adéquate la collaboration de chercheurs venus d'aires géographiques et ethniques aussi diverses que possible. Si c'est l'Afrique de l'Ouest qui se trouve la mieux représentée (et pouvait-il en être autrement ?) nous sommes très heureux que l'Afrique orientale et nord-orientale, Somalie, Kénya, Uganda,

Tanzanie et Soudan n'aient pas été absentes des traveaux ayant servi de base à nos entretiens.

De quoi allions-nous discuter au cours de ces studieuses journées destinées, comme tous les colloques de l'Institut International Africain, à la fois à mettre en commun une somme de connaissances auparavant dispersées et aussi à stimuler la collaboration internationale de chercheurs engagés dans des voies identiques ou, au moins, convergentes?

D'abord, sans doute, des caractères propres du nomadisme pastoral en tant que phénomène technique et social *sui generis* et l'on a vu insister tour à tour sur les aspects éco-climatiques des contraintes auxquelles a répondu la vie nomade en tant que mode d'utilisation de l'espace et de ses ressources, et sur les facteurs 'internes', mentaux, psychologiques voire affectifs, certains diraient peut-être irrationnels, qui commandent l'activité des pasteurs. Géographes ou biologistes songeront d'abord aux données du milieu naturel, tandis que les sociologues insisteront volontiers, eux, sur les idiosyncrasies de l'homme face aux exigences de l'environnement, et d'un homme capable de choix ou d'options, comme aussi sur la surprenante diversité de ses réponses, sur leur 'flexibility'—c'est un mot qui revient souvent sous la plume des auteurs—je dirais volontiers en français sur la 'plasticité' des sociétés nomades et pastorales. Bien entendu, une fois de plus, les deux approches restent également légitimes et la réalité, physique comme humaine, assez riche et assez complexe pour admettre côte à côte, ou successivement, des interprétations différenciées et qui devront savoir déceler dans la mentalité et le comportement des pasteurs, certains éléments spécifiques, et probablement essentiels, par exemple dans le domaine d'un système propre de valeurs. On pourrait évoquer d'autres directions: des études sur le sens et l'appréciation de l'espace seraient sans doute intéressantes; on pourrait songer aussi à ce qui touche la notion de coordonnées géographiques et les points cardinaux puisque les mots désignant ces données n'ont pas du tout nécessairement le sens astronomique, et donc immuable, qui nous est familier.

Un second thème majeur sera, bien entendu, celui des rapports entre pasteurs et sédentaires, entre pasteurs et cultivateurs, représentants de deux mondes parfois opposés mais somme toute dans une large mesure complémentaires: de quoi pourrait-on subsister dans l'Ahaggar sans les dattes du Tidikelt ou le mil nigérien ? Même quand on vit *au* désert, on ne vit pas nécessairement *du* désert, et même si des bergers du Sahara occidental peuvent, pendant plusieurs mois d'affilée parfois, ne se nourrir pratiquement que du lait des chamelles, il s'agit tout au plus d'une performance temporaire et somme toute exceptionnelle.

La frontière nomades-sédentaires est d'ailleurs bien entendu mouvante, soit quant à son tracé géographique, dans l'espace comme dans le temps, soit quant à ses connotations humaines. Ici encore la réalité demeure complexe, et peu soucieuse de satisfaire notre trop évident penchant au schématisme, à la simplification, à l'introduction de catégories statiques et sagement hiérarchisées dans ce qui constitute, que nous le souhaitions ou non, un tout, un continuum.

Un troisième thème principal (il faudrait dire, plutôt, un groupe de sujets) va concerner le nomadisme pastoral en tant qu'élement d'un monde en évolution rapide et dont les transformations, bénéfiques ou non (car qui oserait admettre qu'elles le sont nécessairement toutes ?), vont tôt ou tard atteindre les sociétés pastorales ou les touchent déjà. Et c'est alors tout le problème de l'avenir même de ces groupes humains spécialisés par leur adaptation séculaire aux conditions d'un milieu hostile. Dans quelle direction les verra-t-on évoluer ? De quelle façon sera-t-il possible de ménager à certaines transformations le rythme qui seul peut-être les rendra acceptables et donc acceptées ? Quelles aides techniques peuvent, d'autre part, dans le double domaine de l'eau et du pâturage, faciliter dès maintenant au nomade une exploitation *mesurée* et par là *durable*, du couvert végétal ? Ou quelles sont celles qui risqueraient au contraire d'accroître, localement au moins, les péjorations de ce dernier et, partant, le déséquilibre entre le pouvoir de régénération de la plante et le volume de la consommation ? Quels sont enfin les motivations économiques ou psychologiques capables d'entraîner pour le nomade une évolution de son genre de vie ? Toutes ces questions, qui sont graves, doivent être l'objet de recherches attentives et patientes, au contact de ceux-là même dont le sentiment et les aspirations, après tout, doivent compter pour beaucoup dans la définition d'une politique à la fois intelligente et humaine.

I. PASTORALISME ET MILIEU NATUREL

Fredrik Barth, le spécialiste du nomadisme iranien, reconnaissait en 1964 que la recherche sur les Baloutches du groupe Marri exigeait 'an approach which takes total ecological systems into account. Whether the term is used explicitly or not, such an approach must make use of the concept of *niches*—positions in a biotic food web, or, from man's point of view, potential sources of organic energy . . . Patterns of activity of an animal species, and the restraints on its distribution, may be understood with reference to the niche or niches it utilizes. Likewise, the numbers and density of an animal species are restricted by the carrying capacity of niches through a Malthusian control on population.'

La légitimité ainsi reconnue d'une liaison fonctionnelle entre l'approche anthropologique et celle de l'écologiste, je tiens à ajouter tout de suite que les réflexions qui suivent ne prétendent à aucune originalité. J'ai toutefois pensé qu'il ne serait pas tout à fait sans intérêt de les regrouper ici, comme pouvant rappeler, au seuil d'exposés et de discussions consacrées essentiellement à une approche ethnologique, sociologique et économique du phénomène pastoral, que l'équation mise à l'étude comporte plusieurs termes, et qu'à côté des faits humains, le milieu naturel (climat, sol, végétation, etc), d'une part, l'animal domestique (considéré comme élément d'un écosystème), de l'autre, ont, eux aussi, et leurs exigences et leur importance.

Pour banales que soient ces considérations, il n'était peutêtre pas inutile d'en esquisser en préface à nos travaux une rapide formulation et s'il se trouve que, par accident, la présidence de ce séminaire se soit vue confiée à un naturaliste, on n'en voudra pas—du moins je le souhaite—à ce dernier d'apporter quelques remarques préliminaires relevant de sujets concernant plus directement le sujet de ses préoccupations propres.

1. Bioclimatologie et nomadisme

'Le nomadisme pastoral, exploitation du sol par l'intermédiaire du bétail, fondé sur une vie errante à la recherche de pâturages, a été le seul genre de vie assurant une mise en valeur totale et continue du désert, au-delà de la limite de la culture pluviale et entre les foyers sporadiques de l'agriculture irriguée' (Planhol et Rognon, 1970, p. 252). Encore que dans bien des cas, le qualificatif de vie 'errante' soit inadéquat (p. ex. pour les déplacements saisonniers cycliques) et que la mise en valeur d'un désert ne soit jamais 'totale' ni localement 'continue', cette citation de deux éminents géographes fournit un excellent point de départ.

Il est évident en effet que le nomadisme pastoral exploite un territoire qui demeure, *en gros*, extérieur aux limites de l'agriculture pluviale: son domaine commence là où cesse celui du champ et du village.

Bien entendu, les choses sont en réalité beaucoup plus complexes et la simple considération d'une limite climatique restera tout à fait insuffisante à expliquer les situations géographiques réelles. Très souvent la frontière 'naturelle' entre nomades et sédentaires se révèle virtuelle, débordée tour à tour plus ou moins largement par les uns ou par les autres au gré de conditions locales non plus physiques mais socio-politiques: on pourra donc voir, localement: des tentes touareg installées au bord des 'bourgoutières' à *Echinochloa* du Lac Débo par 15° N, latitude où, avec 400 mm de pluie, se fait la culture pluviale du petit mil[1] et d'autre part, les paysans peuls ou soninkés de Mauritanie, remontant vers le Nord, pousser aujourd'hui le front de leurs cultures sous pluie jusque vers le 17° N, plus ou moins sur l'isohyète 450 mm.

Bien entendu, ces chevauchements—nomades en territoire paysan et réciproquement—ont leurs limites, où vont se retrouver d'ailleurs des facteurs de pure biologie: vulnérabilité du chameau aux régions humides et à leur pathologie—exigences hydriques des plantes cultivées soudanaises (*Sorghum, Pennisetum*, etc).

[1] Bou Haqq (1939, p. 482) signale des campements maures, en saison sèche, jusqu'à la ligne Kolokani-Banamba (13–14° N) et Clauzel (1962, p. 4) rappelle qu'il existe 'des fractions entières [de Touaregs] nomadisant loin au sud des villages songhay ou haoussa les plus septentrionaux' (cf. sa carte, p. 5).

Il reste donc parfaitement vrai que le nomadisme pastoral ne peut représenter un système bio-culturel viable, et efficace, qu'entre des frontières imposées d'ailleurs davantage par le comportement biologique de l'animal domestique que par celui des hommes : de vastes régions désertiques, celles où nomadisent en hiver, loin de tout point d'eau, et pour des mois, les troupeaux de chameaux, resteront totalement inaccessibles à l'homme sans le truchement de l'animal lui fournissant, avec le lait, à la fois nourriture et boisson.

2. *L'équation animal/milieu*

Les contraintes du milieu s'exerçant d'abord sur l'animal et, à travers ce dernier, sur le berger, ce sont les conditions de prospérité du troupeau qui dirigeront toute l'activité du nomade. Aucune tentative d'explication, ou seulement de description des mécanismes des divers types de pastoralisme ne saurait donc négliger, base nécessaire de l'édifice, l'écologie de l'herbivore.

C'est exactement ce qu'entend Lee M. Talbot quand il définit le 'Vegetation/Herbivore/Nomad Complex' (qu'il abrégera volontiers en 'herbivore complex') : 'By "pastoralism", we are really speaking of a complex of factors in which human activities associated with livestock raising are more or less dominant, but which also includes land, vegetation, wild and domestic herbivores, and other environmental factors' (1968, p. 1). Il s'agit bien d'une 'chaîne' dont il serait impossible de vouloir arbitrairement isoler l'un des maillons : l'homme dépend de l'animal qui dépend, lui, de la plante, elle-même soumise aux facteurs climatiques (eau) et édaphiques (sol).

Mais on peut étudier les types de dépendance en cause et leurs modes de fonctionnement, par exemple le plus important de tous peut-être : la liaison 'animal-végétation', qui—le fait est à noter—comprendra dans une certaine mesure la liaison 'animal-eau', puisque les besoins en eau de l'herbivore peuvent être plus ou moins totalement couverts par l'aliment végétal (*Addax*, *Gazella*, etc), et dans une mesure encore loin d'être négligeable chez certains ruminants domestiques, en particulier le chameau.

C'est donc une erreur de placer sur le même plan l'eau et le pâturage, comme s'il s'agissait de facteurs toujours distincts et séparément mesurables. S'il est vrai qu'un point d'eau au coeur du Tanezrouft serait sans utilité pastorale faute de végétation à proximité, il s'en faut, et de beaucoup, qu'un bon pâturage, fût-il très éloigné du premier puits, soit en permanence inutilisable : en fait, il sera probablement tout à fait accessible à la saison fraîche, quand le chameau peut parfaitement vivre pendant plusieurs mois de suite sans abreuvoir.

Il faudrait bien sûr pouvoir examiner séparément le cas de chaque espèce (chameau, boeuf, âne, chèvre, mouton) qui ont chacune leur physiologie et leur écologie.

Prenons comme exemple le chameau, dont le comportement en zone saharienne a fait l'objet d'études systématiques de la part du Dr. Hilde Gauthier-Pilters (1965, 1970, 1972). Grâce à ces travaux nous possédons déjà une quantité de données sur l'éthologie du chameau et ses pâturages dans l'Ouest saharien : quantité de plantes fourragères ingérées, teneur en eau des aliments, quantité d'eau ingérée : (*a*) à l'abreuvement, (*b*) avec les plantes, rythmes d'abreuvement, productivité et charge optimale en chameau par hectare/jour pour divers types de pâturages, etc.

En ce qui concerne l'ingestion d'eau avec l'aliment, on notera des quantités allant de 0,3 l/jour (été, *Stipagrostis pungens* sec) à 30–35 l (printemps, Salsolacées), ce qui explique que l'animal puisse en hiver s'affranchir pendant de longues périodes de tout abreuvoir et par conséquent exploiter des pâturages privés de tout point d'eau. Les chiffres sur le rapport broutage/productivité ne sont pas moins importants car ils montrent que le chameau 'peut subsister sur des ressources fourragères très faibles en qualité aussi bien qu'en quantité' (1970, p. 1367). Si un chameau broute environ 2–4 tonnes de matières sèches par an, si 100 ha de *Stipagrostis pungens*, avec recouvrement de 10%, peut fournir 230 t/sec et 100 ha de *Panicum turgidum*, avec un recouvrement de 8%, 80 t/sec, on en déduira que ces surfaces pourraient nourrir, respectivement, pendant les 5 mois de la saison chaude, la plus critique : 300 et 80 animaux. Encore que très théoriques et nullement généralisables, ces chiffres incitent à conclure que la productivité primaire reste ici, en plein Sahara, de beaucoup supérieure aux prélèvements effectués par les consommateurs tant sauvages que domestiques.

La règle des Regueibat est formelle : 'Mieux vaut que le chameau mange bien et boive moins souvent que boire souvent et manger mal' (Trancart, 1946, p. 295). C'est en effet à peine une plaisanterie de dire que le chameau est le contraire de l'homme puisque le premier peut vivre sans boire mais pas sans manger alors que c'est l'inverse pour le second.

Comme s'il existait je ne sais quelle entité définissable, répondant à un concept de 'pâturage', on a, en tous les cas, toujours tort d'employer le mot au singulier. Par contre il y a bien une riche série, appartenant à la réalité concrète, de types distincts, et nombreux, de pâturages, différant par leur composition floristique, leur habitat, leur densité, leur biologie (annuelles/vivaces, comportement saisonnier, etc), leur valeur nutritive, etc.

Trancart, par exemple, pour le Haut Adrar (1946), distingue les pâturages de cailloux, de reg, de sable, d'arbres—qu'on a appelé un pâturage 'aérien'—, et de plantes salées, tandis que Gauthier-Pilters (1970) regroupe ses pâturages en 'familles': sables dunaires, regs de types divers (salins compris), surfaces rocheuses, grands lits d'oueds.

Quel que soit le substrat, il y aura toujours une opposition fondamentale entre les thérophytes, nés presque explosivement de la dernière averse mais dont la vie sera brève, et les espèces vivaces, buissonnantes ou arborées, dernière ressource quand tout le reste aura disparu. On n'oubliera pas cependant que sa paille peut jouer un grand rôle, qu'il s'agisse d'annuelles demeurées, desséchées, sur pied ou de parties sèches de plantes vivaces, par exemple de *Stipagrostis pungens* (le *halfe*) ou de *Panicum turgidum*.

Mais il n'est pas de plante, même vivace, qui puisse résister à un nombre suffisant d'années sans pluie: même le *hâd* finira par mourir et il faut donc tenir compte de l'aspect cyclique de l'évolution des peuplements végétaux. Au vrai désert il s'agira donc d'années, les unes plus sèches, les autres moins sèches—on n'ose guère dire 'humides'—, au Sahel il s'agira de saisons, puisqu'il pleuvra chaque année, au cours de la mousson estivale.

Toutes les transitions existent, bien entendu, entre Sahel et Sahara et d'autant plus que même dans la zone à pluviosité estivale régulière, la variabilité des précipitations reste énorme, car elle l'est au désert vrai: à Fdérik (Sahara) la chute annuelle peut osciller entre 0,1 (1940) et 187 mm (1951), à Atar (Sahara) entre 14 (1964) et 225 mm (1950), à Akjoucht (Sahara) entre 13 (1959) et 221 mm (1938), à Boutilimit (Sahel) entre 39 (1962) et 406 mm (1955), à Aleg (Sahel) entre 89 (1961) et 544 mm (1951). Une étude récente de Toupet (1972) précise l'ampleur des variations interannuelles des précipitations pour la Mauritanie centrale : l'isohyète de 100 mm, remonté en 1951–52 au Nord de Fdérik (22° 40′) était descendu en 1941–2 à toucher Boutilimit (17° 32′) : 'Le secteur ainsi délimité entre l'isohyète 100 mm 1941–42 et l'isohyète 100 mm 1951–52, qui peut donc être alternativement un désert que fuient les pasteurs ou une zone de pâturages attirant les troupeaux, couvre 340 000 km² soit 31,5% de la superficie totale de la Mauritanie!' (p. 46).

Si au désert vrai pourra, dans certains cas, se développer un nomadisme chamelier 'au long cours', de type regueïbi, impliquant des déplacements hauturiers de plusieurs centaines de kilomètres, ou pouvant en dépasser 1000, et s'opposant aux circuits moins étendus des éleveurs sahéliens du boeuf et de la paille, on n'oubliera pas que, se superposant au facteur pluviosité dont l'inscription sur le sol, dans un compartiment méridien donné, se fait suivant un gradient 'zonal', un facteur température viendra, lui, exercer une influence de même nature d'un bout à l'autre d'un fuseau considéré : les températures sont partout élevées (moyennes annuelles des maxima : Tindouf : 32, 3 ; Bir Moghrein : 31,6 ; Fdérik : 33,6 ; Atar : 35,7 ; Boutilimit : 35,7 ; Gao : 37,6 ; Agadès : 37,8 avec les maxima absolus estivaux correspondants suivants : 57,1 (juill.), 48,4 (juin), 49,0 (juin), 48,8 (août), 49,4 (mai), 48,0 (juin), 48,5 (mai).

Il fait donc partout très chaud en été avec les conséquences que l'on peut imaginer sur l'évaporation, sur la dessication du couvert végétal, sur le rythme et le volume des abreuvoirs. L'été saharien, d'avril à septembre, d'une part, la saison sahélienne sèche/chaude,[1] de février à juin-juillet, d'autre part sont pour le troupeau la période la plus dure 'parce qu'il fait chaud (nombre d'heures à pâturer réduit), parce que le pâturage est peu nourrissant (séché ou rare), parce que les abreuvoirs sont souvent éloignés du pâturage, et longs (fatigue et heures creuses)' (Trancart, 1946, p. 295). Il serait curieux de tenter de calculer la dépense d'énergie nécessaire aux bergers sahéliens de

---

[1] Il faut, au Sahel, distinguer, à l'intérieur de la 'saison sèche', la période 'sec et froid' de la période 'sec et chaud' : il y a en réalité 3 saisons principales : les pluies (humide et frais), le sec et froid, le sec et chaud).

condition servile pour assurer en saison chaude le service de l'abreuvoir, qu'il s'agisse d'ailleurs de traction à main ou animale: on n'oubliera pas que les puits de 50 m ne sont pas rares et qu'un de ceux de l'Azaouad atteint 110 m.

3. *L'équilibre nomadisme pastoral/milieu naturel*

(a) *Les dégradations de l'habitat*

On a beaucoup parlé du rôle des nomades dans la genèse de certains déserts ('The nomad is not so much the "son of the desert", but its father,' Reifenberg, 1953), de 'man-made deserts', etc, en oubliant parfois que la répartition des déserts à la surface du globe relève de causes purement climatiques, expliquant, par exemple, son caractère zonal.

Il n'en est pas moins vrai, cependant, que, sans invoquer de péjorations climatiques (absentes semble-t-il des 2–3 derniers millénaires, cf. Th. Monod, 1959) force est de reconnaître l'ampleur des dégradations infligées aux milieux naturels par l'activité humaine. Il n'est pas douteux en particulier que dans de vastes régions, d'ailleurs plus semi-désertiques que proprement désertiques, le nomadisme pastoral a dépassé, par la multiplication des hommes et des animaux, la capacité même de productivité primaire du milieu naturel, entraînant par là un déséquilibre auquel, dans les cas les plus graves, le terme de désertification peut se voir adéquatement appliqué, par exemple en Tunisie présaharienne. Ailleurs (p. ex. Sahel) on peut assister localement à la dénudation des environs d'un point d'eau, à la mobilisation du sable, parfois à la naissance d'édifices dunaires. Les dégâts causés à la végétation ligneuse sont connus et très apparents, qu'il s'agisse de pratiques pastorales (ébranchages abusifs et mutilants, étêtages) ou, autour des agglomérations, de la commercialisation du bois de feu et du charbon de bois, qu'il faut aller chercher de plus en plus loin, au fur et à mesure que les destructions s'étendent.

On sait également que la surcharge d'un pâturage en bovidés risque d'entraîner la disparition des meilleures espèces fourragères, remplacées par d'autres souvent sans valeur nutritive: 'millions of square miles of country that at the beginning of this century were pristine forests or lush grasslands well populated by wild animals, have deteriorated to eroded wastes of bare red soil, infested by useless unpalatable scrub. Whole countries, such as Somalia, may be widely affected . . .' (Brown, 1971, p. 93).

Il n'est pas douteux que dans la savane le nomadisme pastoral peut représenter un problème écologique: d'une part il constitue, à partir d'un certain niveau d'aridité, le seul mode possible d'utilisation du sol mais d'autre part des risques de déséquilibre biologique et donc de péjoration de l'habitat se manifesteront au-dessus d'un certain taux du rapport animaux/ surface.

On a souvent fait remarquer en effet que le mode d'utilisation de la flore par les bovidés domestiques était moins efficace que celui des ongulés sauvages qui grâce à leur spécialisation alimentaire peuvent à l'intérieur d'un même type de végétation occuper des niches écologiques différentes et donc prospérer côte à côte, d'où, en conséquence, une productivité bien supérieure à celle du troupeau (de 2 à 15 fois pour les savanes est-africaines) et pouvant se maintenir sans dégradation du milieu: 'The high productivity of the wild animals can be maintained over long periods without lowering the productivity of the land, while the lower productivity of the domestic livestock on the same lands frequently results in degradation of varying extent' (Talbot, 1968, p. 4).

Le problème, au désert, est évidemment tout différent: ici, malgré la vieille idée populaire accusant le nomade d'être la cause d'une aggravation de l'aridité et, également, de certaines péjorations localisées du couvert végétal (points d'eau, oasis, arbres, etc), et sans méconnaître les effects néfastes de certaines activités humaines, il semble bien, d'une façon générale, qu'une sorte d'équilibre se soit établi entre le pouvoir de destruction du troupeau et le pouvoir de récupération de la plante. Et pour toute une série de raisons. D'abord l'extrême dispersion de la présence humaine à travers les immensités océaniques du désert: un *friq* regueibi compte en moyenne 5 tentes, soit environ 25 personnes, mais il n'y a à proximité des tentes que quelques chamelles laitières. Les troupeaux de chameaux paissent en liberté et l'on a pu dire que leurs bergers les suivent plus qu'ils ne les guident. Le broutage est un exercice itinérant mais dans un riche pâturage vert et varié l'animal, au lieu de procéder méthodiquement et de tout tondre sur une surface donnée, manifeste une extrême fantaisie: il se promène 'broutillant' par ci par là, tantôt sur une espèce, tantôt sur une autre; en 8–10 h de pâturage, il aura parcouru 10–20 km. Par ses choix, par la nature de son prélèvement par touffe (bouchées de 1 à 20 gr.), l'animal ne provoquera pas dans la végétation de dégradation sensible.[1] Non seulement le troupeau ne fait que passer, puisqu'il mange en marchant, mais aucun pâturage saharien n'est exploité en permanence, de sorte que la plante bénéficie de longues périodes de repos: les pâturages d'hiver, où le berger reste des mois éloigné des points d'eau ont toute le temps de 'récupérer'; en 1952 je trouvais malgré une année pluvieuse l'Adrar pratiquement vide, les gens ayant trouvé à l'extérieur du massif des pâturages encore meilleurs. La mobilité de la présence humaine comme son caractère ponctuel dans l'espace,[2] explique, avec le nombre somme toute modéré des animaux par rapport aux surfaces en cause, l'équilibre obtenu. On peut d'ailleurs se demander si pour la végétation l'agression anthropique, ni permanente ni ubiquiste, comme on l'a vu, a plus d'importance que l'équilibre millénaire et naturel réalisé par les fluctuations climatiques, les alternances d'années sèches et pluvieuses constituant peut-être le facteur essentiel de la physionomie végétale du désert. Mais on doit penser aussi que plus au Sud, les irrégularités de la pluviométrie et l'existence d'années de sécheresse, en provoquant la mort de nombreux bestiaux, participent à une sorte de régularisation cyclique de la charge, empêchée de la sorte de devenir durablement excessive.

(b) *Le rapport cheptel/pâturage*

Si importante que soit cette notion, il faut avouer que nous sommes ici très imparfaitement renseignés. Il faut d'ailleurs reconnaître qu'une évaluation chiffrée de ce rapport risque de rester sans grande signification, ou du moins sans autre signification que purement locale (tel pâturage, à tel endroit, en telle saison, de tel taux de recouvrement, de telle composition floristique, de telle valeur fourragère, etc).

---

[1] Il arrive cependant, pour des espèces faiblement enracinées, que le chameau arrache toute la touffe qu'il laissera retomber, la bouchée convoitée seule retenue.
[2] Et cependant ubiquiste dans le temps.

J'emprunte à Gauthier-Pilters (1970, tabl. XVII) les évaluations suivantes, portant sur le Sahara occidental.

		Kg/ha poids sec	*charge max. chameaux/ jour/ha*	*surface nécessaire chameau/jour m²*
1.	*Stipagrostis pungens*			
	(a) sec (Mauritanie, printemps 1964)	2.200	330	30
	(b) sec (Iguidi, mai 1961)	684	130	70
	(c) fleurs (Mauritanie, avril 1964)	154	30	330
	(d) fleurs (Iguidi, avril 1961	58	12	830
2.	*Stipagrostis acutiflora* (*ibidem*)	42	8	1.250
3.	*Panicum turgidum* (Mauritanie, printemps 1964)	800	100	90
4.	*Nucularia perrini* (*ibidem*)	470	70	140

Les chiffres donnés pour les pâturages sahéliens sont naturellement constamment supérieurs, seul le *Stipagrostis pungens* pouvant leur être comparable: de 600 (Kanem: *Eragrostis, Aristida mutabilis*) à 17.900 (Ouadi Rimi, Tchad: faciès à *Crotalaria podocarpa*) (Gillet, 1961).

On ne s'étonnera donc pas que les principaux problèmes de surcharge (overstocking) et de surpâturage (overgrazing) se posent plus dans la steppe et la savane que dans le désert et concernent avant tout les bovins.

A titre d'indication, signalons que l'on a évalué à 7 ha la surface de pâturage de décrue nécessaire à l'entretien d'un bovin pendant 5 mois au Mali (Doutressoulle, 1952) et qu'on a pu estimer à 400.000 bovins pendant 6 mois la charge du delta intérieur du Niger: 32 au km², 3 ha par tête: 'Ce n'est pas suffisant, le Delta est excessivement chargé' (Gallais, 1967, p. 400). On notera que ces 3 ha du Macina correspondent aux 3,9 ha par tête de bétail que l'on peut tirer des chiffres du pays massaï donnés par Brown (1971, p. 96): 63.315 vaches et 21.044 mâles pour 334.835 ha.

(c) *Le rapport cheptel/nomade*

Malgré l'évidente incertitude de chiffres incorporant trop de variables pour pouvoir représenter autre chose que de sommaires approximations *locales* et dont toute extrapolation tant soit peu lointaine serait hasardeuse, il s'agit d'une donnée si capitale qu'il vaut la peine d'en tenter l'estimation. A ce titre, tout indicatif, les chiffres suivants fournissent au moins des ordres de grandeur.

Quelques évaluations du rapport cheptel/nomade (chiffres moyens par tente ou famille)

		caprins-ovins	*bovins*	*chameaux*
A.	Afrique saharienne et sahélienne			
1.	Nomades du Nord à estivage tellien-steppique			
	(*a*) Oulad Sidi Cheikh 1952 (Capot-Rey 1953)	25		1,3
	(*b*) Arbâa 1952 (*ibidem*)	25		1
2.	Semi-nomades du Nord			
	(*a*) Doui Menia 1945 (*ibidem*)	6		2
	(*b*) Beni Zid 1945 (*ibidem*)	15		2
3.	Sahariens			
	(*a*) Touareg, Hoggar 1948 (*ibidem*)	15		10
	Touareg, Hoggar 1948 (Lhote, 1951)	35–40		
	Touareg, Hoggar 1948 (Lhote, 1955)	50–60		
	Touareg, Hoggar 1948 (Nicolaisen, 1964)	40–50		
	(*b*) Regueibat L'Gouacem (Bisson, 1963)	20–30		5–15
	(*c*) 'Sahara septentrional' (Bataillon, 1963)	20–30		3–5
	(*d*) Teda Ouria, Borkou (Capot-Rey, 1961, 1963)	8–10		3,9
	(*e*) Dazas, Borkou (*ibidem*)	6	3	10–11
	(*f*) Tédas, Tibesti (Chapelle, 1957)	5,36		4–15
4.	Sahéliens			
	(*a*) Touareg de l'Ouest (Galloy, 1958)			
	– Touareg (guerriers et religieux)	50–100	44	
	– Imrad	180	20–30	
	– Kal Antessar	60	9,3	
	– Tenguerigifs	57,4	26,7	
	– Kel Hausa	50,9	48,5	
	(*b*) Maures (même région) (*ibidem*)	30–50		5–10

		caprins-ovins	bovins	chameaux
(c)	Touareg de Tahoua (Bataillon, 1963)	200	40	10
(d)	Touareg du Gourma (*ibidem*)	100	100	1
(e)	Dazas, nomades et semi-nomades (Chapelle, 1957)			
(f)	Azzas, semi-nomades (*ibidem*)	1–5	7–10	1
5.	Savane d'Afrique orientale (a) Kénya		35–40	
B.	Hors Afrique (a) Basseri, Zagros (Planhol & Rognon, 1970)	100		
	(b) Kurdes, Anatolie (*ibidem*)	120–130		

Les chiffres extrêmes, limite inférieure, 'quantité minimale de bétail nécessaire pour assurer l'alimentation du groupe, sa survie' et limite supérieure, 'quantité la plus importante que les nomades puissent posséder et dont ils puissent assurer le contrôle effectif' (Planhol & Rognon, 1970, p. 269), sont difficiles à établir. Ces mêmes auteurs donnent 30–50 petits animaux comme minimum absolu et citent, comme un maximum probable, le cas des Turkmènes Boz Ulus au XVIIe siècle avec 250.[1]

Il est bien possible que certaines valeurs sahariennes (10–20) représentent un niveau très bas, mais il restera difficile d'en juger puisque le petit nombre des chèvres pourrait se voir équilibré, et au-delà, par la richesse en chamelles. Ce dont il faudrait pouvoir disposer, en réalité, c'est d'un bilan cumulé de la production laitière de l'unité familiale et de la part représentée par le lait (élément saisonnièrement très variable!) dans la ration journalière.

Pour le moment, on ne possède guère que quelques données portant sur la production, par exemple, pour le Hoggar (Gast, 1968, p. 126–128). Ici, une famille de 4 personnes, riche avec 40 chèvres et 2 chameaux, peut subsister avec 20 chèvres qui donnent 10–15 l/jour avec un bon pâturage, 3 l/jour en saison sèche; 3 l/jour suffisent à la consommation si la famille dispose

[1] Ajoutons qu'un tableau complet devrait comprendre à la fois bétail et main d'oeuvre servile et que l'équation réelle est un trinome: nomade/cheptel animal/cheptel humain (esclaves). La proportion des/esclaves peut aller de 1/6 (Sahara central) à 1/2 (Ioullemeden), voire 3/4 (Touaregs du Gourma): on a même signalé chez la tribu noble des Kel Rela (Hoggar) plus d'esclaves que de Touareg: 350/300 (P. Rognon, 1963, p. 59).

d'une provision adéquate de mil. Quant à la chamelle, elle
donnera en moyenne, pour les trois premiers mois de sa lactation, environ 5 l/jour, jusqu'à 10 l/jour pour une bonne laitière,
seulement 2–3 pour une médiocre.

Brown (1971) a tenté, pour les nomades du Kénya, d'aller un
peu plus loin, en estimant qu'une famille de 6,5 'adult equivalents', ayant besoin de 15.000 cal/jour, consommera, en lait,
21 l/jour (ou: 16 l + 2,41 kg viande, ou: 10,5 l + 4,82 kg),
une moyenne vraisemblable s'installant aux environs de 3/4
lait + 1/4 viande soit 5,606 l/année et 704 kg: ce volume de
lait représente chaque jour 7 vaches (ou 4 chamelles) en lactation, donc en réalité 14–15 vaches, et (avec les taureaux, les
jeunes mâles et les génisses) un troupeau de 35–40 têtes, dont la
moitié de vaches laitières. Ce que Brown accepte comme
'minimum pastoral standard of living, allowing for adequate
daily subsistence with a little surplus in good years' représenterait par personne: 2, 5–3 Standard Stock Units[1] (soit 1134–1360
kgs de vif), donc 5–6 bovins ou 25–30 chèvres ou 2,5–3 chameaux.

Les effets du troupeau familial sur le milieu naturel ont été
analysés par Brown (1971, pp. 97–8), pour l'Afrique orientale
sans doute, mais on doit penser que la situation sahélienne ne
saurait être très différente; par contre le Sahara des chameliers
représente un autre type d'écosystème. Cet exposé est important
parce qu'il semble bien montrer d'une part que la multiplication des bovins, si souvent tenue pour une sorte de simple manie
de thésaurisation, déraisonnable et sans justification pratique,
peut trouver d'autres explications—d'autre part que la surcharge peut être autant celle des hommes que celle de leurs
bêtes, celle-ci n'étant alors que la conséquence de celle-là.

La base du raisonnement de Brown est la suivante, qu'il faut
citer littéralement pour l'importance de ce paragraphe: 'This
ecologically unwise dependence upon milk in areas suitable
only for the production of meat, places the pastoralist in the
position of the young of his own or wild animals, affects the
population structure of the herds to the detriment of the environment and makes subsistence more, not less, precarious. If the
milk supply fails, the pastoralist and his family will starve. In
wild ungulates living in semiarid grassland it is normal for the

---

[1] 1 SSU = environ 10 caprins ou ovins, 2–3 bovins, 1 chameau.

adult female to dry up their milk supply, in poor conditions, so that the calf starves and dies while the breeding stock survives. This natural feature underlines the precarious situation of the pastoralist who is dependent on milk' (p. 97).

Ces prémices posées, l'auteur évoque l'enchaînement des faits qui vont nécessairement conduire à une péjoration du milieu.

1. La présence dominante du lait dans la ration implique une forte proportion de vaches dans le troupeau: environ 50% du total.

2. Un troupeau de cette structure aura un taux de croissance élevé, et pourra doubler en 4 ans, alors que les 'sorties' (abbattages et ventes) resteront aux environs de 10% (5–14% au Kénya).

3. Un troupeau qui aura doublé au cours d'une période humide se trouvera avec la sécheresse qui suivra en situation d'extrême surcharge par rapport aux capacités du milieu appauvri; il va dégrader l'habitat avant que la famine n'aît réduit son volume aux possibilités de la période sèche.

4. La compétition nomades/veaux pour le lait se fera nécessairement, sauf dans des conditions exceptionnelles de pâturage, au détriment des seconds.

5. Il faut donc raisonner non seulement en nombre de têtes de bétail mais en nombre d'êtres humains, la surcharge et le surpâturage étant souvent la conséquence d'une croissance démographique supérieure aux capacités de productivité primaire de l'habitat. Dans une zone à pluviosité de 375 mm et à densité humaine de $2/km^2$, chaque famille pourra disposer de 400 ha, pour lesquels 20 SSU[1] ne provoqueront pas de dégradation; par contre si la population a doublé (ce qui peut arriver en 25–30 ans dans la savane africaine) si chaque famille veut conserver ses 20 SSU sans que les surfaces disponibles aient changé, le surpâturage est évident.

La conclusion est claire: la prospérité du pasteur exige à la fois le maintien de la productivité de l'habitat (donc une limitation du nombre des bêtes et un contrôle systématique de leurs déplacements) et une densité de peuplement n'entraînant pas automatiquement la multiplication du cheptel. Certains pen-

---

[1] 'Standard Stock Unit' = 1000 lb (453,6 Kg) poids vif, donc approximativement, en Afrique: 1 chameau, ou 2–3 bovidés, ou 10 chèvres ou moutons.

seront qu'ici aussi, il est plus aisé de définir le 'souhaitable' que le 'possible' . . .

Mais il faut revenir sur un aspect de la surcharge qui n'a pas été suffisamment explicité jusqu'ici. Que le troupeau doive s'accroître parallèlement à la population humaine, c'est évident puisque celle-ci tire l'essentiel de sa subsistance (le lait) de celui-là.

Les choses sont en réalité plus complexes et Gallais l'a très justement souligné (1967, p. 408) en notant que 'le troupeau pléthorique du Peul n'est inutile qu'en apparence: au niveau technique de cet élevage il est le garant d'une certaine sécurité'.

Et, en effet, le nombre est, à lui seul, en quelque sorte une manière d'assurance contre les risques—et ils sont nombreux— de l'élevage en zone semi-aride: il y a les périodes de sécheresse (les bovins des Massaï de Kajiado tombent de 737.000 (en 1960) à 203.000 à la suite d'une sécheresse sévère s'ajoutant d'ailleurs à des inondations elles-mêmes dévastatrices), il y a les épizooties, il y a les prédateurs, il y a les vols de bétail. Une sorte de catastrophisme cyclique menaçait jusqu'ici le pastoralisme no-made et il fallait avoir beaucoup pour conserver, après la crise, le minimum nécessaire et à la subsistance des hommes et au 're-départ' du troupeau.

La dispersion des animaux, en troupeaux distincts mais aussi par le jeu d'un système compliqué de prêts et de baux, présente aussi l'avantage de 'diluer' dans l'espace une propriété soustraite de la sorte aux aspects les plus 'massifs' des dangers pouvant la menacer.

Enfin la diversification des espèces domestiques est une assurance pour le propriétaire: bovins, caprins, ovins, cham-eaux, avec leurs exigences biologiques différentes et, par con-séquent, leur fréquent isolement géographique—un touareg peut très bien avoir ses chèvres au Hoggar et ses chamelles 800 Km plus au Sud—constituent à certains égards des 'mises' distinctes et comme le dit justement Gallois: 'chacune des espèces étant plus sensible à certaines maladies le Peul espère ne pas être frappé sur les trois tableaux[1] en même temps'.

Ces pages n'appellent pas de conclusions: elles ne voulaient d'ailleurs que fournir quelques éléments plus spécialement

---

[1] Ici: bovins-ovins-caprins.—Th.M.

biologiques au problème essentiel qui se pose, touchant: la situation actuelle du pastoralisme africain—les tendances de son évolution face aux facteurs nouveaux, socio-économiques avant tout, mais psychologiques aussi, voire politiques qui désormais l'influencent—les améliorations possibles à définir et à préconiser pour rendre ce type d'activité sinon plus intensif du moins plus efficace et, par un entretien concerté de la productivité du milieu, plus durable.

Si semble qu'il aît été, de ces problèmes, énormément parlé, beaucoup écrit et relativement peu fait pour leur solution, alors que seule la collaboration de l'ethnologue, du sociologue, du zootechnicien, de l'économiste et certainement aussi de l'écologiste permettront de les aborder utilement et, peut-être, un jour de les résoudre. Sans oublier, bien sûr, que l'avis des principaux intéressés, les nomades eux-mêmes, doit également compter, et pour beaucoup.

Leur sort ne saurait être décidé sans eux et plus encore quand il s'agit de groupes humains ayant tout de même, au cours des siècles, elaboré un genre de vie dont l'adéquation aux conditions naturelles représente, dans le cas des déserts vrais, une 'réussite' écologique aussi remarquable dans son genre que celle des Eskimos ou des Pygmées.

Si, en gros, la notion d'une adaptation, au sens biologique du terme, du pastoralisme aux données éco-climatiques est une évidence, il ne peut s'agir encore que d'une constatation sommaire et, à certains égards, d'ailleurs, fallacieuse, dans la mesure où un comportement humain se verrait assimilé, *mutatis non mutandis*, à celui d'une espèce animale soumise à des contraintes comparables.

Dès qu'on y regardera d'un peu plus près, les questions, et les problèmes, ne manqueront pas.

La notion même d'équilibre 'traditionnel' se révèle ambigüe dès qu'on y introduit certains des facteurs naturels en cause: sécheresses et famines, épizooties, sauterelles, guerres, etc, donc d'une série de menaces accidentelles mais récurrentes et exigeant, pour s'en protéger ou au moins en limiter les effets, un mélange de techniques et d'attitudes témoignant de la complexité réelle de la vie pastorale comme aussi de l'étendue de connaissances empiriques spécialisées acquises au cours des siècles: 'herd splitting, selective exploitation of ecological niches, division of labour, spreading of risks, symbiotic relations with other communities, faunal and floral knowledge, etc.' (Baker). La vie nomade a très longtemps reposé sur un certain nombre de piliers dont plusieurs (la razzia, les transports chameliers trans-sahariens, la suprématie du guerrier, etc) sont déjà écroulés, alors que d'autres, déjà, vacillent. Mais en même temps des facteurs nouveaux devaient intervenir, à la fois naturels (péjorations du milieu) et politico-économiques, par exemple: 'Government measures to settle the population into cultivating communities, pressures from these around the margins, pressures to utilize rangelands more commercially, elimination of physical checks on cattle numbers, limitation of movement, which has almost eliminated the prospect for vegetation' (Baker).

Ajoutons que l'existence même d'un 'équilibre' s'est vue mise en question (Jacobs, Gulliver), en tous les cas sous une forme statique: 'Pastoral strategy is almost always to maximize herd size (albeit selectively); when there were few nomads and lots of land, local overgrazing and destruction of vegetation was less important: the nomad could move on, so the overall state of pasture is conserved. Now there are many nomads and limited pasture, so the same strategy leads to disaster' (Swift); ce n'est pas le comportement qui a changé: 'nomads are behaving as before but in changed circumstances' (Baker).

Peut-être faudrait-il distinguer un 'équilibre à long terme', expression d'une adaptation aux conditions naturelles et constatation d'ailleurs 'banale', et un 'équilibre à court terme' qui représenterait d'ailleurs plutôt une série de réajustements suivant des ruptures épisodiques d'équilibre et influençant profondément l'organisation sociale (Bonte). On pourrait songer à opposer aussi une 'ecological balance', reposant sur un bilan d'énergies demeurant plus ou moins constant, à un 'culture change', pouvant se poursuivre à l'intérieur de l'autre système (Horowitz).

La notion d'efficacité d'un type socio-culturel prête, elle-aussi à discussion, faute d'éléments précis de comparaison quand 'our studies have almost always been limited in space and time, and we ignore frequently even the obvious differences in ecology occurring within miles of each other. Faced with both increasing aridity and the expansion of farming populations, the demise of pastoral nomadism can show specifically how "efficiently" (more "efficiently"?) natural resources are used by the graziers' (Frantz).

Une autre distinction suggérée opposerait un pastoralisme aboutissant simplement à la 'conservation' des ressources naturelles et des économies obtenant le 'renouvellement' des ressources existantes (Jacobs). Sans doute, encore qu'en zone désertique et même dans une large portion de la zone sahélienne l'élevage semble être le seul mode possible d'utilisation des terres.

Ce qui ne signifie pas, évidemment, que l'on ne puisse envisager—à supposer que ces innovations soient psychologiquement acceptées et, partant, réalisables—des améliorations locales à l'exploitation actuelle des pâturages. Et l'on songera immédiatement ici à d'éventuelles rotations, assurant à tel secteur épuisé la possibilité, par une mise en défends temporaire, d'une 'recharge' efficace. Bien entendu, la possibilité même de recours à un système de rotations ne saurait être envisagée qu'en fonction 1° du rapport densité humaine (+troupeaux)/ surface des pâturages disponibles, 2° de la distribution régionale, par types, de ces pâturages, nullement équivalents, 3° de la relation entre cette distribution et celle des points d'eau.

Ici encore, il importe de distinguer entre les faits sahéliens (pâturages d'hivernage périodiques, annuels et, de plus, passablement monotones) et le désert où le hasard des averses comme l'existence de toute une gamme hiérarchisée de pâturages (des meilleurs aux plus médiocres) tend spontanément à disperser la présence humaine et à ménager des zones temporairement épargnées.

Le reproche souvent fait au nomade d'ignorer la constitution de réserves sous forme de foin est-il bien justifié si l'on remarque que nombre de plantes pouvant se consommer sèches constituent alors un véritable foin 'sur pied', activement exploité en saison sèche? Telle espèce se consomme sous divers aspects, p.ex. le *Stipagrostis pungens* sous forme de feuilles juvéniles vertes (*azaran*), de sommités fleuries (*ilig*) ou de feuilles sèches (*halfé*).

Les mises en défends de pâturages, et donc les rotations,

sont-elles imaginables sans un pouvoir politique centralisé?
(Bonte).

Une notion très discutée est, enfin, celle du 'basic herd',
c'est à dire du nombre minimum d'animaux d'un troupeau
nécessaire soit à la survie du groupe pastoral, soit à ses obligations sociales (soit, plus probablement, aux deux à la fois).
Il n'est, semble-t-il, pas certain que les intéressés eux-mêmes
soient bien au clair à ce sujet (Baker, Toupet), et d'ailleurs le
concept de 'basic herd' risque de demeurer 'a vague abstraction which varies situationally and in time' (Baxter): même
localement la variabilité des situations demeure considérable
(Diouldé Laya, Frantz), tandis que la notion même de troupeau 'minimum' ne saurait guère intéresser un éleveur qui
s'efforce systématiquement non de le limiter (la nature s'en
charge suffisamment) mais au contraire de l'accroître.

Ceci dit, les Maasai pastoraux auraient, eux, une idée nette
de ce que représenterait pour une famille le 'minimum "basic"
nutritional herd': e.g. '8 milch-cows and one bull' (Jacobs).
Mais dans le Sahel nigérien oriental, chez les Dazas, 'la notion
de "basic herd" n'est en général pas pertinente car au niveau
de la société globale il y a toujours assez de vaches[1] (ou autre
animal) laitières pour nourrir l'ensemble de la population. Une
personne qui, à un moment donné, n'a pas assez d'animaux
laitiers trouve toujours un parent qui lui en prêtera' (Baroin).

II DIVERSITÉS, CORRÉLATIONS, MOTIVATIONS

L'étude des sociétés pastorales a toujours fourni un terrain de
choix aux discussions—qui ne sont pas nouvelles—sur la part
respective, dans les comportements observés, entre les exigences
du milieu naturel et des incitations relevant de facteurs 'internes', sociaux, politiques, rituels, affectifs, et parfois—pourquoi pas?—esthétiques.

Théories et observations trouvent ici ample occasion de
s'appuyer ou de se combattre, au bénéfice évident et d'une
prudence accrue dans l'affirmation et d'une certitude re-

---

[1] Sauf en cas de sécheresse exceptionnelle, comme cette année [1973], entraînant
un large abandon de la vie nomade.

nouvelée de la richesse comme de la complexité de toute réalité humaine.

Peut-on conclure à quelque mode de corrélation entre certains traits du pastoralisme et l'organisation socio-politique du groupe en question? Plusieurs types de corrélations ont pu se voir envisagés: entre nature du bétail et catégorie sociale, entre sévérité du milieu naturel et organisation politique, entre types de déplacements et structure socio-politique, entre innovations technologiques et changements idéologiques, entre sédentarisation et centralisation du groupe politique.

Chez les Touareg de l'Ahaggar, où la société traditionelle juxtaposait des vassaux, 'ceux des chèvres' (Kel Ulli) et des suzerains propriétaires de chameaux, on doit admettre que la possession de types diversifiés de troupeaux aura au moins contribué à la hiérarchisation politique et économique, clivage d'ailleurs en voie d'affaiblissement avec l'accès des Kel Ulli à la possession de chameaux (Bourgeot).

Ailleurs par contre (Mauritanie), il ne semble pas exister actuellement de relation entre le niveau social et la nature du bétail (Toupet).

Sans doute faudrait-il souvent prendre soin de distinguer entre les propriétaires et les bergers (Chaventré): dans l'Ouest saharien les grands troupeaux de chameaux sont gardés par des esclaves noirs.

Et puis, il faut se garder d'accorder aux corrélations constatées—là où elles existent, ou ont existé—un caractère quasi mécanique, sans pour autant négliger le type de causalité pouvant exister entre les conditions matérielles (écologiques, techniques) et l'organisation sociale. Les contraintes exercées par ces conditions devraient permettre l'établissement d'une systématique des divers 'états' du nomadisme, imposant eux-mêmes des 'limites possibles' aux types d'organisation sociale. Le rôle de l'animal de transport a sans doute, ici, été important, mais l'on ne saurait négliger certains facteurs, eux inhérents au système social, p.ex. l'esclavage, d'où nouvelle question: comment sont apparues cette dépendance et les formes diverses d'exploitation du travail? (Bonte).

Un exemple de relation possible entre type d'animaux et organisation politique peut être cherché dans l'histoire récente des Regueibat, qui, simple tribu maraboutique au début du siècle, nomades moutonniers, faisant même quelques cultures occasionnelles, sont devenus, après leur victoire sur les Oulad bou Sba en 1907, une puissante tribu chamelière et guerrière ayant longtemps dominé le Sahara occidental; il semble qu'ici la constitution d'un troupeau de plus de 50.000 chameaux ait été dans une large mesure la conséquence d'une domination politique.

Il reste difficile de définir une corrélation directe entre un type d'organisation pastorale, ou plus généralement, sociale avec un type particulier d'animal: les Somali et les Galla Boran vivent côte à côte dans un même milieu physique, et les mêmes animaux, dans le Nord Kénya: et cependant leur organisation pastorale est différente et leur organisation sociale très distincte (Lewis).

En fait, à l'intérieur des limites imposées par le milieu naturel, subsistent de larges possibilités de choix, et dans les domaines les plus variés. A commencer par la nature de l'animal ou des animaux, mais le choix conserve une finalité: 'I wonder whether the purposes for which specific animals are raised (goats for milking or not!) is not among the more important criteria distinguishing different types of pastoralism' (Jacobs).

En tous les cas, chez les Daza nigériens, 'on discute les avantages et les inconvénients d'élever des vaches ou des chamelles, qui exigent des soins différents. Chacun choisit en fonction de ses goûts la proportion de vaches et de chamelles de son troupeau' (Baroin).

A l'intérieur des rythmes exigés par le pâturage, qu'il soit saisonnier (Sahel) ou épisodique (désert), les mouvements du nomade peuvent fréquemment impliquer l'exercice d'un choix, personnel ou collectif, fondé sur les motivations les plus variées, individuelles, lignagères, etc: le spontané et l'affectif retrouveront ici toute leur importance.

Mais, cela va sans dire, dans certaines limites imposées par les conditions extérieures et, en particulier, géographiques. D'où l'apparition d'un problème nouveau, celui du nomade face à la notion de territorialité, nouvel exemple du danger, comme de l'imprudence, des généralisations hâtives puisque, de nouveau, les faits observés se révèleront très divers, comme le montre l'exemple de deux groupes ethniques souvent voisins et parfois même mélangés: les Peul et les Touareg du Sahel nigérien.

Ces derniers, organisés en groupements politiques, fondés sur l'exploitation permanente d'un terrain de parcours, avaient des droits d'usage, tant sur le pâturage que sur les points d'eau, à défendre. Des étrangers, pour s'installer, 'devaient accepter l'allégeance des suzerains et s'intégrer dans la "conféderation", cas des arabes Al-Mushakar, de Tchin Tabaraden, venus de l'Ouest s'incorporer à l'entité politique localement au pouvoir, les Iullemmeden Kel Dinnik' (Bernus). Aujourd'hui que la structure traditionnelle a perdu sa rigidité, des étrangers, des Peul par exemple, 's'introduisent dans le pays en ordre dispersé sans reconnaître l'autorité politique des chefs touareg et sans s'intégrer dans leur système: ils se contentent d'envahir un territorie touareg où ils resteront des étrangers' (Bernus). Il arrive d'ailleurs que les Peul, non seulement obtiennent du propriétaire traditionnel l'usage de certains puits ou le droit de creuser des puisards, mais ouvrent parfois, par cotisation des membres d'une fraction, des puits nouveaux qui dès lors leur appartiennent.

Un autre aspect de l'insertion des Peul au sein de groupes non-peul concerne non plus le Nord sahélien mais le Sud soudanien: ici, en pays bambara, par exemple, le pasteur ne se verra reconnu qu'une sorte de droit d'usage, le Bambara cultivateur demeurant le 'maître de la terre' et responsable, à ce titre, de l'exécution des rites appropriés (Dieterlen): au Niger comme au Mali les 'chefs de terre'—transformés souvent en chefs de village—ont conservé leurs fonctions religieuses (Gallais, Diarra).

Il peut d'ailleurs être utile de noter, en pays nomade, des niveaux divers de territorialité, reflétant d'ailleurs une hiérarchie politique. C'est ainsi qu'en Mauritanie, par exemple, à une territorialité économique, à l'échelle de la zone de nomadisation du groupe, pourra se superposer une territorialité politique, avec le contrôle de toute une région par un pouvoir organisé, d'ailleurs éphémère, comme celui des émirats mauritaniens (Toupet).

Un autre exemple de liaison possible entre le pasteur et ses animaux (ici, bovins) est apporté par le choix et la signification des particularités morphologiques de ces derniers. Chez les Banyankole et Banyoro, d'après un texte de Roscoe, cité par G. Dieterlen, des 'clans' pouvaient se distinguer par la diversité d'interdits portant, par exemple, sur des caractères phénotypiques, robe, cornage, etc. Mais chez les Peul qui 'ont changé souvent de types ou de robes de bétail au cours de l'histoire, la valeur représentative ou symbolique attachée à tel ou tel détail peut être la rationalisation d'une situation de fait' (Dupire). D'ailleurs chez les Peul orientaux il n'y a pas corrélation entre certains 'clans' (*sensu* Roscoe) et les robes: les Ijâfun habitant la région de Kano avant le début du XIXe siècle avec des boeufs blancs, ont perdu ceux-ci et ont émigré sur le plateau de l'Adamawa avec des bêtes rouges; de plus 'la notion de "clan" paraît très difficile à fonder chez les Peuls orientaux, dont les groupes se font et se défont au hasard des co-résidences sur les mêmes pâturages, avec des entrées et des sorties qui se règlent par le jeu d'institutions de sélection' (Dognin).

La préférence pour une couleur de robe peut avoir une raison—réelle ou supposée—d'ordre technique: la vache 'white-grey' du pasteur Maasai serait meilleure laitière (ce qui aurait été confirmé, d'ailleurs, par les zootechniciens) (Jacobs), le chameau blanc Omani serait un objectif préférentiel du razzieur, non pas par sa robe en soi mais pour des qualités physiologiques concomitantes, endurance et rapidité (Baker). Comme quoi 'the study of symbolism, e.g. in choice of cattle colours must be explored in relation to materialistic values of different types: social factors must be set in a materialistic context if we are to justly value "symbolic" significance of things' (Lewis).

La correspondance entre des préférences en apparence autonomes et des considérations matérielles s'explique si une sélection portant sur la couleur s'accompagne d'une amélioration d'autres caractères, eux d'importance pratique (Bonte).

D'ailleurs chez les Peul du Cameroun ce ne serait pas tant la couleur des vaches en elle-même que l'homogénéité la plus complète possible du troupeau, obtenu par élimination (vente, échange) des animaux 'non conformes', ce qui implique d'ailleurs une certaine masse au-dessus de laquelle, faute de pouvoir procéder aux éliminations nécessaires, le troupeau restera bigarré (Dognin).

Après les animaux, les hommes: eux aussi se reproduisent et se multiplient. Mais il faut en convenir: 'Les enquêtes de démographie en milieu nomade ont souvent donné des résultats décevants qui sont d'une part dus aux conditions géographiques propres à la zone pastorale avec la dispersion et la mobilité de la population et, d'autre part, au fait qu'un nombre insuffisant de facteurs ont été pris en considération pour la définition des caractères pertinents de la société considérée' (Bernus).

Et en effet, se contenter pour une enquête démographique en milieu nomade, au Niger, des deux catégories: 'ensemble Peul' et 'ensemble Touareg', paraîtra bien un peu simpliste.

Ici encore, dès que la recherche atteint un certain niveau de précision, la réalité va se révéler nuancée et complexe, comme le souligne un spécialiste des Touareg nigériens:

'L'endogamie très générale qui existe par exemple au sein de la société touarègue a des conséquences variées selon qu'elle s'applique à l'intérieur de groupes possédant le pouvoir politique qui sont minoritaires, ou à l'intérieur des clans ou lignages d'importance numérique plus grande mais dont le statut politique et le rôle socio-économique sont différents de ceux des précédents.

'Les facteurs historiques (migrations, contacts avec populations nouvelles avec leurs corollaires: asservissements, expulsions, intégrations ou assimilations), ont joué, même au sein d'une société qui serait, à première vue, culturellement homogène, pour donner des "faciès" variés, au sein d'une réalité plus complexe que la simple opposition: entre la société idéale d'avant la colonisation et la société actuelle destructurée. La plasticité des sociétés de pasteurs nomades leur a donc permis de découvrir les solutions originales et variées qu'il importe d'analyser.

'Sinon, du fait que toutes les variables ne sont pas prises en considération, l'image globale de la démographie d'un groupe humain est faussée: les inégalités de taux de natalités par exemple au sein de la hiérarchie sociale n'apparaissent plus dans le taux moyen global de l'ensemble. Des faits aberrants apparaissent souvent, tel la surpopulation masculine, que les enquêtes signalent sans l'expliquer, ni se demander s'il ne s'agit pas d'une erreur systématique' (Bernus).

A ce dernier point de vue, le Dr. Brès aurait observé en Mauritanie 'that girl babies are weaned earlier than boy babies, which may go a long way towards explaining the preponderance of males and low birthrate' (Orev).

III DÉFINITIONS ET GÉNÉRALISATIONS

Il n'est pas douteux qu'un emploi insuffisamment rigoureux des termes de 'pastoralisme' et de 'nomadisme' a ses inconvénients. Il ne l'est pas moins qu'à vouloir préciser à l'excès, on risque de déboucher sur des inconvénients différents, mais non moins réels, car on ne tardera pas à découvrir des cas intermédiaires refusant d'entrer dans une classification trop rigide.

En anglais du moins, 'pasteurs' (pastoralists) pourrait en Afrique s'opposer à 'nomades' puisqu'il y a des pasteurs non nomades mais cependant 'to a significant extent dependent on their herds and flocks', les 'nomades' pouvant être définis comme 'those who have no "home", no determinate centre to which they are attached and in which they have rights and obligations', tandis que d'autres pasteurs 'do have such a permanent location, in some cases continually inhabited by women, children and older men, whilst the herds shift around in the pasturelands with their herdsmen, while in other cases the permanent location is occupied only at certain times of the year: typically, I think, in the rainy season when cultivation can occur and also when relatively large numbers of people can congregate in one place' (Gulliver).

Sans doute, mais qui refusera la qualité de 'nomades' aux Maures de l'Adrar même s'ils sont propriétaires de palmiers (voire de terrains de culture) et se retrouvent chaque année dans la palmeraie, à la *guetna*, pour la foire des dattes?

On signale par ailleurs, en Arabie, des groupes qui ne sauraient être versés dans une catégorie 'settled' ou 'nomadic', pouvant être 'neither or both as circumstances permit or encourage' (Baker).

En français, Gallais propose une terminologie simple, distinguant séparément des termes se rapportant à l'économie: 'éleveurs' et 'agriculteurs' et d'autres faisant référence au style de vie: 'nomades' et 'sédentaires'; dans cette nomenclature le 'pasteur' serait 'l'éleveur nomade'. Pour d'autres, le 'pasteur' n'envisage l'apport agricole que comme un appoint (et la mobilité de sa résidence est diagnostique) tandis que pour l''éleveur' l'aspect agricole est primordial et l'habitat est fixe (Bourgeot).

Mais l'existence d'éleveurs sédentaires doit-elle obliger à considérer 'les éleveurs' comme une entité sociale autonome? L'exemple des Peul, avec les deux catégories des 'Peul de brousse' et des 'Peul villageois', que séparent toute une série de comportements: âge comparé des conjoints, institutions de sélection, opposition entre le poids social des jeunes chez les Peul de brousse et la tendance gérontocratique des Peul villageois, attitudes religieuses, taille des troupeaux (Nord Cameroun: Dognin, corroboré pour le Niger par Dupire).

Nouveau problème: les 'mixed farmers' seront-ils à ranger dans la catégorie des 'pastoralists'? (Jacobs). Mais le terme de 'mixed farming', dont le sens est agronomique, implique une intégration véritable élevage-culture: il ne s'agirait guère en Afrique que d'une 'mixed economy' (Baker), en français d'une 'association culture-élevage', avec, d'ailleurs, 'une gamme très nuancée de la société nomade à la société sédentaire' (Toupet).

Mais, si l'on dépasse le niveau des constatations actuelles, il est évident que les problèmes de distinctions élevage-culture ou nomade-sédentaire méritent d'être abordés aussi sur un plan historique, dans une perspective globale, dans laquelle on sera tenté d'admettre que 'le pastoralisme nomade correspond à une forme supérieure d'exploitation du milieu naturel' (Bonte): mais évidemment pas de n'importe lequel, ce qui rend aussitôt leur importance de base aux considérations éco-climatiques auxquelles les ethnologues paraissent souvent moins sensibles que les naturalistes.

Il se peut même que les différences socio-politiques décelées entre pasteurs d'Afrique orientale (et nord-orientale), d'une part (absence ou faiblesse d'une autorité hiérarchisée, poids de l'individualisme, absence de territorialité, etc.), du Sahara, du Proche Orient et d'Asie centrale, d'autre part, représentent le reflet de diversités écologiques naturelles: on devra toujours prendre grand soin de ne pas mettre 'dans le même sac' les nomades du désert et ceux de la steppe.

Le marquage des animaux non d'une marque de propriété individuelle mais d'un *wasm* tribal ou lignager peut avoir— et a indubitablement présenté à l'époque des rezzous—une importance pratique indéniable: elle peut de plus être envisagée 'as emblems or indications of social relationships as of a genealogy or pedigree' (Baxter). En cas de transfert (dot, etc) le *wasm* d'origine est généralement conservé mais les produits recevront la marque du nouveau groupe.

Chez les Maasai, il y a trois types de marques de bétail: (*a*) 'ear marks refer to clan and sale-clan identity of original owner—(b) over-all hide brands, often extensive and elaborate, are generally for pure decoration or aesthetic purpose—(*c*) private family-marks are often, but not always, placed on front forelegs of the cattle to reinforce private ownership identity' (Jacobs).

D'un groupe peul à l'autre, les marques de bétail présentent des variations étendues: 'les Peul nomades orientaux marquent leurs bovins aux oreilles[1] et ces marques ne sont pas individuelles mais sont celles de lignages maximaux. Bien que ces marques soient petites, le Peul nomade est capable de reconnaître à quel groupe appartient une vache, à l'aide non seulement de la marque mais de l'observation de la variété et de diverses caractéristiques de l'animal.

'Si les Peul du Macina restent aussi conservateurs en matière de marquage, c'est probablement que les troupeaux sont plus importants et que les bergers, n'étant pas les propriétaires des animaux, ne les connaissent pas individuellement' (Dupire).

'Au Mali quand le Service de l'Elevage a tenté de faire reporter au cou ou à l'oreille les marques faites traditionnellement sur le flanc, ce déplacement n'a pas été accepté parce que dans les troupeaux, très nombreux, de la région il est nécessaire de pouvoir reconnaître les animaux de loin: il serait d'ailleurs injurieux pour le berger qu'un autre vienne chercher dans le

---

[1] Dognin a tenu à préciser que la signification symbolique et apotropaïque de l'incision auriculaire 'n'empêchait pas que cette marque aît pu se diversifier, peu à peu, selon les divers groupes de lignages et revêtir la signification d'une marque de propriété'.

troupeau un animal égaré car c'est de loin que celui-ci doit se voir identifié' (Gallais).

Chez les Peul de brousse on a pu distinguer des marques de *propriété* et *protectrices* (Dupire), là où d'autres seraient tentés de voir un 'niveau manifeste' (marque prétendue d'identification) et un 'niveau latent', de signification visiblement rituelle (Dognin).[1]

Un dernier domaine a été mentionné (Baxter) qui paraîtrait pouvoir fournir un élement de distinction entre nomades et sédentaires: la pratique de la sorcellerie supposée plus fréquente chez ceux-ci que chez ceux-là; c'est aussi l'impression recueillie chez les Peul du Cameroun, quoique les Peul de brousse y passent pour de grands sorciers, sans doute à cause des connotations redoutables de leur habitat 'dans un domaine de forces difficilement contrôlables' (Dognin); chez les nomades blancs de Mauritanie, le sorcier, c'est le Noir (Toupet) et l'on sait assez l'étendue des pratiques magiques introduites en Afrique du Nord par les humanités serviles importées d'un Sud lointain et 'mystérieux'.

IV ORGANISATION ET COMPORTEMENT REFLETS D'UN SYSTÈME DE VALEURS?

Il est tout à fait évident que l'un des résultats escomptés d'un séminaire est davantage une sorte d'inventaire de problèmes non résolus et par conséquent de sujets de recherches à venir que la formulation de 'conclusions' risquant d'ailleurs, tant l'information demeure, et même sur des points essentiels, incomplète et lacunaire, de se révéler imprudentes ou prématurées.

C'est peut-être un aspect, à certains égards décevant, d'un effort duquel on eût sans doute escompté des résultats plus définis et plus clairement formulés. Les progrès de la connaissance, et dans les sciences de l'homme plus qu'ailleurs sans doute, ne sauraient être que lents, partiels, fragmentaires.

[1] Le même observateur avance l'hypothèse, quant à la signification de cette fente à l'oreille, 'que le pasteur redouble—inconsciemment, semble-t-il—sur l'oreille de l'animal, la fente spécifique de l'empreinte de bovidé, constituant elle-même un schéma protecteur'.

Cette exigence d'une démarche condamnée à un lent 'pas à pas', elle se manifeste ici, au niveau des motivations et des valeurs, d'une façon particulièrement explicite.

Si les questions posées sont nombreuses, les réponses, en effet, resteront surtout des points d'interrogation: caractère prédateur du nomade, aspects politiques ('internes', par opposition à une position prise vis-à-vis d'une autorité externe), significations de l'accumulation du cheptel, types d'incitations aux ventes de bétail, place de ce dernier dans un système général de "valeurs", aspects religieux du comportement des nomades.

Le nomade pillard et homme de proie, c'est le cliché bien connu dont la littérature populaire et le journalisme ont souvent abusé. Sans nier le rôle de la prédation chez beaucoup de nomades et même souvent le caractère économique et quasi commercial de l'expédition (razzia, rezzou, raid), la réputation très mauvaise, il faut l'avouer, faite au nomade peut comporter des racines psychologiques (l'Européen adoptant instinctivement, et ataviquement, une mentalité paysanne) comme aussi, localement, des raisons historiques (p.ex., en Afrique de l'Ouest, situation de force des nomades à l'époque de la conquête coloniale) (Gallais). La prédation est loin d'ailleurs d'avoir été ignorée des sédentaires, par exemple des Mossi (Dieterlen) et, d'ailleurs, la notion même de *Raubwirtschaft* (Friedrich, 1904) concerne très largement 'l'économie destructive des civilisés' (Brunhes, 1910) et il ne paraîtra pas surprenant que, parfois, ce soient les nomades eux-mêmes qui souffrent d'une prédation, 'victims of Colonial Governments and Independent Governments who treat them as performing animals for tourists' (Baxter). Ajoutons enfin qu'il y a beaucoup de pasteurs non-prédateurs en Afrique orientale, par exemple les Maasai, chez lesquels les vols de bétail, sans importance économique majeure, ne représenteraient guère davantage qu'une activité 'sportive' (Jacobs).

Le problème des motivations incitant le pasteur à la vente de ses animaux présente d'autant plus d'importance qu'il reste l'une des clefs, et peut-être la principale, de tout progrès dans le domaine du développement économique régional.

Chez les Touareg Iforas 'nomads sell to realise a target income, and so have a backward bending supply curve: the higher the price, the fewer animals they sell', ce qui s'expliquera sans doute par le fait que pour eux 'income is merely more capital: it cannot be invested in other things', sans oublier l'existence possible de 'spheres of exchange: one category of livestock may not be convertible into other sorts of livestock or goods' (Swift).

Les observations faites au Karamoja (Uganda) ont montré, à l'intérierur d'une moyenne annuelle de ventes relativement stable, avec des fluctuations saisonnières liées aux rythmes agricoles, ce comportement 'normal' se trouvant bien entendu perturbé si une sécheresse intervient, entraînant la nécessité de ventes accélérées et portant en priorité, comme d'ailleurs en période 'normale', sur des individus de moindre valeur pour le vendeur (Baker).

Mais un comportement pouvant nous paraître, à nous, 'irrationnel' est souvent, en fait, parfaitement 'rationnel' dans l'optique du nomade lui-même, pour lequel la signification réelle du troupeau dépasse de beaucoup le cadre d'une économie commerciale conventionnelle, à base monétaire (Baker, Swift). D'autre part aussi, le nomade sait parfaitement saisir les occasions nouvelles de profit pouvant apparaître: caravanes des Touareg Azjer faisant passer les frontières libyenne, algérienne ou nigérienne à des charges de whisky ou de magnétophones (Swift).

Chez les Touareg Iforas le surplus économique irait surtout aux groupes maraboutiques (p.ex. les Kel es-Souk), plutôt conservateurs du *statu quo* que supports d'innovations technologiques ou idéologiques (Swift), mais on peut préciser que chez les Touareg Kel Gress (*imajeren* ou 'nobles'), le surplus des agriculteurs tributaires vient appuyer la conservation d'une structure sociale hiérarchisée grâce à l'entretien des esclaves (donc des troupeaux de chameaux, nécessaires au commerce du sel), à une redistribution de la classe dominante, et au maintien de la caste artisanale, les forgerons-armuriers étant indispensables à une aristocratie guerrière; dans une société moins hiérarchique (pasteurs d'Afrique orientale), le surplus se verra utilisé dans une série d'occasions festives et rituelles (initiations, classes d'âge, faiseurs de pluie, etc) (Bonte).

Le mot, à vrai dire, dangereusement équivoque de 'valeurs' risque-t-il de se voir, dans son utilisation, quelque peu mutilé par les scrupules d'une sociologie classique hésitant à s'aventurer dans des domaines peu familiers, et pouvant lui paraître aventureux? C'est la conviction de Dognin, dont j'ai tenu à reproduire ici un texte assez long mais que l'on estimera d'une importance certaine:

'Nous savons tous combien l'énumération des "valeurs" d'une culture donnée, ou mieux, la construction d'un "système de valeurs" spécifiques de cette culture, recèlent de pièges, et risquent de conduire au laxisme, à la banalité, au verbiage. Ajoutons à cela que bien des chercheurs épris de précision, de données quantifiables, se sentent mal à l'aise dans ce domaine qualitatif et préfèrent même l'ignorer.

'Ce serait une erreur, car nous touchons là, avec les "valeurs", au fonds même de la personnalité des individus qui composent les groupes sociaux. Ce fonds, qui détermine des attitudes, des comportements acquis par l'expérience et légués avec l'éducation, il me semble que nous pourrions, sinon le connaître avec précision, ce qui pourrait être illusoire (par exemple en désignant nominalement les "valeurs" spécifiques d'une culture), du moins tenter d'en approcher par une voie phénoménologique, et ceci est du domaine de la sociologie.

'Beaucoup de projets ambitieux, inspirés par des experts à formation occidentale et adoptés un peu trop rapidement par les administrations nationales, ont échoué faute d'une telle approche, parce qu'ils posaient implicitement, que la rationalité occidentale, fondée sur la recherche du profit maximum, était une rationalité universelle, alors que, Dieu merci, beaucoup de populations, encore aujourd'hui, s'en moquent comme d'une guigne.

'Un effort pour comprendre les ressorts profonds des comportements pourrait au contraire, et de façon très pratique, amener les administrations soucieuses de développement à concevoir des stratégies adaptées, non pas seulement quant aux buts recherchés, mais aussi aux hommes qui devraient les atteindre. Ainsi pourrait-on, sinon éviter du moins modérer la désintégration sociale dont s'accompagne malheureusement presque toujours la transformation rapide des sociétés dites "traditionnelles".

'Voici quelques directions où pourrait s'engager la recherche:

'— Et d'abord, doit-on écarter d'emblée une recherche

nominale des "valeurs", comme trop ambitieuse? Nous pourrions nous contenter de les suggérer à travers la comparaison de divers comportements pastoraux.

'— Existe-t-il des comportements spécifiques de pasteurs ("pasteurs au sens de gens qui vivent en symbiose avec du bétail"), qui pourraient être distincts, sinon opposés, à des comportements spécifiques d'agriculteurs? Cette question relance celle de la territorialité: au niveau des représentations, le troupeau est-il l'équivalent pour les pasteurs de ce que la terre représente pour les agriculteurs, par exemple une image de la mère nourricière?

'— L'individualisme, que beaucoup d'entre nous s'accordent à reconnaître chez les pasteurs, pourrait-il être une "valeur" pastorale? La dureté de l'environnement constitue-t-elle en soi le facteur décisif de cette tendance à l'individualisme? Les Kirdi montagnards du Nord-Cameroun, jardiniers de cultures en terrasses, ont à composer avec une nature tout aussi hostile, et l'individualisme ne semble pas pour autant leur trait dominant.

'— Dans les motifs de migration déjà recensés, on a omis de citer le "degré zéro", c'est-à-dire les migrations sans motifs apparents.

'Des pasteurs quittent brusquement un endroit favorable, dont les pâturages et les capacités d'abreuvement ne sont pas épuisés pour un autre souvent moins propice. Ils disent: "*gedal am jinni*", "ma part est finie", ce qui pourrait se traduire en langage relâché par: "J'en ai ma claque". Quelles sont les motivations psychologiques de cette impatience soudaine, qui fait que certains groupes ne supportent pas de rester dans un même emplacement plus de quelques jours, même s'il est favorable?'

Ce texte est, bien entendu, à compléter par la communication elle-même de Dognin ('Sur trois ressorts du comportement peul'), qui, en introduisant dans le débat des éléments empruntés à une discipline assez étrangère à la plupart des spécialistes des humanités africaines, devait, nécessairement, surprendre et même, probablement, susciter quelques réticences.

Mais le social, au sens institutionnel du mot, et l'économique suffiront-ils jamais à exprimer la totalité d'une réalité humaine? Et ne faudra-t-il pas, aussi, tenir compte de notions moins précises et moins schématisables mais non moins fortes, et parfois contraignantes, pour autant, par exemple celle du prestige s'attachant, à l'intérieur du monde pastoral, à certaines fonctions ou à certains exploits? Rouch évoque la question: 'Le développement récent des bastonnades de type *soro* chez les captifs de Peul de la région de Niamey (malgré l'interdiction administrative théorique) témoigne d'un besoin de prestige chez les jeunes bergers. Cette recherche du prestige se retrouve chez les bergers Djelgobe qui dressent un taureau chargé à la fois de guider le troupeau et de le défendre contre les lions, ces affrontements nocturnes constituant la base des récits que l'on fera au retour—ou même chez les bergers qui conduisent à travers frontières et tracasseries administratives les troupeaux destinés aux grands marchés de bétail dans le Sud.'

V PROBLÈMES DE CONTACT: NOMADES ET SÉDENTAIRES

Aucune société pastorale, même nomade, même saharienne ne peut durablement subsister sans contacts, au moins épisodiques, avec les populations sédentaires qui leur fourniront des produits alimentaires ou manufacturés (tissus, métal) et leur achèteront leurs animaux.

Mais cette situation, où les contacts ne sont pas permanents et seulement occasionnels (le nomade 'abordant' à l'oasis comme le marin au port), n'est pas celle des pasteurs établis en région non désertique et vivant au moins saisonnièrement, parfois de façon permanente à côté du paysan cultivateur. Dans ce cas, où s'établit un échange diversifié de services et de produits, système qu'il pourra sembler difficile, au moins dans le cas de fonctionnement optimum, de ne pas tenir pour une symbiose, au sens biologique du terme, et dont les éléments principaux seraient du côté du pasteur: lait, beurre, viande, fumure, peaux tannées, objets de cuir, transports, etc, de celui du paysan: eau, pâturage sur les champs moissonnés, etc.

En généralisant un peu, le géographe croît pouvoir distinguer, à travers le monde tropical afro-asiatique, deux aspects principaux: un monde indo-malais appartenant à l'Océan Indien (Inde, Madagascar, Indonésie, etc) où les sociétés agricoles intègrent un important cheptel (association riz-buffle) et un monde ouest-africain où, malgré des complémentarités souvent efficaces et fonctionnelles, il semble subsister une forte opposition traditionnelle entre l'homme de la vache et celui de la houe (Gallais): où placer, dans ce cadre, l'Afrique orientale et la Corne nord-orientale?

Les problèmes de contact peuvent être abordés à divers points de vue, en termes d'entités culturelles, en termes d'ethnies, mais aussi au niveau dynamique des rapports de production. C'est ce que Bourgeot a tenté dans l'exposé suivant:

'Mon intention n'est pas d'apporter une solution, mais plutôt de présenter une démarche différente afin d'essayer de cerner le problème de l'articulation de ces sociétés.

'A cet égard, et dans les limites de mes connaissances je m'appuierai sur deux types de sociétés nomades recouvrant deux aires géographiques différentes.

'Le premier type de société pastorale sera celui des nomades de l'Afrique de l'Ouest aux structures sociales apparemment "fluides", c'est à dire peu hiérarchisées et sans appareil d'Etat centralisé.

'Le second type de société pastorale concernera les populations nomades sahariennes, c'est à dire les populations évoluant en zones arides, ainsi que les sociétés sahéliennes, aux stratifications sociales plus "rigides", c'est à dire plus hiérarchisées, avec constitution d'un Etat en voie de formation. Il est bien évident que ma tendance tendra à privilégier ce second type, étant celui que je connais le mieux.

'Dans le prolongement de nos récentes discussions je serais assez d'accord avec Frantz lorsqu'il juge impossible de parler d'échange sans faire référence aux problèmes politiques. Néanmoins il me semble qu'il faut encore aller plus loin et dire que si l'on peut parler d'échange, on ne peut le faire qu'à partir de l'organisation socio-économique des sociétés pastorales et plus précisément se livrer à une analyse des rapports de production des dites sociétés et, par ailleurs, dans le cas des sociétés pastorales en contact avec les sociétés agricoles, procéder à l'analyse de l'articulation des rapports de production entretenus dans ces deux sociétés.

'Jacobs a cité 3 types de contacts: 1. Contacts reposant sur l'égalité, c'est à dire populations dont les membres peuvent passer d'une activité à une autre sans changer de statut social (ex. Kikuyu et Maasai), 2. Populations opposées: éleveurs/

fermiers (ex. Tutsi et Ba-Hutu), 3. Populations "complémentaires", dans le cas où des groupes particuliers vont absorber les membres d'un autre groupe en les cantonnant dans une situation de dépendance. Mais peut-on encore parler de "complémentarité" quand il s'agit de relations de dépendance?

'Dans une optique différente, il me semble que cette tentative de typologie devrait s'appuyer sur une analyse des forces productives et des rapports de production, dans leurs interactions réciproques et leur évolution.

'I.— Le premier type de société concerne le rapport entre deux ethnies aux modes de production différents et culturellement distincts, l'une pratiquant le pastoralisme (les Peul) et l'autre l'agriculture (les Manga), sans rapport de domination d'une population sur l'autre (Horowitz). A quels besoins réciproques répond ce type de rapports? Dans quelles conditions historiques ces rapports se sont-ils manifestés? Contrairement au second type, qui sera abordé plus loin, la population apparemment autochtone est dans cet example une population d'agriculteurs sédentaires. Celle-ci a été historiquement envahie par des pasteurs Peul rongés par la famine. C'est donc en fonction d'un fait conjoncturel que le contact a été établi: autrement dit, c'est un facteur extérieur à la société Manga qui a déterminé les rapports avec les Peul. Les rapports entretenus par ces deux ethnies posent le problème de l'articulation de ces deux économies impliquant une coopération dans le travail et une organisation de la production différente. Quelle est la forme et l'expression de cette articulation? Il semble important de signaler l'intervention d'un troisième élément, le courtier (à quelle ethnie appartient-il?), chargé des transactions du bétail acheté par les Manga aux Peul. Le courtier est-il le fruit d'une absence de rapports de domination institutionnalisée entre ces deux populations, ou bien a-t-il une fonction de pseudo-arbitre destiné à désamorcer les conflits potentiels entre pasteurs et agriculteurs? Ne peut-il y avoir transaction commerciale sans intervention d'une instance juridique quelconque?

'Une question paraît fondamentale: pourquoi les Manga ne peuvent-ils pas développer le pastoralisme, et d'une manière plus générale, pourquoi les sociétés agricoles ne peuvent-elles pas développer le pastoralisme lorsqu'elles sont en contact avec des populations de pasteurs? Est-ce le produit d'une situation sociale de dépendance à l'égard des pasteurs ? Ici se pose le problème de savoir qui peut contrôler et qui contrôle effectivement l'accès aux moyens de production.

'II.— Le second cas repose sur des sociétés hiérarchisées telles que les sociétés du Sahara central et occidental (Touareg, Maures) ainsi que sur les sociétés touarègues du Sahel. Ce second cas doit être envisagé à deux niveaux.

'Le premier est celui des rapports entre pasteurs et agriculteurs appartenant à la même ethnie.

Les Kel Gress, étudiés par Bonte, présentent cette particularité, les opposant à la plus grande partie du monde touareg, de manifester l'absence totale d'une strate de vassaux (les *imghad*), comme d'ailleurs chez les Touareg de Tanout. Bonte émet l'hypothèse que cette inexistence de vassaux est liée au développement de l'agriculture, aux nouvelles conditions de la production, qui ont contribué à la disparition des *imghad* par la suppression de leur autonomie politique et économique passée au profit d'un nouveau statut social équivalent à celui des *ighawelen* (c'est à dire des groupes asservis), démunis d'autonomie politique. Il apparaît que l'introduction de l'agriculture intervenant sur une organisation sociale déjà hiérarchisée a contribué à accélérer les contractions internes à la société et par ailleurs à priver les vassaux de l'initiative politique en les asservissant au même titre que les *ighawelen*. Il est intéressant de noter que ce processus a évolué au sein des rapports tributaires en transformant l'organisation socio-économique par l'introduction de l'agriculture et, de ce fait, par une transformation des forces productives. Il semble donc que, dans ce cas, le développement des rapports de production aît évolué au sein d'un même mode de production.

'Le second niveau est consacré aux rapports liant pasteurs et agriculteurs appartenant à deux ethnies différentes (ex. pris chez les Touareg du Hoggar et chez les Maures). Les rapports scellés entre les *imuhagh* nomades et les *izeggaghen* ou Harratin, agriculteurs sédentaires, sont des rapports de soumission politique et économique des seconds envers les premiers. La nature de ces rapports est celle de la domination et de l'exploitation, et elle précipite la rupture de l'évolution des liens parentaux évoluant au sein de la société des pasteurs. Ces relations expriment l'absence totale de prestations matrimoniales interethniques au profit des rapports économico-politiques, ce qui raffine l'inégalité et la complexité sociales. Autrement dit, le système lignager, et les rapports qui lui sont spécifiques, ne fonctionnent qu'à l'intérieur du cadre de référence *imuhagh* (pasteurs/nomades), tandis que le seul système tributaire s'élargit et domine les rapports scellés entre pasteurs et agriculteurs.

'D'une manière schématique, on peut avancer l'hypothèse que chez les Kel Gress il y a interaction entre le système tributaire et le système lignager à l'intérieur d'un même mode de production (tandis que chez les Kel Ahaggar les rapports liant pasteurs et agriculteurs se font au profit de l'extension du seul système tributaire à une population étrangère) et qu'il y a coexistence de deux moyens de production différents, alors qu'à l'intérieur du système lignager dans lequel fonctionnent aussi les rapports tributaires et les rapports esclavagistes, ceux-ci sont opacifiés par des rapports de parenté qui véhiculent les rapports de production.

'Dans l'articulation des deux cadres de référence (*imuhagh* et *kel aghrem*), c'est à dire pasteurs et gens des villages, ces rapports se font en termes politiques et économiques. Les relations fondées sur les liens de consanguinité sont exclues. Cette dissolution des liens parentaux tant dans les rapports pasteurs/agriculteurs qu'à l'intérieur des unités économiques agricoles privilégient et isolent les liens politiques jetés entre pasteurs et agriculteurs par des rapports d'exploitation. Dans la relation maîtres/esclaves, les rapports se font autour des biens matériels (les esclaves), tandis que dans la relation pasteurs (hommes libres bien sûr)/agriculteurs, les rapports de production se nouent autour de la terre, et posent le problème de son appropriation et de son contrôle. Or on constate que chez les pasteurs il y a tendance à l'appropriation collective inaliénable des terrains de parcours, tandis que le mouvement vers l'appropriation privée du sol tend à s'affirmer dans le cadre des relations économiques entre pasteurs et agriculteurs. Ces formes d'appropriation correspondent à des types de rapports de production différents et qui leur sont inhérents.

'L'introduction de l'agriculture a non seulement développé les rapports tributaires mais crée aussi des rapports d'exploitation dont l'expression politique se manifestera dès que l'occation se présentera. Cette intervention de l'agriculture et la formation des rapports d'exploitation ne peut se faire que si la reproduction du système le permet et l'exige. En Ahaggar ces conditions étaient réunies. La tendance au développement de l'agriculture est liée à l'affranchissement. Lorsque les hommes libres ont été contraints économiquement d'affranchir leurs esclaves, lorsque le commerce caravanier a commencé à décliner, l'affranchissement a consisté à rejeter une main d'oeuvre d'esclaves dans le cadre des rapports d'exploitation, tout en conservant le pouvoir économique et politique sur ces nouveaux affranchis. L'affranchissement a fortement contribué à accélérer l'extension des rapports d'exploitation.

'Il apparaît que l'une des originalités de ces sociétés touarègues du Sahara, par rapport aux sociétés d'Afrique de l'Ouest, est liée au problème de l'esclavage. Cela étant, il ne s'agit pas de dire que les rapports de domination politique des pasteurs sur les agriculteurs passent nécessairement par un esclavage institutionnalisé et par l'affranchissement. Mais il s'agit plutôt de dire que l'affranchissement était une condition nécessaire à la reproduction du système. Dans une autre aire géographique, l'intervention de la religion ou d'autre chose peut jouer le même rôle.

'On peut se demander quelles sont les conséquences de cette articulation des deux sociétés, d'une part sur les sociétés pastorales et par ailleurs sur les sociétés agricoles? Ces rapports ont-ils accéléré le processus de sédentarisation des populations nomades et de ce fait ont-ils profondément modifié les rapports de l'homme avec les troupeaux? Ces rapports ont-ils donné un nouvel élan aux sociétés pastorales ou au contraire ont-ils contribué à les figer et à les condamner à périr d'asphyxie?'

Mais les rapports de production sont-ils toujours le seul élément en cause, ou même le principal? *Quid*, par exemple, à côté des 'means of production', des 'means of distribution' and 'means of destruction', *i.e.* 'horses, raiding organization, guns, captivity. The Fulbe jihads from Macina to Adamawa illustrate an interest not basically in controlling production, but more (so far as economics is involved) in distribution, and in destroying (or converting) other societies. Have not many more sedentary groups been broken up, dispersed, or destroyed by those with more powerful means of destruction?' (Frantz).

On a souvent évoqué la notion de complémentarité entre pasteurs et agriculteurs.

Chez les Touareg une telle complémentarité interne peut exister 'lorsque les agriculteurs sont issus de groupes serviles vivant au Sud de Touareg nomades de la zone sahélienne, dont ils sont en quelque sorte les agriculteurs par procuration. Le contact existe aussi sous forme d'îlots agricoles, de type oasis, en pleine zone nomade, et peut prendre des formes variées: (*a*) agriculteurs dépendant des nomades au profit desquels ils cultivent (Ahaggar)—(*b*) agriculteurs autonomes, vivant aux côtés des nomades avec lesquels ils entretiennent des rapports de voisinage et auxquels ils empruntent des animaux de trait pour l'irrigation de leurs jardins, contre une part de la production agricole (Aïr, etc)' (Bernus).

Pasteurs et agriculteurs ne sont pas toujours les seuls groupes en présence et il ne faudrait pas oublier le rôle des chasseurs. Ceux-ci, dans l'Afrique occidentale sahélo-soudanienne, 'considérés comme les "pasteurs des animaux sauvages", sont les maîtres de la brousse, donc des zones de pâturages. Sur le plan religieux, alors que les maîtres du sol cultivable sont associés à des divinités localisées en général dans une montagne ou un rocher, les maîtres de la brousse le sont à des divinités de mares ou de rivières: peut-il exister plus spécifiquement des maîtres des pâturages et à quel type de divinités seraient-ils associés? Le problème a son importance historique puisque les chasseurs sont aussi les "héros civilisateurs" tenus pour fondateurs des grands Etats de l'intérieur de la boucle du Niger. Paradoxalement d'ailleurs, ces chasseurs ne pouvaient cependant pas créer de pouvoir héréditaire puisqu'un vrai chasseur ne peut avoir de descendance' (Rouch).

Des observations analogues peuvent être formulées pour l'Afrique orientale où le rôle des 'hunting minorities' au sein des sociétés pastorales a été très important, encore que 'hitherto un-emphasized' et que 'more attention might usefully be given to the historical and human ecological role of these groups in assisting East African pastoralists to develop as they have' (Jacobs).

Le cas où les chasseurs sont également forgerons (Tubiana) pose un problème particulier.

Malgré l'opposition existant, à tant d'égards, des sociétés pastorales et agricoles, il existe souvent des possibilités de passage des unes aux autres, avec éventuel changement de l'identité ethnique elle-même.

Le fait, par exemple, qu'un Peul peut passer de l'élevage à l'agriculture sans perdre son appartenance ethnique (pour retourner éventuellement d'ailleurs à la vie pastorale) a de quoi surprendre un spécialiste de l'Afrique orientale : 'It contrasts with the situation in East Africa, as I see it, where once a herdsman becomes a sedentary farmer he loses his ethnic status in the herding society and becomes absorbed or assimilated into the ethnic "tribal" status of the sedentary farmers to which he has gone. Thus, related to the question of contact between herdsmen and sedentaries is the larger question of processes of "assimilation", "absorption", etc—whether it works regularly in both directions, whether some pastoralists never absorb farmers (Tutsi) but others do.

'Facts suggest that absorption is not always two-way. For example Tutsi prohibit Hutu farmers from becoming Tutsi herdsmen or pastoralists; but Kikuyu absorb Maasai, and Kikuyu can become Maasai. Borana pastoralists are known to have become Kikuyu farmers, but there is no known case of Kikuyu becoming a Borana herdsman.

'Thus, this suggests that there may be at least three patterns or principles involved in contact or absorption.

'1. equally two-way (Maasai–Kikuyu)
'2. opposed (hostile) and essentially one-way absorption (Tutsi–Hutu)
'3. complementary: e.g. two-way but with either inferior or superior status given to those absorbed (slaves or "insular" farmers in West African herding societies)' (Jacobs).

On peut ajouter ces précisions : 'When a pastoral Maasai gives up herding, becomes a farmer and assumes (or is given) the ethnic identity of his host society, his children are raised as members of the host society. Moreover, there is frequent and easy intermarriage between Maasai and non-Maasai, the children of such marriages always assuming the ethnic identity of the society in which their father is absorbed at the time of the child's birth. Needless to say, future change of identity is not restricted' (Jacobs).

Mais on pourra se demander, après tout, pourquoi un Maasai devenu agriculteur ou un Kikuyu passé à l'élevage devraient perdre leur identité ethnique, alors qu'un Peul se livrant à la culture reste pleinement membre de sa communauté d'origine (Horowitz).

Deux questions, en réalité, se posent: '1. What kinds of people are they who make such a change? Perhaps either these who have failed in their society, or these who have succeeded particularly well—2. What is involved essentially in becoming incorporated into the other ethnic and economic group? e.g. to become a Maasai one must obtain membership of a Maasai age-set, and for a Hutu to become a Tutsi, he must create his affiliation to a Tutsi lineage' (Gulliver).

Mais les aspects économiques de ces mouvements ne doivent sans doute pas être oubliés: 'It seems important to consider the question of the relative status of economically differentiated ethnic groups. Status differences, and differential access to power in a given locality will surely exert a critical determining effect in the choice of ethnic identity. Transactional approach, based on equality of status and possibility of maximization does not apply bilaterally in highly stratified exchanges' (Lewis).

Le passage du pasteur nomade à la vie villageoise résulte souvent plus d'une contrainte que d'un choix: 'Il peut y avoir passage de la vie nomade à la vie semi-nomade dans des villages à la suite de pertes de bétail; puis, souvent à la génération suivante, si les troupeaux s'étaient reconstitués des familles quittaient la zone des cultures pour se consacrer exclusivement, en zone nomade, à l'élevage. Ce phénomène ne touche d'ailleurs qu'une faible partie de la population peul et n'exclue pas les faits d'acculturation proprement dite. D'ailleurs il s'agit généralement non pas d'une sédentarisation complète, sans élevage, mais d'une fixation dans un village permettant de cultiver un peu tout en cherchant à régénérer les troupeaux" (Dupire).

'Il semble qu'autrefois le passage, en ce qui concerne les Peul orientaux, d'un mode de vie "sédentaire" à un mode de vie exclusivement pastoral ait été plus fréquent qu'aujourd'hui. Les observations que j'ai pu faire au Nord-Cameroun me portent même à dire que ce passage ne s'effectuait pas exclusivement entre semi-sédentaires et pasteurs, mais pouvait aussi concerner les deux pôles extrêmes de l'échelle, des agriculteurs sans bétail et des pasteurs exclusifs.

'La transmission par l'éducation de valeurs sensiblement les mêmes pour tous les Peul, me paraît jouer un rôle primordial dans la possibilité de ce passage. L'ouverture des groupes d'affiliation lignagère de Peul de brousse à des éléments à passé villageois récent, ou même à des éléments non-peul, est contrôlé par des "institutions de sélection" réservées à la jeunesse: le *soro* des Djafoun de Yola en paraît le type.

'Les groupes de Peul de brousse du Nord du Cameroun me paraissent caractérisés par le poids social important dévolu à la jeunesse: si pour une raison ou pour une autre l'âge moyen du groupe augmente, il y a tendance à la fixation dans un village et, le groupe une fois fixé, les anciens reprennent leurs droits' (Dognin).

Si, en Afrique orientale, la structure sociale facilite les passages entre ethnies, un autre élément peut entrer en jeu: 'I would like to emphasize that dietary preferences, dietary prohibitions, and dietary options are likely to play an equally important rôle. I have always been impressed with the preference which West African pastoralists appear to place on agricultural foods in their regular diet; it enables pastoralists to flow easily, diet-wise, into a sedentary farming life, and vice-versa. But in East Africa, for such as the Maasai, to eat agricultural foods (or fish, fowl, etc) is to challenge one's self-image of a pastoralist, and inhibits pastoralists' ability to engage in even irregular sedentary activities' (Jacobs). Doit-on penser que le régime alimentaire des pasteurs ouest-africains (ou de certains d'entre eux, les plus 'pré-désertiques') ait été historiquement influencé par une situation saharienne où le troupeau (chamelles) se trouve souvent séparé—et parfois par des distances considérables—du campement qui vit alors, suivant sa position sur le 'toit à double pente' du Sahara, de blé au Nord et de mil au Sud?

Les exemples d'acculturation, pouvant aller très loin, ne manquent pas. En voici trois exemples.

1. Les Peul Foulabé du Sud mauritanien se sont localement substitués aux Maures en conservant leur genre de vie mais en

modifiant leur mode de vie: ils ont conservé la pratique en élevage de transhumance et la culture sous pluie là où les Maures pratiquaient une culture de décrue et la semi-nomadisation mais, par ailleurs, ont adopté certains éléments de la culture maure: 'usage du chameau de selle (chefs), consommation du thé, adoption du vêtement maure, apprentissage de la langue hassaniyya; de plus, des intermariages interviennent' (Toupet).

2. Les Peuls Tchilowa, originaires du Nord-Est nigérien, assimilés aux cultivateurs de langue hausa, ont perdu à la fois leur bétail et l'usage de leur langue (Diarra).

3. En Haute-Volta, les Silmi-Mossi seraient ou d'anciens esclaves razziés par les Peul ou les descendants de métis nés de mariages interethniques, et dont le genre de vie comporte une série d'éléments d'origines diverses qui lui confèrent un caractère mixte très accusé: économie agro-pastorale, bilinguisme moré-peul, etc (Sawadogo).

VI SPÉCIALISATIONS INTERNES

Il existe nécessairement non seulement un catalogue mais une échelle des activités indispensables au fonctionnement d'une société. Prenons l'exemple du pays manga (Niger) décrit par Horowitz.

A. *Elevage/agriculture*

(*a*) 'Manga believe farming is superior to herding, although feel that herders control greater wealth.'

(*b*) 'Fulani believe herding superior to farming.'

(*c*) 'Manga are capable of owning cattle, and there seem to be no restrictions on this access to pasture and water. Yet they do not herd. The reason seems to be an unwillingness to accept the reduced consumptive profile they identify with herdings.'

(*d*) 'Fulani may farm.'

B. *Autres activités*

1. Au niveau le plus bas:

(*a*) bouchers: 'a Hausa monopoly, although most Hausa in the region are not butchers; the category "Hausa" does not suffer because some Hausa are butchers'.

(*b*) porteurs d'eau: 'all water carriers are Dogara, and

(almost) no Dogara do anything else; the few non-water carrying Dogara are thought to be Manga'.

2. Activités 'propres':
   barbiers, tailleurs, forgerons (représentant de groupes ethniques divers).
3. Activités tenues pour supérieures:
   marabouts et commerçants (groupes ethniques divers).

On trouve toujours, chez les groupes pastoraux du Sahara et de l'Ouest africain, des groupes parfois minoritaires, à des degrés divers de dépendance: esclaves, forgerons, *diawambe* chez les Peul, griots et *iggawen* (Maures), envers certains au moins desquels l'attitude psychologique générale peut paraître ambigüe, quand le même élément peut se voir tour à tour (ou simultanément?) redouté, méprisé et apprécié (pour ses qualités techniques).

Pareilles situations peuvent expliquer qu'au sein même de ces groupes peuvent naître des foyers ou des points de départ d'innovations technologiques ou idéologiques: 'innovation in traditional societies often starts here' (Swift). C'est ainsi que d'anciens esclaves soit de Touareg (ex-*iklan*), soit de Peul (*rimaïbe*) peuvent souvent représenter une combinaison vivante et progressive des deux héritages, pastoral et agricole, appuyée sur une démographie très prospère, et, de plus, jouer un rôle très actif dans les centres urbains (Gallais).

Il faut insister sur le fait qu'il ne sera pas toujours, et de loin, exact de parler de 'depressed minority groups' car il peut arriver chez des Touareg du Sud (Kel Gress) que les esclaves fassent 80% de la population (20% de Touareg et seulement 8% d'*imajeren* nobles).

La condition servile est, d'ailleurs, plus différenciée qu'on ne le croît parfois. Chez les Maures on distinguera, par exemple, les *na'ama* descendants de captifs très anciens ('du temps des Almoravides' . . .), les *abid tilad* acquis par héritage et les *terbiye* d'acquisition récente, les deux dernières catégories seules répondant pleinement au concept juridique d'esclave (ne possédant rien et pouvant être aliéné) (Toupet). Chez les Iullemmeden existent trois catégories bien tranchées d'esclaves, les *iklan wa-n-egif* (*iklan* 'de dune'), vivant à l'écart avec un troupeau, les *iklan wa-n-afarag* (*iklan* 'de zériba'), esclaves domestiques ou 'de tente', enfin les *iklan wa-n-debe*, (*iklan* 'de cultures'), à statut d'affranchis (Chaventré).

Dans l'Afrique de l'Ouest soudanienne, la relation maître-esclave, contrairement à ce qui se passe plus au Nord, 'est plus ou moins assimilée à une relation parentale, le maître devant marier son esclave, etc; il arrive même que l'esclave puisse posséder des biens et jusqu'à . . . des esclaves; mais cet "esclave propriétaire" continue à appartenir à sa catégorie sociale d'origine: il y a donc, à l'intérieur du niveau servile, des sub-divisions à noter, correspondant à des statuts juridiques déter-minés' (Dupire).

L'impossibilité d'échange matrimonial, parfois—ou locale-ment—tenue pour séparer nomades et sédentaires, n'a pas de signification générale puisqu'elle peut exister entre certains niveaux sociaux d'un même groupe nomade (p.ex. *imajeren* et *imghad*) alors d'autres éléments de ce dernier, noirs il est vrai, les 'esclaves de dune', peuvent prendre femme chez les sédentaires (Chaventré).

Si les anciens esclaves très souvent se sédentarisent, on en a vu chez les Iforas pratiquer l'agriculture pendant une génération pour acquérir les animaux devant permettre à leurs enfants de reprendre la vie pastorale. Celle-ci ne sera d'ailleurs pas facil-itée à l'ex-esclave qui, ne faisant pas partie du système socio-économique assurant une protection contre les pertes d'ani-maux, risque de se voir en quelques années dans l'impossibilité de poursuivre une vie d'éleveur. Aussi voit-on très souvent (Nord Mali par exemple) les anciens esclaves constituer une sorte de sous-prolétariat autour des postes administratifs ou militaires, aux niveaux sociaux les plus bas (charbon, bois, eau, briques crues, aide-bouchers, etc) (Swift).

On peut se poser la question de la nature des situations de domination constatées en Afrique occidentale et saharienne, la supériorité du groupe aristocratique n'étant pas nécessairement, on l'a vu plus haut, d'ordre démographique, ou même toujours militaire. Il faut donc invoquer un ensemble complexe de facteurs tour à tour socio-politiques, culturels, et, également, religieux (rôle manifeste de l'Islam) (Bonte).

En Afrique orientale, par contre, les groupes pastoraux (à l'exception des Tutsi et à un moindre degré des Somali) ignorent et même détestent l'esclavage et n'ont jamais tenté (toujours avec les exceptions Tutsi et Somali) d'exercer sur leurs voisins sédentaires une domination politique. Aujourd'hui, bien au contraire, les pasteurs constituent une minorité à la fois numérique et politique, objets même d'une certaine hostilité à l'égard de leur mode de vie (Uganda, Tanzania), la situation se trouvant un peu moins défavorable au Kenya où nombre d'hommes politiques influents se trouvent être des Kiambu Kikuyu ayant, en fait, des origines maasai (Jacobs).

Cette absence d'esclavage dans la steppe orientale s'expliquer-ait-elle par la nature de l'animal en cause, si le gardiennage de troupeaux de chameaux s'éloignant parfois pour des mois à très grande distance des campements exige une main d'oeuvre servile—et par l'absence ou la facilité du travail d'exhaure exigeant tant d'énergie musculaire en pays sahéliens ou déser-tiques (même là où l'animal de trait intervient)?

L'importance du rôle du forgeron en Afrique tropicale, et d'un rôle dépassant largement l'exécution de ses tâches tech-niques professionnelles, ne pouvait manquer d'être notée, égale-ment, chez les pasteurs: formant une caste spécialisée et endo-game, les forgerons des Maures comme des Touareg, tout en occupant un niveau social inférieur, accèdent parfois à des fonctions importantes, celles, par exemple, de conseillers politi-ques d'un chef. Les pouvoirs magiques qui leur sont attribués, leur langage secret, etc, en font des éléments un peu marginaux et redoutés.

'The only recent study on castes in West Africa of which I know is based on the societies covered by P. G. Murdock's "Cross-Cultural Survey". The writer, James Vaughan (a chapter in *Social Stratification in Africa*, edited by L. Plotnicov & A. Tuden), finds castes are present in the Western and Eastern Sudan, but not the Central Sudan. In terms of probable historic development, he believes that those castes (especially smithing castes) found in *Eastern* Sudan are pre-Islamic. The "paleo-nigritic" concept or stratum, postulated by Baumann, etc, may be relevant to this problem' (Frantz).

Des éléments de différenciation interne peuvent se retrouver jusque dans des pratiques juridico-religieuses. C'est ainsi que, chez les Touareg, la dîme musulmane (*tamesedek*) peut, ou conserver sa signification religieuse et aller aux groupes religieux (Iforas: Swift, Kel Dinnik: Bernus) ou, en l'absence de groupe religieux assez puissant, se voir 'confisquée' au profit du pouvoir politique (Kel Gress: Bonte). Il serait certainement intéressant d'étudier, à partir des deux termes classiques de *zakât* (dîme obligatoire) et de *sadaqa* (aumône), leurs modifications de sens en fonction de l'évolution socio-politique locale.

L'intervention d'un intermédiaire, d'un courtier, d'un *ethnic stranger* dans la négociation des échanges est fréquente, bien que parfois (Zaghawa, Daza) intervienne un membre de la communauté pastorale elle-même: mais chez les Zaghawa le *damin* n'a pas de rôle proprement commercial, devant simplement se porter garant que les bêtes à vendre n'ont pas été volées (Tubiana).

Le recours à un intermédiaire, qui n'est pas seulement caution de la régularité de l'opération mais souvent aussi le logeur, présente certains avantages en permettant d'atténuer certaines oppositions; cependant 'sometimes people like to trade with members of the same ethnic group, in order to enjoy good credit facilities' (Lewis).

Il peut arriver qu'au rôle d'agent commercial et de contrôle des marchés vienne s'en ajouter un second, typiquement politique: l'exemple est connu des Diawambé occupant auprès des chefs peul des fonctions de secrétaires, courtisans et diplomates (Gallais).

L'intervention de *l'ethnic stranger* a-t-elle pour objet, ou du moins, pour avantage 'to keep the relationship single-stranded, rather than multi-stranded, and therefore predictable'? En particulier 'is exchange then *integrative* (Mauss) or, by restricting certain exchanges to ethnic strangers, does it allow for exchange to maximize value at the expense of the other?' (Horowitz).

Idée que Baxter souhaiterait approfondir en se demandant si l'on peut dire que 'non-ethnics can occupy this particular economic niche because they stand in a relationship which is prevented from proliferating into multi-stranded relationships —by marriage restriction based on religions or cultural prescriptions; if no marriage—creation of kinship is prevented and a whole range of claims through affinity. This is often strengthened by residential separation into quarters, even ghettoes. The more specialized the economic role, the more effective the rule, *i.e.* the more stranger or foreign the ethnic minority and more specialized the better'.

VII 'LE NOMADE ET LE COMMISSAIRE'[1]

Il n'est pas douteux qu'aux yeux d'un Gouvernement central-isateur—colonial ou indépendant—avant tout soucieux de l'efficacité de ses rouages administratifs, peu porté à apprécier pluralisme et diversités, et fortement attaché à l'unité, sinon à l'uniformisation nationale, le nomade restera un personnage singulier, un peu inquiétant même, vivant à part et autrement que les 'bons' citoyens, plus dociles, et—il faut l'avouer—ne facilitant guère spontanément la tâche du percepteur ou du gendarme, avec lesquels sa mobilité lui permet d'ailleurs d'éviter de trop fréquents entretiens.

L'administration des nomades, et plus encore l'élaboration des mesures destinées à favoriser leur intégration économico-politique dans le cadre national, semble poser des problèmes à bien des égards *sui generis*. De plus, là où pouvoir central et nomades appartiennent à des ethnies, voire à des races, différ-entes, les occasions de tensions, ou de conflits, n'en seront pas diminuées, bien au contraire.

Ces lignes de Jacobs peuvent utilement introduire la question :

'Two themes relevant to a discussion of administrative inter-ventions seem to prevail throughout all the papers of this seminar:

'(1) as a result of population pressures and particular admini-strative involvements, pastoralists have increasingly been forced to occupy natural environments distinctly less favourable than those occupied by them in the past, to the positive detriment of traditional herding practices and the related judgement that their future is both problematic and potentially grim.

'(2) that there exists a large body of misconceptions about pastoral peoples and that, contrary to popular misconceptions that characterize pastoralists as innately conservative, arrogant and aloof, dim-witted and highly irrational, they are in fact highly opportunistic, quick to perceive changing circumstances

---

[1] Titre emprunté à celui du livre de F. Benet.

and maximize advantages, and highly rational in their choices, at least in matters relating to short-term advantages.

'Though I have no wish to quarrel with the general validity of these themes, I would caution that they can easily be over-emphasized at the expense of other, equally valid and important factors resulting from administrative intervention, such as the effects of modern medicines and famine relief facilities in increasing human and livestock populations, and decreasing factors that formerly both characterized and constituted a limit of the natural environment in traditional herding circumstances. Or, put differently, though many pastoralists do today occupy poor natural environment as a result of administrative interventions, they do so with a host of new technological innovations, many of which, paradoxically, have resulted in pastoralists accelerating the rate of desiccation of natural environment that was inherent in the traditional herding system. That is, herding practices that may be rational in the traditional system for short-term periods are increasingly becoming irrational in the long-term, due to pressures of overpeopling, overstocking, and overgrazing.

'About administrative interventions and the response of pastoralists to them, there are at least four different kinds of questions which can be asked.

'(1) Are these factors intrinsic or inherent to pastoral societies generally, or particular pastoral societies, that make them more different to develop or respond to administrative interventions than those of agricultural societies or other particular pastoral groups? Not only is there a widespread popular belief that pastoralists constitute some sort of special problem of development, but even students of pastoralism often imply this. For example, Prof. Lewis in the last sentence of his paper suggests that "the highly integrated and internally peaceful Boran Galla would adapt much more easily to grazing control schemes than the hopelessly divided Somali pastoral nomads", while Prof. Horowitz suggests that "there is no simple environmental reason why the Manga could not develop cattlemen of their own", and that "the restraints are cultural, not environmental".

'I would suggest that the empirical evidence to support conclusions of intrinsic difficulties is weak, if not non-existent, and that logically there is no reason why pastoralists should be inherently less responsive to administrative interventions than sedentaries.

'(2) Secondly, I would raise the question of whether there are factors intrinsic to the process of administrative interventions, possibly related to its distinctly bureaucratic nature, that are directly responsible for the particular state of intervention among pastoralists today and in the past. What I have in mind here is not only the fact that administrative interventions are often based on a paucity of valid or detailed information and an excess of misconceptions, but that administrative innovators rarely appear to "learn from their mistakes". Several papers, Dr Baker's and my own, particularly, make this point that the same mistakes appear to be recurring among administrative interventions from one decade to another, and not only are the best-designed innovations having unintended or unwanted consequences, but we have not developed as social scientists any valid theories to explain why it is that what nobody intended or wanted to happen, *actually* takes place.

'(3) Factors intrinsic to process of interactions between pastoralists and administration: geographic isolation of pastoralists, choice of personnel to intervene.

'(4) Fourthly, and finally, I would raise the question of whether there are factors external to both pastoralists and their national administration—such as uncontrollable increases in population, or deteriorating climatic conditions, or world opinions—that are likely to exercise the greatest influence on the development of pastoralism at present or in the immediate future, natural or undirected. I have in mind not only the worldwide increase in demand for beef and decreasing access to production elsewhere, but also, the paucity of valid information existing on enumeration of human and livestock demographic data relevant to intelligent planning.'

Certaines difficultés de l'action administrative sur les pasteurs (isolement géographique, caractère marginal, problèmes de scolarisation, de vaccination du bétail, etc) sont bien connus.

Historiquement, il n'est guère possible d'éluder la question des finalités de l'action administrative à l'époque coloniale, orientée vers l'instauration d'une domination politique fondée sur la force et, au besoin, sur la liquidation physique des adversaires (*imajeren* de l'Azâwar: Tanout, 1917): le système économique colonial a évidemment fonctionné de façon moins efficace chez les pasteurs (Bonte).

En ce qui touche l'école, il est de fait que, même nomade elle-même ou saisonnière, elle n'a pas vu le contenu de son enseignement efficacement adapté, tandis que le système de l'internat éloigné de la zone d'origine, en interrompant l'apprentissage technique du nomadisme, risque de détacher l'enfant de son milieu d'origine (Swift). L'école (Ahaggar), autrefois boudée pour l'inutilité 'pastorale' de son enseignement, attire aujourd'hui davantage comme source d'un savoir technique pouvant lui-même fournir l'obtention d'un emploi (Bourgeot).

Les pasteurs sont tout aussi capables que leurs voisins d'accueillir des innovations techniques, dès que celles-ci semblent devoir prolonger et améliorer le système traditionnel, ce qui est le cas du contrôle des maladies du bétail et des travaux hydrauliques (Baker). Ils savent fort bien aussi découvrir les aspects discutables d'une mesure en soi bénéfique et refuser la vaccination quand elle s'accompagne d'un recensement devant entraîner une augmentation de la pression fiscale (Chaventré) : au Niger le succès de la campagne contre la peste bovine fut facilité par l'assurance donnée que les opérations de vaccination ne serviraient ni au recensement ni à l'imposition.

Pourquoi, se demande-t-on, les interventions administratives répètent-elles si souvent leurs erreurs et les échecs passés?

Le caractère 'sédentaire' de la mentalité des bureaux, une connaissance et une appréciation insuffisantes de la mentalité pastorale sont une explication mais à coup sûr simpliste, comme l'explique Jacobs: 'Rather, I would suggest that another source of the exploration for failures is that both administrators and we social scientists pay no attention to developing explicit social theories as to why it is that what nobody intended to happen, or nobody wanted to happen, actually takes place, nor in the few cases where such theories are formulated are they ever put to adequate empirical tests. To overcome this obstacle, more social scientists must engage in more kinds of "applied" research, formulating and testing explicit social theories as to why specific innovations are likely to work and for what specific reasons.'

La communication de Baker répond, elle-aussi, aux mêmes questions: 'the problem of unintended responses, the need for integrated, applied social research in development appraisal, the

reason why the same mistakes are being made over and over'
mais l'auteur ajoute: 'the reason why the same crises keep recurring is that there has been no fundamental change in approach,
composition of "development teams", etc. Too much of the
"development" is responsive . . . The real problem is in bringing
together traditional and modern technology', une conclusion
que personne évidemment ne discutera.

Mais s'il est aisé de déceler des erreurs politiques (s'exprim-
ant trop souvent dans le choix d'un personnel inadéquat), il ne
semble guère que les ethnologues et sociologues soient actuellement capables 'de prévoir les comportements des groupes qu'ils
étudient', ni de trop savoir comment 'améliorer les théories qui
devraient leur permettre de prévoir ces comportements' (Baroin).

En réalité: 'Are social anthropologists organised to advise on
development projects? Is the notion of development project
itself sensible? Do we not need an integrated development
science? Perhaps social anthropologists should press for this'
(Swift), mais pour celui-ci quel sera l'objectif de cette 'science
intégrée au développement', plus facile peut-être à imaginer
qu'à constituer? Elle devrait s'en proposer deux: '(a) the goals a
pastoral economy sets itself, i.e. survival in a uncertain environment. How does it realize these goals? Answers to this explain
much apparent "irrationality" of subsistence pastoralists—(b)
identifying social groups which could be a focus or a stimulus to
technological and social innovation.'

Plusieurs réflexions viennent ici, me semble-t-il, à l'esprit.

D'abord, on peut se demander dans quelle mesure les interventions administratives sont ou non élaborées avec la participation des nomades, ou au moins leur adhésion préalable (Tubiana); un essai dans cette direction est signalé au Karamoja
(Uganda) avant le plan régional de 1970 (Baker) et il y en a eu
des exemples chez les Maasai de Tanzania mais 'if it is of course
desirable that development schemes for nomads should include
adequate participation, however, experience in Somalia (which
is effectively directed by nomads) suggests that shared cultural
features between innovator and people do not necessarily
guarantee this success; local officials may have parochial interests which make them far from disinterested in the actual choice
of site for a development scheme' (Lewis).

Ensuite il faut bien admettre que l'habitat spécifique des nomades ne saurait être que dans une mesure apparemment très limitée (puits, barrages, vaccinations) un domaine d'application pour la 'technique', au sens industriel et mécanique du mot.[1] Il serait d'ailleurs d'autant plus dangereux d'imaginer que 'la technique' *lato sensu* est une panacée qui aura réponse à tout et dont la simple irruption dans la steppe ou le désert suffira à changer le climat ou à modifier les mentalités. D'autant plus qu'ici comme ailleurs en Afrique la formulation, souvent facile, d'une solution technique appropriée à tel problème ne suffit pas: encore faut-il qu'au niveau, non plus des bureaux d'étude ou des ministères, mais à celui de la réalité et de la vie, la solution-miracle imaginée soit applicable: décrire le 'souhaitable' sans trop se préoccuper de ce qui le sépare du 'possible' peut être une démarche 'auto-satisfaisante' pour l'inventeur mais en fait assez vaine.

VIII FACTEURS COMMERCIAUX ET INDUSTRIELS

Nous avons bénéficié, pour aborder ce thème, d'une substantielle introduction de Bonte qui m'a semblé mériter de se voir reproduite ici, à peu près intégralement.

'Le sujet présente un certain aspect paradoxal puisque: (*a*) on a souvent noté que les nomades vendent le moins possible et sont difficilement intéressés à la *commercialisation* du troupeau et de ses produits—(*b*) les pasteurs ne sont pratiquement pas touchés par *l'industrie* à de rares exceptions près montrant que là où elle s'installe la vie pastorale nomade subit de rapides modifications.

'En fait, même s'il s'agit de problèmes en partie extérieurs au pastoralisme nomade, ceux-ci se posent avec force du fait de la rencontre de cette société avec une *économie de marché* présentant une certaine incompatibilité avec elle.

'Facteurs commerciaux et industriels ont d'ailleurs des effets parallèles dans la mesure où ils apparaissent liés au développement de cette économie de marché: en effet, dans le premier cas il s'agit d'amener les pasteurs à se séparer d'une partie de leurs troupeaux pour la vendre sur un marché et dans le

[1] J'entends ici la technique appliquée directement à la vie pastorale car, indirectement, on connaît assez l'efficacité de ses interventions en territoires nomades (pétrole, mines, transports).

second la nécessité pour les pasteurs de vendre leur force de travail contre un salaire apparemment lié à la perte de leurs moyens traditionnels de subsistance, en premier lieu du troupeau.

'Alors que dans le système d'une économie de subsistance on avait une appropriation des moyens de production par des éleveurs autonomes et des échanges sous forme de troc, dons, prestations sociales, etc, dans le système d'une économie marchande on a une dépossession (totale ou partielle) des moyens de production, l'apparition du salariat et des échanges monétaires.'

1. Les facteurs commerciaux
'Il faut d'abord nuancer l'affirmation précédente puisqu'en fait le commerce n'est pas complètement étranger aux sociétés pastorales. Dans certaines d'entre elles (Moyen-Orient, Mongolie) on trouve—et on trouvait déjà autrefois—une commercialisation importante des produits de l'élevage et du bétail, le pasteur ayant acquis ici une fonction dans l'économie globale, situation relativement plus rare en Afrique tropicale.

'Mais le commerce peut jouer un rôle non négligeable dans les sociétés disposant d'animaux de transport (pasteurs sahariens et sahéliens) assurant un trafic caravanier à destination et en provenance des centres sédentaires ou entrant dans des échanges inter-régionaux portant souvent sur le couple sel (à l'aller)—mil (au retour).

'En effet, s'il est une nécessité quasi-générale pour toute société pastorale, c'est bien celle de se procurer par échange une partie ou la totalité des produits agricoles complétant leur alimentation. Or, cette nécessité peut être satisfaite:
'(*a*) par le troc avec les sédentaires.
'(*b*) par l'échange marchand direct sur des marchés où les nomades rencontreront les sédentaires (ex. les Touareg sur les marchés du Niger central).
'(*c*) par un échange marchand géographiquement plus complexe (ex. les Kababish du Sudan N.-O. vendant leur bétail dans la vallée du Nil mais achetant leurs céréales plus au Sud).
'Les pasteurs sont donc amenés, traditionnellement, à échanger une partie de leurs troupeaux, mais ceci n'est pas contradictoire avec l'idée formulée plus haut d'une incompatibilité au moins partielle avec une production marchande: en effet,

l'échange demeure, en fait, périphérique et ne détermine pas la production pastorale. D'où le problème de la détermination du degré d'intégration possible des sociétés pastorales à une économie marchande sans que soit remise en question leur forme d'existence et d'organisation, problème se posant d'ailleurs en termes différents suivant: (*a*) la nature de ces sociétés et (*b*) les systèmes socio-économiques permettant la commercialisation des produits. Même quand ils prennent une forme monétaire, les échanges se présentent le plus souvent sous forme de systèmes partiels, terme-à-terme nécessitant des catégories sociales spécialisées pour l'aménagement des relations marchandes (ex. les *dillali* en pays haoussa).

'Mais les problèmes actuels sont des problèmes d'extension et de généralisation de la commercialisation, et pour trois raisons:

'(*a*) l'énorme croissance des besoins en viande au niveau des concentrations urbaines (Nigéria, Côte d'Ivoire, etc).

'(*b*) les exigences du développement impliquant l'extension des besoins monétaires et la création de besoins nouveaux chez les pasteurs.

'(*c*) la commercialisation apparaît comme une solution rationnelle à la croissance anarchique des troupeaux.

'Cependant, si l'extension de la commercialisation est réelle, elle se heurte à de multiples problèmes, par exemple:

'(*a*) refus des éleveurs de se dessaisir de leurs animaux, ou de la catégorie d'animal désirée sur le marché, car la valeur d'échange du bétail s'oppose aux autres formes d'utilisation du troupeau (sociales, religieuses, subsistance ou valeur d'usage); il existe, en particulier, une opposition entre commercialisation, d'une part, et volonté de maximisation du troupeau, de l'autre. Aussi l'éleveur préférera-t-il parfois ne vendre que certaines catégories d'animaux, p. ex. le petit bétail et non les bovins, ou aura tendance à vendre des bêtes de qualité inférieure ou très jeunes.

'(*b*) difficultés s'opposant à une régulation de l'offre et de la demande, en quantité, en qualité et dans le temps. Des études poursuivies au Niger central ont montré que l'éleveur vend en fonction de besoins spécifiques (impôt, achats de céréales, etc), donc à certains moments et en quantités variables, d'où, à ce niveau, conflit entre deux types de rationalité économique.

'Ces constatations me semblent expliquer que l'extension de la commercialisation puisse prendre souvent l'aspect de crises de la société pastorale, voire s'inscrire dans un contexte "catastrophique". Pareilles crises témoigneraient à mon avis d'un certain degré d'incompatibilité entre société marchande et société pastorale, elles correspondraient au développement des rapports marchands dans ces sociétés, dépassant alors le simple problème de la commercialisation.

'Les effets de la crise provoquée par la sécheresse de 1970–71 chez les Boran ont été analysés par Baxter, qui note trois types de réponse:

'(*a*) adoption d'un mode de vie semi-sédentaire et d'une économie mixte agro-pastorale.

'(*b*) maintien d'un mode de vie pastorale "though all have become more market-oriented".

'(*c*) "some have become totally pauperized and live effectively stockless or with only the remnants of their herd and flocks, in and around the township, and are dependent on wage labour, which is short, or on aid".

'J'ai pu faire des observations du même ordre en Mauritanie. Bien sûr, sécheresses et famines ont toujours existé, mais ce qui est important, c'est que la pénétration des rapports marchands suscite cette nouvelle évolution. Je crois aussi, comme Baxter, que l'extension de la commercialisation comme celle des migrations de travail relèvent de causes identiques.

'Il faut noter enfin que l'extension de la commercialisation peut susciter ou accentuer des différences sociales ou économiques, soit qu'il y ait paupérisation d'une partie de la société, soit que certaines catégories sociales se trouvent privilégiées: les *imajeren* des Kel Gress et quelques *ighawelen* ont bénéficié principalement de l'extension du marché (non limité ici au bétail mais incorporant sel et céréales).

'L'organisation du commerce du bétail en Afrique occidentale s'est considérablement développée sous la colonisation et pose nombre de problèmes dépassant d'ailleurs les limites ethniques et même nationales. Elle peut se voir abordée de trois points de vue:

'(*a*) organisation géographique: distinction des secteurs de production, de commercialisation et de consommation; les routes commerciales, l'organisation complexe du trafic.

'(*b*) organisation sociale: nombreux groupes sociaux concernés (commerçants (*dioula*), courtiers (*dillali*), bouchers), souvent ethniquement spécialisés, et dont l'organisation interne (information, coopération, utilisation du crédit, etc) peut être très forte, comme leur rôle social et politique se révèle souvent majeur.

'(*c*) organisation économique: jeu des lois du marché, tentatives de régulation de l'offre et de la demande ou de réorganisation de la commercialisation, recherche de solutions extérieures au pastoralisme proprement dit (les essais de ranchs: Nigeria, Tchad).

II. Les facteurs industriels

'Un certain nombre de problèmes se trouvent posés, outre celui des migrations de travail traité dans ma communication:

'(*a*) organisation d'un secteur industriel dépendant de la production pastorale (abattoirs, conserveries, tanneries, laiteries).

'(*b*) insertion des pasteurs, comme travailleurs, dans une société industrielle.

'L'étude des migrations de travail est très importante, car celles-ci s'inscrivent dans le cadre des rapports marchands et correspondent à la dépossession des éleveurs de leurs moyens de production, essentiellement le troupeau. Les migrations prendront parfois un caractère régulier, sous la dépendance d'un cycle saisonnier, mais correspondront plus souvent, parfois massives, aux crises évoquées plus haut.

'Les migrations orientées vers les centres urbains s'accompagnent souvent de phénomènes de "clochardisation" (présence autour des agglomérations sahariennes ou sahéliennes de nomades installés sans ressources apparentes). Là où existe une industrie, le marché du travail peut absorber une partie de ces migrants, comme en Mauritanie où les entreprises minières (MIFERMA, MICUMA) utilisent en majorité d'anciens nomades dont certains atteignent une qualification ouvrière indiscutable.

'Dans l'un et l'autre cas, ces migrations ont des conséquences majeures: déculturation et destructuration de la société migrante sont rapides et la paupérisation provoque des phénomènes secondaires: bidonvilles, prostitution, parasitisme social ou familial. La prolétarisation d'une partie des migrants favorise la formation d'une classe ouvrière dont l'organisation comme le mode de vie vont, bien que demeurant marqués d'un fort traditionnalisme, diverger absolument du pastoralisme.

'Mais les répercussions ne seront pas moins marquées sur la société pastorale dont les transformations se verront accélérées, par la circulation des individus, des idées et des biens (principalement monétaires). Plus de 20% de la population du Nord de la Mauritanie, donc un pourcentage plus élevé encore de la population active, ont rejoint les centres industriels et urbains, et beaucoup de jeunes vivent entre les campements et la ville, les *tenūsū*, d'un terme imagé qualifiant l'animal s'étant isolément séparé du troupeau. Dans un délai proche, c'est la société pastorale du Nord qui, privée de main d'oeuvre, et voyant décroître ses troupeaux, risque de se voir condamnée: les mécanismes sociaux et économiques de reconstitution du troupeau après la sécheresse (prêts, clientèle) ne jouant plus, chaque crise entraîne des départs massifs. En même temps les rapports monétaires et marchands s'introduisent dans la société pastorale: l'évolution du prix de la dot, devenant de plus en plus un rapport monétaire et augmentant fortement en est une preuve significative.

'L'analyse régionale qui précède n'autorise sans doute pas de généralisation et bien des comparaisons seraient utiles.

'Mais une question fondamentale reste posée: quel est le degré de compatibilité des facteurs commerciaux et industriels avec la logique et la structure des sociétés pastorales? Subsiste-t-il une adaptation possible du pastoralisme, et un autre avenir que celui de réserve folklorique à l'usage du tourisme en Afrique, problème, à n'en pas douter, grave?'

Si nourrie qu'ait été l'introduction de Bonte, inspirée d'ailleurs par une expérience régionale (Mauritanie), nombre de points mériteraient de se voir précisés ou complétés.

On devait, par exemple, se demander dans quelle mesure l'accroissement du volume des migrations ne correspondrait pas à l'augmentation de la population en général (Frantz).

Les migrations temporaires, cycliques ou non, ne sont pas rares (Tubiana: les Zaghawa célibataires de 20–30 ans, en direction des plantations de coton de la Gézireh, des cultures de mil ou des chantiers); le phénomène présente d'ailleurs dans l'Afrique de l'Ouest une fréquence et un volume considérables en dehors des sociétés pastorales, non seulement d'ailleurs en vue d'un gain matériel mais aussi pour des raisons psychologiques et culturelles (Dieterlen). Le phénomène migratoire n'est pas lié partout à la pauvreté : artisans et boutiquiers maures temporairement établis dans les villes du Sud.

Il existe naturellement toute une gamme de situations variées entre le pasteur ayant conservé son genre de vie traditionnel et l'individu étant sorti de son cadre d'origine pour déboucher sur les états les plus divers, du clochard au fonctionnaire. En ce qui concerne le Nord mauritanien, on trouve aux mines de fer : (*a*) des ouvriers achètant tente et moutons pour installer leur famille en brousse—(*b*) certains sont séparés de leur famille qui vit en brousse mais les revenus-salaires dépassent les revenus pastoraux—(*c*) beaucoup rêvent de revenir à la vie pastorale, mais bien peu y réussissent (Bonte).

Une distinction doit être faite entre les éléments contraints par de mauvaises années à abandonner l'économie pastorale, qui travaillent pour parvenir à reconstituer leur troupeau, et ceux qui s'en vont pour suivre la filière des écoles et, eux, reviendront rarement (Swift). Jacobs signale à ce propos que même si beaucoup rêvent en effet de reprendre la vie pastorale, il ne connaît en fait, en Afrique orientale, pas un seul cas où la chose ait été réalisée, et c'est d'ailleurs bien pourquoi les Maasai manifestent quelque répugnance à envoyer leurs enfants à l'école, de crainte de les voir perdus pour l'élevage et de se trouver eux-mêmes, de ce fait, appauvris. Par contre certains Somali ont une longue tradition d'expatriation outremer, au terme de laquelle ils reviennent investir de sommes parfois considérables dans l'augmentation des troupeaux (Lewis).

La nécessité se trouve bien marquée d'un ajustement entre une offre dépendant pour une large part des conditions climatiques et une demande subissant les lois du marché : les animaux achetés en période de sécheresse devraient pouvoir être remis en condition et livrés peu à peu au commerce, avec le triple avantage : (*a*) d'améliorer l'équilibre offre/demande—(*b*) en absorbant du bétail en excès de réduire la pression sur le pâturage—(*c*) d'introduire dans le circuit commercial un produit meilleur (Baker).

Au Kénya, pendant la sécheresse et la famine de 1959–62, une innovation technique a permis d'utiliser des surplus d'animaux, à savoir la production de poudre de viande, pour laquelle il y avait alors un débouché en direction du Congo (Jacobs).

Les nouvelles frontières internationales en Afrique de l'Ouest peuvent parfois gêner le commerce traditionnel du bétail (Swift), mais ailleurs elles paraissent pouvoir au contraire favoriser une contrebande lucrative: 'noeuds' Haute-Volta/Niger/Mali ou Tchad/Nigéria/Cameroun/Niger (Lewis, Rouch, Horowitz).

Il existe, d'autre part, en Afrique occidentale 'un réseau international complexe, comportant une série de relais de regroupement ou de distribution qui, il y a dix ans, était parfaitement organisé et qui, grâce à l'origine ethnique commune des éleveurs, des bergers, des revendeurs était devenu un très solide monopole dont l'étude permanente serait indispensable' (Rouch).

Ces réseaux peuvent constituer (Mauritanie) des groupes de pression puissants et efficaces (Toupet), dont un exemple typique est l'Association of Kampala Butchers 'a Moslem group which dominated the buying of animals in Karamoja and had power to make or break almost any marketing recommendation' (Baker).

IX TRADITION ET DÉVELOPPEMENT

La reproduction de larges extraits des rapports d'introduction à ce thème m'a paru souhaitable avant d'aborder le contenu des discussions auxquelles il devait donner lieu.

'Il apparaît comme une évidence au chercheur, écrit Tubiana, que les options des groupes humains—qu'ils soient nomades, transhumants ou sédentaires—servent leurs intérêts vitaux. Ces choix sont, dans des conditions données, sans aucun doute la meilleure réponse pour assurer la vie et la survie du groupe. C'est donc seulement après une analyse approfondie des faits, et à partir des faits seulement, que l'on pourra suggérer des améliorations ou des innovations. Il ne peut donc être question d'envisager quelque changement que ce soit avant d'avoir fait le point de la situation réelle, ce qui implique une connaissance précise des systèmes traditionnels en vigueur. Cette démarche, qui est la seule rationnelle, se caractérise par le respect de l'acquis, la prise en compte des solutions apportées par une société à ses propres problèmes et un désir d'efficacité optimale.

'Ce n'est pas toujours la méthode suivie par les organismes gouvernementaux ou intergouvernementaux.

'Ainsi le projet F.A.O. du Djebel Marra, en République du Soudan, démarré en 1965 avec pour objectif l'irrigation de la région à partir du château d'eau constitué par le Djebel, n'a eu aucun résultat alors que des moyens très importants en techniciens et en matériel avaient été employés. Les deux raisons de cet échec furent sans aucun doute l'absence d'une reconnaissance préalable des problèmes humains (une enquête partielle fut menée pendant le déroulement des travaux quand on a senti que les choses tournaient mal, mais c'était trop tard) et d'autre part le fait que l'on n'avait pas eu le souci d'informer les populations intéressées ni celui d'obtenir leur adhésion et leur concours. Finalement des moyens énormes avaient été dépensés en pure perte. Les crédits de développement accordés au Tiers-Monde sont trop limités pour qu'on puisse tolérer le gaspillage. Les scientifiques doivent sortir de leur réserve et se faire entendre au nom de l'efficacité.

'Mais comment? Et ici nous rejoignons les conclusions de Baker: 1º Il n'y aura jamais de progrès si l'on ne s'appuie pas sur les systèmes traditionnels qui sont parfaitement adaptés; on peut les améliorer, on ne peut ni les ignorer, ni les détruire. 2º Il n'y aura jamais de progrès si l'on n'obtient pas l'adhésion des intéressés et cette adhésion ne peut se produire qu'après des campagnes d'information et d'éducation. Tout changement trop brutal, ou tout changement non compris peut aboutir à une catastrophe.

'Je voudrais préciser, à titre d'exemple, dans quelles circonstances, mon mari et moi-même, avons été amenés à formuler les propositions qui figurent dans notre communication.

'Lors de notre dernière mission en 1970, les Zaghawa sortaient à peine d'une terrible famine consécutive à plusieurs années de sécheresse: anéantissement des troupeaux, migration des gens vers le Sud pour s'employer comme salariés, etc. . . . Un assez grand nombre d'entre eux se posaient le problème de savoir s'ils pourraient continuer à vivre dans de telles conditions d'incertitude et s'il ne valait pas mieux abandonner leur pays pour aller se fixer ailleurs.

'C'est à la suite de ces interrogations que plusieurs responsables soit dans le cadre traditionnel (chef de canton ou de village) soit dans le cadre moderne (instituteurs, ingénieurs hydrauliciens, tous issus du milieu zaghawa) nous ont demandé notre avis. Nous avons eu de longues conversations avec eux à la suite desquelles nous leur avons fait un certain nombre de suggestions que nous avons discutées ensemble point par point lors de différentes séances séparées par plusieurs jours d'intervalle ce qui permettait à nos interlocuteurs et à nous mêmes de réfléchir, d'aborder de nouvelles questions et de préciser les modalités d'application des aménagements sur lesquels se faisait un certain degré d'accord.

'Les éleveurs (cela a été souligné dans de nombreuses communications) se préoccupent plus de quantité que de qualité. Ils tendent à accroître sans cesse leur troupeau pour toutes les raisons qui ont été énumérées. Est-ce que les améliorations techniques introduites ne vont pas conduire logiquement au seul croît des troupeaux alors que le but est de rechercher non pas un nombre maximal mais un nombre optimal de bêtes?

'Cet optimum pourrait être schématiquement défini ainsi: le nombre d'animaux que peut nourrir et abreuver le pays en fin de saison séche, nombre à définir de manière empirique selon les régions. Il faudrait donc faire comprendre aux éleveurs qu'ils ont intérêt à vendre leur surplus en début de saison sèche et chaude. Ne pourrait-on envisager d'une part la création d'organismes *locaux* faisant des offres d'achat pour la boucherie tout en pratiquant une politique d'amélioration qualitative, d'autre part la construction sur place de *petits* abattoirs et de *petites* usines *artisanales* de séchage de viande, technique connue de nombreux pasteurs? J'insiste sur les qualificatifs: *petit, local, artisanal*. Je ne sais pas s'il existe ailleurs des exemples de ce genre d'intervention.

'Diverses suggestions ont été formulées ici touchant une amélioration de la situation des éleveurs et même de leur survie. Elles se recoupent parfois, mais j'ai été aussi frappée de voir qu'elles pouvaient également, à première vue, se contredire. Il conviendra donc d'être très prudent dans nos propositions et de tenir compte des différentes conditions particulières. Voici quelques exemples:

'Si l'on considère les pâturages, on serait tenté de souhaiter chez les Zaghawa l'élimination du *Cenchrus biflorus* (Arabe: *askanit*, vulgairement "*cram-cram*") pour favoriser d'autres graminées plus appréciées. Mais ailleurs (Sahel central et occidental) l'espèce constitue un pâturage réputé et, de plus, fournit une graine de cueillette d'importance non négligeable.

'Une même espèce d'arbuste, le *Calotropis procera*, sera tour à tour tenu pour tout à fait inutile (Zaghawa) ou largement employée (comme piquets de case: Daza du Borkou).

'Si la chèvre en Mauritanie a pu se voir considérée parfois comme un fléau, son élimination au Karamoja se serait révélée nuisible, car l'animal en broutant les branches basses des buissons empêchait la prolifération de certains insectes nuisibles au bétail (Baker).

'On multiplierait aisément les exemples mais il est certain que toute modification proposée devra donc être strictement localisée et des essais faits à titre expérimental avant d'envisager une application générale. Il ne paraît guère possible de parler d'amélioration globale de la situation des éleveurs mais de conditions particulières à examiner.

'En ce qui concerne le problème de la formation des hommes, un effort d'imagination ne sera pas moins nécessaire et pouvant porter sur:

'(*a*) un rythme adapté de scolarisation, par ex. 3 à 4 mois durant la saison sèche.

'(*b*) un contenu approprié d'un enseignement visant p. ex. à former des techniciens de l'élevage.

'(*c*) l'utilisation d'une langue appropriée, et il nous semble que seules les langues vernaculaires peuvent être efficacement utilisées.'

L'exposé de Gallais, qui s'efforce de placer la question 'tradition et développement' sur un plan plus général, s'articule en quatre points:

I. La dimension du problème
'Les éleveurs-nomades que je connais placent exactement leur souhait de futur dans la dialectique tradition-développement.'

(1) Tradition
'Contrairement à ce qu'on trouve dans certaines sociétés où des classes sociales n'éprouvent à l'égard de la tradition que le souhait de distance, je pense par exemple au prolétariat rural de certaines régions latino-américaines, l'individu nomade,

même appartenant à une situation sociale inférieure, est attaché à une tradition, tributaire de l'histoire.'

(2) Développement

'Sans entrer dans le détail des moyens d'y parvenir, le nomade souhaite pouvoir couvrir des besoins nouveaux ou amplifiés: thé, sucre, cotonnades, grains, transistors, armes, impôts, soins médicaux.

'Je ne connais pas de groupes, même très isolés, qui n'aient pas une "certaine idée" d'enrichissement, de modernisation, ne serait-ce que le désir de ne plus être la victime de l'inégalité devant la maladie ou la mort.

'La valorisation du passé (ou la conception apocalyptique du proche avenir) peut caractériser certaines attitudes de gens âgés, notables traditionnels p. ex., mais je crois inexact de réduire la mentalité nomade à ce passéisme.

'Bref, la promotion humaine des nomades me semble à la charnière de la tradition et du développement.

'Ceci dit, il est banal de souligner que les entreprises de développement ignorent la tradition.'

II. Ignorance de la tradition

'Quelle est la raison de cette ignorance? Les pasteurs ne sont pas consultés. Mais si cette consultation est nécessaire, elle n'est pas suffisante, l'opinion des intéressés eux-mêmes ne pouvant évidemment se formuler en termes d'entreprises opérationnelles de développement.

'Cette opinion locale doit donc se voir reprise, traduite, "interprétée" par des chercheurs en sciences humaines. Bref, l'ignorance de la tradition tient aux difficultés de l'insertion des sciences humaines dans les plans de développement. La raison est simple et très contraignante. Le calendrier et l'organisation des opérations de développement ne prévoient pas une approche préalable du milieu, approche préalable qui devrait répondre à 2 qualités: (*a*)—longue, en profondeur, disons 3 à 4 ans au minimum pour une zone précise et limitée—(*b*)—"ouverte", c'est-à-dire, non limitée à l'étude des conditions d'application d'une technique, d'une mutation en réalité déjà choisie.

'En face de ces impératifs, on demande aux chercheurs en

sciences humaines:—soit une approche courte précédant immédiatement une action:—soit de "monter" dans le train et, de façon générale, de justifier une approche technique déjà choisie, un modèle d'action.

'Mais nous devons à la vérité ajouter qu'inversement, l'attitude fréquente du chercheur en sciences humaines ne facilite pas toujours cette intervention, ne lui permet pas de servir de pont entre tradition et développement. Pour deux raisons principales:

'1° en face du technicien qui veut "placer" ses techniques, il veut "placer" ses idées, attitude normative qui se révèle souvent négative car le choix n'est pas de son ressort: il le fait en termes de coûts économiques et d'options socio-politiques dont il n'a pas la responsabilité.

'2° d'ailleurs, ces options socio-politiques ne sont pas non plus très claires dans la pensée des responsables et l'un des meilleurs services que le chercheur en sciences humaines peut rendre est de clarifier ces choix en montrant pour chacun d'eux ce qui, dans la tradition, les appuiera ou s'y opposera et, d'autre part, classer les interventions d'après leur degré de complication et leur potentiel de dérangement de la situation actuelle, en somme traiter en termes optionnels les choix en explicitant: (*a*) l'amont: les implications et (*b*) l'aval: les conséquences prévisibles.'

III. *Conséquences de l'ignorance de la tradition*

'Les conséquences de cette ignorance de la tradition sont graves. Je les évoquerai sous deux rubriques et en termes généraux.

'(1°) défaut d'imagination: la monotonie des modalités d'action est frappante. Les plans de développement dans le domaine pastoral sont à peu près tous, même les plus importants (financés par la Banque mondiale) réduits à: (*a*) l'amélioration de l'infrastructure hydraulique par puits, forages, surcreusement des mares et (*b*) la couverture sanitaire, ce qui n'empêche pas la reprise de la peste bovine signalée un peu partout.

'Les projets les plus originaux sont surtout localisés chez les paysans sédentaires et à titre expérimental: embouche de case, lutte anti-parasitaire, recherche d'une alimentation correcte en oligo-éléments.

'La timidité des experts les engage à répéter les mêmes techniques, même celles qui ont prouvé leur inadaptation. Ils ont une véritable angoisse de l'échec qui engendre une inhibition complète de l'initiative au sens de créativité et, cependant, ils trouveraient dans la tradition une panoplie de moyens à adapter qui diversifierait les modes d'action.

'(2°) la monotonie des "recettes" aboutit à leur inadéquation aux conditons locales: on cherche à aménager ce qui est aménageable selon un certain type de techniques, sans souci des problèmes régionaux véritables. Par exemple, dans le Gourma malien, il n'y a qu'une région à nappe souterraine étendue et puissante: le Fondo: de 1950 à 1958, une série de forages se solde par un échec mais actuellement, on prévoit de reprendre ces forages. L'ennui, c'est que c'est tout à fait à l'écart des axes pastoraux essentiels et qu'il est très douteux que ces forages suffiront à attirer les pasteurs dans un cul-de-sac.

IV. *Contrôle territorial des pasteurs*

'Evoquons pour finir un thème essentiel où le développement peut souvent s'appuyer sur une tradition mais quelquefois doit tenter de la compléter; c'est la territorialité, ou plus exactement, le contrôle territorial des pasteurs. Mis à part, en Afrique de l'Ouest, le projet sénégalais et une réalisation R.C.A., les plans de développement pastoraux sont technicistes et ignorent la préoccupation socio-territoriale.

'Or deux raisons me font penser qu'une relative précision, qu'un resserrement du maillage spatial sont dans beaucoup de cas indispensables à moyen terme et pour le moins dans la zone sahélienne.

'Il a été regretté que les pasteurs soient ignorés; comment les consulter, augmenter progressivement leur responsabilité, constituer des conseils de pasteurs ayant des pouvoirs de décision et de gestion, réaliser une effective décentralisation, sans cerner de façon souple, évolutive, des territoires pastoraux? Il faudrait dresser un cadastre extensif adapté à l'organisation sociale, pouvant faire référence à des groupes d'utilisateurs relevant d'ethnies différentes—je pense par exemple au territoire "bangabe" (habitants de la mare de Bangao, Oudalan voltaïque)—, faisant une place importate à des réserves nationales, et sauvegardant l'espace des pasteurs dont nous savons qu'il est partout grignoté.

'Une deuxième raison engageant à une préoccupation territoriale est le fréquent alourdissement de l'exploitation à la suite du croît du cheptel et des hommes, dans un espace qui se resserre.

'Or Colin Clark, dans "Population growth and land-use", a démontré, après bien d'autres, que le croît démographique est la plupart du temps le seul facteur d'intensification des techniques; si les pasteurs ont différé jusqu'à maintenant cette intensification, c'est que le croît démographique et le croît du cheptel étaient faibles, et que des réserves d'espace étaient encore ouvertes, mais les conditions actuelles le permettent de plus en plus difficilement.

'*L'intensification* sera la réponse normale, inévitable, et l'intensification des techniques de production s'accompagne toujours d'une densification du *maillage territorial*, d'une précision accrue du contrôle territorial.

'Le maillage territorial existe d'ailleurs souvent dans la tradition, et quand il a été officiellement aboli au nom de la nationalisation des terres, le désordre a été tel qu'on est revenu à une conception plus traditionnelle du contrôle territorial (j'ai évoqué ce problème pour le Delta intérieur du Niger dans ma communication); le maillage territorial n'existe pas toujours, en ce sens que le découpage ne couvre pas la totalité de l'espace, mais il peut être éventuellement accroché à un contrôle de certains points de cet espace traditionnel: puits, mares, champs de cueillette . . .

'L'étude des structures traditionnelles de l'organisation de l'espace fournit la base optimum, la mieux adaptée comme la mieux acceptée, à cette territorialisation pastorale à mon sens indispensable à tout plan cohérent de développement.

'Comme dans beaucoup de domaines la tradition fournit les clefs les plus habiles de son propre dépassement.'

Il faut bien reconnaître tout ce qui sépare le niveau auquel se placent nos discussions et celui de l'application à travers des projets de développement.

Et à cet égard les points suivants, formulés par Baker, méritent d'être soulignés:

'(*a*) We should consider the "superior" attitudes of some "developers" and some African administrations to whom traditional pastoralists are primitive, unskilled and an embarrassment.

'(*b*) we need to take into account the speed of potential change, which is one of the greatest threats.

'(*c*) there is a tendency to favour certain imputs on the part of aid agencies, particularly capital intensive packages which photograph well; this could well be a reason why a programme such as integrated appraisal may not be popular.

'(*d*) the point I made in my paper still obtains, namely that there is a weakness for "development" to take the form of responses to specific stimuli and this can be disastrous.

'(*e*) I don't know of any pastoral society which has a purely quantitative attitude towards stock: consider herd structure, milk yielders and disease resistance.

'(*f*) lastly, in any other form of capital expenditure there is an audit, but not, it seems, in aid projects: this is one reason at least why the same mistakes are made again and again. We need post-mortems.'

C'est que, trop souvent, en effet 'les innovations techniques restent partielles, sans tenir compte du système pastoral dans son ensemble: d'où leur échec; ainsi, au Ferlo (Sénégal) un vaste programme d'hydraulique pastorale a permis la mise en place de stations de pompage, satisfaisant sans doute les besoins en eau en saison sèche, mais non sans incidences sur les pâturages dont les uns se trouvaient dégradés alors que d'autres, plus éloignés des forages, restaient inutilisés; il n'avait pas non plus été tenu compte de la commercialisation des produits laitiers qui auparavant s'effectuait à l'occasion des déplacements de saison sèche sur le fleuve; tout projet d'amélioration des techniques pastorales devrait donc pouvoir satisfaire en même temps tous les besoins: eau, pâturage, sel, commercialisation' (Dupire).

'Un obstacle manifeste à un développement utile réside dans le consensus de fait intervenant entre Services techniques et agences de planification pour se contenter de recettes techniques faciles au lieu d'aborder les problèmes humains fondamentaux' (Toupet).

S'il apparaît nécessaire que les principaux intéressés, les pasteurs eux-mêmes, soient désormais associés à la préparation

des décisions qui concernent leur avenir, cela implique évidemment que des mécanismes nouveaux soient mis en place
pour assurer l'information, d'abord, et le dialogue.

Une remarque intéressante, et ici importante, porte sur le
fait que les 'nomadic cultures form excellent communication
systems. News and information circulate with amazing rapidity and nomads often possess highly articulate cultures in which
poetry plays a significant role. They often seem much more
outward-looking and less parochial than sedentary peoples'
(Lewis).

L'information, en milieu nomade, se verra facilitée non
seulement par l'emploi de moyens modernes, dont la diffusion
est déjà en plein essor—j'ai écouté Radio-Pékin sur le transistor
d'un bédouin au fond du Sahara occidental—, mais par
l'utilisation de l'extraordinaire potentiel du monde nomade
dans le domaine de la communication. C'est en effet une
constatation banale et mille fois vérifiée que tout contact entre
voyageurs se voit largement consacré aux 'nouvelles'—'Quelles
sont les nouvelles?' est la première question posée—, que le
'téléphone arabe' fonctionne avec une efficacité et une rapidité
parfois stupéfiante même en plein désert, enfin que celui-ci,
loin d'être propice au sceret, est au contraire le lieu du monde
où il soit le plus difficile de se cacher, et le plus cancanier qui
soit: une vraie potinière, de l'Atlantique au Nil . . .

Il était normal qu'une large place soit faite ici aux efforts
tentés au Niger par son Service de l'Animatio net ses Radio-
Clubs.

'Le Service de l'Animation, implanté en zone nomade en
1966, vise à susciter par des méthodes propres au milieu nomade
la participation populaire au développement: l'expérience a
porté jusqu'ici sur l'Arrondissement de Tchin Tabaraden.

'Une première tâche pour le Service a été de mener une
analyse du milieu en fonction des besoins ressentis par la
population. En liaison avec l'Administration et les Services
techniques, il s'efforce de connaître le point de vue des différents groupes pastoraux vis à vis des actions de développement
déjà entreprises ou en projet. Le travail s'effectue par les contacts directs, les tournées, les enquêtes, les stages de sensibilisation, etc. Par exemple, en 1972 une enquête a été menée sur les
problêmes d'abreuvment, de façon à mieux connaître les

réactions des nomades devant les divers types de points d'eau (mares, puisards, puits, stations de pompage) et en regroupant les réponses par ethnies (Touareg, Peul, Arabes) et par niveau social. L'enquête a révélé que la majorité des éleveurs se déclare plus favorable aux puits cimentés qu'aux stations de pompage: surcharge pastorale moins forte, technique plus aisée à maîtriser, moindre amaigrissement des bêtes en fin de saison sèche).

'Le Service s'intéresse encore à d'autres sujets: rationalisation des parcours, amélioration des circuits de commercialisation (réduction du nombre des *dillali*, présence effective de l'éleveur lors de la transaction, etc.), prévention sanitaire, amélioration de l'alimentation des animaux jeunes, etc.; la distinction entre pays naisseur (nomades) et pays d'embouche (sédentaires) est également un thème à discuter avec les pasteurs' (Marty).

Depuis 1965, d'autre part, l'Association des Radio-Clubs du Niger se rend chaque année dans la région d'Agadès pendant l'hivernage: 'on apporte des postes récepteurs (transistors), des animateurs organisent dans chaque campement une écoute collective suivie de débats et trois "chameliers-reporters" circulent à travers les campements' (Robert).

L'adaptation de l'enseignment aux réalités locales préoccupe aujourd'hui tous les responsables et il s'est tenu à Ouagadougou en novembre 1972 un colloque sur 'l'intégration de l'école au milieu'.

Mais l'école proprement dite, même 'adaptée', reste 'l'école', et celle-ci, chez les pasteurs, ne peut guère prétendre qu'à une efficacité à long terme: 'yet, the pressure on pastoral peoples is for short term, immediate development. Hence, I agree that we might better focus on improving all modes of communication of knowledge and ideas, including adult-education, market lectures, carefully designed word-of-mouth radio progammes, etc., rather than focusing on formal schooling *per se*' (Jacobs).

On a pu se demander si le mot même d' 'école' ne présentait pas ici des inconvénients, pour les connotations idéologiques dont elle reste inséparable en milieu occidental. Dans ce cas ne serait-il pas préférable de parler de 'diffusion de certaines informations', ce qui, d'ailleurs, n'implique pas nécessairement les moyens audio-visuels, la lecture et l'écriture, mais valorise la parole; on s'appuierait ainsi sur le goût très vif des populations pastorales pour la recherche des informations de toute nature (cf. l'assistance aux marchés en dehors de toute préoccupation d'achat ou de vente). Toutefois, plusieurs contradictions semblent accompagner cette 'diffusion de l'information':

'(*a*) La saison sèche est souvent occasion de réunion et non de dispersion, au contraire de la saison des pluies; elle pourrait donc être choisie de préférence à l'autre, lorsque existe cette alternance climatique, pour y insérer des actions éducatives, mais la saison sèche est aussi celle des tâches pastorales les plus dures et les plus absorbantes (abreuvement, par exemple).

'(*b*) En faisant porter sur les jeunes l'effort de diffusion de l'information, ne risque-t-on pas d'aller à contre-courant de la direction dans laquelle s'exerce la communication de l'expérience, des adultes âgés vers les "jeunes adultes", qui devraient être, eux, les principaux bénéficiaires d'une "information" pratique efficace?

'(*c*) Les animateurs de cette "diffusion des informations" utiles aux pasteurs devraient appartenir eux-mêmes à une culture pastorale, ce qui rendra leur recrutement fort difficile, les "scolarisés"—au plein sens du terme—ne désirant généralement pas retourner en milieu pastoral dont ils trouvent les conditions de vie très dures' (Dognin).

De toutes façons, le choix politique, d'un système d'enseignement implique la définition du type de société que l'on se fixe comme objectif: 'veut-on conserver des rapports de production de type pastoralistes ou bien les détruire?', c'est la question, car continuer à appliquer un système d'enseignement 'occidental' longtemps destiné à la formation d'éléments auxiliaires soit de l'Administration soit des entreprises capitalistes, c'est risquer d'atteindre la société pastorale: 'les nomades une fois scolarisés ne sont plus des nomades' (Festinger).

Ce qui est très souvent exact, encore qu'au niveau familial puissent se révéler de surprenantes diversifications: 'amongst Somali it is common to find three brothers or other kin working as a mixed economic enterprise: one brother will manage the family herds, another lives (mainly) in town as a merchant-politician, while the third (perhaps the youngest and best educated) works as a Government official; all share common interests and information which they exchange in forwarding their diversified economic enterprise' (Lewis). On peut voir aussi, autre exemple de lien conservé entre le monde pastoral et l'autre, 'des étudiants zaghawa à Khartoum ayant laissé des animaux dans leur village ou campement à la garde de leurs frères et continuant ainsi à accroître leurs troupeaux' (Tubiana).

Il était inévitable—et salutaire—que la simple mais impertinente question fût tôt ou tard posée, elle l'a été: 'Does development ever work?' (Horowitz).

La réponse n'est évidemment pas: 'oui' ou: 'non', mais il ne semble pas douteux que les exemples d'échecs l'emportent sur les réussites; un de nos collègues (Baker) avoue n'avoir connu que deux projets de développement ayant constitué un succès: 'Both of these were in the Ankole District of the S.-W. part of Uganda, based on the Hima people. In the first case, U.S.A.I.D. made a very thorough human and physical study of the area before providing basic small ranchers with a framework of essential capital equipment: great care was taken in the selection of applicants, the provision of technical advice and the drawing up of conditional leases. In the other case, grazing societies were formed based on the indigenous clan structure which provided a suitable authority base to prevent individuals from mismanagement' (Baker).

On peut s'interroger d'ailleurs sur le sens même du terme de 'réussite': 'successful for whom? Successful in terms of the best use or more efficient use of the land? Successful for the pastoralists themselves, or successful for the national States or economies in which the pastoral area is located? An extreme example: in East Africa, we have several "successful" development schemes that evolved simply by driving pastoralists away and putting the alienated land to either better pastoral management or to other productive uses; hence, though "successful" from one point of view, it was not of benefit to pastoralists as a group' (Jacobs)

X. SÉDENTARISATION

Terme ambigu ou, à tout le moins, ambivalent, car il peut tout aussi bien désigner un phénomène naturel et spontané qu'un procédé de fixation par voie autoritaire de gens tenus pour un peu trop marginaux, insuffisamment intégrés à la 'construction nationale' et dont le comportement, tenu pour 'arriéré' ne cadre plus avec l'image théorique d'un Etat 'moderne' unifié, au profil sagement géométrique, sans rien qui 'dépasse'.

Peu d'Etats comportant des nomades ont pu résister à la tentation de faire de leurs pasteurs, par la sédentarisation—favorisée ou exigée—des citoyens aussi rassurants et dociles que les autres: 'A tort ou à raison, on considère généralement en Egypte que le nomadisme et le semi-nomadisme constituent une forme de vie dégradée (*sic*), incompatible avec les exigences du monde moderne et qui doit, par conséquent, disparaître' (A.M.Abou Zeid, 1959).

La 'sédentarisation' proprement dite implique évidemment le passage de la civilisation pastorale à la civilisation agricole, donc l'abandon des valeurs et de la psychologie nomades: 'un Maure urbanisé acceptant de vendre du lait a franchi cette frontière'. Le terme de 'fixation' peut trouver aussi, dans certains cas, son application (Toupet).

L'attitude de l'Etat a pu, bien entendu, se modifier avec l'évolution historique générale: là où l'Etat colonial s'était appuyé sur les nomades et, plus précisément, sur leurs groupes dominants, son successeur indépendant pourra être tenté de favoriser les sédentaires et d'inciter les nomades à une sédentarisation capable de diminuer leur prestige et leur autorité, 'ce qui n'empêche que ce prestige, cette sorte de mythe dont les pasteurs restent auréolés, se voient repris en compte et "récupérés" lors de manifestations folkloriques où les pasteurs risquent d'être transformés en marionnettes pour touristes' (Bourgeot), souvent avec la complicité intéressée des nomades eux-mêmes: 'dans l'Ahaggar n'a-t-on pas vu des tentes en bâches plastifiées remplacées à l'occasion de la visite des touristes par les velums traditionnels en cuir? Ces Touareg avaient compris ce que les touristes attendaient d'eux' (Bernus).

En Mauritanie, où les responsables politiques sont eux-mêmes en majorité d'origine nomade, il n'est évidemment pas question de sédentarisation coercitive; là où elle se produit, elle restera donc spontanée, souvent provoquée par des femmes (dont le rôle de propriétaires immobiliers dans les ksours grandit) et des jeunes, refusant les contraintes sociales et physiques de la vie nomade; l'initiative peut venir aussi de personnages religieux (cas du marabout de Boumdeit ayant réuni autour de lui une communauté sédentaire pratiquent l'élevage, la culture de décrue, celle du dattier et l'artisanat) (Toupet). Dans le cas de sédentarisation spontanée chez les Touareg du Sud, il y aura lieu de distinguer: '(*a*) celle qui concerne des groupes constitués, au pouvoir politique fort et qui ont pu ainsi conserver leur structures socio-politiques et leur identité culturelle, (*b*) celle portant sur de petits groupes immigrés en milieu sédentaire étranger, en devant accepter l'autorité politique de ce dernier; ainsi les Buzu de la région de Zinder ont perdu l'usage de la langue tamacheq et se sont fondus dans la société majoritaire, tout en organisant une agriculture très particulière, due à un troupeau encore important et à la situation de leurs terroirs sur les plateaux, en dehors des vallées plus riches occupées par les paysans haoussa' (Bernus).

Conditions et résultats de la sédentarisation devront évidemment être interprétés à travers les structures sociales, comme le souligne Bonte par les exemples suivants:

(*a*) cas des travailleurs maures rejoignant les centres miniers: alors que les Toucouleur conservent une structure collective et communautaire très forte, les Maures manifestent un individualisme marqué.[1]

(*b*) sédentarisation volontaire des Touareg Kel Gress: ici l'évolution se fait dans le cadre du système social pastoral, *ighawelen* puis *imajeren* s'étant fixés dans un cadre différent de celui des populations sédentaires voisines: ce sont les catégories sociales et économiques qui aboutissent à la sédentarisation et déterminent ses formes, cette causalité expliquant les transformations divergentes des différents groupes dont l'aboutissement commun est intitulé 'sédentarisation'.

La sédentarisation autoritaire, perpétuelle tentation d'une Autorité centrale rêvant de faciliter ainsi et d'accroître son contrôle, ne peut conduire qu'à des échecs, comme on l'a vu en plusieurs pays d'Asie, mais en Afrique également: 'Comme exemple de sédentarisation ayant échoué, on peut citer, au Cameroun, l'effort de l'Administration française pour fixer autour d'un chef supérieur qu'elle avait désigné différents groupes de

[1] Bonte ajoute ici: 'parasitisme familial', mais ne doit-on pas songer que géographiquement celui-ci sera, en tous les cas, plus facile à l'élément maure, de provenance sans doute moins lointaine qu'à l'élément toucouleur.

Peul de brousse, appartenant à des affiliations lignagères diverses, afin de faciliter la levée de l'impôt: ce chef abusa aussitôt de sa situation par des exactions diverses qui firent éclater le groupe des Peul de brousse qui s'étaient petit à petit rassemblés dans cette région et diverses migrations s'en suivirent, notamment vers le Bamenda et l'Ouest de l'actuelle République centrafricaine (1920–1930)' (Dognin).

Mais comment le pasteur pourra-t-il être efficacement protégé contre des mesures intempestives édictées par un Gouvernement où, le plus souvent, la mentalité régnante est celle du paysan cultivateur? En effet, Baker le constate: 'My experience is that, in the main, Governments in independent Africa are dominated by the cultural values of the settled population and sometimes have a contempt for the pastoralists whom my university students always referred to as "primitive" and "uncivilized". There is a desire to remove these communities very often because they are an embarrassment and I feel the outlook is very bleak if we are searching for a deeper and better understanding in development.'[1]

Dans quelle mesure le nomade sédentarisé ou simplement 'dé-nomadisé' va-t-il conserver certaines formes de son comportement socio-économique antérieur? C'est une question à étudier, et, d'ailleurs, à plusiers facettes:

'(a) Does he tend to take particular forms of jobs which have similarities to nomad life, *e.g.* soldiers or lorry-drivers?—(b) does true economic equality of nomads continue via greater sharing of wages through family and social links?—(c) does the concept of target income, or back-bending labour supply curve, affect the working behaviour of nomads, *i.e.* are they unreliable as labourers, working only to earn a specified sum of money?—(d) does the ease with which pastoralists avoid conflicts by moving mean that institutions for solving disputes do not exist, so that in a sedentary situation disputes may have more serious consequences?' (Swift).

[1] Il n'a été question dans ce court chapitre que de la *sédentarisation de groupes*, la question des *passages individuels d'un genre de vie à un autre* se trouvant évoquée ailleurs (chap. 5).

XI. ÉVOLUTION ÉCONOMIQUE

Peut-être 'évolution' tout court eut-il suffi, car ce sera bien, en fin de compte, sur l'avenir même du monde pastoral que devra se porter la réflexion. Mais un certain nombre de points touchant l'évolution économique doivent, d'abord, se voir évoqués.

I. Volume du cheptel

Dans le Nord-Est du Mali on constate un accroissement considérable au cours des 50 dernières années, 'probably due to ecological factors, camels being better able to survive in deteriorating conditions' (Swift) : on eût pu songer aussi à la cessation de l'insécurité, mais, après tout, il faudrait pouvoir déterminer le rapport entre les pertes et les gains, le même groupe se trouvant tour à tour razzié et razzieur.

Au Kenya sub-désertique, on assisterait à une 'very great explosion in the total camel population—so much that currently the Government is attempting to market camels to Saudi Arabia, Yemen, etc. This does not mean that individual pastoralists have more camels *per capita*, but only that there are more people as well as camels—that is pastoral areas are both overpeopled as well as overstocked' (Jacobs). Mais est-il bien certain que cet accroissement ne soit pas seulement apparent et dû peut-être à une précision accrue des dénombrements? En pays boran il n'y aurait 'no visible sign of increase of human population or stock'.

'Sur les confins tchado-soudanais les statistiques semblent indiquer une augmentation des chameaux; on note d'ailleurs: un plus grand nombre de gens possédant des chameaux, un commerce caravanier toujours très actif dans une région peu parcourue par les camions, enfin un important courant commercial en direction de l'Egypte' (Tubiana).

'Dans la zone nord-sahélienne et sud-saharienne du Niger le troupeau camelin est en augmentation, à la fois en chiffre absolu et également en valeur relative par rapport à l'élevage bovin, décimé par les récentes sécheresses. Un nouveau débouché s'est ouvert avec l'exportation de chameaux de boucherie vers la Libye; les prix sont en augmentation et la vente vers le Nord des chameaux sur pied a donné un nouvel élan à un élevage jusqu'ici surtout destiné à l'autoconsommation du lait ou au commerce caravanier' (Bernus).

Il faut en effet insister sur l'importance, pour les régions nord de Mauritanie, du Mali et du Niger, des exportations d'animaux vers le Nord à travers le Sahara: il y a d'ailleurs longtemps déjà que des moutons de l'Adrar des Iforas traversent le Tanezrouft pour gagner les marchés du Tidikelt, avec des étapes d'une dizaine de jours sans eau (p. ex.Tisserlitine-Ouallen); 'this is important as a stimulus to economic development, where, all exports going towards the South, the North tends to become a deserted hinterland' (Swift).

Au Sahara central 'bien que manquent les données statistiques, il s'avère que les troupeaux camelins et caprins ne cessent de décliner jusqu'au point où le transport caravanier ne peut plus exister faute d'animaux' (Bourgeot).

Pour la Mauritanie, il convient d'être prudent dans l'appréciation de l'évolution du cheptel camelin: en effet 'd'une part il est difficile de comparer chiffres anciens et chiffres actuels et, d'autre part, la diminution, et même la disparition du trafic caravanier peut être compensée par d'autres utilisations du dromadaire: viande et lait' (Toupet).

Il semble d'ailleurs que l'on doive admettre, d'une façon générale, pour l'Afrique de l'Ouest, une revalorisation de l'élevage du chameau, par suite d'une demande accrue de viande et de l'importance de la production laitière (Tselikas).

II. Questions techniques

Une idée souvent mise en avant est celle d'une spécialisation géographique des différentes étapes de la production; un avantage de la spécialisation de l'élevage pastoral traditionnel en élevage 'naisseur' tient au fait 'que les variations saisonnières des facteurs physiques influenceraient peu la fécondité des femelles reproductrices capables dès lors de mieux valoriser ainsi les ressources alimentaires naturelles, très variables, de ces zones extensives; une spécialisation au niveau 'naisseurs' en impliquerait d'autres aux étapes ultérieures, embouche et commercialisation (Tselikas).

Mais comment se fera la séparation entre pays naisseurs et pays d'embouche? A l'intérieur du domaine sahélien ou entre les Etats sahéliens et les Etats côtiers méridionaux, au risque de voir les industries de la viande concentrées dans ces derniers, pourtant déjà assez largement industrialisés? Et dans une telle situation 'que deviendront les ranchs d'embouche de la zone sahélienne, tel celui d'Ekarafan au Niger? Leur rôle n'est-il pas de servir d'embouche à l'élevage sahélien et de pourvoir en viande d'exportation l'abattoir de Niamey?' (Bernus).

En ce qui concerne les peaux, le séchage à l'ombre serait probablement susceptible d'accroître substantiellement le volume des exportations et les profits en espèces du producteur (Baxter).

La préparation de la viande séchée, bien connue déjà de beaucoup de sahéliens et de sahariens—le *tichtar* des Maures——mériterait sans doute localement d'être encouragée, sous forme d'ateliers artisanaux au moins (Tubiana).

Une circulation efficace des produits de l'élevage implique des facilités adéquates de circulation, 'or nous assistons à travers l'Afrique de l'Ouest à une amplification des politiques de cordons douaniers qui vont à l'encontre des intérets des éleveurs' (Toupet). Il n'est en effet pas douteux que les obstacles de type international à l'expansion des économies pastorales (variabilité des législations nationales (impôts, droits de pacage, etc.), limitation des déplacements par des frontières ou des barrières douanières, etc.) ne seront levés que par des ententes entre Etats, entrainant l'ouverture des frontières (Dioulde Laya, Rouch).

Pour le moment l'ensemble de la 'chaîne' est encore loin d'être logiquement organisée; d'où les questions suivantes: 'why have slaughter-houses and meat processing industries always been located in sedentary areas? Would not present losses in weight by walking livestock, and savings from not having to raise crops to fatten cattle make it advantageous to locate slaughter-houses in the centre of pastoral areas? What specific historical or economic reasons exist for this? Is it not prejudicial to development of pastoralists?' (Jacobs).

Peut-être est-il matériellement plus facile d'acheminer le bétail sur pied que d'assurer un transport de viande exigeant une chaîne du froid, ce que l'on a également constaté aux U.S.A. pendant longtemps quand les grands abattoirs étaient centralisés à Chicago, jusqu'à ce que soient équipés Dallas, Denver, Kansas City, etc. D'ailleurs, 'it is possible technically to trail cattle for a few hundred kilometres without loss of weight by establishing properly grassed driveways with watering points at 10 km intervals: in this way it is possible to drive about 300 km a month' (Orev).

Mais la question a d'autres aspects encore: 'Two principal reasons for forcing the herder to bring his animals on the hoof to the commercial meat packing house are: (*a*) shifting all risk to the producer—(*b*) rendering the producer vulnerable as regards to price: once arriving in Lagos for example, the herder must unload his half-starved cattle at whatever price he is offered' (Horowitz); des facteurs religieux peuvent aussi se trouver en cause: cas d'essais de transport de viande réfrigérée ayant échoué devant l'attitude de consommateurs incertains de l'identité religieuse du boucher, donc de la correction rituelle de l'abattage (Rouch).

L'abattage 'amont', 'à la source', et le transport aérien de la viande a été envisagé en Uganda 'where most of the animals are derived from Karamoja and the average weight loss of a 600–700 lbs animal was in the region of 100 lbs.; to overcome this loss, it was thought that if meat was air-freighted this loss would be by-passed, but one serious problem was overlooked: the condemnation of carcasses, for, of the animals brought from Karamoja to the Kampala City Abattoir, some 30% were condemned totally after slaughter; the Karamojong soon realized that if the animal was slaughtered before payment they stood to lose' (Baker).

Sur un sujet ne relevant que partiellement de la compétence des sciences humaines, les remarques d'un vétérinaire (Tselikas) méritaient d'être recueillies: '(*a*) l'augmentation sensible du prix payé, par kilo de poids vif, aux éleveurs "naisseurs" est une condition indispensable pour le "déstockage précoce" souhaité des troupeaux extensifs—(*b*) pour cela, l'organisation du secteur "aval" de la production (ateliers de "re-élevage" et de "finition") paraît nécessaire; ces ateliers modernes de production, qu'ils soient de taille très petite (individuels) ou très importante, implantés dans des zones offrant les conditions et les ressources indispensables (en lisière de l'espace pastoral ou à proximité des centres de consommation) devront être en mesure d'absorber l'ensemble des jeunes mâles produits par le troupeau extensif "naisseur"—(*c*) ces conditions réalisées, l'amélioration qualitative et quantitative du cheptel "naisseur" ira croissante—(*d*) enfin, des conditions très favorables pour le développement de la production de viande se trouvent offertes aujourd'hui, et sans doute à long terme, pour le marché mondial.'

III. *L'association agriculture-élevage*

Si les avantages de cette association ont été depuis longtemps reconnus, est-il certain que les solutions techniques préconisées, ou expérimentées, aient donné pleine satisfaction?

Les bénéfices de l'association sont évidents (Sawadogo): (*a*) pour l'agriculture: contrôle de la fumure et possibilité accrue d'entretenir la fertilité des sols et les rendements, (*b*) pour l'élevage: contrôle de l'exploitation des champs fourragers et rôle plus grand des réserves fourragères dans l'alimentation du bétail.

Mais il ne s'agit pas seulement, ici plus qu'ailleurs, de questions techniques. Des observations faites au Dahomey en pays fon et somba, dans le Sud du Niger chez les Dendi et les Tiénga ont montré à Raulin que les agriculteurs[1] pouvaient refuser le concours des Peul, accusés de mal soigner les bêtes qui leur sont confiées: 'les chefs Peul admettent d'ailleurs que les jeunes bergers ne sont plus aussi sérieux que les anciens; l'appartenance à un tel groupe spécialisé ne signifie donc plus automatiquement que n'importe lequel de ses membres est un bon éleveur et le déclin du monopole du pastoralisme par les Peul présente une signification dont il faudra tenir compte sous trois aspects dans la nécessaire association agriculture-élevage: (*a*) production et utilisation de l'engrais animal—(*b*) passage à la culture attelée—(*c*) possibilité d'irrigation par une exhaure à traction animale; un système parvenant à réunir ces trois éléments conduirait à une agriculture intensive permettant de réduire les surfaces occupées jusqu'ici en abandonnant les terres de faible valeur à la dépaissance des troupeaux des nomades, ceux des agriculteurs pouvant être nourris, au moins partiellement, par des cultures fourragères. Une telle évolution ne manquerait pas de réduire la compétition territoriale entre cultivateurs et pasteurs.'

[1] Que l'on a pu voir ailleurs considérer comme une sorte de 'banque de bétail' les animaux confiés par eux aux pasteurs (Rouch).

Les tentatives d'intégration ont été nombreuses: Northern Nigeria, Office du Niger (depuis 1932), pays somba (Dahomey), Moyenne Côte d'Ivoire, Moyen Niger (Mali), Burundi, etc. Mais si l'élevage intertropical a bien l'avenir assuré que lui croit René Dumont, où va-t-il se développer? En forêt, comme en Amazonie, ou en zone soudano-sahélienne? Et, aussi, sous quelle forme? Capitaliste comme au Brésil ou socialiste comme en Mongolie? (Gallais).

IV. *L'avenir du pastoralisme*

On a vu plus haut, et à divers reprises, les craintes que l'on pourrait éprouver devant certaines attitudes officielles ne témoignant pas en tous les cas d'une sympathie excessive pour les pasteurs et leur autonomie socio-cultrelle. 'With the possible exceptions of Mauritania, Niger and Somalia, most African Governments have explicit, stated national policies which are positively more or less hostile to pure or traditional pastoralism, either by (*a*) stating that pastoralism is too primitive for this modern, changing world, or (*b*) if they are sympathetic to pastoralists, nevertheless claim that pure or traditional pastoralists are not maximizing the natural resources of their areas. Hence, the overwhelming policy trend that I see is that of converting pastoral areas to "commercial ranchings"—taking control of land use away from pastoralists, or even driving the pastoralists away entirely so that sedentary populations can better exploit the area' (Jacobs).

Bien entendu, ces craintes ne peuvent porter que sur des régions où un conflit reste climatiquement possible entre divers modes d'utilisation du sol: plus on descend le gradient pluviométrique en direction du désert et plus il apparaît que l'élevage nomade reste alors le seul mode d'exploitation possible.

Un aspect particulièrement inquiétant, à divers égards, de l'avenir des nomades est celui, déjà évoqué plus haut, de leur contact avec le tourisme commercialisé, dont on a vu ailleurs (p.ex. Indiens de Guyane, Polynésiens, etc.) les contestables résultats: 'In a country endeavouring to suppress the cultural identity of nomads, there may be nevertheless an effort to preserve it for tourism. This will lead to tensions' (Swift).

A des tensions, je ne sais trop, mais à coup sûr à de regrettables conséquences: 'commercial tourism is proving in certain areas of pastoral Maasailand to be the most profitable land-use, and returns from tourism greatly exceed any theoretical optimum yield from livestock raising. But tourism takes place mainly in the high-potential (wet) areas, to which Maasai utilization of the low-potential (dry) areas is interrelated and dependent. Thus, commercial increase of tourism is driving away pastoral Maasai from these high-potential areas, making it more difficult for them to exploit the optimum use of the dry low-potential areas' (Jacobs). Et l'on peut imaginer que l'impact d'un certain tourisme, celui des placards publicitaires du type 'Visit savage Africa . . . unforgettable adventure . . . get a thrill . . . mail your coupon to-day . . . ' ne concerne pas que l'économie.

Pour conclure, c'est en fait l'avenir tout entier d'un genre de vie original représentant une adaptation écologique très poussée et, au moins pour les zones désertiques, apparemment la seule activité possible, qui se trouve aujourd'hui en discussion. Le monde de demain, où des Etats rigoureusement centralisés verront dans une industrialisation technocratique une condition essentielle de leur 'développement', saura-t-il conserver sa place à l'élevage nomade? Tout est là, et la réponse est encore indécise.

En effet, 'hunting and gathering societies over time have been succeeded ecologically by horticultural peoples, and pastoral societies may be historically "determined" essentially to disappear. Can their way of life be maintained without reserves or reservations for cattle-raising peoples? What role, then, will Governments play? Will some kind of stabilization of a "proletariatized" pastoral occupation group therefore become characteristic of nations in the near future?' (Frantz).

D. F. Owen n'est pas plus optimiste (1973, p. 122): 'The pastoralists probably stand to lose most in the long run as they are not favoured by national administrators, and the trend is for cultivation to increase at the expense of pastoralism.' Sauf, bien entendu, dans le désert vrai où l'alternative n'est plus: nomadisme pastoral ou agriculture mais nomadisme pastoral ou . . . rien.

BIBLIOGRAPHIE

1973. *Agroclimatology in the semi-arid areas South of the Sahara.* Rept. Techn. Conf. Dakar 1971, W.M.O., No. 340, 1973, pp. 253, figs.

1972. 'Eco-physiological foundation of ecosystems productivity in arid zone.' Internat. Symp. Leningrad 1972, pp. 232, fig.

Abou Zeid, A. M. 1959. 'La sédentarisation des nomades dans le desert occidental d'Egypte.' *Rev. Intern. Sc. Soc.*, UNESCO, XI, No. 4, 1959, pp. 573–81.

Barth, Fredrik. 1964. 'Competition and Symbiosis in North East Baluchistan.' *Folk*, Copenhague, 6, pp. 15–22, 1 fig.

Bataillon, Cl. 1963. 'Modernisation du nomadisme pastoral', pp. 165–177, in *Nomades et nomadisme au Sahara.* UNESCO, Rech. Zone aride, XIX, 1963.

Bataillon, Claude et al. 1963. *Nomades et nomadisme au Sahara.* UNESCO, Recherches sur la zone aride, XIX, 1963, pp. 195, 15 fig. (bibliographie commentée).

Bernus, Edmond. 1966. 'Les Touareg du Sahel nigérien.' *Les Cahiers d'Outre-Mer*, XIX, 1966, pp. 5–34, fig. 1–2, 4 pl.n.num.

——. 1971. 'Espace géographique et champs sociaux chez les Touareg Illabakan (République du Niger).' *Etudes rurales*, Paris, N° 37–39, 1970; pp. 46–64, fig. 1–7, phot. 1–2.

——. 1971. *Possibilities and limits of pastoral watering plans in the Nigerian Sahel.* Colloque FAO, Le Caire, décembre 1971, 13 pp.

Bisson, Jean. 1961. 'La nomadisation des Reguibat L'Gouacem.' *Trav. Inst. Rech. Sahar.*, Alger, XX, 1961, pp. 213–24, fig. 1, pl. I–III.

Borricand, P. 1948. 'Le nomadisme en Mauritanie.' *Trav. Inst. Rech. Sahar.*, Alger, V, 1948, pp. 81–93.

Boudet, G. 1972. 'Désertification de l'Afrique tropicale sèche.' *Adansonia*, (2), 12, N° 4, 1972, pp. 505–24, 8 fig.

Bou Haqq. 1939. 'Noirs et Blancs aux confins du désert.' *Bull. Com. Et. hist. scient. A.O.F.*, XXI, N° 4, oct.–déc. 1938 [1939], pp. 480–8.

Brown, Leslie H. 1971. 'The biology of pastoral man as a factor in conservation.' *Biological Conservation*, Elsevier Publ. Co., 3, No. 2, Jan. 1971, pp. 93–100.

Capot-Rey, Robert. 1942. 'Le nomadisme pastoral dans le Sahara français.' *Trav. Inst. Rech. Sahar.*, Alger, I, 1942, pp. 63–86, 1 carte h.t.

——. 1953. *Le Sahara français.* Paris: P.U.F., 1953, pp. viii + 564, 22 fig., XII pl., VIII cartes.

——. 1963. 'Le nomadisme des Toubous,' pp. 81–92, fig. 11, in

Nomades et nomadisme au Sahara. UNESCO, Rech. Zone aride, N° 19, 1963.

Chapelle, J. 1957. *Nomades noirs du Sahara.* Paris: Plon, 1957, pp. 449, 12 pl., 20 cartes, 1 carte h.t.

Clauzel, J. 1962. 'Evolution de la vie économique et des structures sociales au pays nomade du Mali de la conquête française à l'autonomie interne (1893–1958).' *Tiers-Monde,* III, n° 9–10, 1962, pp. 283—311.

Créach, P. 1941. *Aliments et alimentation des indigènes du Moyen-Tchad (Afrique Equatoriale Française).* Marseille: 1941, pp. 231, 41 fig.

Dasmann, R. F., et al. 1973. 'Development of Pastoral Lands in Semi-Arid and Sub-Humid Regions', pp. 76–112, in *Ecological Principles for Economic Development.* London: John Wiley & Sons, 1973, pp. 252, 31 fig., 6 tabl.

Falkner, F. R. 1938. 'Die Trockengrenze des Regenfeldbaus in Afrika.' *Pet. Mitt.,* 1938, Heft. 7/8, pp. 209–14, 1 carte h.t. couleur.

——. 1939. Beiträge zur Agrargeographie der Afrikanischen Trockengebiete. Stuttgart: Geogr. Abhandl., Reihe III, Heft ii, 1939, 76 pp., 2 cartes h.t.

Gallais, Jean. 1967. *Le Delta inférieur du Niger. Etude de géographie régionale.* Mém. I.F.A.N., N° 79, 1967, 2 vol., xii + pp. 1–358, fig. 1–38, 1 carte h.t. coul. et xii + 359–621, fig. 39–50, pl. I–XXIV, 2 cartes h.t.

——. 1972. 'Essai sur la situation actuelle des relations entre pasteurs et paysans dans le Sahel ouest-africain', pp. 301–13, in *Etudes de géographie tropicale offertes à Pierre Gourou.* Paris-La Haye, 1972.

Galloy, P. 1958. *Nomadisation et sédentarisation dans les cercles de Goundam et de Tombouctou.* Miss. ét. aménag. Niger, ronéo, 1958, 1 vol., pp. 140 + 1 vol. annexes + 33 cartes.

Gast, Marceau. 1968. *Alimentation des populations de l'Ahaggar. Etude ethnographique.* Mém. Centre Rech. anthrop. préhist. ethnogr., Alger, VIII, 1968, pp. 457, 46 fig., LXXII pl.

Gauthier-Pilters, H. 1965. 'Observation sur l'écologie du Dromadaire dans l'Ouest du Sahara.' *Bull. I.F.A.N.,* XXVII, A, N° 4, 1965, pp. 1534–1608, phot. 1–6, XXXI tabl.

——. 1970. 'Observation sur l'écologie du Dromadaire en Moyenne Mauritanie.' *Bull. I.F.A.N.,* XXXI, A, N° 4, 1969 [1970], pp. 1259–1380, phot. 1–20, XXVIII tabl.

——. 1972. 'Observations sur la consommation d'eau du Dromadaire en été dans la région de Béni-Abbès (Sahara nord-occidental).' *Bull. I.F.A.N.* XXXIV, A, N° 1, 1972, pp. 219–59, XII tabl.

Gillet, Hubert. 1960. 'Etude des pâturages du Ranch de l'Ouadi Rimé (Tchad) (Partie sud).' *Journ. Agric. trop. Bot. appl.*, VII, 1960, N° 11, pp. 465–528, fig. 1–4, pl. I–VIII.

——. 1961. 'Pâturages sahéliens. Le Ranch de l'Ouadi Rimé (Zone nord).' *Journ. Agric. trop. Bot. appl.*, VIII, 1961, N° 10–11, pp. 465–536 et 12, pp. 557–692, cartes 1–7, pl. I–XX.

Johnson, Douglas L. 1969. *The Nature of Nomadism. A Comparative Study of Pastoral Migration in Southwestern Asia and Northern Africa.* Dept of Geogr., Univ. Chicago, Res. Paper No. 118, 1969, pp. VIII + 200, 21 fig.

Merner, Paul-Gerhardt. 1937. *Das Nomadentum im nordwestlichen Afrika*, Berl. geogr. Arb., Heft 12, 1937, pp. 79.

Monod, Théodore. 1959. 'Parts respectives de l'homme et des phénomènes naturels dans la dégradation du paysage et le déclin des civilisations à travers le monde méditerranéen lato sensu, avec les déserts ou semidéserts adjacents, au cours des derniers millénaires.' *Union internat. Cons. Nature, C.R. VIIe Réunion technique*, Athènes-Delphes 1958, Morges, 1959, I, pp. 31–69.

——. 1963. *Ecosystèmes et productivité biologique.* Déserts, U.I.C.N., 9e Réunion technique, Nairobi, 1963, pp. 18, 9 fig.

——, Toupet, Charles. 1961. 'Utilisation des terres de la région saharo-sahélienne,' pp. 263–277, fig. 1–3, *in:* Histoire de l'utilisation des terres des régions arides, UNESCO, Rech. Zone aride, N° XVII, 1961.

Monteil, Vincent. 1959. 'The evolution and settling of the nomads of the Sahara.' *Rev. internat. Sc. sociales*, UNESCO, XI, 1959, No 4, pp. 570–585, 1 carte.

Mortimore, Michael J. 1972. 'The changing resources of sedentary communities in Aïr, Southern Sahara.' *Geogr. Rev.*, 62, No. 1, Jan. 1972, pp. 71–91, 8 fig.

Mourgues, G. 1950. 'Le nomadisme et le déboisement dans les régions sahéliennes de l'Afrique Occidentale Française,' pp. 139–167, pl. IV–XV, in: *1ère Conf. internat. Afric. Ouest*, Dakar 1945, t. I, publ. 1950.

Nicolaisen, Johannes. 1954. 'Some Aspects of the Problem of Nomadic Cattle Breeding among the Tuareg of the Central Sahara.' *Geogr. Tidsskr.*, 54, 1954, pp. 62–105, fig. 1–12.

Owen, D. F. 1973. *Man's Environmental Predicament. An Introduction to Human Ecology in Tropical Africa*, Oxford University Press, 1973, pp. x + 214, 10 fig., 16 pl.

Rognon, Pierre. 1963. 'Problèmes des Touaregs du Hoggar,' pp. 59–66, fig. 5, in: *Nomades et nomadisme au Sahara*, UNESCO, Rech., Zone aride, XIX, 1963.

——, et Xavier de Planhol. 1970. *Les zones tropicales arides et sub-tropicales.* Paris: A. Colin, Collection U, 1970, pp. 487, 40 figs., XVI pl., 1 carte h.t. coul.

Salvy, G. éd. 1963. *L'économie pastorale saharienne.* La doc. fr., Notes, ét. doc., N° 1730, 21 avril 1953, pp. 65, 1 carte h.t. coul.

Story, R. 1958. *Some Plants used by the Bushmen in obtaining Food and Water.* Bot. Survey South Afr., Mem. No. 30, 1958, pp. 115, 62 fig., 2 croquis (pour la comparaison avec l'Afrique sèche occidentale, cf. J. G. ADAM et Th. Monod, *Bull. I.F.A.N.*, XXII, A, No. 3, juillet 1960, pp. 1114–16.)

Swift, Jeremy. 1972. *Pastoral nomadism and land use*, ms., pp. 3

Talbot, Lee M. 1968. *The Herbivore-Vegetation-Nomad Complex.* Recent Research and its Implications, IBP/CT Technical Meeting, Hammamet, Tunisia, ronéo, pp. 11.

Toupet, Charles. 1963. L'évolution de la nomadisation en Mauritanie sahélienne, pp. 67–79, fig. 6–10, in, *Nomades et nomadisme au Sahara.* UNESCO, Rech. Zone aride, N° 19, 1963.

——. 1972. 'Les variations interannuelles des précipitations en Mauritanie centrale.' *C.R. Séances Soc. Biogéogr.*, N° 416–421, avril 1972, pp. 39–47, fig. 1–4.

——. 1972. *La sédentarisation des nomades en Mauritanie centrale sahélienne.* Thèse doct. Lettres, ms.

Trancart, André. 1946. 'Le pâturage en Haut Adrar.' *Bull. I.F.A.N.*, II, N° 3–4, juillet.–oct. 1940 [oct. 1946,] pp. 285–298.

Tubiana, Marie-José. 1971. 'Système pastoral et obligation de transhumance chez les Zaghawa (Soudan-Tchad).' *Etudes rurales*, Paris, N° 42, 1971, pp. 120–75, fig. 1–8, phot. 1–15, 3 tabl.

APPENDICE

Il a semblé à certains des participants qu'il ne serait pas sans intérêt de noter, comparativement, au moyen d'un questionnaire, un certain nombre de faits ethnographiques.

Les questions étaient ainsi formulées:

1. Herd composition: species of livestock:
   Composition du troupeau: espèces d'animaux:
2. Who acts as herder while livestock is grazing?
   Qui est chargé de la garde des troupeaux au pâturage?
3. Who does the milking?
   Qui effectue la traite?

4. Techniques used:
   Méthodes employées
5. Weaning methods:
   Méthodes de sevrage
6. Place of meat in the diet:
   Rôle de la viande dans le régime alimentaire
7. Has blood a place in the diet?
   Le sang est-il consommé?
8. Manufacture of milk products (e.g., types of cheese, curds, butter, a.s.o.)
   Modes d'utilisation du lait (par ex. variétés de fromages, de caillé, de beurre, etc.)
9. Types of conservation of milk (fresh, with water, sour, butter milk)
   Modes de conservation du lait (frais, coupé d'eau, aigre, petit lait, etc.)
10. Other sources of food:
    Autres sources de produits alimentaires
11. Prohibited foods:
    Interdits alimentaires

Les fiches remplies ont été les suivantes:

I. Boran (Galla)—Ethiopie/Kénya—P.T.W. Baxter.

1. Cattle (milch and dry), camels (milch and dry), sheep and goats; donkeys for baggage; a few dogs. 2. Mostly younger men and women, but intense variability. 3. Boys or females (non menstruating). 5. By cutting skin of calf above nose, so that suckling becomes painful for it. 6. Almost all meat is sacrificial, at ritual occasions or for guests (small stock). 7. Yes. 8. Butter and sour milk. 9. Sour. 10. Few wild fruits and roots gathered. Hunting is nutritionally negligible. Increasingly maize meal is bought, also tea, sugar, coffee, and araké. 11. Birds, elephant, etc., indeed all game except some gazelle.

II. Karamojong—N-E Uganda—R. Baker.

1. Cattle, goats and sheep with a few camels. 2. Varies: small boys for small stock near the camp; youth for cattle in temporary camps. 3. Girls. 4. Minimal, regarding cattle; goats and sheep more commonly. 5. Yes, but small; mixed with

milk or drunk raw (during a slaughter). 6. Sorghum, millet, some vegetables and, occasionally, maize; berries and fruits.

III. Pastoral Maasai—Kenya/Tanzania—A. H. Jacobs.

1. Cattle, sheep, goats, some donkeys. 2. Mainly young boys between ages of 7–18 years old; often elders of ages 28–40 years old; young unmarried girls ofen look after small herds of calves, kids, or lambs. 3. Women, almost exclusively. 4. By land, either side, sometimes with a wooden stool (most often not) into a calabash. 5. Mainly simply withdrawal; accompanied in some cases with introduction of salt-mineral licks in connection with watering. 6. Meat is subsidiary to milk, though cattle and goat fat is regarded as important medicine; meat eaten occasionally but with no great regularity. 7. Yes: blood-letting and drinking; however, used only infrequently and not part of stable diet; has important ceremonial role along with fat; some Maasai do not like to drink blood. 8. Most milk is drunk fresh, if possible; curdled and sour skimmed milk used, but Maasai do not make fermented, hard cheese. 9. Mainly careful clearing of the calabash used to receive and store milk. 10. Honey. 11. Fish, fowl, eggs, wild animals generally; agricultural foods despised, but not completely prohibited, except to young men of 'warrior' age-trade; a very small amount of collected wild legumes is sometimes done by poor Maasai during extreme dry season.

IV. Peul—N-E Haute-Volta—D. Kintz

1. Bovins (zébus), moutons, chèvres; chameaux, chevaux et ânes pour le transport. 2. Jeunes garçons et jeunes hommes. 3. Hommes. 4. On laisse téter le veau, puis on l'attache à la patte antérieure droite de la vache et l'on trait celle-ci par le côté droit, avec les deux mains. 5. On attache sur le museau du veau un lien planté de fortes épines: lorsque le veau veut têter, il pique la mère qui le repousse. 6. Occasionnel (fêtes, arrivée d'un étranger): la plupart du temps des chèvres ou des moutons, très rarement des bovins (mariages); même à Dori, où il y a un abattoir administratif, on abat très rarement des bovins. 7. Non. 8. Lait frais, lait caillé, beurre. 9 Caillé. 10. Mil (petit mil) et produits de cueillette; feuilles et

pulpe de fruits de baobab, gousses de tamarinier, sels tirés de cendres de tiges de mil. 11. Porc, poisson, gibier (tout animal non égorgé), insectes, reptiles, oeufs; il n'y a ni chasseurs ni pêcheurs dans cette population.

V. Peul—Nord-Cameroun et Adamaoua—R. Dognin.

1. Zébus, et petits troupeaux accessoires de moutons et chèvres. 2. Enfants et adolescents. 3. Enfants et adolescents mâles d'abord; aussi les femmes, en cas de besoin. 4. Veau attaché à la patte avant de la mère; traite à deux mains en faisant mousser le lait le plus possible: il est alors consommé immédiatement. 5. Muselières et barbouillage des tétines avec de la bouse de vache. 6. Seulement: (*a*) viande de vache lors des cérémonies et viande de ruminants sauvages chassés; consommation hors cérémonies (Peul de brousse); (*b*) toutes sortes de viandes (sauf porc évidemment), même volailles (Peul villageois). 7. Non, jamais. 8. Lait caillé, yaourt, beurre. 9. Lait caillé et yaourt. 10. Mils, riz, fonio (*Digitaria exilis*), herbes potagères et feuilles, arachide; miel; poisson chez les Peul villageois et parfois oeufs battus et frits dans du beurre. 11. Peul de brousse: poissons, oeufs, insectes, mouton, chèvre, serpents, singes, porc et phacochère; Peul villageois: porc et phacochère, insectes, singes, serpents: tous les interdits musulmans ordinaires.

VI. Somali—Somali Democratic Republic (North)—I. M. Lewis.

1. Sheep, goats, cattle (in some areas), camels. 2. Sheep and goats tended by girls, cattle and camels by men. 3. Sheep and goats: girls and women, cattle and camels: men. 4. Camels milked from right-hand side. 5. Tying teats; also separation of young. 6. Variable, mainly at feasts and in the dry season. 7. No. 8. Fresh milk, various degrees of sour milk, clarified butter (ghee); no cheese. 9. Fresh milk, with water, sour, butter. 10. Rice, maize, sorghum, tea, sugar. 11. Fish, eggs (not prohibited but despised).

VII. Toubou (Daza)—Manga (Niger)—C. Baroin.

1. Vaches, chamelles, chèvres en proportions variables. 2. Chamelles: les jeunes garçons, ou les hommes adultes quand

ils n'ont pas de fils assez âgés pour les remplacer. 3. Vaches: femmes et jeunes filles; chamelles: hommes, femmes ou jeunes garçons; on ne trait jamais les chèvres. 4. Récipient en vannerie spiralée cousue que l'on fume régulièrement au moyen d'herbes sèches particulières que l'on fait brûler sous le récipient renversé. 5. Deux types de muselières, l'une formé d'épines qui piqueraient la mamelle; l'autre étant une sorte de filet rigide en doum, dépassant le museau et attaché au-dessus du nez de façon à empêcher le veau de têter tout en lui permettant de brouter. 6. Faible. 7. Jamais (population musulmane). 8. Le lait est bu frais ou caillé; beurre quand il y a assez de lait; pas de fromage. 9. Le lait de chaque jour est consommé le jour même. 10. Mil acheté au marché. 11. Interdits islamiques essentiellement (âne, cheval, vautour); certains aliments sont permis aux enfants (fruits sauvages, oiseaux, petits animaux) que les adultes auraient honte de manger.

VIII. Touaregs (Iullemmeden de l'Est)—Sud d'In Gall (Niger)—E. Bernus.

1. Chameaux, bovins, chèvres, moutons, ânes. 2. Bergers des classes serviles; bergers de la famille; bergers salariés (payés en animaux). 3. Hommes (esclaves ou jeunes gens). 4. Traite après 'amorçage' par le chamelon. 5. Protection des mamelles (chamelles); muselières (veaux) pendant les déplacements; cordes passées dans la bouche des chamelons; petits bouts de bois dans le museau (veaux). 6. Relativement faible et surtout utilisée pour les fêtes religieuses ou familiales (baptèmes, mariages), où à l'occasion de la visite d'hôtes étrangers. 7. Non. 8. Lait caillé, beurre, fromage. 9. Lait caillé, beurre cuit. 10. Achat de mil sur les marchés, graines de cueillette (*Panicum*, *Cenchrus*, *Echinochloa*, *Oryza barthii*, etc.), fruits sauvages, viande de chasse—Poissons.

IX. Tuareg (Iforas)—N-E Mali—J. Swift.

1. Camels, sheep, goats, cattle (few). 2. Traditionally male slaves; now camels and cattle herded by adult Tuareg men; sheep and goats by children, and sometimes Tuareg women. 3. Men. 6. Sheep and goat meat eaten on special occasions (marriages, receiving strangers, rainmaking at end of dry

season); other animals eaten if they die for other reasons. 7. No. 8. Butter, cheese (not camels). 9. Fresh. 10. Gathering (especially grass seeds), food grains bartered and bought at end of dry season. 11. Fish, chicken (?).

X. Turkana—N. Kenya—P. H. Gulliver.

1. Cattle, camels, goats, sheep; donkeys for transport. 2. Youths and boys, unless active danger (predatory men and animals) is suspected, when adult men join herders. 3. Women and girls normally, but no proscription on males who will milk if a shortage of females. 6. Meat eaten fairly regularly for animals are slaughtered for eating specifically as well as for sacrificial purposes. 7. Yes: it is a fairly regular component. 8. Butter. 9. Fresh (uncommon), sour, butter milk, dried milk. 10. Wild fruits, nuts, etc. 11. None.

XI. Zaghawa—Wadday (Tchad) et Dar-Fur (Sudan)—M.-J. Tubiana.

1. Chameaux, bovins, moutons, chèvres, chevaux, ânes. 2. Jeunes gens et jeunes filles gardent les chameaux en transhumance (parfois aussi les hommes mariés); vaches laissées sans surveillance (sauf pendant la saison des pluies); moutons et chèvres confiés à de jeunes bergers. 3. Vaches: femmes; chèvres et brebis: femmes et fillettes; chamelles: hommes et femmes. 4. Vaches: femme assise sur ses talons, une calebasse coincée entre les genous, trait avec les deux mains; chèvres et brebis: patte droite de l'animal posée sur la cuisse ou le genou de la femme qui trait; petits coups de poing dans le pis. 5. Eloignement de l'animal ou arrêt spontané quand la mère n'a plus de lait. 6. On tue assez souvent un bouc ou un bélier, rarement un boeuf ou un chameau, sauf en périodes de sacrifices. 7. Non. 8. Lait frais ou aigre, lait caillé, lait en poudre, petit lait, beurre frais, beurre liquide fondu au feu; pas de fromage. 9. cf. n⁰ 8. 10. Produits de cueillette, produits des jardins (oignons, tomates, gombos, piments), mil, viande de chasse (gazelle). 11. Nombreux, particuliers à chaque clan, p.ex. tel clan ne tue pas et ne mange pas telle espèce d'antilope.

ENGLISH VERSION

Introduction

THÉODORE MONOD

Need the hapless chairman of the seminar stress his embarrassment (to call it no more) in having to contribute to this volume of papers a substantial introduction—at least in length—whose contents were entirely for him to decide? I have had at my disposal the texts of the papers, the introductions to the various topics discussed, as well as the written accounts of the discussions. How should one deal with such varied material? The easiest and therefore the most tempting way would have have been to present a systematic review of it, a simple clerical task. One could also envisage a more coherent and more personal essay, but that would have done little more than add an article, no doubt one without much importance, to the excellent contributions of the experts.

In the end I decided on a more flexible and less formal solution, one giving the author of the introduction wide liberty but set within a general framework basically defined by the topics listed in the programme and so by the order of the discussion. Clearly this introduction can follow too closely neither the programme nor the actual course of discussion; the themes taken up could not always be dealt with together, since the same topic was touched upon on many occasions during successive sessions; and it also happened that a single discussion would cover many different topics. In fact it was soon clear that a systematic treatment of the matters discussed was in practice impossible, the same theme therefore being dealt with in different chapters, whose titles may perhaps occasionally appear misleading.

It is certainly not very satisfactory; but with the material at my disposal I have not been able to deal more rigorously and systematically with the papers, and I apologize for that. Moreover, I have not succeeded in keeping a balance between the various chapters. However, the naturalist may no doubt be excused for stressing the ecological aspects of pastoral nomadism and repeating here some pages of his paper presented to the seminar under the informal title 'Notes on some ecological aspects of pastoral nomadism in Africa'.

I have hesitated to take on a task for which, for obvious reasons, I judge myself to be little qualified and one, what is more, for which my professional duties, somewhat remote from the matters under consideration, have left me little time. However, I have fulfilled my duties to the best of my ability, without hiding from myself the difficulties of the task. I will mention only one of them, the reading of the three hundred and ten written records of the discussions taken down by the secretaries of the sessions, some of which have defied my efforts to decipher them. However, I hope I have succeeded in not misinterpreting the thinking of my colleagues.

It will be noted that throughout the volume, proper names are quoted for simplicity without forenames or titles: I am sure my colleagues will excuse this. And I add finally that, in describing traditional systems that are in process of disappearing, the use of the present tense does not necessarily refer to a fact still observable at the present day.

The choice of Niamey for the seminar was a particularly happy once since there stretches across the entire southern part of the Republic of Niger a clearly marked bioclimatic zone, the Sahel, with a mainly pastoralist way of life and with a deep northerly extension into the real Sahara, the Aïr.

Pastoral nomadism is important to a greater or lesser extent in most of the semi-arid or arid regions of the African continent, even though, despite their obvious interest, the *comparative study* of different African pastoralist systems, some of which are found in the southern hemisphere, has not as yet made a great deal of progress. However, for some years there has been an effort to concentrate on studies of individual nomadic systems, both in various African regions and in the desert zone of the Ancient World. The most recent would appear to be the volume *Perspectives on Nomadism*, published in 1972 and edited by William Irons and Neville Dyson-Hudson.

This recognized need for a comparative study of research findings for intertropical Africa south of the Sahara, with which we are concerned here, would justify both the scientific and, hopefully, the practical importance of a conference such as this one, devoted to the specific features and to the development of pastoralist societies, and organized jointly by the International African Institute and the Centre Nigérien de Recherche en Sciences Humaines.

The subject is vast and, however inadequately it may have been studied, has needed the cooperation of research workers from as many diverse geographical and ethnic areas as possible. If West Africa is the best represented (and could it have been otherwise?), is is good that eastern and northeastern Africa, Somalia, Kenya, Uganda, Tanzania and The Sudan, have been included in the studies that have served as a basis for our discussions.

What did we intend to discuss during these days of study planned, as are all the International African Institute's seminars, both to bring together formerly scattered knowledge and also to encourage international cooperation among research workers working along similar or at least converging lines?

In the first place, certainly, the particular features of pastoral nomadism as a technical and social phenomenon *sui generis*. Emphasis has been placed first on the eco-climatic aspects of the constraining factors to which the nomadic way of life is a response in so far as its utilization of an area and its resources is concerned; and secondly on the 'internal', mental, psychological, even affective factors (some might say irrational ones) that order the behaviour of herders. Geographers and biologists consider first the facts of the natural environment; whereas sociologists tend to emphasize the idiosyncrasies of man in the face of environmental demands (and of man as capable of choice), as well as the amazing variation in his responses and the 'flexibility' of nomadic and pastoralist societies—a much used term for which the French equivalent might be 'plasticité'. Of course both approaches are equally valid, and both physical and human realities rich and complex enough to admit, whether simultaneously or successively, of different interpretations that may point to certain specific and probably basic traits of pastoralist mentality and behaviour (for example, particular systems of values). There could be other approaches: studies of the significance and evaluation of space would certainly be important; the notion of geographical directions and the cardinal points could be analysed, since the words used for them do not necessarily have the astronomical and thus unchanging meaning that is familiar to us.

A second main theme is, of course, that of the relationship between pastoralists and sedentary peoples, between pastoralists and cultivators, representatives of two worlds at times in opposition but all in all largely complementary: what could one live on in the Ahaggar without the dates of Tidikelt or the sorghum of Niger? Even when one lives *in* the desert one does not necessarily live *on* the desert; and even though the herders of the western Sahara could, sometimes for several months at a stretch, support themselves in practice only on camel milk, it would be at the most a makeshift and quite exceptional performance.

What is more, the boundary between nomadic and sedentary peoples shifts, both in its geographical position in space and time and in its human implications. Here too the actual situation is complex, and hardly likely to satisfy our all too obvious penchant for schematization, for simplication, and for the introduction of static and clearly ordered categories into what is (whether we like it or not) a single whole, a continuum.

A third main topic (or rather cluster of topics) concerns pastoral nomadism as a factor in a rapidly changing world whose transformations, whether beneficial or not (and who dare admit that they are all necessarily so?), will sooner or later reach the pastoralist societies or have affected them already. And then comes the whole problem of the very future of these human groups, specialized by their age-old adaptation to the conditions of a hostile environment. In which direction shall we see them developing? How, by positive changes, can a proper pace be arranged which will alone, perhaps, make them acceptable and thereby accepted? Moreover what technical aid, affecting both water and grazing, can in future help the nomad exploit the vegetation in moderation and so lastingly? Or what aid, on the contrary, will risk increasing its degeneration, at least locally, and consequently risk an imbalance between the ability of plants to regenerate and the volume of their consumption? Finally what are the economic or the psychological motives that could bring about a change in the nomad's way of life? All these questions, which are serious ones, must be the object of careful and patient research, in contact with those themselves whose feelings and aspirations must, after all, count for much in the making of a policy both intelligent and humane.

I. PASTORALISM AND THE NATURAL ENVIRONMENT

Fredrik Barth, the specialist on Iranian nomadism, stated in 1964 that research on the Marri group of the Baluchi required 'an approach which takes total ecological systems into account. Whether the term is used explicitly or not, such an approach must make use of the concept of *niches*—positions in a biotic food web, or, from man's point of view, potential sources of organic energy . . . Patterns of activity of an animal species, and the restraints on its distribution, may be understood with reference to the niche or niches it utilizes. Likewise, the numbers and density of an animal species are restricted by the carrying capacity of niches through a Malthusian control on population'. A functional link between the approach of the anthropologist and that of the ecologist being accepted as valid, I wish to add immediately that the following reflections do not claim to be original. Nevertheless I have thought that to bring them together here would certainly be worthwhile, to remind us, as we enter on these reports and discussions devoted mainly to ethnological, sociological and economic approaches to the phenomenon of pastoralism, that there are several elements in the relationship we are investigating; that beside the human factors, both the natural environment (climate, soil, vegetation, etc.) and the domestic animal (considered as an element of an ecosystem), have their own requirements and their own importance.

However trite these remarks, a brief account of them may perhaps be useful as preface; and since by chance the chairmanship of this seminar happens to have been entrusted to a naturalist, hopefully no one will be annoyed by his making some preliminary statements on the topics of the most direct concern to him.

1. *Bioclimatology and nomadism*

'Le nomadisme pastoral, exploitation du sol par l'intermédiaire du bétail, fondé sur une vie errante à la recherche de pâturages, a été le seul genre de vie assurant une mise en valeur totale et continue du désert, audelà de la limite de la culture pluviale et entre les foyers sporadiques de l'agriculture irriguée' (Planhol and Rognon 1970, p. 252). Although in many cases the term 'wandering' may be inadequate (e.g., with regard to cyclical seasonal movements) and although the utilization of a desert may never be 'total' nor, for any one place, 'continuous', this statement of two eminent geographers provides an excellent point of departure.

It is evident that pastoral nomadism exploits a territory that is *on the whole* beyond the limits of rainfall agriculture: its domain begins where that of field and village ends. But things are in reality a great deal more complex, and merely to take account of a climatic limit is quite inadequate to explain actual geographical conditions. The 'natural' boundary between nomadic and sedentary groups is often shown to be real only in appearance, being crossed to varying extents alternately by one or the other according to local conditions that are socio-political rather than physical: Tuareg tents may be seen pitched at the edge of the floating *Echinochloa* meadows of Lake Debo at latitude 15° north, where with 400 mm. of rain, spiked millet will ripen under rainfall cultivation;[1] and, on the other hand, Fulani and Soninke peasants of Mauretania, moving northwards, today push the limits of their rainfall farming as far as latitude 17° north, more or less on the 450 mm. isohyet.

Of course, these overlapping incursions—nomads in peasant territory and *vice versa*—have their limits, where purely bio-logical factors come into play: the vulnerability to humid regions and the pathology of the camel; the water needs of Sudanic cultivated plants (*Sorghum, Pennisetum,* etc.).

Thus pastoral nomadism can act as a viable and effective bio-cultural system only between the limits set more by the biological behaviour of the domestic animal than by that of men. Vast desert regions, where herds of camels wander in winter far from any water points and for months at a time, would remain completely inaccessible to man without the medium of the animal that provides him with milk, at the same time both food and drink.

2. *The relationship of animal and environment*

The constraints of the environment, acting first on the animal and through the animal on the herdsman, provide the conditions for the well being of the herd, conditions that will guide all nomadic activity. No attempt at explanation, or merely at description, of the working of different types of pastoralism can therefore afford to ignore this necessary basis for the system, the ecology of the herbivore.

Lee M. Talbot means precisely this when he defines the 'Vegetation/Herbivore/Nomad Complex' (which he usually abbreviates as the 'herbivore complex'): 'By "pastoralism" we

[1] Bou Haqq (1939, p. 482) reports encampments of 'Maures' in the dry season as far as the line Kolokani–Banamba (13–14° north) and Clauzel (1962, p. 4) reports that there are 'des fractions entières (de Touaregs) nomadisant loin au sud des villages songhay ou haoussa les plus septentrionaux' (v. his map, p. 5).

are really speaking of a complex of factors in which human activities associated with livestock raising are more or less dominant, but which also includes land, vegetation, wild and domestic herbivores, and other environmental factors' (1968, p. 1). It is indeed a 'chain', whose links cannot arbitrarily be separated: man depends on the animal which itself depends on the plant, which in its turn depends on climatic factors (water) and edaphic ones (soil).

We should study these kinds of dependence and their working, such as, perhaps the most important of all, the relationship of animal to vegetation. This, it should be noted, partially includes that of animal to water, since the herbivore's needs for water may more or less wholly be covered by vegetable food (*Addax*, *Gazella*, etc.) as is, to some extent at least, the case among certain domestic ruminants, particularly the camel.

It is thus a mistake to place water and grazing on the same level, as though they were always distinct and to be evaluated separately. If it is true that a water point in the heart of the Tanezrouft would be of no pastoralist value for lack of nearby vegetation, it is certainly very far from being the case that good grazing is permanently unusable, even if very distant from the main wells: in fact, it will probably be quite utilizable in the cool season, when the camel can live perfectly well for several months at a time without watering.

Naturally we shall need to examine separately the case of each species (camel, cattle, ass, goat, sheep), each having its own physiology and ecology.

As an example let us take the camel, whose behaviour in the Sahara region has been studied systematically by Dr. Hilde Gauthier-Pilters (1965, 1970, 1972). From this research we already possess much information on the camel's ethology and its grazing-areas in the western Sahara: the quantity of fodder plants ingested; the water content of the foods; the quantity of water ingested (*a*) at watering, (*b*) with plants; the rhythm of watering; the productivity and the optimal stocking of camels per hectare per day for different kinds of grazing, etc.

As far as the ingestion of water with food is concerned, the quantities reach from 0·3 lit. per day (summer, dry *Stipagrostis pungens*) to 30–35 lit. per day (spring, salsolaceous plants), which explains why in winter the animal can be independent of all watering for long periods and consequently exploit grazing that lacks any water point. Figures on the relationship of browsing to productivity are no less important, for they show that the camel 'peut subsister sur des ressources fourragères très faibles en qualité aussi bien qu'en quantité' (1969, p. 1367). If a camel browses about 2–4 tons of dry fodder a year, if 100 hectares of *Stipagrostis pungens*, with a covering of 10%, can provide 230 dry tons and 100 hectares of *Panicum turgidum*, with a covering of 8%, can provide 80 dry tons, it can be deduced that these areas could support 300 or 80 animals respectively during the five months of the hot season, which are the most critical. Although very theoretical and no basis for generalizations, these figures lead us to conclude that the basic productivity in the central Sahara is far above what is actually taken as food, as much by wild as by domesticated animals.

The rule of the Regueibat is explicit: 'Mieux vaut que le chameau mange bien et boive moins souvent que boire souvent et manger mal' (Trancart, 1946, p. 295). It is not merely a joke to say that the camel is the opposite of a man since it can live without drinking but not without eating, whereas for a man the contrary is true.

Even if there were some definable entity corresponding to the concept of 'grazing', it would in any case always be incorrect to use the word in the singular. On the contrary, in actuality there is a very rich series of distinct and numerous types of grazing, differing in their botanical composition, their habitat, their density, their biology (annual/perennial, seasonal behaviour, etc.), their nutritive value, and so on.

Trancart, for example, writing about the High Adrar (1946) distinguishes grazing areas of pebbles, of 'rag', of sand, of trees (so-called 'aerial' grazing) and of saline plants; while Gauthier-Pilters (1970) classifies grazing-areas into 'families': sand dunes, 'rag' of various kinds (including the salty one), rocky areas, wide *wadi* beds.

Whatever the substratum, there is always a basic distinction between therophytes, springing up almost explosively after the last shower but short-lived, and perennial species, whether bushes or trees, the last resource when all else has disappeared. However it must not be forgotten that straw can play an important part, whether of annuals left dried on the stalk or of the dry parts of perennial plants such as *Stipagrostis pungens* (*halfe*) or *Panicum turgidum*.

But there is no plant, even the perennial, that can withstand too many years without rain: even the *had* finally dies, and we must therefore take into account the cyclical aspect of the growth of plant communities. In the true desert it will be a matter of years, some more and others less dry—they can hardly be called 'humid'; in the Sahel it is a question of seasons since it rains every year during the summer monsoon.

Every transitional stage is to be found, of course, between the Sahel and the Sahara, and even in the zone of regular summer rainfall the variation in precipitation remains very marked. For the true desert at Fderik (Sahara) the annual rainfall varies between 0·1 (1940) and 187 mm. (1951); at Atar (Sahara) between 14 (1964) and 225 mm. (1950); at Akjoucht (Sahara) between 13 (1959) and 221 mm. (1938); at Boutilimit (Sahel) between 39 (1962) and 406 mm. (1955); at Aleg (Sahel) between 89 (1961) and 544 mm. (1951). A recent study by Toupet (1972) shows the size of variations in precipitation from one year to another in central Mauretania: the isohyet of 100 mm., which in 1951–2 moved north of Fderik (22° 40') had fallen back in 1941–2 to reach Boutilimit (17° 32'). 'Le secteur ainsi délimité entre l'isohyète 100 mm. 1941–42 et l'isohyète 100 mm. 1951–52, qui peut donc être alternativement un désert que fuient les pasteurs ou une zone de pâturages attirant les troupeaux, couvre 340 000 km² soit 31.5% de la superficie totale de la Mauritanie!' (p. 46).

If in certain cases in the true desert there develops a camel nomadism involving moving over great distances, of the Regueibat type, with long-range movements of several hundred, or even over a thousand, kilometres, and contrasting with the less extensive cyclical movements of the cattle raisers of the Sahel, we should not forget that superimposed on this factor of rainfall, which on a given meridian compartment follows a zonal gradient, the temperature factor will exercise an influence of the same nature from one end to the other of any given compartment. Temperatures are high throughout: highest mean annual temperatures are Tindouf, 32·3; Bir Moghrein, 31·6; Fderik, 33·6; Atar, 35·7; Boutilimit, 35·7; Gao, 37·6; Agades, 37·8 with the corresponding absolute highest temperatures in summer: 57·1 (July), 48·4 (June), 49·0 (June), 48·8 (August), 49·4 (May), 48·0 (June), 48·5 (May).

It is therefore everywhere very hot in the summer, with consequences that can be imagined on evaporation, on desiccation of the vegetation cover, on the rise and fall and volume of watering places. The Saharan summer, from April to September, on the one hand, and the dry and hot season[1] of the Sahel, from February to June–July, on the other, are the hardest times for the herd 'parce qu'il fait chaud (nombre d'heures à pâturer réduit), parce que le pâturage est peu nourrissant (séché ou rare), parce que les abreuvoirs sont souvent éloignés du pâturage, et longs (fatigue et heures creuses)' (Trancart, 1946, p. 295). It would be interesting to try to calculate the energy needed by the servile herdsmen of the Sahel in using water-places in the hot season, whether the water is drawn by hand or by beast: it should not be forgotten that wells of 50 metres' depth are not unusual and that one of those of the Azaouad reaches 110 metres.

3. *The balance between pastoral nomadism and the natural environment*

(*a*) The degeneration of the habitat

Much has been said about the role of nomads in the origin of certain deserts ('the nomad is not so much the "son of the desert", but its father', Reifenberg, 1953), about 'man-made deserts', and so on. But it is sometimes forgotten that the distribution of deserts on the surface of the globe results from purely climatic causes that explain, for example, its zonal nature.

However, it is still true that, without referring to periods of worsening of the climate (apparently lacking during the last two or three millennia, cf. Th. Monod, 1959) the destruction done to the natural environment by human activity must be recognized. In particular there can be no doubt that over vast regions, semi-deserts rather than deserts properly speaking, pastoral nomadism, by multiplication of men and animals, has outstripped the basic productive capacity of the natural environment; by this process an imbalance has been created to

---

[1] In the Sahel, within the dry season, the period of dry and cold must be distinguished from that of dry and hot. There are really three main seasons: the rains (humid and cool), the dry and cold, and the dry and hot.

which the term 'desertification' can aptly be applied in the most
serious cases, as in pre-Saharan Tunisia. Elsewhere (e.g., the
Sahel) the denudation of the land near a waterpoint, the in-
duced movement of sand, sometimes the development of dunes,
can be seen in specific places. The damage done to ligneous
vegetation is known and very obvious, whether by pastoralist
practices (excessive and destructive cutting, pollarding) or,
near settlements, by trading in firewood and charcoal, which
must be sought farther and farther away as the destruction
spreads.

We know also that the overstocking of a grazing area by
bovines risks the disappearance of the better kinds of fodder, to
be replaced by others often without nutritive value. 'Millions of
square miles of country that at the beginning of this century
were pristine forests or lush grasslands well populated by wild
animals, have deteriorated to eroded wastes of bare red soil,
infested by useless unpalatable scrub. Whole countries, such
as Somalia, may be widely affected. . . .' (Brown, 1971, p. 93).

There is no doubt that in the savanna pastoral nomadism can
lead to ecological problems. On the one hand, above a certain
level of aridity it is the only possible means of land-use; but on
the other the risks of biological imbalance and thus of destruction of the habitat are manifest above a certain ratio of animals
to land area.

Indeed it has often been said that the utilization of the flora
by domesticated bovines is less efficient than that by wild
ungulates which, due to their dietary specialization, can
occupy different ecological niches within the same vegetation
complex and can thus live side by side; consequently they have a
higher productivity than that of the herd (from two to fifteen
times for the East African savannas), and one which can be
maintained without degradation of the environment. 'The
high productivity of the wild animals can be maintained over
long periods without lowering the productivity of the land,
while the lower productivity of the domestic livestock on the
same lands frequently results in degradation of varying extent'
(Talbot, 1968, p. 4).

The problem in desert areas is clearly quite different. Here,
despite the old popular belief that accuses the nomad of being
the cause of increased aridity, despite some localized destruc-

tion of vegetation cover (water points, oases, trees, etc.), and without denying the harmful effects of some human activities, it seems clear that generally a kind of balance has been established between the destructive power of the herd and the regenerative power of the plant. There is a whole series of reasons. First is the scattered dispersal of people across the ocean-wide vastnesses of the desert: a Regueibat *friq* has on the average five tents, and so about twenty-five persons, but there are only a few milch camels in the neighbourhood of these tents. The herds of camels graze at liberty and it can be said that the herders follow rather than guide them. Browsing is a wandering activity but in a rich grazing area, one that is green and diversified, the animal, instead of proceeding methodically to crop everything in a given area, shows extreme caprice. It moves here and there, nibbling now on one species, now on another; in eight or ten hours of grazing it will have travelled from ten to twenty kilometres. By its selectivity, by the nature of its cropping by tufts (its mouthfuls being of one to twenty grammes), the animal does no noticeable damage to the vegetation.[1] Not only does the herd merely pass on, since it feeds while moving, but no Saharan grazing area is exploited all the time, so that the plant benefits from long periods of rest. Winter grazing areas, where the herder stays for months far from water points, have long periods to 'recuperate'; in 1952, despite a rainy year, I found the Adrar practically empty, people having found still better grazing areas outside the massif. The movement of humans, with their scattered distribution in space,[2] with a moderate total number of animals in relation to the areas concerned, explains this balance. Besides, it may be asked whether human exploitation, as we have seen neither permanent nor ubiquitous, has a greater effect on the vegetation than the century-long and natural balance brought about by climatic changes, the alternation of dry and rainy years perhaps being the key factor affecting the vegetation cover of the desert. But we should also realise that farther south irregularities of rainfall and years of drought, by causing the deaths of many

[1] However, it does happen, in the case of weakly rooted species, that the camel tears out the whole tuft and lets it drop again while keeping only the coveted mouthful.

[2] And, however, ubiquity in time . . . .

livestock, lead to a kind of cyclical levelling-out of the stock carried, which is thereby precluded from becoming lastingly excessive.

(b) The relationship of livestock and grazing

However important this may be, we have to admit that we are here very imperfectly informed. We must also recognize that a numerical analysis of this relationship risks having little significance, or at least no significance other than in purely local terms (such and such a grazing area, in such and such a place, in such and such a season, of such and such rate of covering, of such and such botanical composition, of such and such value as fodder, and so on).

I take the following estimates for the western Sahara from Gauthier-Pilters (1970, Table xvii).

	Kilogramme/ hectare dry weight	*Maximum stocking of camels per day per hectare*	*Area needed per camel, per day, square metres*
1. *Stipagrostis pungens*			
(a) dry (Mauretania, spring 1964)	2,200	330	30
(b) dry (Iguidi, May 1961)	684	130	70
(c) flowers (Mauretania, April 1964)	154	30	330
(d) flowers (Iguidi, April 1961)	58	12	830
2. *Stipagrostis acutiflora* (*ibidem*)	42	8	1,250
3. *Panicum turgidum* (Mauretania, Spring 1964)	800	100	90
4. *Nucularia perrini* (*ibidem*)	470	70	140

Figures for grazing areas in the Sahel are naturally consistently higher, only those for *Stipagrostis pungens* being comparable to them, from 600 (Kanem: *Eragrostis, Aristida mutabilis*) to 17,900 (Wadi Rimi, Chad: *Crotalaria podocarpa* type) (Gillet, 1961).

It is therefore not surprising that the main problems of overstocking and of overgrazing are found more in the steppe and the savanna than in the desert and are above all concerned with cattle.

As an indication, it is reported that the area of low-water grazing needed to support a beast for five months in Mali has been worked out to be seven hectares (Doutressoulle, 1952) and that the stocking of the inland Delta of the Niger for 400,000 cattle for six months has been estimated at 32 to the square kilometre or three hectares per head: 'Ce n'est pas suffisant, le Delta est excessivement chargé' (Gallais, 1967, p. 400). It will be noted that these three hectares of the Macina correspond to 3·9 hectares per head of cattle given by Brown for the Maasai country (1971, p. 96): 63,315 cows and 21,044 male cattle to 334,835 hectares.

(c) The relationship of livestock and nomad

Despite the evident unreliability of figures that include too many variables to show anything but summary approximations for specific areas and from which any other than very small-scale extrapolations would be conjectural, this is so important a factor that it is worth the attempt to estimate it. On this score, the figures in the table overleaf suggest at least orders of size.

The extreme figures are difficult to establish, the lower limit being 'quantité minimale de bétail nécessaire pour assurer l'alimentation du groupe, sa survie', and the upper limit, 'quantité la plus importante que les nomades puissent posséder et dont ils puissent assurer le contrôle effectif' (Planhol and Rognon, 1970, p. 269). The same authors give 30–50 small livestock as the absolute minimum and quote, as a probable maximum, the case of the Boz Ulus Turkmens of the 17th century with two hundred and fifty.[1]

It is certainly possible that some of the Saharan figures (10–20) represent a very low level, but it is difficult to judge of this since the small number of goats would seem to be balanced, and more, by the wealth in she-camels. In fact, should we not draw up a cumulative balance-sheet of the milk production of the family unit and of the part played by milk (normally a very variable item) in the daily intake?

At the present time, we have only a little information on production, for example for the Hoggar (Gast, 1968, pp. 126–8). Here a family of four persons, wealthy with forty goats and

---

[1] Let us add that a complete picture would have to include both cattle and servile labour force and that the true relationship is trinomial: nomad/animal livestock/human livestock (slaves). The proportion of slaves goes from one sixth (central Sahara) to one half (Ioullemeden), even three quarters (Tuareg of Gourma); it has been reported that among the noble tribe of Kel Rela (Hoggar) there are more slaves than Tuareg: 350 to 300 (P. Rognon, 1963, p. 59).

Some estimates of the relationship of livestock and
nomad (average figures by tent or family).

	Goats and sheep	Cattle	Camels
A. Africa: the Sahara and Sahel			
1. Nomads of the north summering in tell and steppe			
(a) Oulad Sidi Cheikh 1952 (Capot-Rey 1953)	25		1·3
(b) Arbâa 1952 (*ibidem*)	25		1
2. Semi-nomads of the north			
(a) Doui Menia 1945 (*ibidem*)	6		2
(b) Beni Zid 1945 (*ibidem*)	15		2
3. Sahara			
(a) Tuareg, Hoggar 1948 (*ibidem*)	15		10
Tuareg, Hoggar 1948 (Lhote, 1951)	35–40		
Tuareg, Hoggar 1948 (Lhote, 1955)	50–60		
Tuareg, Hoggar 1948 (Nicolaisen, 1964)	40–50		
(b) Regeibat L'Gouacem (Bisson, 1963)	20–30		5–15
(c) Northern Sahara (Bataillon, 1963)	20–30		3–5
(d) Teda Ouria, Borku (Capot-Rey, 1961, 1963)	8–10		3·9
(e) Daza, Borku (*ibidem*)	6	3	10–11
(f) Teda, Tibesti (Chapelle, 1957)	5·36		4–15
4. Sahel			
(a) Western Tuareg (Galloy, 1958)			
Tuareg (warriors and religious men)	50–100	44	
Imrad	180	20–30	
Kel Antessar	60	9·3	
Tenguerigif	57·4	26·7	
Kel Hausa	50·9	48·5	
(b) 'Maures' (same region) (*ibidem*)	30–50		5–10
(c) Tuareg of Tahoua (Bataillon, 1963)	200	40	10
(d) Tuareg of Gourma (*ibidem*)	100	100	1
(e) Azza, semi-nomad (Chapelle, 1957)	1–5	7–10	1
5. East African savanna			
(a) Kenya		35–40	
B. Outside Africa			
(a) Basseri, Zagros (Planhol and Rognon, 1970)	100		
(b) Kurds, Aatolia (*ibidem*)	120–130		

two camels, can subsist with twenty goats that give 10–15
litres a day with good grazing, three litres a day in the dry
season; three litres a day are enough if the family has an adequate supply of millet. As for the camel, it will give on the

average about 5 litres a day for the first three months of lactation, as much as 10 litres a day for a good milch camel and only 2–3 for a mediocre one.

Brown (1971) has tried to go a little further for the nomads of Kenya by estimating that a family of 6·5 'adult equivalents', needing 15,000 calories a day, will consume 21 litres of milk a day (or 16 litres plus 2·41 kilogrammes of meat, or 10·5 litres plus 4·82 kilogrammes). An average is probably about three quarters milk and one quarter meat, equivalent to 5,606 litres and 704 kilogrammes a year: this volume of milk represents seven lactating cows (or four milch camels) daily, in actual numbers equal to 14–15 cows, and (with bulls, male calves, and heifers) a herd of 35–40 head, half being milch cows. What Brown accepts as a 'minimum pastoral standard of living, allowing for adequate daily subsistence with a little surplus in good years' would represent per person 2·5–3 Standard Stock Units[1] (say 1134–1360 kilogrammes live weight), equal to 5–6 cattle or 25–30 goats or 2·5–3 camels.

The effects of the family herd on the natural environment have been studied by Brown (1971, p. 97–8); this is for East Africa, of course, but it can be assumed that the situation in the Sahel would not be very different. On the other hand the Sahara of the camel-herders represents another type of ecosystem. This statement is important because it seems to show that on the one hand the multiplication of cattle, so often held to be a kind of simple mania for hoarding, irrational and without practical justification, can have other reasons; and on the other hand that the overstocking can be as much of men as of their beasts, the latter being merely the consequence of the former.

The basis of Brown's argument must be quoted in full for the importance of this paragraph: 'This ecologically unwise dependence upon milk in areas suitable only for the production of meat, places the pastoralist in the position of the young of his own or wild animals, affects the population structure of the herds to the detriment of the environment and makes subsistence more, not less, precarious. If the milk supply fails, the pastoralist and his family will starve. In wild ungulates living in semi-arid grassland it is normal for the adult females to dry up their

[1] One SSU equals about 10 goats or sheep, 2–3 cattle, 1 camel.

milk supply, in poor conditions, so that the calf starves and dies while the breeding stock survives. This natural feature underlines the precarious situation of the pastoralist who is dependent on milk' (p. 97).

After these preliminary remarks, the writer details the train of events that will of necessity lead to a degeneration of the environment.

1. The dominant position of milk in the diet implies a high proportion of cows in the herd, about 50% of the whole.

2. A herd of this composition will have a high rate of increase and can double in four years, while the 'outgoings' (slaughterings and sales) remain about 10% (5–14% in Kenya).

3. A herd that will have doubled during a humid period will find itself in the following dry period in a situation of extreme overstocking as regards the capacities of the impoverished milieu; it will lead to degradation of the habitat before famine will have reduced its size to that appropriate to the dry period.

4. There will be competition between nomads and calves for milk, necessarily to the detriment of the latter except under exceptional grazing conditions.

5. Account must therefore be taken not only of the number of head of cattle but also of that of human beings, overstocking and overgrazing often being the consequence of a demographic increase higher than the basic productive capacities of the habitat. In a zone of 375 mm. of rainfall and a human density of two persons per square kilometre, each family will have at its disposal 400 hectares, for which 20 SSU[1] will not lead to degradation; on the other hand, if the population doubles (as can happen in 25–30 years in the African savanna) and if each family wishes to keep its 20 SSU without the available land area changing, overgrazing becomes noticeable.

The conclusion is obvious: the prosperity of the pastoralist demands both the maintenance of the habitat's productivity (and so limitation on the number of beasts and systematic control of their movements) and a population density that does not lead automatically to the multiplication of livestock. Some may think that in this regard it is easier to define the desirable than the possible.

---

[1] 'Standard Stock Unit' equal to 1,000 lb. (453·6 kilogrammes) live weight, thus approximately for Africa 1 camel or 2–3 cattle or 10 goats or sheep.

But we must return to an aspect of overstocking which has not so far been sufficiently discussed. It is evident that the herd must increase to the same degree as the human population since the latter draws the main part of its subsistence (milk) from the former. Matters are in reality more complex and Gallais has justifiably emphasized this (1967, p. 408) in noting that 'le troupeau pléthorique du Peul n'est inutile qu'en apparence: au niveau technique de cet élevage il est le garant d'une certaine sécurité'.

And indeed, the number is, in itself, in a way a kind of assurance against the risks—and they are many—of livestock raising in a semi-arid zone. There are periods of drought (the cattle of the Maasai of Kajiado fell from 737,000 in 1960 to 203,000 after a severe drought that, moreover, followed devastating floods); there are epizootic sicknesses; there are predators; there are cattle thefts. A kind of cyclical pattern of catastrophes has up to now threatened pastoral nomadism, and pastoralists must have a large number of livestock to retain, after a crisis, the minimum necessary both for human subsistence and for making a new start with the herd.

The dispersal of animals, in separate herds but also by a complex system of loans and leasings, also has the advantage of spatially 'diluting' an item of property, thereby sheltering it from the worst of the dangers that might threaten it.

Finally the diversification of the domestic species is an insurance for their owner: cattle, goats, sheep, camels, with their different biological needs and consequently their frequent geographical isolation constitute in some respects distinct 'outlays' —a Tuareg may well have his goats in the Hoggar and his camels 800 kilometres farther south. As Gallais justly remarks: 'chacune des espèces étant plus sensible à certaines maladies le Peul espère ne pas être frappé sur les trois tableaux[1] en même temps'.

These pages do not call for conclusions: they are intended only to suggest some more specifically biological factors relevant to the basic problems under discussion. These are the present position of African pastoralism; the trends in its development in the face of new factors, mainly socio-economic but also

[1] Cattle, sheep, goats—Th.M.

psychological and even political ones which will influence it in the future; and the possible improvements that can be decided upon and recommended to make this type of activity if not more intensive at least more efficient, and, by concerted maintenance of the environment's productivity, more lasting.

These problems have been widely discussed and much written about, but relatively little has been done to solve them. Only collaboration by the ethnologist, the sociologist, the zootechnician, the economist and certainly the ecologist will enable them to be tackled usefully and perhaps one day to be resolved. Nor must it be forgotten that the views of the principal people concerned, the nomads themselves, must seriously be taken into account. Their fate cannot be decided without them; and this is all the more true when it is a matter of human communities that have over centuries built up a way of life whose adaptation to natural conditions represents, in the case of the true deserts, an ecological 'success' as remarkable in its own way as those of the Eskimo or the Pygmies.

If on the whole the notion of adaptation, in the biological sense, of pastoralism to ecoclimatic factors is obvious, it can only be simplistic and in some respects fallacious to liken human behaviour, *mutatis non mutandis*, to that of an animal species that is under similar constraints. As soon as we enquire a little more deeply, there is no lack of questions and problems.

The very notion of 'traditional' balance is seen to be ambiguous as soon as certain natural factors are considered. Droughts and famines, epizootic diseases, locusts, wars, etc., the series of accidental but recurrent threats demand, if people are to protect themselves from them or at least to limit their effects, a mixture of techniques and attitudes that take into account both the complexity of pastoralist life and the range of empirical and specialized knowledge acquired in the course of centuries: 'herd splitting, selective exploitation of ecological niches, division of labour, spreading of risks, symbiotic relations with other communities, faunal and floral knowledge, etc.' (Baker). The nomadic way of life has for a very long time rested on a number of supports of which several have already given way (raiding, trans-Saharan camel transport, the supremacy of the warrior, etc.), whereas others have already weakened. At the same time new factors have intervened, both natural (degradation of the environment) and politico-economic, such as 'Government measures to settle the population into cultivating communities, pressures from those around the margins, pressures to utilize rangelands more commercially, elimination of physical checks on cattle numbers, limitation of movement, which has almost eliminated the prospect for vegetation' (Baker).

We may add that the very existence of an 'equilibrium' has been questioned (Jacobs, Gulliver), at least in its static aspect. 'Pastoral strategy is almost always to maximize herd size (albeit selectively); when there were few nomads and lots of land, local overgrazing and destruction of vegetation was less important: the nomad could move on, so the overall state of pasture was conserved. Now there are many nomads and limited pasture, so the same strategy leads to disaster' (Swift); it is not the behaviour that has changed: 'nomads are behaving as before but in changed circumstances' (Baker).

Perhaps 'long-term equilibrium', a reference to adaptation to natural conditions and a somewhat trite phrase, should be distinguished from 'short-term equilibrium', which refers rather to readjustments following temporary disturbances of equilibrium and deeply affecting the social organization (Bonte). One might also contrast 'ecological balance', resting on a balance of energy that remains more or less constant, with 'culture change' that can go on within the other system (Horowitz).

The notion of the efficiency of a socio-cultural type needs also to be discussed, although we lack precise items of comparison in that our studies have almost always been limited in space and time, and we frequently ignore even the obvious differences in ecology occurring within a few miles of each other. Faced with both increasing aridity and the expansion of farming populations, the demise of pastoral nomadism can show specifically how 'efficiently' (more 'efficiently'?) natural resources are used by the graziers' (Frantz).

Another suggested distinction would contrast a form of pastoralism that results merely in the 'preservation' of the natural resources and those economies that lead to the renewal of the extant resources (Jacobs). This may be so, although in the desert zone and even in a large part of the Sahel, herding seems to be the only possible way to use the land.

Clearly this does not mean that one cannot envisage local improvements in the present use of grazing areas, assuming that these innovations are psychologically agreed to and can consequently be put into effect. Here we think immediately of possible rotations that would assure any exhausted sector the possibility of effective 'recharging' by temporary prohibition on its use. Of course, the possibility of recourse to a rotation system can only be envisaged in terms first, of the relationship of the density of human beings (with their herds) to the area of available grazing; secondly, of the regional distribution of types of grazing, none being equivalent; and thirdly, of the relationship between this distribution and that of water points.

Here again it is important to distinguish between the situation in the Sahel, with regular summer rains and fairly similar grazing areas, and that in the desert where the chance of rains, like the existence of a whole range of grazing areas (from better to poorest), tends naturally to disperse human settlement and to restore and preserve those areas temporarily unoccupied.

Is the reproach often made about the nomad's being unaware of reserves in the form of hay justified where it is seen that many plants that can be eaten dry form a veritable hay 'on the stalk' and are actively utilized in the dry season? Such a species is used in many ways, e.g., *Stipagrostis pungens* in the form of young green leaves (*azaran*), of flower heads (*ilig*), or of dry leaves (*halfe*).

Are prohibitions on the use of grazing areas, and so rotations, conceivable without a centralized political authority? (Bonte)

Finally, a much discussed notion is that of 'basic herd', that is to say the minimum number of animals in a herd necessary either for the survival of the pastoralist group or for its social obligations (more probably both at the same time). It would seem uncertain that the peoples concerned are themselves very explicit about it (Baker, Toupet), and, besides, the concept of 'basic herd' risks remaining 'a vague abstraction which varies situationally and in time' (Baxter). The situation varies considerably even from one place to another (Diouldé Laya, Frantz), while the similar notion of 'minimum' herd would hardly interest a herder who strives methodically not to limit it (nature takes care of that) but on the contrary to increase it.

This said, the pastoral Maasai seem to have a clear idea of what the minimum, basic nutritional herd would mean for a family, e.g., 'eight milch cows and one bull' (Jacobs). But in the eastern Sahel of Niger, among the Daza, 'la notion de "basic herd" n'est en général pas pertinente car au niveau de la société globale il y a toujours assez de vaches[1] (ou autre animal) laitières pour nourrir l'ensemble de la population? Une personne qui, à un moment donné, n'a pas assez d'animaux laitiers trouve toujours un parent qui lui en prêtera' (Baroin).

II. VARIATIONS, CORRELATIONS, AND MOTIVATIONS

The study of pastoralist societies has always provided a wide choice for discussions—which are not new—on the respective parts played in observed behaviour between the demands of the natural environment and the relevant influences of 'internal' factors, social, political, ritual, affective, and occasionally—and why not?—aesthetic. Theories and observations find here ample opportunity for supporting each other or for being in disagreement, to our evident gain both in wisdom enhanced by discussion and in renewed assurance of the richness and the complexity of all humanity.

May we infer some kind of correlation between certain aspects of pastoralism and the socio-political organization of the group in question? Several types of correlation have been envisaged: between the type of livestock and social category, between the harshness of the natural environment and political organization, between types of population movement and socio-political structure, between technological innovations and ideological changes, between sedentarization and political centralization.

Among the Tuareg of the Ahaggar, traditional society juxtaposed vassals, 'people of the goats' (Kel Ulli), and the independent owners of camels; here one must accept that the possession of different types of herds will at least have contributed to political and economic stratification, distinctions being

---

[1] Except in the case of exceptional drought, as in 1973, causing a wide-scale abandonment of nomadic life.

weakened today by the admittance of the Kel Ulli to the possession of camels (Bourgeot).

Elsewhere, on the other hand (Mauretania), there does not seem to be at the present time a relationship between social level and the kinds of livestock owned (Toupet).

There is no doubt that care must be taken to distinguish between owners and herders (Chaventré): in the western Sahara the great herds of camels are watched over by black slaves.

And then one must take care not to give to reported correlations—where these exist, or have existed—a quasi-mechanical character, without equally failing to recognize the kind of causal relationship existing between material conditions (ecological, technical) and social organization. The constraints exercised by these factors should permit a classification of the various conditions of nomadism, setting 'possible limits' to types of social organization. The role of the transport animal has doubtless been important here, but certain factors inherent in the social system should not be overlooked, e.g., slavery; from this follows a new question: how have this dependence and the various forms of exploitation of labour come about? (Bonte).

An example of the possible relationship between type of animals and political organization may be seen in the recent history of the Regueibat, who, a simple 'maraboutique' tribe at the beginning of the century, sheepherding nomads occasionally growing crops, have since their victory over the Oulad bou Sba in 1907 become a powerful camel-keeping warrior tribe that has long dominated the western Sahara; it seems that here the building up of a herd of over 50,000 camels has been largely the consequence of political domination.

It remains difficult to determine a direct correlation between a type of pastoralist (or in more general terms social) organization with a specific kind of animal; the Somali and the Boran Galla live side by side in a similar physical environment, and with similar animals, in northern Kenya; yet their pastoralist organizations are different and their social organizations markedly so (Lewis).

In fact, within the limits imposed by the natural environment there exist wide possibilities of choice, and in the most varied spheres. To begin with the types of animal or animals kept, the choice may be a basic one: 'I wonder whether the purposes for which specific animals are raised (goats for milking or not!) is not among the more important criteria distinguishing different types of pastoralism' (Jacobs).

In any event, among the Daza of Niger 'on discute les avantages et les inconvénients d'élever des vaches ou des chamelles, qui exigent des soins différents. Chacun choisit en fonction de ses goûts la proportion de vaches et de chamelles de son troupeau' (Baroin).

Within the patterns set by grazing areas, whether seasonal (Sahel) or occasional (desert), the movements of the nomad frequently involves the exercise of personal or collective choice based on the most varied motivations, those of individuals, of lineages, and so on; the voluntary and the emotional have full exercise here.

But it goes without saying this is so only within certain limits imposed by external conditions, and especially geographical ones. From this the appearance of a new problem, that of the nomad faced with the notion of territorial boundaries, provides another example of the danger and the rashness of hasty generalizations; here again the observable facts are very diverse, as in the example of two ethnic groups often neighbours and occasionally even intermingled, the Fulani and the Tuareg of the Sahel zone of Niger.

The latter, organized into political groupings based on the permanent exploitation of a nomadically occupied territory, could prohibit the rights of use over grazing as well as over water points. Strangers, in order to settle there, 'devaient accepter l'allégeance des suzerains et s'intégrer dans la "confédération", cas des arabes Al-Muashakar, de Tchin Tabaraden, venus de l'Ouest s'incorporer à l'entité politique localement au pouvoir, les Iullemmeden Kel Dinnik' (Bernus). Today when the traditional structure has lost its strength, strangers such as the Fulani 's'introduisent dans le pays en ordre dispersé sans reconnaître l'autorité politique des chefs touareg et sans s'intégrer dans leur système: ils se contentent d'envahir un territoire touareg où ils resteront des étrangers' (Bernus). It also happens that the Fulani not only obtain the use of certain wells or the right to sink shallow wells from the traditional owners, but sometimes, by working together as groups, open new wells which henceforth belong to them.

Another aspect of the incursion of Fulani into the territory of non-Fulani groups concerns not so much the Sahel to the north but rather the sudan zone to the south. Here, in Bambara country, for example, the pastoralist is himself granted only a kind of right of user, the Bambara cultivator remaining 'master of the earth' and responsible by this for the performance of the appropriate rituals (Dieterlen): in Niger as in Mali the 'chiefs of the earth'—often transformed into village chiefs—have kept their religious functions (Gallais, Diarra).

However, it is useful to note the various kinds of territorial units in nomad country that reflect a political hierarchy. Thus in Mauretania, for example, an economic area, associated with the scale of nomadic movement of a group, may be subsumed as part of a political territory, with control over an entire region by an organized power, however ephemeral a one, such as that of the Mauretanian emirates (Toupet).

Another example of possible relationship between the pastoralist and his animals (here cattle) is provided by the choice and the significance of morphological features of the latter. Among the Banyankole and Banyoro, according to a text of Roscoe quoted by G. Dieterlen, the 'clans' were distinguished by differences of the prohibitions to do with, for example, the phenotypical features, colour, shape of horns, etc. But among the Fulani who 'ont changé souvent de types ou de robes de bétail au cours de l'histoire, la valeur représentative ou symbolique attachée à tel ou tel détail peut être la rationalisation d'une situation de fait' (Dupire). Moreoever among the eastern Fulani there is no correlation between certain 'clans' (in the sense used by Roscoe) and colours: the Ijâfun who occupied Kano before the beginning of the 19th century with white cattle, lost them and moved to the Adamawa plateau with red cattle; furthermore 'la notion de "clan" paraît très difficile à fonder chez les Peuls orientaux, dont les groupes se font et se défont au hasard des co-résidences sur les mêmes pâturages, avec des entrées et des sorties qui se règlent par le jeu d'institutions de sélection' (Dognin).

The preference for a cattle colour can have a reason of a real or imagined technical nature. The 'white-grey' cow of the Maasai herdsman may be a better milk-giver (which would be confirmed, moreover, by the zootechnicians) (Jacobs); the white Omani camel may be preferred as an objective by the raider, not for its colour in itself but for the concomitant physiological qualities of endurance and speed (Baker). Thus 'the study of symbolism, e.g., in choice of cattle colours must be explored in relation to materialistic values of different kinds; social factors must be set in a materialistic context if we are to justly value "symbolic" significance of things' (Lewis). The relationship between apparently independent preferences and material considerations is explicable if a choice of colour is accompanied by an improvement in features that are of practical importance (Bonte).

However, among the Fulani of Cameroun it is not so much a matter of the colour of cows in itself as of the most complete homogeneity of the herd as possible, which is obtained by the elimination (by sale and exchange) of the animals that do not 'conform'; this implies that if the necessary eliminations cannot be made there is a certain size above which the herd will remain variegated in colour (Dognin).

After animals, men: they also reproduce and multiply. We must agree with the statement: 'Les enquêtes de démographie en milieu nomade ont souvent donné des résultats décevants qui sont d'une part dus aux conditions géographiques propres à la zone pastorale avec la dispersion et la mobilité de la population et, d'autre part, au fait qu'un nombre insuffisant de facteurs ont été pris en considération pour la définition des caractères pertinents de la société considérée' (Bernus).

And certainly, to be content in a demographic enquiry among nomads in Niger with the two categories 'the Fulani cluster' and 'the Tuareg cluster' would appear to be rather simplistic. Still, as soon as researches reach a certain level of precision, the actual situation is seen to be delicate and complex, as is stressed by a specialist on the Tuareg of Niger: 'L'endogamie très générale qui existe par exemple au sein de la société touarègue a des conséquences variées selon qu'elle s'applique à l'intérieur de groupes possédant le pouvoir politique qui sont minoritaires, ou à l'intérieur des clans ou lignages d'importance numérique plus grande mais dont le statut politique et le rôle socio-économique sont différents de ceux des précédents.

'Les facteurs historiques (migrations, contacts avec populations nouvelles avec leurs corollaires: asservissements, expulsions, intégrations ou assimilations), ont joué, même au sein d'une société qui serait, à première vue, culturellement homogène, pour donner des 'faciès' variés, au sein d'une réalité plus complexe que la simple opposition: entre la société idéale d'avant la colonisation et la société actuelle destructurée. La plasticité des sociétés de pasteurs nomades leur a donc permis de découvrir les solutions originales et variées qu'il importe d'analyser.

'Sinon, du fait que toutes les variables ne sont pas prises en considération, l'image globale de la démographie d'un groupe humain est faussée: les inégalités de taux de natalités par exemple au sein de la hiérarchie sociale n'apparaissent plus dans le taux moyen global de l'ensemble. Des faits aberrants apparaissent souvent, tel la surpopulation masculine, que les enquêtes signalent sans l'expliquer, ni se demander s'il ne s'agit pas d'une erreur systématique' (Bernus). On this last point, Dr. Brès is reported as having observed for Mauretania 'that girl babies are weaned earlier than boy babies, which may go a long way towards explaining the preponderance of males and low birthrates' (Orev).

III. DEFINITIONS AND GENERALIZATIONS

There is no doubt that insufficiently rigorous use of the terms 'pastoralism' and 'nomadism' has drawbacks. It is equally true that in wishing to be too precise there are no less real disadvantages, for intermediate cases are soon found that cannot be put into too rigid a classification.

In English at least 'pastoralists' may be contrasted to 'nomads' as regards Africa since there are non-nomadic pastoralists who are still 'to a significant extent dependent on their herds and flocks', 'nomads' being defined as 'those who have no "home", no determinate centre to which they are attached and in which they have rights and obligations'; whereas other pastoralists 'do have such a permanent location, in some cases continually inhabited by women, children, and other men, while the herds shift around in the pasturelands with their herdsmen, while in other cases the permanent location is occupied only at certain times of the year: typically I think in the rainy season when cultivation can occur and also when relatively large numbers of people can congregate in one place' (Gulliver).

This is doubtless true: but who will deny the quality of 'nomad' to the 'Maures' of the Adrar even if they are owners of palmtrees (indeed of farms) and return each year to the palmgroves, at the *guetna*, for the date market? In addition, groups are reported for Arabia that can be placed into neither the category 'settled' nor that of 'sedentary', being 'either or both as circumstances permit or encourage' (Baker).

In French, Gallais puts forward a simple terminology, distinguishing separately terms referring to the economy ('éleveurs' and 'agriculteurs') and others referring to its way of life ('nomades' and 'sédentaires'); in this nomenclature the 'pastoralist' would be 'l'éleveur nomade'. For others, 'pastoralist' implies the agricultural element only as a secondary aspect (and mobility of residence as diagnostic) whereas for the 'stockraiser' ('éleveur') the agricultural element is basic and residence is fixed (Bourgeot).

But should the existence of sedentary stockraisers lead us to consider 'éleveurs' as an independent social entity? There is the example of the Fulani, with the two categories of 'Bush Fulani' and 'Village Fulani', that are distinguished by a whole series of behaviour traits: relative ages of spouses, selection methods (e.g. *soro*), the contrast between the social importance of young people among the Bush Fulani and the gerontocratic tendency of the Village Fulani, religious attitudes, size of herds (North Cameroun: Dognin, corroborated for Niger by Dupire).

Another problem is whether the 'mixed farmers' should be placed in the category of 'pastoralists' (Jacobs). But the term 'mixed farming', the significance of which is agronomic, implies a real integration of cattle-raising and agriculture; for Africa it could hardly be a matter of other than a 'mixed economy' (Baker) (in French, of an 'association culture-élevage'), with also a 'une gamme très nuancée de la société nomade à la société sédentaire' (Toupet). If one moves beyond the level of present-day data the problems of distinguishing cattle-raising from agriculture or nomadic from sedentary society also clearly deserve to be approached historically, from a global perspective, from which it is tempting to agree that 'le pastoralisme nomade correspond à une forme supérieure d'exploitation du milieu naturel' (Bonte). But clearly no matter what is the true position, it immediately gives basic importance to ecoclimatic factors to which the ethnologists often appear less sensitive than the naturalists.

It could even be that the socio-political differences reported between east (and north-east) African pastoralists, on the one hand (the absence or weakness of hierarchical authority, emphasis on individualism, absence of fixed territoriality, etc.), and those of the Sahara, the Near East and Central Asia, on the other, represent the effects of natural ecological variations: one must always take great care not to class the nomads of the desert and those of the steppe together in the same category.

The identification of animals not by a mark of individual ownership but by a tribal or lineage *wasm* can have undeniable practical significance—and was certainly so during the era of raiding; furthermore they may be considered 'as emblems or indications of social relationships as of a genealogy or pedigree' (Baxter). In situations of transfer (bridewealth, etc.) the *wasm* of origin is generally kept but the offspring will be given the mark of the new group.

Among the Maasai there are three kinds of cattle marking: '(a) ear marks refer to clan and sale-clan identity of original owner; (b) over-all hide brands, often extensive and elaborate, are generally for pure decoration or aesthetic purposes; (c) private family-marks are often, but not always, placed on front forelegs of the cattle to reinforce private ownership identity' (Jacobs).

Between one group of Fulani and another cattle marks show great variations: 'the eastern nomadic Fulani mark their cattle on the ears[1] and these marks are not individual ones but

---

[1] Dognin has stressed that the symbolic and apotropaic significance of the auricular incision 'n'empêchait pas que cette marque aît pu se diversifier, peu à peu, selon les divers groupes de lignages et revêtir la signification d'une marque de propriété'.

those of maximal lineages. Although the marks may be small, the Fulani nomad can recognize to which group a cow belongs, not only by the mark but by observing the variety and different features of the animal.

'Si les Peul du Macina restent aussi conservateurs en matière de marquage, c'est probablement que les troupeaux sont plus importants et que les bergers, n'étant pas les propriétaires des animaux, ne les connaissent pas individuellement' (Dupire).

'Au Mali quand le Service de l'Elevage a tenté de faire reporter au cou ou à l'oreille les marques faites traditionnellement sur le flanc, ce déplacement n'a pas été accepté parce que dans les troupeaux, trés nombreux, de la région il est nécessaire de pouvoir reconnaître les animaux de loin: il serait d'ailleurs injurieux pour le berger qu'un autre vienne chercher dans le troupeau un animal égaré car c'est de loin que celui-ci doit se voir identifié' (Gallais).

Among the Bush Fulani marks of ownership are distinguished from those of protection (Dupire), from which others would be tempted to see a 'manifest function' (a declared mark of identification) and a 'latent function' of obviously ritual significance (Dognin).[1]

A last sphere has been mentioned (Baxter) that may provide a criterion for a distinction between nomadic and sedentary peoples: the practice of sorcery that is said to be more common among the former than among the latter. This belief is also held among the Fulani of Cameroun, the Bush Fulani there being looked upon as great sorcerers, due doubtless to the fearsome implications of their habitat 'dans une domaine de forces difficilement contrôlables' (Dognin); among the White nomads of Mauretania the sorcerer is a Black (Toupet) and one knows well enough the extent of magical practices introduced into North Africa by servile peoples imported from a distant and 'mysterious' south.

---

[1] The same observer puts forward the hypothesis for the meaning of this splitting of the ear, 'que le pasteur redouble—inconsciemment, semble-t-il—sur l'oreille de l'animal, la fente spécifique de l'empreinte de bovidé, constituent elle-même un schéma protecteur'.

IV. ORGANIZATION AND BEHAVIOUR
AS REFLECTIONS OF VALUE SYSTEMS

It is quite evident that one of the results hoped for from a seminar is more a kind of stock-taking of unresolved problems and thus of topics for future research, than the formulation of 'conclusions' that risk being shown up as ill-advised or premature, since our information remains incomplete and full of gaps even on essential points.

This is perhaps a somewhat deceptive view of an effort from which more definite and more clearly formulated conclusions would have been hoped for. The progress of knowledge, in the human sciences doubtless more than in others, can only be slow, partial, and fragmentary. The need for an approach that can only be made slowly and step by step is particularly obvious where motivations and values are concerned.

If there may be many questions, the responses remain above all points of inquiry: the predatory nature of the nomad, the political aspects (the 'internal' ones, in contrast to the attitude adopted towards an external authority), the significance of the accumulation of livestock, the kinds of incentives for sale of cattle, the place of the latter in a general 'value' system, the religious aspects of nomadic behaviour.

It is a well known cliché of popular literature and journalism that the nomad is a plunderer and man of prey. Without denying the place of predatory behaviour among many nomads and even the frequent economic and quasi-commercial character of razzias and raiding expeditions, it must be admitted that the evil reputation of the nomad may have psychological origins (the European instinctively and atavistically adopting a peasant mentality) as well as historical ones in particular areas (e.g., in West Africa the powerful position of nomads at the time of colonial conquest) (Gallais). Moreover, predation has been far from unknown among sedentary peoples, such as the Mossi (Dieterlen) and in any case the very notion of *Raubwirtschaft* (Friedrich, 1904) applies mainly to 'l'économie destructive des civilisés' (Brunhes, 1910); it is not surprising that sometimes it is the nomads themselves who suffer from the predation, 'victims of colonial governments and independent governments who treat them as performing animals for tourists' (Baxter). Finally let us add that there are many non-predatory pastoralists in East Africa, such as the Maasai, among whom cattle thieving lacked any great economic importance and was little more than a 'sport' (Jacobs).

The problem of motivating the pastoralist to sell his animals is one of the more important because it is one of the keys, perhaps the main one, to all progress in the sphere of regional economic development.

Among the Iforas Tuareg 'nomads sell to realize a target income, and so have a backward bending supply curve: the higher the price, the fewer animals they sell'; this is doubtless to be explained by the fact that for them 'income is merely more capital: it cannot be invested in other things', and we should not forget the possible existence of 'spheres of exchange: one category of livestock may not be convertible into other sorts of livestock or goods' (Swift).

Observations in Karamoja (Uganda) have shown a relatively stable annual average of sales, with seasonal fluctuations linked to agricultural cycles. This 'normal' behaviour is naturally disturbed by the intervention of drought; this brings the need for quick sales, mainly of the beasts of the least value for the seller, a pattern not different from that in a 'normal' period (Baker).

But behaviour that may seem to us 'irrational' is often in fact perfectly 'rational' from the viewpoint of the nomad himself, for whom the true significance of the herd is outside the framework of a conventional commercial economy based on money (Baker, Swift). Moreover, the nomad knows perfectly well how to seize new profit opportunities that come up, as do the Azjer Tuareg whose caravans cross the frontiers of Libya, Algeria or Niger with loads of whisky or radio-sets (Swift).

Among the Iforas Tuareg any economic surplus will go mainly to marabout groups (e.g., the Kel es-Souk), preservers of the *status quo* rather than supporters of technological or ideological innovation (Swift); but it should be mentioned that among the Kel Gress Tuareg (*imajeren* or 'nobles') the surplus from client farmers goes to support the retention of a social structure that is stratified by the keeping of slaves (for the herds of camels, needed for the salt trade), to a redistribution among the dominant class, and to the support of the artisan class, the blacksmith-armourers indispensable to a warrior aristocracy; in a society less hierarchically organized (the East African pastoralists) the surplus will be used in a series of festive and ritual occasions (initiations, age-classes, rainmakers, etc.) (Bonte).

Does not the admittedly dangerously equivocal word 'values' risk, in its use, being emasculated by the scruples of a classical sociology hesitant to venture into realms that are unfamiliar and seemingly dangerous? This is the view of Dognin, from whom I wish to reproduce a quotation that is fairly long but of considerable importance:

'Nous savons tous combien l'énumeration des "valeurs" d'une culture donnée, ou mieux, la construction d'un "système de valeurs" spécifiques de cette culture, recèlent de pièges, et risquent de conduire au laxisme, à la banalité, au verbiage. Ajoutons à cela que bien des chercheurs épris de précision, de données quantifiables, se sentent mal à l'aise dans ce domaine qualitatif et préfèrent même l'ignorer.

'Ce serait une erreur, car nous touchons là, avec les "valeurs", au fonds même de la personnalité des individus qui composent les groupes sociaux. Ce fonds, qui détermine des attitudes, des comportements acquis par l'expérience et légués avec l'éducation, il me semble que nous pourrions, sinon le connaître avec précision, ce qui pourrait être illusoire (par exemple en désignant nominalement les "valeurs" spécifiques d'une culture), du moins tenter d'en approcher par une voie phénoménologique, et ceci est du domaine de la sociologie.

'Beaucoup de projets ambitieux, inspirés par des experts à formation occidentale et adoptés un peu trop rapidement par les administrations nationales, ont échoué faute d'une telle approche, parce qu'ils posaient implicitement, que la rationalité occidentale, fondée sur la recherche du profit maximum, était une rationalité universelle, alors que, Dieu merci, beaucoup de populations, encore aujourd'hui, s'en moquent comme d'une guigne.

'Un effort pour comprendre les ressorts profonds des comportements pourrait au contraire, et de façon très pratique, amener les administrations soucieuses de développement à concevoir des stratégies adaptées, non pas seulement quant aux buts recherchés, mais aussi quant aux hommes qui devraient les atteindre. Ainsi pourrait-on, sinon éviter du moins modérer la désintégration sociale dont s'accompagne malheureusement presque toujours la transformation rapide des sociétés dites "traditionnelles".

'Voici quelques directions où pourrait s'engager la recherche:

'—Et d'abord, doit-on écarter d'emblée une recherche nominale des "valeurs", comme trop ambitieuse? Nous pourrions nous contenter de les suggérer à travers la comparaison de divers comportements pastoraux.

'—Existe-t-il des comportements spécifiques de pasteurs ("pasteurs" au sens de gens qui vivent en symbiose avec du bétail"), qui pourraient être distincts, sinon opposés, à des comportements spécifiques d'agriculteurs? Cette question relance celle de la territorialité: au niveau des représentations, le troupeau est-il l'équivalent pour les pasteurs de ce que la terre représente pour les agriculteurs, par exemple une image de la mère nourricière?

'—L'individualisme, que beaucoup d'entre nous s'accordent à reconnaître chez les pasteurs, pourrait-il être une "valeur" pastorale? La dureté de l'environnement constitue-t-elle en soi le facteur décisif de cette tendance à l'individualisme? Les Kirdi montagnards du Nord-Cameroun, jardiniers de cultures en terrasses, ont à composer avec une nature tout aussi hostile, et l'individualisme ne semble pas pour autant leur trait dominant.

'—Dans les motifs de migration déjà recensés, on a omis de citer le "degré zéro", c'est-à-dire les migrations sans motifs apparents.

'Des pasteurs quittent brusquement un endroit favorable, dont les pâturages et les capacités d'abreuvement ne sont pas épuisés pour un autre souvent moins propice. Ils disent: "*gedal am jinni*", "ma part est finie", ce qui pourrait se traduire en langage relâché par: "J'en ai ma claque". Quelles sont les motivations psychologiques de cette impatience soudaine, qui fait que certains groupes ne supportent pas de rester dans un même emplacement plus de quelques jours, même s'il est favorable?'

This statement, of course, is to be supplemented by Dognin's document 'sur trois ressorts du comportement peul', which, by introducing into the discussion items taken from a discipline fairly strange to most Africanists, might surprise them and probably cause some reservations.

But are the social (in the sense of institutionalized) and the economic ever able to convey the totality of human reality? Should we not take account of notions that are less exact and less methodical but no less effective and at times compelling? An example is that of the prestige that attaches among pastoralists to certain offices or to certain feats. Rouch alludes to the question: 'Le développement récent des bastonnades de type *soro* chez les captifs de Peul de la région de Niamey (malgré l'interdiction administrative théorique) témoigne d'un besoin de prestige chez les jeunes bergers. Cette recherche du prestige se retrouve chez les bergers Djelgobe qui dressent un taureau chargé à la fois de guider le troupeau et de le défendre contre les lions, ces affrontements nocturnes constituant la base des récits que l'on fera au retour—ou même chez les bergers qui conduisent à travers frontières et tracasseries administratives les troupeaux destinés aux grands marchés de bétail dans le Sud.'

V. PROBLEMS OF CONTACT
BETWEEN NOMADIC AND SEDENTARY PEOPLES

No pastoralist society, whether a nomadic or even a Saharan one, could exist for a long period without at least temporary contact with sedentary peoples who will provide it with foodstuffs or manufactures (cloth, metal) and will buy its animals.

But this situation, where contacts are not permanent and only occasional (the nomad visiting the oasis as a sailor visits the port) is not that of pastoralists established in a non-desert area and living, at least seasonally and sometimes permanently, beside the peasant farmer. In the case of the establishment of a diversified exchange of services and goods it would seem difficult, at least when it is working well, not to regard this system as a symbiotic one, in the biological sense of the term; its principal items are, from the pastoralist, milk, butter, meat, manure, tanned hides, leather goods, transport, etc; and from the peasant, water, grazing on fallow fields, etc.

To generalize a little, the geographer holds that two main complexes can be distinguished across the tropical Afro-Asiatic world: an Indo-Malaysian system of the Indian Ocean (India, Madagascar, Indonesia, etc.) where agricultural societies have as integral part an important domestic animal (the rice-buffalo complex) and a West African system where, despite complementary relationships that are often efficient and functional, there seems to be a strong traditional opposition between the men of the cattle and the men of the hoe (Gallais); where should we place, in this scheme, East Africa and the Horn of Africa?

Problems of contact can be approached from different points of view, in terms of cultural entities, in terms of ethnic groups, but also at the dynamic level of relations of production. Bourgeot has set out to do this in the following statement:

'Mon intention n'est pas d'apporter une solution, mais plutôt de presenter une démarche différente afin d'essayer de cerner le problème de l'articulation de ces sociétés.

'A cet égard, et dans les limites de mes connaissances je m'appuierai sur deux types de sociétés nomades recouvrant deux aires géographiques différentes.

'Le premier type de société pastorale sera celui des nomades de l'Afrique de l'Ouest aux structures sociales apparemment "fluides", c'est à dire peu hiérarchisées et sans appareil d'État centralisé.

'Le second type de société pastorale concernera les populations nomades sahariennes, c'est à dire les populations évoluant en zones arides, ainsi que les sociétés sahéliennes, aux stratifications sociales plus "rigides", c'est à dire plus hiérarchisées, avec constitution d'un État en voie de formation. Il est bien évident que ma tendance tendra à privilégier ce second type, étant celui que je connais le mieux.

'Dans le prolongement de nos récentes discussions je serais assez d'accord avec Frantz lorsqu'il juge impossible de parler d'échange sans faire référence aux problèmes politiques. Néanmoins il me semble qu'il faut encore aller plus loin et dire que si l'on peut parler d'échange, on ne peut le faire qu'à partir de l'organisation socio-économique des sociétés pastorales et plus précisément se livrer à une analyse des rapports de production des dites sociétés et, par ailleurs, dans le cas des sociétés pastorales en contact avec les sociétés agricoles, procéder à l'analyse de l'articulation des rapports de production entretenus dans ces deux sociétés.

'Jacobs a cité 3 types de contacts: 1. Contacts reposant sur l'égalité, c'est à dire populations dont les membres peuvent passer d'une activité à une autre sans changer de statut social (ex. Kikuyu et Maasai), 2. Populations opposées: éleveurs/ fermiers (ex. Tutsi et Ba-Hutu), 3. Populations "complémentaires", dans le cas où des groupes particuliers vont absorber les membres d'un autre groupe en les cantonnant dans une situation de dépendance. Mais peut-on encore parler de "complémentarité" quand il s'agit de relations de dépendance?

'Dans une optique différente, il me semble que cette tentative de typologie devrait s'appuyer sur une analyse des forces productives et des rapports de production, dans leurs interactions réciproques et leur évolution.

'I.—Le premier type de société concerne le rapport entre deux ethnies aux modes de production différents et culturellement distincts, l'une pratiquant le pastoralisme (les Peul) et l'autre l'agriculture (les Manga), sans rapport de domination d'une population sur l'autre (Horowitz). A quels besoins réciproques répond ce type de rapports? Dans quelles conditions historiques ces rapports se sont-ils manifestés? Contrairement au second type, qui sera abordé plus loin, la population apparemment autochtone est dans cet exemple une population d'agriculteurs sédentaires. Celle-ci a été historiquement envahie par des pasteurs Peul rongés par la famine. C'est donc en fonction d'un fait conjoncturel que le contact a été établi: autrement dit, c'est un facteur extérieur à la société Manga qui a déterminé les rapports avec les Peul. Les rapports entretenus par ces deux ethnies posent le problème de l'articulation de ces deux économies impliquant une coopération dans le travail et une organisation de la production différente. Quelle est la forme et l'expression de cette articulation? Il semble important de signaler l'intervention d'un troisième élément, le courtier (à quelle ethnie appartient-il?), chargé des transactions du bétail acheté par les Manga aux Peul. Le courtier est-il le fruit d'une absence de rapports de domination institutionnalisée entre ces deux populations, ou bien a-t-il une fonction de pseudo-arbitre destiné à désamorcer les conflits potentiels entre pasteurs et agriculteurs? Ne peut-il y avoir transaction commerciale sans intervention d'une instance juridique quelconque?

'Une question paraît fondamentale: pourquoi les Manga ne peuvent-ils pas développer le pastoralisme, et d'une manière plus générale, pourquoi les sociétés agricoles ne peuvent-elles pas développer le pastoralisme lorsqu'elles sont en contact avec des populations de pasteurs? Est-ce le produit d'une situation sociale de dépendance à l'égard des pasteurs? Ici se pose le problème de savoir qui peut contrôler et qui contrôle effectivement l'accès aux moyens de production.

'II—Le second cas repose sur des sociétés hiérarchisées telles que les sociétés du Sahara central et occidental (Touareg, Maures) ainsi que sur les sociétés touarègues du Sahel. Ce second cas doit être envisagé à deux niveaux.

'Le premier est celui des rapports entre pasteurs et agriculteurs appartenant à la même ethnie.

'Les Kel Gress, étudiés par Bonte, présentent cette particularité, les opposant à la plus grande partie du monde touareg, de manifester l'absence totale d'une strate de vassaux (les *imghad*), comme d'ailleurs chez les Touareg de Tanout. Bonte émet l'hypothèse que cette inexistence de vassaux est liée au développement de l'agriculture, aux nouvelles conditions de la production, qui ont contribué à la disparition des *imghad* par la suppression de leur autonomie politique et économique passée au profit d'un nouveau statut social équivalent à celui des *ighawelen* (c'est à dire des groupes asservis), démunis d'autonomie politique. Il apparaît que l'introduction de l'agriculture intervenant sur une organisation sociale déjà hiérarchisée a contribué à accélérer les contractions internes à la société et par ailleurs à priver les vassaux de l'initiative politique en les asservissant au même titre que les *ighawelen*. Il est intéressant de noter que ce processus a évolué au sein des rapports tributaires en transformant l'organisation socio-économique par l'introduction de l'agriculture et, de ce fait, par une transformation des forces productives. Il semble donc que, dans ce cas, le développement des rapports de production aît évolué au sein d'un même mode de production.

'Le second niveau est consacré aux rapports liant pasteurs et agriculteurs appartenant à deux ethnies différentes (ex. pris chez les Touareg du Hoggar et chez les Maures). Les rapports scellés entre les *imuhagh* nomades et les *izeggaghen* ou Harratin, agriculteurs sédentaires, sont des rapports de soumission politique et économique des seconds envers les premiers. La nature de ces rapports est celle de la domination et de l'exploitation, et elle précipite la rupture de l'évolution des liens parentaux évoluant au sein de la société des pasteurs. Ces relations expriment l'absence totale de prestations matrimoniales interethniques au profit des rapport économico-politiques, ce qui raffine l'inégalité et la complexité sociales. Autrement dit, le système lignager, et les rapports qui lui sont spécifiques, ne fonctionnent qu'à l'intérieur du cadre de référence *imuhagh* (pasteurs/nomades), tandis que le seul système tributaire s'élargit et domine les rapports scellés entre pasteurs et agriculteurs.

'D'une manière schématique, on peut avancer l'hypothèse que chez les Kel Gress il y a interaction entre le système tributaire et le système lignager à l'intérieur d'un même mode de production (tandis que chez les Kel Ahaggar les rapports liant pasteurs et agriculteurs se font au profit de l'extension du seul système tributaire à une population étrangère) et qu'il y a coexistence de deux moyens de production différents, alors qu'à l'intérieur du système lignager dans lequel fonctionnent aussi les rapports tributaires et les rapports esclavagistes, ceux-ci sont opacifiés par des rapports de parenté qui véhiculent les rapports de production.

'Dans l'articulation des deux cadres de référence (*imuhagh* et *kel aghrem*), c'est à dire pasteurs et gens des villages, ces rapports se font en termes politiques et économiques. Les relations fondées sur les liens de consanguinité sont exclues. Cette dissolution des liens parentaux tant dans les rapports pasteurs/ agriculteurs qu'à l'intérieur des unités économiques agricoles privilégient et isolent les liens politiques jetés entre pasteurs et agriculteurs par des rapports d'exploitation. Dans la relation maîtres/esclaves, les rapports se font autour des biens matériels (les esclaves), tandis que dans la relation pasteurs (hommes libres bien sûr)/agriculteurs, les rapports de production se nouent autour de la terre, et posent le problème de son appropriation et de son contrôle. Or on constate que chez les pasteurs il y a tendance à l'appropriation collective inaliénable des terrains de parcours, tandis que le mouvement vers l'appropriation privée du sol tend à s'affirmer dans le cadre des relations économiques entre pasteurs et agriculteurs. Ces formes d'appropriation correspondent à des types de rapports de production différents et qui leur sont inhérents.

'L'introduction de l'agriculture a non seulement développé les rapports tributaires mais crée aussi des rapports d'exploitation dont l'expression politique se manifestera dès que l'occasion se présentera. Cette intervention de l'agriculture et la formation des rapports d'exploitation ne peut se faire que si la reproduction du système le permet et l'exige. En Ahaggar ces conditions étaient réunies. La tendance au développement de l'agriculture est liée à l'affranchissement. Lorsque les hommes libres ont été contraints économiquement d'affranchir leurs esclaves, lorsque le commerce caravanier a commencé à décliner, l'affranchissement a consisté à rejeter une main d'oeuvre d'esclaves dans le cadre des rapports d'exploitation, tout en conservant le pouvoir économique et politique sur ces nouveaux affranchis. L'affranchissement a fortement contribué à accélérer l'extension des rapports d'exploitation.

'Il apparaît que l'une des originalités de ces sociétés touarègues du Sahara, par rapport aux sociétés d'Afrique de l'Ouest, est liée au problème de l'esclavage. Cela étant, il ne s'agit pas de dire que les rapports de domination politique des pasteurs sur les agriculteurs passent nécessairement par un esclavage institutionnalisé at par l'affranchissement. Mais il s'agit plutôt de dire que l'affranchissement était une condition nécessaire à la reproduction du système. Dans une autre aire géographique, l'intervention de la religion ou d'autre chose peut jouer le même rôle.

'On peut se demander quelles sont les conséquences de cette articulation des deux sociétés, d'une part sur les sociétés pastorales et par ailleurs sur les sociétés agricoles? Ces rapports ont-ils accéléré le processus de sédentarisation des populations nomades et de ce fait ont-ils profondément modifié les rapports de l'homme avec les troupeaux? Ces rapports ont-ils donné un nouvel élan aux sociétés pastorales ou au contraire ont-ils contribué à les figer et à les condamner périr d'asphyxie?'

But are relations of production always the only element concerned, or even the main one? For example, as well as the 'means of production', what about the 'means of distribution' and 'means of destruction', i.e., 'horses, raiding organization guns, captivity. The Fulbe jihads from Macina to Adamawa illustrate an interest not basically in controlling production, but more (so far as economics is involved) in distribution, and in destroying (or converting) other societies. Have not many more sedentary groups been broken up, dispersed, or destroyed by those with more powerful means of destruction?' (Frantz).

The notion of complementarity between pastoralists and agriculturalists has often been discussed.

Among the Tuareg internal complementarity can exist 'lorsque les agriculteurs sont issus de groupes serviles vivant au Sud de Touareg nomades de la zone sahélienne, dont ils sont en quelque sorte les agriculteurs par procuration. Le contact existe aussi sous forme d'îlots agricoles, de type oasis, en pleine zone nomade, et peut prendre des formes variées: (*a*) agriculteurs dépendant des nomades au profit desquels ils cultivent (Ahaggar)—(*b*) agriculteurs autonomes, vivant aux côtés des nomades avec lesquels ils entretiennent des rapports de voisinage et auxquels ils empruntent des animaux de trait pour l'irrigation de leurs jardins, contre une part de la production agricole (Aïr, etc.)' (Bernus).

Pastoralists and agriculturalists are not always the only groups in contact with each other, and the role of hunters should not be forgotten. The latter, in the West African Sahel and Sahara 'considérés comme les "pasteurs des animaux sauvages", sont les maîtres de la brousse, donc des zones de pâturages. Sur le plan religieux, alors que les maîtres du sol cultivable sont associés à des divinités localisées en général dans une montagne ou un rocher, les maîtres de la brousse le sont à des divinités de mares ou de rivières: peut-il exister plus spécifiquement des maîtres des pâturages et à quel type de divinités seraient-ils associés? Le problème a son importance historique puisque les chasseurs sont aussi les "héros civilisateurs" tenus pour fondateurs des grands Etats de l'intérieur de la boucle du Niger. Paradoxalement d'ailleurs, ces chasseurs ne pouvaient cependant pas créer de pouvoir héréditaire puisqu'un vrai chasseur ne peut avoir de descendance' (Rouch).

Similar observations may be made for eastern Africa where the role of the 'hunting minorities' within pastoralist societies has been very important, although 'hitherto unemphasized' and although 'more attention might usefully be given to the historical and human ecological role of these groups in assisting East African pastoralists to develop as they have' (Jacobs).

The case where the hunters are also smiths (Tubiana) poses a special problem.

Despite the opposition, in so many respects, between pastoralist and agricultural societies, there is often the possibility of change from one to the other, with an eventual change of ethnic identity itself.

The fact, for example, that a Fulani may change from herding to agriculture without losing his ethnic affiliation (and return eventually to a pastoralist life) is somewhat surprising to an East Africanist: 'It contrasts with the situation in East Africa, as I see it, where once a herdsman becomes a sedentary farmer he loses his ethnic status in the herding society and becomes absorbed or assimilated into the ethnic 'tribal' status of the sedentary farmers to which he has gone. Thus, related to the question of contact between herdsmen and sedentaries is the larger question of processes of "assimilation", "absorption", etc.—whether it works regularly in both directions, whether some pastoralists never absorb farmers (Tutsi) but others do.

'Facts suggest that absorption is not always two-way. For example Tutsi prohibit Hutu farmers from becoming Tutsi herdsmen or pastoralists; but Kikuyu absorb Maasai, and Kikuyu can become Maasai. Borana pastoralists are known to have become Kikuyu farmers, but there is no known case of Kikuyu becoming a Borana herdsman.

'Thus, this suggests that there may be at least three patterns of principles involved in contact or absorption.

'1. equally two-way (Maasai-Kikuyu)
'2. opposed (hostile) and essentially one-way absorption (Tutsi-Hutu)
'3. complementary: e.g., two-way but with either inferior or superior status given to those absorbed (slaves or 'insular' farmers in West African herding societies)' (Jacobs).

We may add these details: 'When a pastoral Maasai gives up herding, becomes a farmer and assumes (or is given) the ethnic identity of his host society, his children are raised as members of the host society. Moreover, there is frequent and easy intermarriage between Maasai and non-Maasai, the children of such marriages always assuming the ethnic identity of the society in which their father is absorbed at the time of the child's birth. Needless to say, future change of identity is not restricted' (Jacobs).

But we may ask none the less why a Maasai who has become a cultivator or a Kikuyu who has changed to herding should lose their ethnic identity, whereas a Fulani taking up farming remains fully a member of his community of origin (Horowitz). There are really two questions here: '1. What kinds of people are they who make such a change? Perhaps either those who have failed in their society, or those who have succeeded particularly well; 2. What is involved essentially in becoming incorporated into the other ethnic and economic group? E.g., to become a Maasai one must obtain membership of a Maasai age-set, and for a Hutu to become a Tutsi, he must create his affiliation to a Tutsi lineage' (Gulliver).

But the economic aspects of these movements must certainly not be forgotten: 'It seems important to consider the question of the relative status of economically differentiated ethnic groups. Status differences, and differential access to power in a given locality will surely exert a critical determining effect in the choice of ethnic identity. A transactional approach, based on equality of status and possibility of maximisation, does not apply bilaterally in highly stratified exchanges' (Lewis).

The sitch of the nomadic pastoralist to village life is often a consequence more of compulsion than of choice: 'Il peut y avoir passage de la vie nomade à la vie semi-nomade dans des villages à la suite de perte de bétail puis, souvent à la génération suivante, si les troupeaux s'étaient reconstitués des familles quittaient la zone des cultures pour se consacrer exclusivement, en zone nomade, à l'élevage. Ce phénomène ne touche d'ailleurs qu'une faible partie de la population peul et n'exclue pas les faits d'acculturation proprement dite. D'ailleurs il s'agit généralement non pas d'une sédentarisation complète, sans élevage, mais d'une fixation dans un village permettant de cultiver un peu tout en cherchant à régénérer les troupeaux' (Dupire).

'Il semble qu'autrefois le passage, en ce qui concerne les Peul orientaux, d'un mode de vie "sédentaire" à un mode de vie exclusivement pastoral ait été plus fréquent qu'aujourd'hui. Les observations que j'ai pu faire au Nord-Cameroun me portent même à dire que ce passage ne s'effectuait pas exclusivement entre semi-sédentaires et pasteurs, mais pouvait aussi concerner les deux pôles extrêmes de l'échelle, des agriculteurs sans bétail et des pasteurs exclusifs.

'La transmission par l'éducation de valeurs sensiblement les mêmes pour tous les Peul, me paraît jouer un rôle primordial dans la possibilité de ce passage. L'ouverture des groupes d'affiliation lignagère de Peul de brousse à des éléments à passé villageois récent, ou même à des éléments non-peul, est contrôlé par des "institutions de sélection" réservées à la jeunesse: le *soro* des Djafoun de Yola en paraît le type.

'Les groupes de Peul de brousse du Nord du Cameroun me paraissent caractérisés par le poids social important dévolu à la jeunesse: si pour une raison ou pour une autre l'âge moyen du groupe augmente, il y a tendance à la fixation dans un village et, le groupe une fois fixé, les anciens reprennent leurs droits' (Dognin).

If, in eastern Africa, the social structure facilitates movement between ethnic groups, another element may come into play: 'I would like to emphasize that dietary preferences, dietary prohibitions, and dietary options are likely to play an equally important role. I have always been impressed with the preference which West African pastoralists appear to place on agricultural foods in their regular diet; it enables pastoralists to flow easily, diet-wise, into a sedentary farming life, and vice versa. But in East Africa, for such as the Maasai, to eat agricultural foods (or fish, fowl, etc.) is to challenge one's self-image of a pastoralist, and inhibits pastoralists' ability to engage in even irregular sedentary activities' (Jacobs). Should one consider that the diet of West African pastoralists (or some of them, those living farthest in the desert) has historically been influenced by the Saharan situation in which the herd (of camels) is often separated—sometimes by considerable distances—from the encampment; its members then live according to its position on the double-sloped 'roof' of the Sahara, on wheat from the north and millet from the south?

Examples of acculturation (and some can go very far) are not lacking. Here are three examples.

1. 'Les Peul Foulabé du Sud mauritanien se sont localement substitués aux Maures en conservant leur genre de vie mais en modifiant leur mode de vie: ils ont conservé la pratique en élevage de transhumance et la culture sous pluie là où les Maures pratiquaient une culture de décrue et la semi-nomadisation mais, par ailleurs, ont adopté certains éléments de la culture maure: usage du chameau de selle (chefs), consommation du thé, adoption du vêtement maure, apprentissage de la langue hassaniyya; de plus, des intermarriages interviennent' (Toupet).

2. The Tchilowa Fulani, originating in the northeast of Niger, became assimilated to cultivators speaking the Hausa language, but lost their livestock and the use of their language (Diarra).

3. In Upper Volta, the Silmi-Mossi are either former slaves raided by the Fulani or the descendants of interethnic marriages; their way of life includes traits of diverse origins that give it a markedly mixed character: agro-pastoralist economy, More-Fulani bilingualism, etc. (Sawadogo).

VI. INTERNAL FORMS OF SPECIALIZATION

There is not only a series but also a ranking of activities that are indispensable to the functioning of a society. Let us take the case of the Manga (Niger), described by Horowitz.

A. *Herding/agriculture*

(*a*) 'Manga believe farming is superior to herding, although they feel that herders control greater wealth.'

(*b*) 'Fulani believe herding superior to farming.'

(*c*) 'Manga are capable of owning cattle, and there seems to be no restrictions on this access to pasture and water. Yet they do not herd. The reason seems to be an unwillingness to accept the reduced consumptive profile they identify with herding.'

(*d*) 'Fulani may farm.'

B. *Other activities*
1. At the lowest level:
    (*a*) butchers: 'A Hausa monopoly, although most Hausa in the region are not butchers; the category "Hausa" does not suffer because some Hausa are butchers.'
    (*b*) water carriers: 'All water carriers are Dogara, and (almost) no Dogara do anything else; the few non-water carrying Dogara are thought to be Manga.'
2. 'Particular' activities:
    barbers, tailors, blacksmiths (from various ethnic groups).
3. Activities considered to be superior:
    marabouts and traders (various ethnic groups).

Among the pastoralist groups of the Sahara and of West Africa minority groups are found every so often, of varying degrees of dependence: slaves, blacksmiths, *diawambe* among the Fulani, griots and *iggawen* ('Maures'), towards at least some of whom general psychological attitudes seem to be ambiguous: the same group may find itself in turn (or simultaneously?) feared, despised, or valued (for its technical abilities).

Similar situations may explain why centres or starting-points for technological or ideological innovations can appear within these groups: 'Innovation in traditional societies often starts here' (Swift). In this way former slaves, whether of the Tuareg (ex-*iklan*) or of the Fulani (*rimaibe*) may often be a spirited and progressive combination of the two heritages, pastoralist and agricultural, aided by a favourable demographic situation; moreover, they may play a very active role in urban centres (Gallais).

It must be emphasized that it is not always exact (and by far) to speak of 'depressed minority groups'; for it can happen among the southern Tuareg (Kel Gress) that the slaves compose 80% of the population (20% Tuareg and of these only 8% *imajeren* nobles).

The servile status is, moreover, more differentiated internally than is sometimes thought. Among the 'Maures', for example, the *na'ama* descendants of captives of very long ago ('from the time of the Almoravids') are distinguished from the *abid tilad* acquired by inheritance and the *terbiye* of recent acquisition, only the two latter categories corresponding fully to the juridical concept of slave (owning nothing and being transferable) (Toupet). Among the Iullemmeden there are three clearly defined categories of slave; the *iklan wa-n-egif* (*iklan* of the dune), living apart with a herd; the *iklan wa-n-afarag* (*iklan* of the zeriba), domestic slaves or slaves 'of the tent'; and the *iklan wa-n-debe* (*iklan* of the gardens), with the status of manumitted slaves.

In the sudan region of western Africa, the relationship of master to slave, contrary to that farther north, 'est plus ou moins assimilée à une relation parentale, le maître devant marier son esclave, etc.; il arrive même que l'esclave puisse posséder des biens et jusqu'à . . . des esclaves; mais cet "esclave propriétaire" continue à appartenir à sa catégorie sociale d'origine: il y a donc, à l'intérieur du niveau servile, des subdivisions à noter, correspondant à des statuts juridiques déterminés' (Dupire).

The impossibility of marriage exchange, sometimes—or locally—held to distinguish nomadic and sedentary groups, has no general significance since it can exist between certain social levels of the same nomadic group (e.g., *imajeren* and *imghad*) which members of the latter, blacks it is true, the 'slaves of the dune', can take wives from the sedentary group (Chaventré).

If former slaves often become sedentary, among the Iforas they may practise agriculture for a generation so as to acquire animals before allowing their children to take up a pastoralist life again. However, this will not be easy for the ex-slave who, not belonging to a socio-economic system that would insure him against the loss of animals, risks seeing himself for a few years quite unable to maintain the life of a herder. Also (in northern Mali, for example) former slaves may often form a kind of sub-proletariat around administrative or military posts, at the lowest social levels (providers of coal, wood, water, or sunbaked brick, butcher's assistants, etc.) (Swift).

We may ask about the nature of the situations of domination recorded from western and Saharan Africa, in which the superiority of the aristocratic group is not necessarily, as was seen above, in demographic or even always in military terms. We must therefore refer to a complex set of factors that are by turn socio-political, cultural, and also religious (the obvious role of Islam) (Bonte).

In East Africa, however, pastoralist groups (with the exception of the Tutsi and to a less extent the Somali) are unaware of and even detest slavery and (still with the exceptions of the Tutsi and Somali) have never tried to exercise political domination over their sedentary neighbours. Today, quite the contrary, the pastoralists form a numerical and political minority, and are even the objects of some hostility with respect to their mode of livelihood (Uganda, Tanzania); the situation is a little less unfavourable in Kenya where a number of influential political figures are Kiambu Kikuyu of, indeed, Maasai origins (Jacobs).

Might this absence of slavery in the eastern steppes be explained first by the nature of the animal concerned, since the guarding of camel herds wandering sometimes for months far from the encampments requires a servile labour force; and secondly by the absence or the ease of the work of raising water, which in the Sahel or in the desert needs so much muscular energy (even where the draught animal is used)?

The importance of the role of blacksmith in tropical Africa (a role wider than its professional and technical duties) also cannot fail to be noticed among pastoralists: forming a specialist and endogamous caste, the smiths of the 'Maures', as of the Tuareg, while occupying an inferior social position, are sometimes given important duties, such as those of political advisers to a chief. The magical powers that are attributed to them, their secret language, etc., make them somewhat marginal and feared. 'The only recent study on castes in West Africa of which I know is based on the societies covered by G. P. Murdock's "Cross-cultural Survey". The writer, James Vaughan (a chapter in *Social Stratification in Africa* edited by L. Plotnicov and A. Tuden), finds castes are present in the western and eastern sudan but not the central sudan. In terms of probable historic development, he believes that those castes (especially smithing castes) found in eastern sudan are pre-Islamic. The "paleo-nigritic" concept or stratum, postulated by Baumann, etc., may be relevant to this problem' (Frantz).

Elements of internal differentiation are also found in juridical-religious practices. Thus among the Tuareg the Muslim tithe (*tamesedek*) either keeps its religious significance and goes to the religious communities (Iforas: Swift, Kel Dinnik: Bernus) or, in the absence of a powerful enough religious community, is 'confiscated' for the political authority (Kel Geres: Bonte). It would certainly be interesting to study the modification of the two classical terms *zakat* (obligatory tithe) and *sadaqa* (alms) as factors in local sociopolitical development.

The intervention of an intermediary, of a broker, of an ethnic stranger in the negotiation of exchanges is frequent, although occasionally (Zaghawa, Daza) a member of the pastoralist community itself intervenes: but among the Zaghawa the *damin* has not, properly speaking, a commercial role, having merely to guarantee that the beasts for sale have not been stolen (Tubiana). Recourse to an intermediary who is not only surety for the regularity of the transaction but often also the host gives some advantages by weakening certain oppositions; 'sometimes people like to trade with members of the same ethnic group, in order to enjoy good credit facilities' (Lewis).

It can happen that a second, typically political, role may be added to that of commercial agent and controller of markets: the case is known of Diawambe holding the positions of secretary, courtier and diplomat on behalf of Fulani chiefs (Gallais).

Has the intervention of the ethnic stranger the objective, or at least the advantage, 'to keep the relationship single-stranded rather than multi-stranded, and therefore predictable'? In particular, 'is exchange then integrative (Mauss) or, by restricting certain exchanges to ethnic strangers, does it allow for exchange to express antagonism, that is the idea that each partner is attempting to maximise value at the expense of the other?' (Horowitz). This is the view that Baxter examines by asking whether one can say that 'non-ethnics can occupy this particular economic niche because they stand in a relationship which is prevented from proliferating into multi-stranded relationships —by marriage restriction based on religious or cultural prescriptions; if no marriage—creation of kinship is prevented and a whole range of claims through affinity. This is often strengthened by residential separation into quarters even ghettoes. The most specialised the economic role, the more effective the rule, i.e., the more strange or foreign the ethnic minority and more specialised the better.'

VII. 'LE NOMADE ET LE COMMISSAIRE'

There is no doubt that in the eyes of a central government—colonial or independent—concerned above all with the effectiveness of its administration, little inclined to appreciate pluralism and social variety and strongly attracted to unity if not to national uniformity, the nomad is a strange person; he is even a worrying one, living separately and differently from 'good', more docile, citizens, and admittedly hardly voluntarily easing the task of the tax collector or the policeman with whom he can avoid too frequent contact by his mobility.

The administration of nomads, and even more the elaboration of measures intended to further their economic and political integration into the national system, seems to pose problems that are in all respects *sui generis*. Moreover, where the central power and nomads belong to different ethnic groups, let alone different races, the chances of tensions or conflicts will not thereby be lessened, but the contrary. These lines of Jacobs usefully introduce the problem:

'Two themes relevant to a discussion of administrative interventions seem to prevail throughout all the papers of this seminar:

'(1) as a result of population pressures and particular administrative involvements, pastoralists have increasingly been forced to occupy natural environments distinctly less favourable than these occupied by them in the past, to the positive detriment of traditional herding practices and the related judgement that their future is both problematic and potentially grim.

'(2) that there exists a large body of misconceptions about pastoral peoples and that, contrary to popular misconceptions that characterize pastoralists as innately conservative, arrogant and aloof, dim-witted and highly irrational, they are in fact highly opportunistic, quick to perceive changing circumstances and maximize advantages, and highly rational in their choices, at least in matters relating to short-term advantages.

'Though I have no wish to quarrel with the general validity of these themes, I would caution that they can easily be overemphasized at the expense of other, equally valid and important factors resulting from administrative intervention, such as the effects of modern medicines and famine relief facilities in increasing human and livestock populations, and decreasing factors that formerly both characterized and constituted a limit of the natural environment in traditional herding circumstances. Or, put differently, though many pastoralists do today occupy poor natural environments as a result of administrative interventions, they do so with a host of new technological innovations, many of which, paradoxically, have resulted in pastoralists accelerating the rate of desiccation of natural environment that was inherent in the traditional herding system. That is, herding practices that may be rational in the traditional system for short-term periods are increasingly becoming irrational in the long-term, due to pressures of overpeopling, overstocking, and overgrazing.

'About administrative interventions and the response of pastoralists to them, there are at least four different kinds of questions which can be asked.

'(1) Are these factors intrinsic or inherent to pastoral societies generally, or particular pastoral societies, that make them more different to develop or respond to administrative interventions than those of agricultural societies or other particular pastoral groups? Not only is there a widespread popular belief that pastoralists constitute some sort of special problem of development, but even students of pastoralism often imply this. For example, Prof. Lewis in the last sentence of his paper suggests that "the highly integrated and internally peaceful Boran Galla would adapt much more easily to grazing control schemes than the hopelessly divided Somali pastoral nomads", while Professor Horowitz suggests that "there is no simple environmental reason why the Manga could not develop cattlemen of their own", and that "the restraints are cultural, not environmental".

'I would suggest that the empirical evidence to support conclusions of intrinsic difficulties is weak, if not non-existent, and that logically there is no reason why pastoralists should be inherently less responsive to administrative interventions than sedentaries.

'(2) Secondly, I would raise the question of whether there are factors intrinsic to the process of administrative interventions, possibly related to its distinctly bureaucratic nature, that are directly responsible for the particular state of intervention among pastoralists today and in the past. What I have in mind here is not only the fact that administrative interventions are often based on a paucity of valid or detailed information and an excess of misconceptions, but that administrative innovators rarely appear to "learn from their mistakes". Several papers, Dr. Baker's and my own, particularly, make this point that the same mistakes appear to be recurring among administrative intervention from one decade to another, and not only are the best-designed innovations having unintended or unwanted consequences, but we have not developed as social scientists any valid theories to explain why it is that what nobody intended or wanted to happen, *actually* takes place.

'(3) Factors intrinsic to process of interactions between pastoralists and administration: geographic isolation of pastoralists, choice of personnel to intervene.

'(4) Fourthly, and finally, I would raise the question of whether there are factors external to both pastoralists and their national administration—such as uncontrollable increases in population, or deteriorating climatic conditions, or world opinions—that are likely to exercise the greatest influence on the development of pastoralism at present or in the immediate future, natural or undirected. I have in mind not only the worldwide increase in demand for beef and decreasing access to production elsewhere, but also, the paucity of valid information existing on enumeration of human and livestock demographic data relevant to intelligent planning.'

Certain difficulties of administrative action concerned with pastoralists are well known (geographical isolation, marginal character, problems of school attendance, vaccination of livestock, etc.).

Historically it is hardly possible to avoid the question of the consequences of administrative action in the colonial period, oriented towards the establishment of political domination based on force and when necessary on the physical liquidation of opponents (*imajeren* of the Azâwar: Tanout, 1917). The colonial economic system clearly functioned less efficiently as far as pastoralists were concerned (Bonte).

As regards the school, whether itself nomadic or seasonal, the content of its teaching has not been successfully worked out; while the system of boarding-schools far from the place of origin of the pupils risks cutting the child off from his original milieu by interrupting the technical learning of nomadic skills (Swift). The school (Ahaggar), formerly coolly received because of the 'pastoralist' uselessness of its curriculum, today attracts rather as a source of technical knowledge than can lead to employment (Bourgeot).

Pastoralists are quite as able as their neighbours to accept technical innovations, as soon as they seem likely to prolong and improve the traditional system, as by control of livestock sickness and improvements in water supplies (Baker). They can also fully perceive any questionable aspects of a measure that is in itself beneficial, and refuse vaccination when it is accompanied by a census which may lead to increase in fiscal pressures (Chaventré); in Niger the success of the campaign against rinderpest was helped by the assurance that vaccination would be used neither for census nor taxation.

We may ask why do administrative actions so often repeat their past errors and failures? The 'sedentary' nature of the official mentality, an inadequate knowledge and appreciation of the pastoralist outlook, provide one explanation, but surely a simplistic one, as Jacobs explains: 'Rather, I would suggest that another source of the explanation for failures is that both administrators and we social scientists pay no attention to developing explicit social theories as to why it is that what nobody intended to happen, or nobody wanted to happen, actually takes place, nor in the few cases where such theories are formulated are they ever put to adequate empirical tests. To overcome this obstacle, more social scientists must engage in more kinds of "applied" research, formulating and testing explicit social theories as to why specific innovations are likely to work and for what specific reasons.'

Baker's paper also deals with the same questions: 'The problems of unintended responses, the need for integrated, applied social research in development appraisal, the reason why the same crises keep recurring is that there has been no fundamental change in approach, composition of "development teams", etc. Too much of the "development" is responsive . . . the real problem is in bringing together traditional and modern technology', a conclusion that clearly no one would dispute.

But if it is easy to point out political mistakes (all too often expressed in the choice of incompetent personnel) it hardly seems that anthropologists and sociologists are at the present time able 'to predict the behaviour of the groups that they study' nor know too well how 'to improve the theories that should enable them to predict this behaviour' (Baroin).

In fact 'are social anthropologists organised to advise on development projects? Is the notion of development project itself sensible? Do we not need an integrated development science? Perhaps social anthropologists should press for this' (Swift). But for the latter what would be the aims of the 'integrated development science', perhaps easier to imagine than to bring into being? Two may be suggested: '(*a*) the goals a pastoral economy sets itself, i.e., survival in an uncertain environment. How does it realise these goals? Answers to this explain much apparent "irrationality" of subsistence pastoralists; (*b*) identifying social groups which could be a focus or a stimulus to technological and social innovation.'

Several thoughts come to mind here. First, one may ask to what extent are or are not administrative actions worked out with the participation of the nomads, or at least with their previous agreement? (Tubiana); an attempt in this direction is reported from Karamoja (Uganda) before the regional plan of 1970 (Baker) and there have been examples from the Maasai of Tanzania; but 'if it is of course desirable that development schemes for nomads should include adequate participation, however, experience in Somalia (which is effectively directed by nomads) suggests that shared cultural features between innovator and people do not necessarily guarantee this success; local officials may have parochial interests which make them far from disinterested in the actual choice of site for a development scheme' (Lewis).

Next one must admit that the specific habitat of nomads can be only to an apparently very restricted degree a field in which 'technical skills', in the industrial and scientific sense of the term,[1] can be applied (wells, dams, vaccinations). It would be even more dangerous to imagine that 'technical skill', in the wider sense, is a panacea which will provide an answer to

[1] I mean here technical skill applied directly to the pastoralist mode of livelihood, for enough is known of the indirect effectiveness of its activities in nomadic regions (oil, mines, communications).

everything and whose mere introduction into the steppe or the
desert will be enough to change the climate or modify ways of
thinking. Even more here than elsewhere in Africa the often
facile proposal of a technical solution suitable to a certain
problem is not enough: the imagined miracle-solution must
be applicable at the level not only of research offices or of mini-
stries but also at that of reality and everyday life: to describe
the 'desirable' without keeping in view that which divides it
from the 'possible' may be self-satisfying but is in fact quite
futile.

VIII. COMMERCIAL AND INDUSTRIAL FACTORS

We have profited in dealing with this topic from a substantial
introduction by Bonte that seems to me to merit reproduction
here almost in full:

'La sujet présente un certain aspect paradoxal puisque: (a)
on a souvent noté que les nomades vendent le moins possible et
sont difficilement intéressés à la *commercialisation* du troupeau
et de ses produits—(b) les pasteurs ne sont pratiquement pas
touchés par l'*industrie* à de rares exceptions près montrant que
là où elle s'installe la vie pastorale nomade subit de rapides
modifications.

'En fait, même s'il s'agit de problèmes en partie extérieurs au
pastoralisme nomade, ceux-ci se posent avec force du fait de la
rencontre de cette société avec une *économie de marché* présentant
une certaine incompatibilité avec elle.

'Facteurs commerciaux et industriels ont d'ailleurs des effets
parallèles dans la mesure où ils apparaissent liés au développement de cette économie de marché: en effet, dans le premier
cas il s'agit d'amener les pasteurs à se séparer d'une partie de
leurs troupeaux pour la vendre sur un marché et dans le second
la nécessité pour les pasteurs de vendre leur force de travail
contre un salaire apparemment lié à la perte de leurs moyens
traditionnels de subsistance, en premier lieu du troupeau.

'Alors que dans le système d'une économie de subsistance on
avait une appropriation des moyens de production par des
éleveurs autonomes et des échanges sous forme de troc, dons,
prestations sociales, etc., dans le système d'une économie
marchande on a une dépossession (totale ou partielle) des

moyens de production, l'apparition du salariat et des échanges monétaires.'

I. Les facteurs commerciaux

'Il faut d'abord nuancer l'affirmation précédente puisqu'en fait le commerce n'est pas complètement étranger aux sociétés pastorales. Dans certaines d'entre elles (Moyen-Orient, Mongolie) on trouve—et on trouvait déjà autrefois—une commercialisation importante des produits de l'élevage et du bétail, le pasteur ayant acquis ici une fonction dans l'économie globale, situation relativement plus rare en Afrique tropicale.

'Mais le commerce peut jouer un rôle non négligeable dans les sociétés disposant d'animaux de transport (pasteurs sahariens et sahéliens) assurant un trafic caravanier à destination et en provenance des centres sédentaires ou entrant dans des échanges inter-régionaux portant souvent sur le couple sel (à l'aller)—mil (au retour).

'En effet, s'il est une nécessité quasi-générale pour toute société pastorale, c'est bien celle de se procurer par échange une partie ou la totalité des produits agricoles complétant leur alimentation. Or, cette nécessité peut être satisfaite:

'(*a*) par le troc avec les sédentaires.

'(*b*) par l'échange marchand direct sur des marchés où les nomades rencontreront les sédentaires (ex. les Touareg sur les marchés du Niger central).

'(*c*) par un échange marchand géographiquement plus complexe (ex. les Kababish du Soudan N.-W. vendant leur bétail dans la vallée du Nil mais achetant leurs céréales plus au Sud).

'Les pasteurs sont donc amenés, traditionellement, à échanger une partie de leurs troupeaux, mais ceci n'est pas contradictoire avec l'idée formulée plus haut d'une incompatibilité au moins partielle avec une production marchande: en effet, l'échange demeure, en fait, périphérique et ne détermine pas la production pastorale. D'où le problème de la détermination du degré d'intégration possible des sociétés pastorales à une économie marchande sans que soit remise en question leur forme d'existence et d'organisation, problème se posant d'ailleurs en termes différents suivant: (*a*) la nature de ces sociétés et (*b*) les systèmes socio-économiques permettant la commercialisation des produits. Même quand ils prennent une forme monétaire, les échanges se présentent le plus souvent sous forme de systèmes partiels, terme-à-terme nécessitant des catégories sociales spécialisées pour l'aménagement des relations marchandes (ex. les *dillali* en pays haoussa).

'Mais les problèmes actuels sont des problèmes d'extension et de généralisation de la commercialisation, et pour trois raisons:

'(*a*) l'énorme croissance des besoins en viande au niveau des concentrations urbaines (Nigéria, Côte d'Ivoire, etc.).

'(*b*) les exigences du développement impliquant l'extension des besoins monétaires et la création de besoins nouveaux chez les pasteurs.

'(*c*) la commercialisation apparaît comme une solution rationnelle à la croissance anarchique des troupeaux.

'Cependant, si l'extension de la commercialisation est réelle, elle se heurte à de multiples problèmes, par exemple:

'(*a*) refus des éleveurs de se dessaisir de leurs animaux, ou de la catégorie d'animal désirée sur le marché, car la valeur d'échange du bétail s'oppose aux autres formes d'utilisation du troupeau (sociales, religieuses, subsistance ou valeur d'usage); il existe, en particulier, une opposition entre commercialisation, d'une part, et volonté de maximisation du troupeau, de l'autre. Aussi l'éleveur préfèrera-t-il parfois ne vendre que certaines catégories d'animaux, p.ex. le petit bétail et non les bovins, ou aura tendance à vendre des bêtes de qualité inférieure ou très jeunes.

'(*b*) difficultés s'opposant à une régulation de l'offre et de la demande, en quantité, en qualité et dans le temps. Des études poursuivies au Niger central ont montré que l'éleveur vend en fonction de besoins spécifiques (impôt, achats de céréales, etc.), donc à certains moments et en quantités variables, d'où, à ce niveau, conflit entre deux types de rationalité économique.

'Ces constatations me semblent expliquer que l'extension de la commercialisation puisse prendre souvent l'aspect de crises de la société pastorale, voire s'inscrire dans un contexte "catastrophique". Pareilles crises témoigneraient à mon avis d'un certain degré d'incompatibilité entre société marchande et société pastorale, elles correspondraient au développement des rapports marchands dans ces sociétés, dépassant alors le simple problème de la commercialisation.

'Les effets de la crise provoquée par la sécheresse de 1970–71 chez les Boran ont été analysés par Baxter, qui note trois types de réponse:

'(*a*) adoption d'un mode de vie semi-sédentaire et d'une économie mixte agro-pastorale.

'(*b*) maintien d'un mode de vie pastorale "though all have become more market-oriented".

'(*c*) "some have become totally pauperized and live effectively stockless or with only the remnants of their herd and flocks, in and around the township, and are dependent on wage labour, which is short, or on aid".

'J'ai pu faire des observations du même ordre en Mauritanie. Bien sûr, sécheresses et famines ont toujours existé, mais ce qui est important, c'est que la pénétration des rapports marchands suscite cette nouvelle évolution. Je crois aussi, comme Baxter, que l'extension de la commercialisation comme celle des migrations de travail relèvent de causes identiques.

'Il faut noter enfin que l'extension de la commercialisation peut susciter ou accentuer des différences sociales ou économiques, soit qu'il y ait paupérisation d'une partie de la société, soit que certaines catégories sociales se trouvent privilégiées: les *imajeren* des Kel Gress et quelques *ighawelen* ont bénéficié principalement de l'extension du marché (non limité ici au bétail mais incorporant sel et céréales).

'L'organisation du commerce du bétail en Afrique occidentale s'est considérablement développée sous la colonisation et pose nombre de problèmes dépassant d'ailleurs les limites ethniques et même nationales. Elle peut se voir abordée de trois points de vue:

'(*a*) organisation géographique: distinction des secteurs de production, de commercialisation et de consommation; les routes commerciales, l'organisation complexe du trafic.

'(*b*) organisation sociale: nombreux groupes sociaux concernés (commerçants (*dioula*), courtiers, *dillali*, bouchers), souvent ethniquement spécialisés, et dont l'organisation interne (information, coopération, utilisation du crédit, etc.) peut être très forte, comme leur rôle social et politique se révèle souvent majeur.

'(*c*) organisation économique: jeu des lois du marché, tentatives de régulation de l'offre et de la demande ou de réorganisation de la commercialisation, recherche de solutions extérieurs au pastoralisme proprement dit (les essais de ranchs: Nigeria, Tchad).'

II. Les facteurs industriels

'Un certain nombre de problèmes se trouvent posés, outre celui des migrations de travail traité dans ma communication:

'(*a*) organisation d'un secteur industriel dépendant de la production pastorale (abattoirs, conserveries, tanneries, laiteries).

'(*b*) insertion des pasteurs, comme travailleurs, dans une société industrielle.

'L'étude des migrations de travail est très importante, car celles-ci s'inscrivent dans le cadre des rapports marchands et correspondent à la dépossession des éleveurs de leurs moyens de production, essentiellement le troupeau. Les migrations prendront parfois en caractère régulier, sous la dépendance d'un cycle saisonnier, mais correspondront plus souvent, parfois massives, aux crises évoquées plus haut.

'Les migrations orientées vers les centres urbains s'accompagnent souvent de phénomènes de "clochardisation" (présence autour des agglomérations sahariennes ou sahéliennes de nomades installés sans ressources apparentes). Là où existe une industrie, le marché du travail peut absorber une partie de ces migrants, comme en Mauritanie où les entreprises minières (MIFERMA, MICUMA) utilisent en majorité d'anciens nomades dont certains atteignent une qualification ouvrière indiscutable.

'Dans l'un et l'autre cas, ces migrations ont des conséquences majeures: déculturation et destructuration de la société migrante sont rapides et la paupérisation provoque des phénomènes secondaires: bidonvilles, prostitution, parasitisme social ou familial. La prolétarisation d'une partie des migrants favorise la formation d'une classe ouvrière dont l'organisation comme le mode de vie vont, bien que demeurant marqués d'un fort traditionnalisme, diverger absolument du pastoralisme.

'Mais les répercussions ne seront pas moins marquées sur la société pastorale dont les transformations se verront accélérées, par la circulation des individus, des idées et des biens (principalement monétaires). Plus de 20% de la population du Nord de la Mauritanie, donc un pourcentage plus élevé encore de la population active, ont rejoint les centres industriels et urbains, et beaucoup de jeunes vivent entre les campements et la ville, les *tenūsū*, d'un terme imagé qualifiant l'animal s'étant isolément séparé du troupeau. Dans un délai proche, c'est la société pastorale du Nord qui, privée de main d'oeuvre, et voyant décroître ses troupeaux, risque de se voir condamnée: les mécanismes sociaux et économiques de reconstitution du troupeau après la sécheresse (prêts, clientèle) ne jouant plus, chaque crise entraîne des départs massifs. En même temps les rapports monétaires et marchands s'introduisent dans la société pastorale: l'évolution du prix de la dot, devenant de plus en plus un rapport monétaire et augmentant fortement en est une preuve significative.

'L'analyse régionale qui précède n'autorise sans doute pas de généralisation et bien des comparaisons seraient utiles.

'Mais une question fondamentale reste posée: quel est le degré de compatibilité des facteurs commerciaux et industriels avec la logique et la structure des sociétés pastorales? Subsiste-t-il une adaptation possible du pastoralisme, et un autre avenir que celui de réserve folklorique à l'usage du tourisme en Afrique, problême, à n'en pas douter, grave?'

However rich Bonte's introduction may be, inspired by his own experience in Mauretania, a number of points deserve to be clarified or completed. For example, we should ask to what extent does the increase in the volume of migration correspond to increase in the size of the general population (Frantz). Temporary migrations, whether cyclical or not, are not uncommon (Tubiana: Zaghawa bachelors of 20–30 years of age, towards the cotton plantations of the Gezira, the millet farms or the workyards); also the phenomenon has in West Africa considerable frequency and volume outside pastoralist societies, not only for material gain but also for psychological and cultural reasons (Dieterlen). Migration is not everywhere linked to poverty: Beduin artisans and shopkeepers are temporarily settled in the towns of the south.

There is of course a whole range of differences between the pastoralist who has kept his traditional way of life and

the individual who has left his original surroundings to take up
the most diverse occupations, from beggar to civil servant. As far
as northern Mauretania is concerned there are to be found
in the iron mines (*a*) workers who buy tents and sheep in order
to establish their families in the countryside; (*b*) some who are
separated from their families that live in the countryside but
whose income from wages is greater than that from herding;
(*c*) many who dream of returning to the pastoralist life, although
very few succeed in doing so (Bonte).

A distinction must be made between those forced by bad
years to abandon their pastoral economy, who work to recon-
stitute their herd, and those who move away from it to work
their way through the educational system and who will seldom
return (Swift). Jacobs reports in this connection that even if
many do indeed dream of resuming their pastoralist life, he does
not actually know of a single case in East Africa where this has
been achieved; it is certainly why the Maasai show some aver-
sion to sending their children to school, for fear of seeing them
lost to herding and finding themselves thereby impoverished.
On the other hand some Somali have a long tradition of expatriation overseas, at the end of which they return to invest
sometimes considerable sums towards increasing their herds
(Lewis).

The need is obvious for an adjustment between a supply
largely dependent on climatic conditions and a demand obey-
ing the laws of the market: the animals purchased in time of
drought should be able to be brought back into condition and
little by little sent to market, with the triple advantage: (*a*) of
improving the balance of supply and demand; (*b*) of absorbing
excess livestock and so reducing the pressure on grazing; (*c*) of
introducing a better product into the exchange circuit (Baker).
In Kenya, during the drought and the famine of 1959–62, a
technical innovation allowed the utilization of surplus animals
for the production of ground meat, for which there was then a
market in the Congo (Jacobs).

The new international frontiers in West Africa may sometimes
impede the traditional trade in livestock (Swift), but elsewhere
they seem on the contrary to promote a lucrative smuggling
across the intersections of the international boundaries of
Haute Volta–Niger–Mali or Chad–Nigeria–Cameroun–Niger

(Lewis, Rouch, Horowitz). There is also in West Africa 'un réseau international complexe, comportant une série de relais de regroupement ou de distribution qui, il y a dix ans, était parfaitement organisé et qui, grâce à l'origine ethnique commune des éleveurs, des bergers, des revendeurs était devenu un très solide monopole dont l'étude permanente serait indispensable' (Rouch).

These networks can form (in Mauritania) powerful and effective pressure groups (Toupet), a typical example of which is the Association of Kampala Butchers, 'a Moslem group which dominated the buying of animals in Karamoja and had power to make or break almost any marketing recommendation' (Baker).

IX. TRADITION AND DEVELOPMENT

The reproduction of excerpts from the introductory statements to this theme seems to be desirable before dealing with the contents of the discussion to which they lead.

'Il apparaît comme une évidence au chercheur,' writes Tubiana, 'que les options des groupes humains—qu'ils soient nomades, transhumants ou sédentaires—servent leurs intérêts vitaux. Ces choix sont, dans des conditions données, sans aucun doute la meilleure réponse pour assurer la vie et la survie du groupe. C'est donc seulement après une analyse approfondie des faits, et à partir des faits seulement, que l'on pourra suggérer des améliorations ou des innovations. Il ne peut donc être question d'envisager quelque changement que ce soit avant d'avoir fait le point de la situation réelle, ce qui implique une connaissance précise des systèmes traditionnels en vigueur. Cette démarche, qui est la seule rationnelle, se caractérise par le respect de l'acquis, la prise en compte des solutions apportées par une société à ses propres problèmes et un désir d'efficacité optimale.

'Ce n'est pas toujours la méthode suivie par les organismes gouvernementaux ou intergouvernementaux.

'Ainsi le projet F.A.O. du Djebel Marra, en République du Soudan, démarré en 1965 avec pour objectif l'irrigation de la région à partir du château d'eau constitué par le Djebel, n'a eu aucun résultat alors que des moyens très importants en techniciens et en matériel avaient été employés. Les deux raisons de cet échec furent sans aucun doute l'absence d'une reconnaissance préalable des problèmes humains (une enquête partielle fut menée pendant le déroulement des travaux quand on a a senti que les choses tournaient mal, mais c'était trop tard) et d'autre part le fait que l'on n'avait pas eu le souci d'informer les populations intéressées ni celui d'obtenir leur adhésion et leur concours. Finalement des moyens énormes avaient été dépensés en pure perte. Les crédits de développement accordés au Tiers-Monde sont trop limités pour qu'on puisse tolérer le gaspillage. Les scientifiques doivent sortir de leur réserve et se faire entendre au nom de l'efficacité. 'Mais comment? Et ici nous rejoignons les conclusions de Baker: 1° Il n'y aura jamais de progrès si l'on ne s'appuie pas sur les systèmes traditionnels qui sont parfaitement adaptés; on peut les améliorer, on ne peut ni les ignorer, ni les détruire. 2° Il n'y aura jamais de progrès si l'on n'obtient pas l'adhésion des intéressés et cette adhésion ne peut se produire qu'après des campagnes d'information et d'éducation. Tout changement trop brutal, ou tout changement non compris peut aboutir à une catastrophe.

'Je voudrais préciser, à titre d'exemple, dans quelles circonstances, mon mari et moi-même, avons été amenés à formuler les propositions qui figurent dans notre communication.

'Lors de notre dernière mission en 1970, les Zaghawa sortaient à peine d'une terrible famine consécutive à plusieurs années de sécheresse: anéantissement des troupeaux, migration des gens vers le sud pour s'employer comme salariés, etc. . . . Un assez grand nombre d'entre-eux se posaient le problème de savoir s'ils pourraient continuer à vivre dans de telles conditions d'incertitude et s'il ne valait pas mieux abandonner leur pays pour aller se fixer ailleurs.

'C'est à la suite de ces interrogations que plusieurs responsables soit dans le cadre traditionnel (chef de canton ou de village) soit dans le cadre moderne (instituteurs, ingénieurs hydrauliciens, tous issus du milieu zaghawa) nous ont demandé notre avis. Nous avons eu de longues conversations avec eux à la suite desquelles nous leur avons fait un certain nombre de suggestions que nous avons discutées ensemble point par point lors de différentes séances séparées par plusieurs jours d'intervalle ce qui permettait à nos interlocuteurs et à nous mêmes de réfléchir, d'aborder de nouvelles questions et de préciser les modalités d'application des aménagements sur lesquels se faisait un certain degré d'accord.

'Les éleveurs (cela a été souligné dans de nombreuses communications) se préoccupent plus de quantité que de qualité. Ils tendent à accroître sans cesse leur troupeau pour toutes les raisons qui ont été énumérées. Est-ce que les améliorations techniques introduites ne vont pas conduire logiquement au seul croît des troupeaux alors que le but est de rechercher non pas un nombre maximal mais un nombre optimal de bêtes?

'Cet optimum pourrait être schématiquement défini ainsi : le nombre d'animaux que peut nourrir et abreuver le pays en fin de saison sèche, nombre à définir de manière empirique selon les régions. Il faudrait donc faire comprendre aux éleveurs qu'ils ont intérêt à vendre leur surplus en début de saison sèche et chaude. Ne pourrait-on envisager d'une part la création d'organismes *locaux* faisant des offres d'achat pour la boucherie tout en pratiquant une politique d'amélioration qualitative, d'autre part la construction sur place de *petits* abattoirs et de *petites* usines *artisanales* de séchage de viande, technique connue de nombreux pasteurs? J'insiste sur les qualificatifs : *petit, local, artisanal*. Je ne sais pas s'il existe ailleurs des exemples de ce genre d'intervention.

'Diverses suggestions ont été formulées ici touchant une amélioration de la situation des éleveurs et même de leur survie. Elles se recoupent parfois, mais j'ai été aussi frappée de voir qu'elles pouvaient également, à première vue, se contredire. Il conviendra donc d'être très prudent dans nos propositions et de tenir compte des différentes conditions particulières. Voici quelques exemples :

'Si l'on considère les pâturages, on serait tenté de souhaiter chez les Zaghawa l'élimination du *Canchrus biflorus* (Arabe : *askanit*, vulgairement "*cram-cram*") pour favoriser d'autres Graminées plus appréciées. Mais ailleurs (Sahel central et occidental) l'espèce constitue un pâturage réputé et, de plus, fournit une graine de cueillette d'importance non négligeable.

'Une même espèce d'arbuste, le *Calotropis procera*, sera tour à tour tenu pour tout à fait inutile (Zaghawa) ou largement employée (comme piquets de case : Daza du Borkou).

'Si le chèvre en Mauritanie a pu se voir considérée parfois

comme un fléau, son élimination au Karamoja se serait révélée nuisible, car l'animal en broutant les branches basses des buissons empêchait la prolifération de certains insectes nuisibles au bétail (Baker).

'On multiplierait aisément les exemples mais il est certain que toute modification proposée devra donc être strictement localisée et des essais faits à titre expérimental avant d'envisager une application générale. Il ne paraît guère possible de parler d'amélioration globale de la situation des éleveurs mais de conditions particulières à examiner.

'En ce qui concerne le problème de la formation des hommes, un effort d'imagination ne sera pas moins nécessaire et pouvant porter sur:

'(*a*) un rythme adapté de scolarisation, par ex. 3 à 4 mois durant la saison sèche.

'(*b*) un contenu approprié d'un enseignement visant p.ex. a former des techniciens de l'élevage.

'(*c*) l'utilisation d'une langue appropriée, et il nous semble que seules les langues vernaculaires peuvent être efficacement utilisées.'

L'exposé de Gallais, qui s'efforce de placer la question 'tradition et développement' sur un plan plus général, s'articule en quatre points:

I. *La dimension du problème*

'Les éleveurs-nomades que je connais placent exactement leur souhait de futur dans la dialectique tradition-développement.

1. Tradition.

'Contrairement à ce qu'on trouve dans certaines sociétés où des classes sociales n'éprouvent à l'égard de la tradition que le souhait de distance, je pense par exemple au prolétariat rural de certaines régions latino-américaines, l'individu nomade, même appartenant à une situation sociale inférieure, est attaché à une tradition, tributaire de l'histoire.

2. Développement.

'Sans entrer dans le détail des moyens d'y parvenir, le nomade souhaite pouvoir couvrir des besoins nouveaux ou amplifiés:

thé, sucre, cotonnades, grains, transistors, armes, impôts, soins médicaux.

'Je ne connais pas de groupes, même très isolés, qui n'aient pas une "certaine idée" d'enrichissement, de modernisation, ne serait-ce que le désir de ne plus être la victime de l'inégalité devant la maladie ou la mort.

'La valorisation du passé (ou la conception apocalyptique du proche avenir) peut caractériser certaines attitudes de gens âgés, notables traditionnels p.ex., mais je crois inexact de réduire la mentalité nomade à ce passéisme.

'Bref, la promotion humaine des nomades me semble à la charnière de la tradition et du développement.

'Ceci dit, il est banal de souligner que les entreprises de développement ignorent la tradition.'

II. *Ignorance de la tradition*

'Quelle est la raison de cette ignorance? Les pasteurs ne sont pas consultés. Mais si cette consultation est nécessaire, elle n'est pas suffisante, l'opinion des intéressés eux-mêmes ne pouvant évidemment se formuler en termes d'entreprises opérationnelles de développement.

'Cette opinion locale doit donc se voir reprise, traduite, "interprétée" par des chercheurs en sciences humaines. Bref, l'ignorance de la tradition tient aux difficultés de l'insertion des sciences humaines dans les plans de développement. La raison est simple et très contraignante. Le calendrier et l'organisation des opérations de développement ne prévoient pas une approche préalable du milieu; approche préalable qui devrait répondre à 2 qualités: (*a*)—longue, en profondeur, disons 3 à 4 ans au minimum pour une zone précise et limitée—(*b*)— "ouverte", c'est-à-dire, non limitée à l'étude des conditions d'application d'une technique, d'une mutation en réalité déjà choisie.

'En face de ces impératifs, on demande aux chercheurs en sciences humaines:—soit une approche courte précédant immédiatement une action;—soit de "monter" dans le train et, de façon générale, de justifier une approche technique déjà choisie, un modèle d'action.

'Mais nous devons à la vérité d'ajouter qu'inversement, l'attitude fréquente du chercheur en sciences humaines ne facilite pas toujours cette intervention, ne lui permet pas de servir de pont entre tradition et développement. Pour deux raisons principales:

'1° en face du technicien qui veut "placer" ses techniques, il veut "placer" ses idées, attitude normative qui se révèle souvent négative car le choix n'est pas de son ressort: il le fait en termes de coûts économiques et d'options socio-politiques dont il n'a pas la responsabilité.

'2° d'ailleurs, ces options socio-politiques ne sont pas non plus très claires dans la pensée des responsables et l'un des meilleurs services que le chercheur en sciences humaines peut rendre est de clarifier ces choix en montrant pour chacun d'eux ce qui, dans la tradition, les appuiera ou s'y opposera et, d'autre part, classer les interventions d'après leur degré de complication et leur potentiel de dérangement de la situation actuelle, en somme traiter en termes optionnels les choix en explicitant: (*a*) l'amont: les implications et (*b*) l'aval: les conséquences prévisibles.'

III. *Conséquences de l'ignorance de la tradition*

'Les conséquences de cette ignorance de la tradition sont graves. Je les évoquerai sous deux rubriques et en termes généraux.

'(*a*) défaut d'imagination: la monotonie des modalités d'action est frappante. Les plans de développement dans le domaine pastoral sont à peu près tous, même les plus importants (financés par la Banque mondiale) réduits à: (*a*) l'amélioration de l'infrastructure hydraulique par puits, forages, surcreusement des mares et (*b*) la couverture sanitaire, ce qui n'empêche pas la reprise de la peste bovine signalée un peu partout.

'Les projets les plus originaux sont surtout localisés chez les paysans sédentaires et à titre expérimental: embouche de case, lutte anti-parasitaire, recherche d'une alimentation correcte en oligo-éléments.

'La timidité des experts les engage à répéter les mêmes techniques, même celles qui ont prouvé leur inadaptation. Ils ont une véritable angoisse de l'échec qui engendre une inhibition complète de l'initiative au sens de créativité et, cependant, ils trouveraient dans la tradition une panoplie de moyens à adapter qui diversifierait les modes d'action.

'(*b*) la monotonie des "recettes" aboutit à leur inéquation aux conditions locales: on cherche à aménager ce qui est aménageable selon un certain type de techniques, sans souci des problèmes régionaux véritables. Par exemple, dans le Gourma malien, il n'y a qu'une région à nappe souterraine étendue et puissante: le Fondo: de 1950 à 1958, une série de forages se solde par un échec mais actuellement, on prévoit de reprendre ces forages. L'ennui, c'est que c'est tout à fait à l'écart des axes pastoraux essentiels et qu'il est très douteux que ces forages suffiront à attirer les pasteurs dans un cul-de-sac.'

IV. *Contrôle territorial des pasteurs*

'Evoquons pour finir un thème essential où le développement peut souvent s'appuyer sur une tradition mais quelquefois doit tenter de la compléter; c'est la territorialité, ou plus exactement, le contrôle territorial des pasteurs. Mis à part, en Afrique de l'Ouest, le projet sénégalais et une réalisation R.C.A., les plans de développement pastoraux sont technicistes et ignorent la préoccupation socio-territoriale.

'Or deux raisons me font penser qu'une relative précision, qu'un resserrement du maillage spatial sont dans beaucoup de cas indispensables à moyen terme et pour le moins dans la zone sahélienne.

'Il a été regretté que les pasteurs soient ignorés; comment les consulter, augmenter progressivement leur responsabilité, constituer des conseils de pasteurs ayant des pouvoirs de décision et de gestion, réaliser une effective décentralisation, sans cerner de façon souple, évolutive, des territoires pastoraux? Il faudrait dresser un cadastre extensif adapté à l'organisation sociale, pouvant faire référence à des groupes d'utilisateurs relevant d'ethnies différentes—je pense par exemple au territoire "bangabe" (habitants de la mare de Bangao, Oudalan voltaique)—, faisant une place importante à des réserves nationales, et sauvegardant l'espace des pasteurs dont nous savons qu'il est partout grignoté.

'Une deuxième raison engageant à une préoccupation territoriale est le fréquent alourdissement de l'exploitation à la suite du croît du cheptel et des hommes, dans un espace qui se resserre.

'Or Colin Clark, dans "Population growth and land use",

a démontré, après bien d'autres, que le croît démographique est la plupart du temps le seul facteur d'intensification des techniques; si les pasteurs ont différé jusqu'à maintenant cette intensification, c'est que le croît démographique et le croît du cheptel étaient faibles, et que des réserves d'espace étaient encore ouvertes, mais les conditions actuelles le permettent de plus en plus difficilement.

'L'*intensification* sera la réponse normale, inévitable, et l'intensification des techniques de production s'accompagne toujours d'une densification du *maillage territorial*, d'une précision accrue du contrôle territorial.

'Le maillage territorial existe d'ailleurs souvent dans la tradition, et quand il a été officiellement aboli au nom de la nationalisation des terres, le désordre a été tel qu'on est revenu à une conception plus traditionnelle du contrôle territorial (j'ai évoqué ce problème pour le Delta intérieur du Niger dans ma communication); le maillage territorial n'existe pas toujours, en ce sens que le découpage ne couvre pas la totalité de l'espace, mais il peut être éventuellement accroché à un contrôle de certains points de cet espace traditionnel: puits, mares, champs de cueillette . . .

'L'étude des structures traditionnelles de l'organisation de l'espace fournit la base optimum, la mieux adaptée comme la mieux acceptée, à cette territorialisation pastorale à mon sens indispensable à tout plan cohérent de développement.

'Comme dans beaucoup de domaines la tradition fournit les clefs les plus habiles de son propre dépassement.'

It is well to recognize what divides the level of our discussion from that of its application in development projects. In this respect the following points made by Baker deserve to be emphasized:

'(*a*) we should consider the "superior" attitudes of some "developers" and some African administrations to whom traditional pastoralists are primitive, unskilled and an embarrassment.

'(*b*) we need to take into account the speed of potential change, which is one of the greatest threats.

'(*c*) there is a tendency to favour certain inputs on the part of aid agencies, particularly capital investment packages which photograph well; this could well be a reason why a programme such as integrated appraisal may not be popular.

'(*d*) the point I made in my paper still obtains, namely that there is a weakness for "development" to take the form of responses to specific stimuli and this can be disastrous.

'(*e*) I do not know of any pastoral society which has a purely quantitative attitude towards stock: consider herd structure, milk yielders and disease resistance.

'(*f*) lastly, in any other form of capital expenditure there is an audit, but not, it seems, in aid projects: this is one reason at least why the same mistakes are made again and again. We need post-mortems.'

Too often in fact 'les innovations techniques restent partielles, sans tenir compte du système pastoral dans son ensemble: d'où leur échec, ainsi, au Ferlo (Sénégal) un vaste programme d'hydraulique pastorale a permis la mise en place de stations de pompage, satisfaisant sans doute les besoins en eau en saison sèche, mais non sans incidences sur les pâturages dont les uns se trouvaient dégradés alors que d'autres, plus éloignés des forages, restaient inutilisés; il n'avait pas non plus été tenu compte de la commercialisation des produits laitiers qui auparavant s'effectuait à l'occasion des déplacement de saison sèche sur le fleuve; tout projet d'amélioration des techniques pastorales devrait donc pouvoir satisfaire en même temps tous les besoins: eau, pâturage, sel, commercialisation' (Dupire).

Un obstacle manifeste à un développement utile réside dans le consensus de fait intervenant entre Services techniques et agences de planification pour se contenter de récentes techniques faciles au lieu d'aborder les problèmes humains fondamentaux' (Toupet).

If it seems necessary that those principally concerned, the pastoralists themselves, should henceforth be associated in the making of decisions that effect their future, this clearly implies that new machinery must be set up to ensure, first information, and then discussion.

A statement that is interesting and in this context important refers to the fact that the 'nomadic cultures form excellent communication systems. News and information circulate with amazing rapidity and nomads often possess highly articulate cultures in which poetry plays a significant role. They often seem much more outward-looking and less parochial than sedentary peoples' (Lewis).

Information among nomads can be facilitated not only by the use of modern means, already in full swing—I have listened to Radio Peking on the transistor of a Maure in the heart of the western Sahara—but by the utilization of the extraordinary potential of the nomadic world in the realm of communication. It is, true, a trite remark and one confirmed a thousand times that each meeting between travellers is largely devoted to 'news'—'what is the news?' is the first question asked—that the 'Arab telephone' works even in the heart of the desert with an efficiency and a speed that are sometimes amazing; and that the desert, far from being favourable to secrecy, is on the contrary the place in the world where it is the most difficult to be hidden, and the most full of gossip: a veritable gossip-shop from the Atlantic to the Nile.

Clearly one should at this point emphasize the efforts made in Niger by its Service de l'Animation and its radio clubs.

'Le Service de l'Animation, implanté en zone nomade en 1966, vise à susciter par des méthodes propres au milieu nomade la participation populaire au développement: l'expérience a porté jusqu'ici sur l'Arondissement de Tchin Tabaraden.

'Une première tâche pour le Service a été de mener une analyse du milieu en fonction des besoins ressentis par la population. En liaison avec l'Administration et les Services techniques, il s'efforce de connaître le point de vue des différents groupes pastoraux vis à vis des actions de développement déjà entreprises ou en projet. Le travail s'effectue par les contacts directs, les tournées, les enquêtes, les stages de sensibilisation, etc. Par exemple, en 1972 une enquête a été menée sur les problèmes d'abreuvement, de façon à mieux connaître les réactions des nomades devant les divers types de points d'eau (mares, puisards, puits, stations de pompage) et en regroupant les réponses par ethnies (Touareg, Peul, Arabes) et par niveau social. L'enquête a révélé que la majorité des éleveurs de déclare plus favorable aux puits cimentés qu'aux stations de pompage: surcharge pastorale moins forte, technique plus aisée à maîtriser, moindre amaigrissement des bêtes en fin de saison sèche).

'Le Service s'intéresse encore à d'autres sujets: rationalisation des parcours, amélioration des circuits de commercialisation (réduction du nombre des *dillali*, présence effective de l'éleveur lors de la transaction, etc.), prévention sanitaire, amélioration de l'alimentation des animaux jeunes, etc.; la distinction entre pays naisseur (nomades) et pays d'embouche (sédentaires) est également un thème à discuter avec les pasteurs' (Marty).

Since 1965, also, the Association des Radio-Clubs du Niger goes each year into the Agadès region during the rainy season: they take receiving sets (transistors), the operators set up in each encampment a collective listening post followed by discussions and three 'cameleer-reporters' circulate through the encampments (Robert).

The adaptation of teaching to local situations today preoccupies all those responsible and a colloquium was held in Ouagadougou in 1972 on 'the integration of the school into its environment'.

But the school, properly speaking, even 'adapted', remains the 'school', and among pastoralists can hardly claim any long-term effectiveness: 'yet the pressure on pastoral peoples is for short term, immediate development. Hence, I agree that we might better focus on improving all modes of communication of knowledge and ideas, including adult education, market lectures, carefully designed word-of-mouth radio programmes, etc., rather than focussing on formal schooling *per se*' (Jacobs).

One might ask whether the very word 'school' does not have drawbacks due to the ideological connotations by which it remains inseparable from its Western setting. This being so, would it not be preferable to speak of 'the spreading of correct information', which moreover does not necessarily imply audiovisual means, reading and writing, but gives importance to the spoken word; one would thus lean on the very lively wish of pastoralist peoples for information of any kind (e.g., attendance at markets quite apart from any concern with buying or selling). However, there seems to be contradictions in this 'spreading of information'.

'(*a*) La saison sèche est souvent occasion de réunion et non de dispersion, au contraire de la saison des pluies; elle pourrait donc être choisie de préférence à l'autre, lorsque existe cette alternance climatique, pour y insérer des actions éducatives,

mais la saison sèche est aussi celle des tâches pastorales les plus
dures et les plus absorbantes (abreuvement, par exemple).

'(*b*) En faisant porter sur les jeunes l'effort de diffusion de
l'information, ne risque-t-on pas d'aller à contre-courant de la
direction dans laquelle s'exerce la communication de l'expérience, des adultes âgés vers les "jeune adultes", qui devraient
être, eux, les principaux bénéficiaires d'une "information"
pratique efficace?

'(*c*) Les animateurs de cette "diffusion des informations"
utiles aux pasteurs devraient appartenir eux-mêmes à une culture pastorale, ce qui rendra leur recrutement fort difficile
les "scolarisés"—au plein sens du terme—désirant généralement pas retourner en milieu pastoral dont ils trouvent les
conditions de vie très dures' (Dognin).

In any case, the choice and the policy of an educational
system implies the definition of the kind of society that is taken
as the objective. 'Does one wish to preserve pastoralist relations
of production or to destroy them?' is the question, for to continue to apply a Western system of education, for long intended
for the training of subordinates in the administration or capitalist enterprises, is to risk weakening pastoralist society: 'Les
nomades une fois scolarisés ne sont plus des nomades' (Festinger).

That is very often true, yet at the family level there may be
surprising variations: 'Amongst Somali it is common to find
three brothers or other kin working as a mixed economic
enterprise: one brother will manage the family herds, another
lives (mainly) in town as a merchant-politician, while the
third (perhaps the youngest and best educated) works as a
government official; all share common interests and information which they exchange in forwarding their diversified
economic enterprise' (Lewis). There is another case recorded
of a link between the pastoralist world and the other: 'des
étudiants zaghawa à Khartoum ayant laissé des animaux dans
leur village ou campement à la garde de leurs frères et continuant ainsi à accroître leurs troupeaux' (Tubiana).

It was inevitable, and salutary, that the simple but brusque
question should sooner or later have been asked: 'Does de-

velopment ever work?' (Horowitz). The answer is clearly neither 'yes' nor 'no' but there seems no doubt that the cases of failures outnumber the successes. One of our colleagues (Baker) admits to have known only two development projects that were successes: 'Both of them were in the Ankole district of the S.-W. part of Uganda, based on the Hima peoople. In the first case, U.S.A.I.D. made a very thorough human and physical study of the area before providing basic small ranchers with a framework of essential capital equipment: great care was taken in the selection of applicants, the provision of technical advice and the drawing up of conditional leases. In the other case, grazing societies were formed based on the indigenous clan structure which provided a suitable authority base to prevent individual farm mismanagement' (Baker).

One may also ask about the very meaning of the term 'success'. 'Successful for whom? Successful in terms of the best use or more efficient use of the land? Successful for the pastoralists themselves, or successful for the national states or economies in which the pastoral area is located? An extreme example: in East Africa, we have several "successful" development schemes that evolved simply by driving pastoralists away and putting the alienated land to either better pastoral management or to other productive uses; hence, though "successful" from one point of view, it was not of benefit to pastoralists as a group' (Jacobs).

X. SEDENTARIZATION

This is ambiguous or at least an ambivalent term, for it may refer to both a natural and spontaneous phenomenon as well as to a process of settlement, by administrative action, of people considered to be a little too marginal, insufficiently integrated into 'nation building', and whose behaviour is held to be 'backward' and not to fit in with the theoretical image of a unified 'modern' state of a drearily formal pattern with nothing 'out of step'.

Few of the states that include nomads have been able to resist the temptation of making their pastoralists into citizens as quiet and docile as any others, by their sedentarization, assisted or forced. 'A tort ou à raison, on considère généralement en

Egypte que le nomadisme et le semi-nomadisme constituent une forme de vie dégradée (*sic*), incompatible avec les exigences du monde moderne et qui doit, par conséquent, disparaître' (Abou Zeid 1959).

La 'sédentarisation' proprement dite implique évidemment le passage de la civilisation pastorale à la civilisation agricole, donc l'abandon des valeurs et de la psychologie nomades: 'un Maure urbanisé acceptant de vendre du lait a franchi cette frontière'. La terme de 'fixation' peut trouver aussi, dans certains cas, son application (Toupet).

The attitude of the state, of course, has changed with general historical development: whereas the colonial state relied upon the nomads and more accurately upon their dominant groups, its independent successor is tempted to favour sedentary groups and to urge nomads to become settled, a change which will diminish their prestige and their authority. 'Ce qui n'empêche que ce prestige, cette sorte de mythe dont les pasteurs restent auréolés, se voient repris en compte et "récupérés" lors de manifestations folkloriques où les pasteurs risquent d'être transformés en marionnettes pour touristes' (Bourgeot), often with the calculating collusion of the nomads themselves. 'Dans l'Ahaggar n'a-t-on pas vu des tentes en bâches plastifiées remplacées à l'occasion de la visite des touristes par les velums traditionnels en cuir? Ces Touareg avaient compris ce que les touristes attendaient d'eux' (Bernus).

In Mauretania, where those who are in a politically responsible position are themselves mostly of nomad origin, there is clearly no question of forced sedentarization; when it occurs, it remains voluntary, often called for by the women (whose role of landowners is increased in the *ksour*) and by young people, unwilling for the social and physical constraints of nomadic life; the initiative may also come from religious figures (as in the case of the marabout of Boumdeit who gathered round him a sedentary community practising herding, flood cultivation, cultivation of date-palms and handicrafts) (Toupet).

In discussing voluntary sedentarization among the southern Tuareg, one must distinguish: '(*a*) celle qui concerne des groupes constitués, au pouvoir politique fort et qui ont pu ainsi conserver leur structures sociopolitiques et leur identité culturelle, (*b*) celle portant sur de petits groupes immigrés en milieu sédentaire étranger, en devant accepter l'autorité politique de ce dernier; ainsi les Buzu de la région de Zinder ont perdu l'usage de la langue tamacheq et se sont fondus dans la société majoritaire, tout en organisant une agriculture très particulière, due à un troupeau encore important et à la situation de leurs terroirs sur les plateaux, en dehors des vallées plus riches occupées par les paysans haoussa' (Bernus).

The conditions and consequences of sedentarization may clearly be explained in terms of their structures, as Bonte points out in the following examples:

(*a*) that of 'Maure' labourers moving to the mining centres: whereas the Toucouleur preserve a strong collective and community structure, the Maures show a marked individualism.[1]

(*b*) voluntary sedentarization of the Kel Gress Tuareg: here the process takes place within the context of the pastoralist social system, *ighawelen* then *imajeren* becoming settled in different surroundings to that of the neighbouring sedentary peoples. These social and economic categories lead to sedentarization and determine the forms it takes, thus accounting for the different directions taken by the various groups, the common outcome being called 'sedentarization'.

Forced sedentarization, the constant temptation of a central authority wishing to make more efficient and increase its control, can lead only to failure, as has been seen in several countries of Asia. It is equally the case for Africa: 'Comme exemple de sédentarisation ayant échoué, on peut citer, au Cameroun, l'effort de l'Administration française pour fixer autour d'un chef supérieur qu'elle avait désigné différents groupes de Peul de brousse, appartenant à des affiliations lignagères diverses, afin de faciliter la levée de l'impôt: ce chef abusa aussitôt de sa situation par des exactions diverses qui firent éclater le groupe des Peul de brousse qui s'étaient petit à petit rassemblés dans cette région et diverses migrations s'en suivirent, notamment vers le Bamenda et l'Ouest de l'actuelle République centrafricaine (1920–1930)' (Dognin).

But how can the pastoralist effectively be protected against

---

[1] Bonte adds that 'family parasitism' might be thought to be easier from a geographical viewpoint for the Maure element, coming from a smaller distance than the Toucouleur.

untimely measures decreed by a government in which the ruling mentality is usually that of an agricultural peasant? Indeed, Baker states: 'My experience is that, in the main, Governments in independent Africa are dominated by the cultural values of the settled population and sometimes have a contempt for the pastoralists whom my university students always referred to as "primitive" and "uncivilized". There is a desire to remove these communities very often because they are an embarrassment and I feel the outlook is very bleak if we are searching for a deeper and better understanding in development.'[1]

How far can the nomad who has become sedentary or merely 'de-nomadized' preserve some aspects of his previous socio-economic behaviour? It is a question that needs study and it has several aspects: '(*a*) does he tend to take particular forms of jobs which have similarities to nomad life, e.g., soldiers or lorry-drivers? (*b*) does true economic equality of nomads continue via greater sharing of wages through family and social links? (*c*) does the concept of target income, or back-bending labour supply curve, affect the working behaviour of nomads; i.e., are they unreliable as labourers, working only to earn a specified sum of money? (*d*) does the ease with which pastoralists avoid conflicts by moving mean that institutions for solving disputes do not exist, so that in a sedentary situation disputes may have more serious consequences?' (Swift).

XI. ECONOMIC DEVELOPMENT

Perhaps merely the word 'development' would be enough, for when all is said and done it will be well for us to reflect on the whole future of the pastoralist world. But a few hints about economic development should first be made.

I. The amount of livestock

In north-eastern Mali a considerable increase is recorded during the past fifty years, 'probably due to ecological factors, camels being better able to survive in deteriorating conditions'

---

[1] This short section has dealt only with the sedentarization of groups; that of the changeover of individuals from one mode of life to another has been discussed in Section 5.

(Swift). One might also take into account the ending of insecurity, but still, we must balance the losses and the gains, the same groups having being in turn the raiders and those raided.

In the sub-desert region of Kenya, one sees a 'very great explosion in the total camel population—so much so that currently the Government is attempting to market camels to Saudi Arabia, Yemen, etc. This does not mean that individual pastoralists have more camels *per capita*, but only that there are more people as well as camels—that is pastoral areas are both overpeopled and well as overstocked' (Jacobs). But is it really certain that this increase may not merely be an apparent one, due perhaps to increased accuracy of enumeration? In the Boran country there has been 'no visible sign of increase of human population or stock'.

'Sur les confins tchado-soudanais les statistiques semblent indiquer une augmentation des chameaux; on note d'ailleurs: un plus grand nombre de gens possédant des chameaux, un commerce caravanier toujours très actif dans une région peu parcourue par les camions, enfin un important courant commercial en direction de l'Egypte' (Tubiana).

On that region of Niger (north Sahelian and south Saharan) the number of camels is increasing, both in absolute numbers and also relative to cattle, decimated by the recent droughts. A new outlet has been opened for the export of camels for slaughter to Libya; prices are increasing and sale to the north of camels on the hoof has given a new impetus to raising stock hitherto intended for milking or for the caravan trade (Bernus).

Indeed one must insist on the importance, for the regions north of Mauretania, Mali and Niger, of the export of animals northwards across the Sahara: also sheep from the Adrar of the Iforas have for long crossed the Tanezrouft to reach the markets of Tidikelt, with stages of a dozen days without water (e.g., Tisserlitine-Ouallen); 'this is important as a stimulus to economic development, since, all exports going towards the South, the North tends to become a deserted hinterland' (Swift).

In the central Sahara 'bien que manquent les données statistiques, il s'avère que les troupeaux camelins et caprins ne cessent de décliner jusqu'au point où le transport caravanier ne peut plus exister faute d'animaux' (Bourgeot).

For Mauretania one should be cautious in estimating numbers of camels: 'd'une part il est difficile de comparer chiffres anciens et chiffres actuels et, d'autre part, la diminution, et même la disparition du trafic caravanier peut être compensée par d'autres utilisations du dromadaire: viande et lait' (Toupet).

Moreover in western Africa, a revaluation of camel raising is generally taking place, as a consequence of an increased demand for meat and the importance of dairy production (Tselikas).

II. *Technical questions*

An idea often put forward is that of specialization in geographical terms of different stages of production; an advantage of specialization in traditional pastoralist herding for breeding is due to the fact 'que les variations saisonnières des facteurs physiques influenceraient peu la fécondité des femelles reproductrices capables dès lors de mieux valoriser ainsi les ressources alimentaires naturelles, très variables, de ces zones extensives; une spécialisation au niveau "naisseurs" en impliquerait d'autres aux étapes ultérieures, embouche et commercialisation' (Tselikas).

But how are we to distinguish the breeding areas from 'embouche' pasture land? Should they be within the Sahel itself or between the Sahel states and the southern coastal states, at the risk of seeing the meat industries concentrated in the latter, even though they are already fairly industrialized? And in such a situation 'que deviendront les ranchs d'embouche de la zone sahélienne, tel celui d'Ekarafan au Niger? Leur rôle n'est-il pas de servir d'embouche à l'élevage sahélien et de pourvoir en viande d'exportation l'abattoir de Niamey?' (Bernus).

As far as hides are concerned, shade-drying will probably be capable of substantially increasing the volume of exports and of cash profits of the producers (Baxter).

The preparation of dried meat, already well known to many peoples of the Sahel and the Sahara—the Maures' *tichtar*—without doubt deserves to be encouraged locally, at least in the form of small producers' enterprises (Tubiana).

The effective distribution of meat products implies adequate transport facilities; 'or nous assistons à travers l'Afrique de l'Ouest à une amplification des politiques de cordons douaniers qui vont à l'encontre des intérêts des éleveurs' (Toupet). There is no doubt that international obstacles to the expansion of pastoralist economies (variation in national laws, taxes, tolls, the restrictions on travelling across frontiers or customs posts, etc.) will only be lifted by agreement between states, leading to the opening of frontiers (Diouldé Laye, Rouch).

At the present time the entire system of communications is still far from being rationally organized; the following questions arise: 'why have slaughter-houses and meat processing industries always been located in sedentary areas? Would not present losses in weight by walking livestock, and savings from not having to raise crops to fatten cattle make it advantageous to locate slaughter-houses in the centre of pastoral areas? What specific historical or economic reasons exist for this? Is it not prejudicial to development of pastoralists?' (Jacobs).

Is it perhaps physically easier to send livestock on the hoof than to ensure the transportation of meat which needs a chain of refrigeration points? This was the case for many years in U.S.A. when the main abattoirs were centralized in Chicago, before those of Dallas, Denver, Kansas City, etc., were established. However, 'it is possible technically to trail cattle for a few hundred kilometres without loss of weight by establishing properly grassed driveways with watering points at 10 kilometre intervals: in this way it is possible to drive about 300 kilometres a month' (Orev).

But there are other sides to the question: 'Two principal reasons for forcing the herder to bring his animals on the hoof to the commercial meat packing houses are: (*a*) shifting all risk to the producer; (*b*) rendering the producer vulnerable as regards to price: once arriving in Lagos for example, the herder must unload his half-starved cattle at whatever price he is offered' (Horowitz). There are also religious factors: for example, attempts at the transportation of refrigerated meat have failed due to the customers 'being unsure of the religious identity of the butcher, and so of the ritual purity of the slaughtering' (Rouch).

Slaughtering 'at the source' and transport by air of meat has been planned in Uganda 'where most of the animals are derived from Karamoja and the average weight loss of a 600–700 lb animal was in the region of 100 lb; to overcome this loss, it was thought that if meat was air-freighted this loss would be by-passed, but one serious problem was overlooked: the condemnation of carcasses for, of the animals brought from Karamoja to the Kampala City Abattoir, some 30% were condemned totally after slaughter; the Karamojong soon realized that if the animal was slaughtered before payment they stood to lose' (Baker).

On a topic not particularly relevent to the human sciences, the comments of a veterinarian (Tselikas) should be recalled: '(a) l'augmentation sensible du prix payé, par kilo de poids vif, aux éleveurs "naisseurs" est une condition indispensable pour le "déstockage précoce" souhaité des troupeaux extensifs—(b) pour cela, l'organisation du secteur "aval" de la production (ateliers de "re-élevage" et de "finition") paraît nécessaire; ces ateliers modernes de production, qu'ils soient de taille très petite (individuels) ou très importante, implantés dans des zones offrant les conditions et les ressources indispensables (en lisière de l'espace pastoral ou à proximité des centres de consommation) devront être en mesure d'absorber l'ensemble des jeunes mâles produits par le troupeau extensif "naisseur"— (c) ces conditions réalisées, l'amélioration qualitative et quantitative du cheptel "naisseur" ira croissante—(d) enfin, des conditions très favorables pour le développement de la production de viande se trouvent offertes aujourd'hui, et sans doute à long terme, pour le marché mondial.'

III. The association between agriculture and herding

If the advantage of this association have long been recognized, can we be sure that the recommended or experimental technical solutions have been adequate?

The benefits of the association are evident (Sawadogo): (a) for agriculture: control of manuring and greater possibility of maintaining the fertility and yield of the soil; (b) for herding: control of the use of grazing fields and a greater role of fodder reserves for livestock feeding.

But it is not only a question of technical matters, here more than anywhere else. Observations made in Dahomey in Fon and Somba country, in southern Niger among the Dendi and

Tienga, have shown Raulin that the cultivators[1] may refuse the cooperation of the Fulani, accused of caring badly for the beasts entrusted to them: 'les chefs Peul admettent d'ailleurs que les jeunes bergers ne sont plus aussi sérieux que les anciens; l'appartenance à un tel groupe spécialisé ne signifie donc plus automatiquement que n'importe lequel de ses membres est un bon éleveur et le déclin du monopole du pastoralisme par les Peul présente une signification dont il faudra tenir compte sous trois aspects dans la nécessaire association agriculture-élevage: (*a*) production et utilisation de l'engrais animal—(*b*) passage à la culture attelée—(*c*) possibilité d'irrigation par une exhaure à traction animale; un système parvenant à réunir ces trois éléments conduirait à une agriculture intensive permettant de réduire les surfaces occupées jusqu'ici en abandonnant les terres de faible valeur à la dépaissance des troupeaux des nomades, ceux des agriculteurs pouvant être nourris, au moins partiellement, par des cultures fourragères. Une telle évolution ne manquerait pas de réduire la compétition territoriale entre cultivateurs et pasteurs.'

Attempts at integration are many: northern Nigeria, Office du Niger (since 1932), the Somba country of Dahomey, middle Côte d'Ivoire, the middle Niger (Mali), Burundi, etc. But if intertropical herding has the assured future that René Dumont thinks it has, in what direction will it develop? In the forest, as in Amazonia, or in the sudan–Sahel zone? And also in what form: capitalist as in Brazil or socialist as in Mongolia? (Gallais).

IV. *The future of pastoralism*

We have seen above and elsewhere the fears of certain official attitudes that do not always show much sympathy for pastoralists and their socio-cultural independence. "With the possible exceptions of Mauretania, Niger, and Somalia, most African governments have explicit, stated national policies which are positively more or less hostile to pure or traditional pastoralism, either by (*a*) stating that pastoralism is too primitive for this modern, changing world, or (*b*) if they are sympathetic to

---

[1] Who have elsewhere been considered a kind of 'livestock bank' for the animals entrusted to them by pastoralists (Rouch).

pastoralists, nevertheless claiming that pure or traditional pastoralists are not maximizing the natural resources of their areas. Hence, the overwhelming policy trend that I see is that of converting pastoral areas to "commercial ranchings"—taking control of land use away from pastoralists, or even driving the pastoralists away entirely so that sedentary populations can better exploit the area' (Jacobs).

Of course these fears may apply only to those regions where conflict is climatically possible between different ways of land-use: as one descends the pluviometric scale towards the desert, the more it would seem that nomadic pastoralism is the only possible means of exploitation.

An especially disturbing aspect of the future of nomadism, for various reasons mentioned above, is their contact with commercial tourism, of which the dubious consequences have been seen elsewhere (e.g., the Indians of Guyana, Polynesia, etc.): 'In a country endeavouring to suppress the cultural identity of nomadism there may be nevertheless an effort to preserve it for tourism. This will lead to tensions' (Swift).

There may well be tensions, but surely the most regrettable consequence is that 'commercial tourism is proving in certain areas of pastoral Maasailand to be the most profitable land-use, and returns from tourism greatly exceed any theoretical optimum yield from livestock raising. But tourism takes place mainly in the high-potential (wet) areas, to which Maasai utilization of the low-potential (dry) areas is interrelated and dependent. Thus, commercial increase of tourism is driving away pastoral Maasai from these high-potential areas, making it more difficult for them to exploit the optimum use of the dry low-potential areas' (Jacobs). And one can imagine that the impact of a certain type of tourism, that of the posters of the kind 'Visit savage Africa . . . unforgettable adventure . . . get a thrill . . . mail your coupon today . . .', does not concern only the economy.

To conclude, it is indeed the whole future of an original way of life that represents a very sophisticated ecological adaptation and at least in the desert zones seemingly the only possible one, which is today at stake. Can the world of tomorrow, in which rigidly centralized states will see technocratic industrialization as an essential condition for their 'development', retain the role of the nomadic herder? All lies in that question and the answer is still uncertain.

In fact, 'hunting and gathering societies over time have been succeeded ecologically by horticultural peoples, and pastoral societies may be historically "determined" essentially to disappear. Can their way of life be maintained without reserves or reservations for cattle-raising peoples? What role, then, will governments play? will some kind of stabilization of a "proletariatized" pastoral occupation group therefore become characteristic of nations in the near future?' (Frantz).

D. F. Owen is no more optimistic (1973, p. 122): 'The pastoralists probably stand to lose most in the long run as they are not favoured by national administrators, and the trend is for cultivation to increase at the expense of pastoralism.' Except, of course, in the true desert where the alternative is no longer between pastoral nomadism and agriculture but between pastoral nomadism and nothing.

PART II
SPECIAL STUDIES

I

"Development" and the pastoral people of Karamoja, North-Eastern Uganda. An example of the treatment of symptoms

RANDALL BAKER

'The former disrespect for traditional systems . . . has given way to an increasing realisation of our own need for tutelage'
D. N. McMaster.

At first sight most pastoralist societies appear very simple so that the popular picture is of a herder seated in the shade of a tree while his animals graze; of women poking at a desperately poor piece of ground to raise a few uncertain crops and of an almost total lack of the outward material show associated with more settled cultures.

This led many early observers and administrators to assume that the structure of the society and economy was as rudimentary as they appeared on the surface; that the pastoralists were generally 'idle' in comparison with their settled neighbours; that they were lacking in imagination and initiative and that there was much that imported technology could do to 'improve' the situation, winning the cooperation and gratitude of the people.

What was sadly misunderstood was the highly developed adjustment to the environment which the pastoralists had made to arrive at a system which offered them the minimum of risk in a very marginal physical environment and the very intimate knowledge of the physical resources which they had acquired in the process. Theirs was not a life of idleness, vandalism, aimless wandering and possibly, a few feeble attempts at cultivation; it represented an extremely delicately-adjusted ecological balance in which the threat of destruction was never very distant.

The administrators and 'developers', therefore, instead of making a net addition to productivity, (commercialization) and the pastoral resources of the district, as they hoped, often drastically upset the balance and once it was upset, the two parties concerned took diametrically opposed action to remedy the situation. The end result was hostility and the destruction of much of the resource base; which is all the more unfortunate for having arisen out of good intentions shrouded in misunderstanding.

What occurred during the period of external administration is analogous to treating the symptoms of a problem rather than the problem itself. In this case water development, disease control, destocking etc., all became ends in themselves without being considered within the framework of the pastoral system and society. As the 'cure' progressed new 'symptoms' emerged—often as a result of earlier 'treatment' and were, in turn, given attention.

The real problem was the introduction of radical ecological, economic, and administrative change into a traditional system. All forms of 'normal' responses were anticipated and when these were not forthcoming or unexpected ones occurred, cries of 'irrationality', 'perverseness' 'reaction' or 'conservatism' were raised. Yet each party acted, as it thought, in the direction of improvement but without any clear idea of the aims and methods of the other.

Land, people and economy

The district of Karamoja, with Karasuk, occupies 13,000 square miles of north-eastern Uganda having the form of a plain tilted towards the west. From the hills and mountains rising to 9,000 feet along the Kenya border, the land falls away westward into the great plateau of central and northern Uganda at 3,500–5,000 feet. Eastward the land falls dramatically along the line of the Rift to the Turkana plains in Kenya at 1,000 feet. The generally level horizons of Karamoja are broken by great volcanic remnants such as Mts. Moroto, Akisim, and Toror.

Over most of the district, rainfall totals are surprisingly high for a pastoral area, falling from over 40 inches along the western plains to below 20 inches in the driest parts of the east. Throughout the area the rainfall pattern is sharply seasonal with a dry season from October to March but it is the unreliability of the rainfall which is as critical to the way of life as the total fall.

The greater part of the district falls into 30-inch reliability classes 'poor' to 'bad'.[1]

The people of Karamoja are predominantly transhumant semi-pastoralists except for the tribes which inhabit the highland areas, some of whom have adopted cash cropping. In the southern half of the district are the Karamojong,[2] a grouping of three units: the Matheniko, the Bokora, and the Pian, all having close ties one with the other and with the people of the district's northern quarter—the Dodoth.[3] Separating these two groups are the Jie people[4] who have affinities with the Turkana of Kenya and with whom the Karamojong and Dodoth maintain frequently hostile relations. In the south-east are the Suk (Pokot) people of Upe county who have been migrating here from Kenya since the 1920s and who also have poor relations with the Karamojong.

The population of Karamoja is concentrated in a belt from north to south along the central backbone of the district and it is here that the homestead or *ere* is found where groups of full brothers and their families live. The homes may be regarded, for the purposes of this paper, as permanent, for if replaced, the replacement will be constructed in the same general area. It is here in this central belt that water is available for domestic needs throughout the year from open wells dug into the sandy river bottoms. Here also is the greatest security from hostile neighbours for the *cordon sanitaire* is a feature of pastoral societies in this area: even within the central belt there is a conspicuous break between the Karamojong and the Jie.

In this central belt live the women, elders, and children and it becomes the home of the young male herders during the wet season. Here also is the cultivation which plays a major role in feeding the permanently resident population of the household.[5] On the alluvial deposits along the inside of river bends, or on

---

[1] The 'Poor to Bad' categories are measures of the prospect of receiving 30″ of rainfall as defined in the *East African Royal Commission Report 1953/55*, p. 271.

[2] Dyson-Hudson, N. (1966), gives an account of the three southern peoples.

[3] Thomas, E. M. (1965), gives an account of life among the Dodoth people.

[4] Gulliver, P. (1955), gives an account of the Jie people.

[5] Gulliver (1954, pp. 67–8) states: 'the Jie have an . . . economy wherein cereal foods are really no less important than animal foods, and this has been the case for generations. Scarcely a day passes when cereal foods are not eaten and they frequently form the only food (for the women, elders and children) until the dairy herds return in May'.

trash-bunded hill slopes the women plant sorghum, vegetables, and ground nuts with, in the more favoured areas, millet and maize.

It is not possible, in the conditions of rainfall reliability which prevail in Karamoja, to base family security on grains and this is the critical importance of livestock for, in a year of drought, they are the difference between starvation and survival. The evidence suggests that a drought of serious proportions occurs one year in four in the district.[1] However, because of the seasonality of rainfall and water availability it is not possible to keep the herds in the *ere* belt throughout the year and with the onset of the dry season the herders and their animals move outwards, possibly leaving their families with the nucleus of a milch herd and some small stock. Animals from the herd of one owner will often be run with those of other owners to reduce the risk of concentrated loss.

On arrival in the wetter plains the herders burn the tall stands of *Hyparrhenia* or *Themeda* grass to induce a 'green flush', to kill off ticks and to control bush growth. During the early part of the dry season the animals are spread widely over the plains as watering points are relatively numerous but as the season hardens ever greater quantities of animals congregate around the few reliable waterholes and because of the number involved may drink only on alternate days. As the rains begin, the herders leave the temporary camps (*awi*) in the dry season areas and return to the *ere* zone.

For the last fifty years the pattern of life in Karamoja has been subject to increasing pressures: the herders have been wandering further and further in pursuit of rapidly diminishing pastures; raiding has increased dramatically leading to considerable death and destruction; large areas of what was once perennial grass have been turned into steppe or badlands and thousands of animals have died recently as a result of natural calamities. Even the tribes which have a tradition of cooperation have been raiding each other and in 1966 alone there were 740 deaths recorded as a result of raids.

As most of these problems have arisen from a failure to understand the nice but precarious balance between Man and the physical environment in Karamoja, this relationship will be

[1] Dyson Hudson, N. (n.d.).

examined first and then its undermining will be considered in the context of the various 'development' programmes and projects.

The ecological balance

The traditional pastoral system may be reduced, at its most basic, to two sets of opposing forces: those which attempt to increase selectively the number of animals and those which result in their destruction. Pastoralists are often accused of keeping large herds simply as a matter of pride and prestige (see penultimate paragraph) but the 'quantitative' mentality has a very sound foundation. Most pastoral families can easily recall years of drought. Thus, their efforts are directed, in the main, towards minimizing this risk, which they do, primarily, by keeping the largest number of productive animals: 'productive' in this case being a measure of the number of milkers, breeding oxen and breeding females.[1]

In addition there are considerable social pressures to maintain a large herd to increase the herder's standing in the community, for bride price, to establish relationships and as the exchange element of the local economy.

Checking the above are the twin elements of drought and disease. It has been estimated (see above) that one year in four is sufficiently dry seriously to retard crop growth or cause losses of crops and animals. Traditionally the people of Karamoja were unable to tap more than the most superficial alluvial aquifers and so had little storage capacity to protect them from the short-term vagaries of the climate. More dramatic in the past were the virulent epizootics which swept through the district causing heavy destruction. In addition, warfare and disease took a heavy toll of the human population.

So, while it might present a false sense of precision to speak of an equilibrium, there did exist a crude, albeit harsh, dynamic balance between these opposing forces which allowed either a sufficiently light stocking rate for the grazing resources to flourish or sufficient time after a disaster for them to regenerate. In extreme circumstances it was usually possible for a community to migrate and there are numerous examples of this for

[1] Hutchinson, H. G. (1965), gives an interesting account of the 'insurance' concept.

many parts of Africa. In such a marginal physical environment, however, the balance is of necessity very delicate with many of the vegetation complexes resulting from cultural practices so that adjustments to one element will have repercussions throughout the system in an extraordinarily short space of time.

The impact of development

Administration first came to Karamoja in 1915 when police patrols were started, but it was after the appointment of the first District Commissioner in 1921 that the misunderstandings began. Boundaries were to be drawn around the district and the 'tribes or 'clans' whose areas would now become counties. When investigations were made to delineate these boundaries they were carried out in the wet season when the tribes and their herds were concentrated in the *ere* zone. This failure to appreciate the transhumant nature of the pastoral system or that the dry season grazing was as carefully delimited as the homestead area led to a serious misjudgement: an error accentuated by the false impression of 'unused land' resulting from the decimation of the tribes by smallpox a few years before.[1] Two major areas of dry season grazing were considered to be 'unoccupied' and were handed over to neighbouring tribes. In the south-western plains large areas of perennial grass which had been grazed by Bokora and Pian herds were given to the Iteso and in the south-east much of the county of Upe was given to the Suk (Pokot) of Kenya who promptly occupied it depriving the Pian and the Matheniko of valuable summer grasslands in times of hardship. As a consequence of this move, hostility has been marked in these border areas, worsening in recent years, while pressure was put on the central *ere* belt by the marked reduction in the total area of grazing.

The pressure on the central belt was further accentuated by the mistaken attitude of the administration towards cattle movement. Dyson-Hudson has shown how, in 1921, the authorities tried to limit movement in order to enforce compulsory labour regulations and to collect taxes so that herders were able to move only with the permission of the District Commissioner.

[1] This situation resembles the circumstances prevailing during the early days of white settlement in Kenya when large areas of land were thought to be unoccupied but were empty only because of the rinderpest and smallpox outbreaks at the end of the last century.

Even this degree of flexibility was severely limited, for half the male population (i.e., that part of the community which normally takes the herds to the dry-season grazing) was required to stay behind to work on the roads. This regulation touched the very root of survival of the pastoral communities and met with a hostile response so that it is hardly surprising that much of the subsequent misunderstanding and non-cooperation dates from this poor start. Again Dyson-Hudson has shown how, among the Karamojong, the county boundaries which were eventually delimited were hopelessly inadequate within the context of the seasonal movement requirements: 'It is not surprising that the three county system should have made little sense, territorially, to a society that recognises a permanent settlement zone distributed among ten territorial sections and an extensive outer margin of grazing land free to all.'

At this point, with increased pressure on resources, the treatment of 'symptoms' began with lamentable consequences. With the steady destruction of perennials and the threat of soil loss through sheet flooding and gullying, attention was turned not to the fundamental cause of the change, i.e., the disruption of a well-tried traditional system, but to its control as a matter of soil-conservation policy (that is, it became an end in itself rather than an index of a more basic problem). The authorities prohibited burning in an attempt at soil conservation with the following results:

(a) The nutritious value of the dry-season grazing was reduced dramatically; 'the crude protein level was an average of 0·3% in March in the western plains of Pian county and 6·0% at the onset of the rains'.[1] The same effect is produced by bringing on a 'green flush' with burning, reducing the fibrous matter and increasing the leaf/stem ratio.

(b) By taking animals into tall, unburned grass the herders took them into an ideal environment for ticks, especially *Rhipicephalus appendiculatus* which is the vector of East Coast Fever. In this way the disease was taken back and established itself in the wetter areas of Karamoja such as around Mt. Kadam.

[1] Bredon, R. M. and Thornton, D. D. (1965).

(c) The cessation of burning removed the main instrument of bush control and the subsequent encroachment of bush led, in part, to the invasion by tsetse which took place in the north of the district.

Ironically it was also part of the 'soil erosion' fetish which prevailed before the last war, that the goat was made the true villain in the destruction of a vegetative cover and moves were made to reduce the goat population. The goat, however, being a browser had a significant role to play in controlling bush and, because of its browsing habit, it represented a net addition to the biomass, rather than a competitor for grazing resources.

As the destruction of the environment slowly advanced, two major programmes were introduced which were to shatter the 'balance', described earlier, almost completely; these programmes were water development and disease control.

It was soon noted in official circles that considerable areas of the western plain were never, or very rarely, grazed as either no water was available or these areas represented a *cordon sanitaire* between hostile tribes. The response was to consider it: 'desirable to put in a large net of water resources so that the greatest possible area is used during the dry season'[1] . . . and that: 'the main problem . . . in Karamoja is water, not grazing . . . increased water supply will increase the amount of grazing available'.[2] As a consequence, in 1938 there began a programme of dam-building and, later, valley-tank construction which continues at the present time covering the western and southern plains.

In the short term this programme had its desired effect; it did increase the area 'used during the dry season' and allowed many cattle, which might otherwise have died, to live through the summers. It did not, however, explain how there was to be a parallel improvement in grazing resources in the *ere* zone where the animals concentrated in ever greater numbers in the wet season. The result was dramatic as the perennials disappeared to be replaced by annuals, with the consequence that a smaller proportion of the total herd could now remain through-

[1] Letter from the District Commissioner, Moroto, Karamoja, January 1957.
[2] Letter from the Provincial Commissioner, Northern Province, Gulu, January 1949.

out the year in the central belt. More animals, therefore, had to venture further into the perennial plains thus accentuating the pressure. As the ground became more and more exposed during the dry season, the strong wind from Turkana soon shifted tons of topsoil westward into Teso and the first rains ripped open the land surface tearing gullies and, in Upe, removing the upper horizons right down to the regolith.

Again, eradication of the immediate 'problem' had been seen as an end and not a means to an end, for the 'solution' had ignored the relationship between the elements of the pastoral environment and the relationship between the prevailing aims of the society and these elements. The result of the water development programme was to spread the destruction of grazing resources into areas which had been conserved by the absence of water; to increase the pressure on resources in the *ere* zone far past breaking point and, eventually, to worsen the overall situation. There had been no parallel programme of rotational grazing, culling, destocking etc., despite assertions by government that programmes should be integrated.

At the same time as the water net was being established, the foundations of disease control were being laid. It must be admitted that the motives behind the introduction of this programme were rather different from those which lay behind water development, for the control of disease was seen in a national context as protecting the herds in more-developed parts of Uganda. It was also designed to eliminate the threat of another great panzootic such as the rinderpest plague of the 1880's. However, the programme was devastatingly successful and virtually removed the second major check on cattle numbers in the district. Although disease control was seen in this national context the point still emerges that it was considered *in vacuo*. Just as water development had no complementary grazing programme, so disease control had no rider to explain how all the extra surviving cattle were to be accommodated on the grazing available.

There was now virtually no mechanism to prevent the society's pressing its 'insurance' concept forward at an alarming rate. In the absence of East Coast Fever and its attendant high calf mortality over most of Karamoja, the herds grew at approximately 5% per annum or twice the national average. It was not

long before the district was showing further disturbing xero-
phytic trends (which one observer attributed to climatic change)
and as more and more animals were moved west in the dry
season so the annuals spread—about one mile per annum in the
1960s. Some of the annual areas were further degraded to semi-
desert succulents and one writer speculated that the district
was going through an abbreviated reconstruction of the formation of the Middle East deserts.[1]

In addition to factors affecting stock numbers, the control of
warfare and the beginnings of preventive and curative medical
treatment resulted in an increase in the human population
growth rate which would in turn result in an increase in the
demand for stock.

Still, however, the problem was not seen in the context of
the total disruption of a stable traditional system. Comments
such as 'the people of Bokora, Pian, and Upe remain recalcitrant
and uncooperative'[2] were possibly doing these people a serious
injustice. They had, over centuries, developed a system which,
within technological limits, offered them the best chance of
survival. They knew what, under their system, they should do
and they did it, but now it was leading to their own destruction.
Understanding, on both sides, would have prevented this.

It was at this point, perhaps as a result of frustration, that
some of the worst, and most familiar, generalizations came to the
fore: the pastoralists were 'only interested in keeping the maximum number of stock regardless of quality or type' (a glance at
the herd structure would have shown this to be fallacious); 'the
excessive numbers of cattle are kept mainly for prestige' (Deshler wrote: 'the 4 to 6 cattle per person . . . barely provide
enough milk to supply the children [of the Dodoth] during the
dry season'),[3] and, 'raiding is akin to a national sport in Karamoja' (the relationship between periods of increased drought
and increased raiding is indicative of why at least some of the
major raids take place—see Dyson-Hudson (1966, p. 243) for a
specific example). Sadly, many of the worst and most misleading
generalizations have been taken up by the emerging élite in
independent Uganda who commonly refer to the pastoralists as
'primitive', 'uncivilized', etc., or simply laugh at them. As there

---

[1] Hursh, C. R. (1952, p. 30).   [2] *Karamoja District Plan* (1958, p. 7).
[3] Deshler, J., letter to the Secretariat, Entebbe, September 1953.

are few, if any, pastoralists among the élite this attitude is likely to prevail.

Dealing with problems of pastoralism on this *ad hoc* basis is analogous to dealing with energy; transmutation can be effected but never elimination. In the case of Karamoja the various programmes all served to shift the pressure on to the grazing resources.

The problem was now seen in terms of a surfeit of cattle numbers and attention was focused on this issue. There certainly was, as a result of the water development and disease control programmes, an excess of stock numbers in relation to seasonal grazing under unimproved range management. Once again the mistake was made of seeing the issue of cattle numbers as an end in itself and not as part of a growing maladjustment of a traditional system resulting from a struggle for security. This misunderstanding strikes at the basis of survival as perceived by the peoples of Karamoja for, as has been shown, the number of productive animals is the key to survival under traditional practices during drought.

The advancing destruction of the physical environment encouraged responses within the traditional framework which were destined to accentuate, rather than diminish, the problem. For, as the spread of annual grasses resulted in increased pressures during the dry season, eventually greater numbers of animals started to die from periodic starvation and the conventional response to this was, once more, to keep even larger herds and wander further in search of perennials.

The reaction of the authorities to the explosive growth of cattle numbers was to introduce a number of destocking measures. These operated at two levels but neither proved really successful in enforcing a check on the expansion of herds though they did succeed to some extent in reducing the number of older, non-breeding animals. Where cattle sales were attempted the problem arose from the fact that the buyers required a regular supply of beef steers related to the pattern of demand for quantity and quality while the sellers responded predominantly to the dictates of the weather.[1] In times of drought when large

[1] Baker, Randall, (1968, pp. 211–26), examines with statistics, one interpretation of the relationship between cattle sales and weather. See also (Baker, Randall) (1967).

numbers of stock were offered, the marketing infrastructure proved inadequate to absorb these and so one means of periodic destocking was reduced in effectiveness. The other main probem arose from the very limited cash requirements of the people. The herders by offering older, sick, or barren animals were defeating the value of destocking as a limitation on growth and were simply adhering to their principle of retaining the maximum number of productive animals. Even where large numbers of animals were sold the reason was security, for it has been shown for the Dodoth that under these circumstances 60% of the money income was expended on food. The buyers, in expecting large, healthy males were being a little optimistic for, within the context of the traditional system it is evident that more than a very small number of breeding males would be a liability. Possibly, the mistake was that the people of Karamoja kept cattle for meat as well as milk, hides, urine, etc. A system such as that operated by the people of Karamoja could not afford to regard its stock in terms of terminal products.

The second means of reducing cattle numbers was by compulsory culling in connection with a meat processing plant at Namalu in Pian. This scheme was designed to net those animals too old or weak to be sold at the markets but which still competed with the younger stock for grazing. There was a resentment at being forced to give up animals without choice which the authorities attributed to the general malaise that 'there are many improvements . . . the Karamojong will find them all incomprehensible' whereas, in reality, the herders chafed at being forced to accept 7 shs. per head[1] and considered the scheme as an attempt to deprive them of their cattle. The project failed eventually for a number of technical and economic reasons.

There was, by now, a rapidly developing *impasse* and a general hardening of attitudes but little attempt to understand the basis for the other party's actions. This led eventually to the acceptance by some officials of the belief that the herders were simply 'conservative' (meaning reactionary) and resistant to change for reasons of sheer 'perversity'. In fact, although it is quite fair to assert that the pastoralists are conservative inasmuch as they try to protect a system which has protected them, the charge

[1] At that time equivalent to $1.

of being resistant to all change was false. Where improvements demonstrably added to traditional measures of security they were taken up with extraordinary speed: the acceptance of the disease-control programme is a measure of this. Where there was an initial resistance it was often based on some very real fear[1] and when it is considered that any innovation involving cattle strikes at the very roots of tribal survival then the pastoralists appear more 'progressive' than many of their settled counterparts.

As the position worsened during the great drought of the early 1950s when the annuals failed to appear, the question of law and order emerged as a major 'symptom' for treatment: and that is how it was considered. With the failure of crops and grazing over large parts of the district the herders turned, in desperation, to raiding their neighbours. Their intrusions further and further into Teso on the west led to fighting and many casualties; the heavily fortified nature of Iteso settlements along this border is testimony to the intensity of the problem. In the south, by the mid-1960s, the Karamojong were raiding the settled communities of the Sebei plains and even into the cash crop belt of Bugisu on Mt. Elgon. Significantly they were seeking either food by raiding the fields or cattle by stealing herds.

The response of the authorities to the 'law and order issue' was predictable: spears were impounded. This struck at the most superficial manifestation of a very serious problem. Later, units of the para-military Special Force were stationed in the district to follow up raids and ensure the payment of blood money: once again the pressure had been shifted not eliminated.

By the 1960s the crisis had reached overwhelming proportions whereby large areas of the district had been stripped almost bare in the dry season and, in the drought of 1961 100,000 head of cattle died[2] and another 35,000 were pushed through the cattle markets instead of the usual 10,000. The drought of 1965/6 was more severe but the number of cattle put through the markets (thus partially destocking) was low. This resulted from

[1] It is interesting that when the Karamojong resisted disease-control measures on one occasion the reason was eventually found to be that they knew that the virulence of the vaccine did, among poorer stock, itself result in mortality.

[2] Moroto: District Veterinary Officer (1961).

the free distribution of 240,000 lb of maize flour per week by the authorities as famine relief.

The recent history of Karamoja has been repeated in many other parts of Africa and, if a paper of this sort is to have any value beyond simply being an ideograph, it must try and illustrate the lessons to be learned from this experience and examine the implications these lessons have for planning in similar situations in the future.

Throughout this whole period examined above, workers in many fields were providing the answers to individual pieces of the jigsaw. Pasture regeneration, disease control, catchment protection and social factors were all the subject of excellent research and the prevailing attitude of research workers was summarized by one who stated: 'the real frustration of working here is the fact that we know most of the answers to the technical problems, but how do we convince *them*?' Possibly the pastoral community would have expressed it: 'we know what we want but how do we convince *them*?' Experience proved that the pastoralists are as adaptable as anyone and it is only the pressures resulting from their physical environment which must make them regard any change to the stock-keeping system with extreme caution. Where some development was clearly and immediately 'beneficial' such as water development, then it was accepted without hesitation but where it was not so obviously 'beneficial' then some form of demonstration was necessary. The secret of success in such cases was to make the demonstration in a context as familiar as possible to the pastoralist, otherwise it would be thought of as another 'government scheme' born of incomprehensible technology and endless funds. The Moroto Farm School in Karamoja attempted just this, to create an environment as close as possible to that in which the people lived and to show them what they could do with their own capital and skills. There is an enormous amount of standing capital in the form of stock and a wealth of detailed knowledge waiting to be developed for the benefit of the district.

The key, then, is understanding on both sides. The quotation from a local field worker above is only half the story. It is not entirely a matter of 'convincing *them*' however beneficial a programme or project is felt to be. If the frustrations are not eventually to lead to by-pass solutions such as State Ranches then an attempt must be made to understand the traditional system from all aspects and, if necessary, consider it as a working model or system. The social anthropologist, with his unique insight into and involvement with the traditional societies would seem uniquely well equipped to contribute to this process but, up to now, social anthropology has tended to concern itself with static rather than dynamic views of their subject communities. When this integrative analysis is achieved a more scientific approach towards prediction may be made which considers the essential interactions and the natural responses to change within a traditional context. In this way the total human and physical resources of the district may be developed rather than destroyed.

Unless this approach is accepted there is a strong argument for leaving the pastoralists well alone—though this is now quite impracticable everywhere as change has been initiated. In the case of Karamoja it is possible to end on an optimistic note, though in case it is thought that the lesson has been learned it is still possible to find statements such as the following: 'Among many pastoralists . . . in many parts . . . of East Africa, cattle are kept merely as a symbol of power and prestige',[1] and new 1,000,000 gallon valley tanks are even now being built in the western plains without a thought for the grazing resources.

To combat this type of approach a member of the Planning Dept. in Entebbe attempted to draw together all shades of opinion and expertise on Karamoja in order to develop a new policy towards the district. The lack of preconception boded well for future improvements and a serious attempt was made to consider development in terms of the traditional system though, now, it was necessary to consider also the limitations and constraints arising from the already well advanced destruction of resources. If the people of Karamoja are to survive as a pastoral group and if the resources of the district are not to be destroyed then there would seem little alternative to attempting a better understanding and working within the framework of this understanding. Otherwise the pastoralists will be eliminated altogether.

[1] Abeywickrama, B. A. (1964, p. 54).

REFERENCES

Abeywickrama, B. A.
(1964) *The Ecology of Man in the Tropical Environment.* Nairobi.
Baker, Randall
(1967) *Environmental Influences on Cattle Marketing in Karamoja.* Makerere.
(1968) *Problems of the Cattle Trade in Karamoja, Uganda. An Environmental Analysis.* Ostafrikanische Studien, Band 8, Wirtschafts- und Sozialgeographischen Instituts der Friedrich-Alexander Universität, Nürnberg.
Bredon, R. M. and Thornton, D. D.
(1965) *Grazing Proposals for South Pian.* Ministry of Agriculture, Entebbe (cyclo.).
Dyson-Hudson, Noel
(n.d.) *The Present Position of the Karimojong.* London (Colonial Office: cyclo.).
(1966) *Karimojong Politics.* Oxford.
East African Royal Commission
(1955) *Report: 1953/55.* London: HMSO. Cmd 9475.
Entebbe Government Printer
(1958) Karamoja District Plan.
Gulliver, P. H.
(1954) Jie Agriculture. *Uganda Journal,* XVII.
(1955) *The Family Herds.* London: Routledge & Kegan Paul.
Hursh, C. R.
(1952) *Forest Management in East Africa in Relation to Local Climate, Water and Soil Resources.* Nairobi: EAAFRO Report.
Hutchinson, H. G.
(1965) *Development in Tanzania.* Dar-es-Salaam: Inst. of Publ. Admin.
Moroto: District Veterinary Officer
(1961) *Annual Report* (cyclo.).
Thomas, E. M.
(1965) *Warrior Herdsmen.* New York.

RÉSUMÉ

A première vue, les sociétés pastorales peuvent paraître simples, mais ceci n'est qu'une illusion, car elles ont souvent élaboré une symbiose délicate et compliquée avec un environnement physique rigoureux. Le mode de vie est une adaptation aux pratiques qui, l'expérience l'a montré, réduiront les risques de famines.

Il existe essentiellement un équilibre entre les forces naturelles telles que la sécheresse, les maladies et la famine qui limitent bas le nombre des animaux, et les éléments qui, à l'intérieur du système pastoral, tendent à élever l'importance du cheptel. Ces éléments sont principalement:

(*a*) le 'facteur assurance', qui pousse à conserver un grand nombre d'animaux productifs comme marge de sécurité contre l'éventuelle diminution du cheptel au dessous du minimum indispensable à la subsistance des pasteurs en période de crise;

(*b*) la nécessité de conserver de nombreux animaux en raison du taux très bas de productivité par tête et par troupeau;

(*c*) le prestige attaché à la possession d'un gros troupeau.

C'est la rupture de l'équilibre entre ces deux forces par des programmes et des projets de développement, par ailleurs bien intentionnés, qui est examinée dans ce papier.

Les Karamoja sont un groupe transhumant, semi-nomade, où les jeunes gens gardent au loin la plus grande partie des troupeaux sur les pâturages vivaces des aires tribales de nomadisation de saison sèche, d'octobre à mars, tandis que femmes, enfants et hommes plus âgés restent dans la zone agricole, le long de l'axe Nord-Sud de la région. Ceux qui restent en arrière vivent sur les provisions de céréales de la saison précédente, de lait de chèvre et du lait de quelques animaux laitiers laissés près de la ferme.

Quand les premières tentatives de 'développement' et d'administration commencèrent, quelques malentendus se produisirent au départ, qui bouleversèrent l'équilibre interne du système traditionnel, et quand le problème devint évident, les autorités essayèrent de remédier aux manifestations du déséquilibre (les symptômes) plutôt qu'au déséquilibre lui-même (la maladie), avec pour résultat l'aggravation du problème plutôt que sa solution.

Vers les années 1920, de vastes zones de pâturages de saison sèche des Karamoja furent considérées comme inoccupées et furent données à des tribus voisines. En fait, l'étude de cette région avait été faite en saison des pluies, où les troupeaux étaient groupés dans la région des exploitations agricoles et à une période où la population du district avait été décimée par une épidémie. Comme les tribus se développèrent, elles se trouvèrent à l'étroit, et il en résulta un surpâturage sur les surfaces disponibles.

Peu après, dans le cadre d'un programme de lutte contre l'érosion, les feux de plaine furent interdits, Ceci encouragea l'empiètement des troupeaux sur la forêt, la multiplication de la mouche tsé tsé et la fermeture de certaines régions particulièrement infestées par les tiques. Ceci augmenta encore le surpâturage.

Mais ce fut le développement des points d'eau et les programmes de contrôle sanitaire qui détruisirent presque complètement l'équilibre. Au départ, le réseau des points d'eau fut étudié pour 'ouvrir' les plaines occidentales et décharger les pâturages. Ceci, ajouté à l'éradication ou au contrôle de la plupart des épizooties, permit à un plus grand nombre d'animaux de survivre, tendance que, pour les raisons ci-dessus, les pasteurs eux-mêmes encouragèrent. Quoique quelques pâturages de saison sèche supplémentaires aient été créés à la suite du programme hydraulique, il n'y eut pas de projet complémentaire pour fournir des pâturages de saison des pluies dans la zone de cultures. Dans cette zone, les plantes vivaces furent remplacées par des annuelles et parfois, par endroits, par des plantes grasses de zone semi-aride. Comme le nombre d'animaux augmentait, les éleveurs étaient forcés d'aller de plus en plus loin dans les plaines d'alentour, entrant en conflit avec les tribus voisines et continuant à détruire les plantes vivaces.

A partir de ce moment là, le principal souci des autorités fut de limiter les dégâts et d'essayer de renverser le processus de destruction de l'environnement. Ceci fut fait, une fois de plus, en traitant des points particuliers *dans l'abstract*, sans comprendre la nature réelle du conflit. Les deux parties agissaient, chacune selon son propre point de vue, selon sa propre rationalité, et d'après ce qu'elle considérait comme *l'intérêt supérieur* de la société pastorale.

Pour lutter contre la destruction croissante du tapis végétal, on tenta de 'dépastoraliser' la région, par le développement de la commercialisation et de l'abattage obligatoire. Ces deux essais échouèrent pour diverses raisons techniques, sociologiques et économiques. Finalement, la menace de famine encouragea les razzias et les vols de récoltes. Ceci fut immédiatement assimilé à un fait de droit et de police et fut réglé, par conséquent, par la confiscation des armes.

L'enseignement que l'on peut tirer de cette étude est, au départ, que le 'progrès' tourne rapidement à la destruction là où on modifie un système traditonnel parfaitement intégré sans en avoir bien compris le mécanisme. Peu à peu, on a fini par comprendre que les pasteurs avaient une connaissance très vaste et très profonde de leur environnement qui pourrait être canalisée, mais ni ignorée, ni détruite.

Dans les régions les plus marginales, la destruction d'une société pastorale pourrait signifier—en l'absence de toute richesse minière—la disparition complète de toute mise en valeur économique de vastes zones. L'innovation ne doit être introduite que lorsque l'on est à peu près assuré de la nature des conséquences.

D'un autre côté, les pasteurs ont besoin qu'on leur montre la pertinence des progrès dans le contexte de leur propre société, de leur technologie et de leur environnement.

Il est donc nécessaire de faire un effort de compréhension des deux côtés.

II

Some consequences of sedentarization for social relationships

P. T. W. BAXTER

Recently a number of contributions have been made to the attempt to build a generative model of pastoralism, conspicuously by Rubel (1969), Pastner (1971), and Spooner (1971). These have been particularly concerned with variations in types of stock and the presence of corporate unilineal descent groups, and have been prompted by the suggestive writings of Barth. I am too nervous of the contagious abortion which seems to afflict such generative models to attempt such an exercise. Moreover, it appears doubtful that dependence on stock is, in itself, a criterion which can be used to distinguish a sociological type. It does appear possible, however, that the degree to which their modes of subsistence constrains persons to be either mobile or settled does affect the type, durability, and texture of their social relationships. For example Henin (1969) has suggested that the settled populations of the Sudan, compared with the nomadic populations, have lower ages at marriage and higher incidences of polygyny and also, following Trimingham (1959), that the act of settling enables Islamic institutions to be adhered to more rigidly than they are among comparable pastoralists. It is reasonable to anticipate that other social characteristics may be found to cluster around the opposed poles sedentary and nomadic.

Tentative comparisons of the relationships pastoral peoples, that is those who specialize in stock rearing and are to some degree nomadic or migratory, have with sedentary peoples who specialize in cultivating crops and of the consequences which sedentarization appears to have for social relationships when pastoral peoples settle may assist us to typify what is specific to nomadic pastoralism. I assume not only that a relationship between pastoral and sedentary peoples is usual, but also that a process of sedentarization is a frequent feature of pastoralism rather than a falling away from an ideal, or idealized, form of pastoralism. That is that sedentarization is not necessarily aberrant, nor regrettable, though in their own folk ideologies most pastoralists hold it to be so. Pastoral societies which would appear to have had little interaction with sedentary peoples, at any rate in terms of economic exchanges, and to have had (at any rate until very recently) slight opportunities to sedentarize are the pastoral societies of the arid zone of northern Kenya. It is with them, and especially with the Boran, that I am concerned. I shall compare some features of these societies with some features of non-African pastoralist societies, particularly those of south-west Asia. I shall suggest that sedentarization has consequences for the range, or extent of the spread, of the sets of social relationships which interconnect heads of homesteads and for the social obligations which these relationships involve.

Recognizing that 'the price of simplicity is inaccuracy' (Salzman, 1971, p. 185) I suggest that it may be a simple preliminary convenience to see stock-keeping people as falling into the following merging types:

1. 'Pure pastoralists' who do not cultivate. They may be either (*a*) specialist producers in a wider economy, as for example are the Basseri, or (*b*) they may be only marginally involved in the wider economy as, I suggest below, were some of the peoples of northern Kenya. Societies which can be fitted in to these two sub-types will be my central concern, though I shall need to make glancing references to:

2. Those peoples who perceive themselves as being primarily pastoral but cannot subsist by their stock alone and are frequently transhumant. Such peoples, for example the Karimojong, may maintain both permanent villages and cattle camps.

3. Those peoples who are primarily agriculturalists but maintain, at least in their own conception, strong pastoral values, such as the Jie, the Barabaig or the 'semi-pastoral' Gogo, whom Rigby (1969, p. 26) also describes as 'cultivating pastoralists'.

Firstly I want to establish that sedentarization, where it pays, is not an abnormal feature of pastoral societies. Members of

most 'pure' pastoral societies; that is those in which the productive efforts of the members are devoted entirely, or almost
entirely, to stock management are generally to some extent
nomadic. As world population has increased pastoralists have
been forced to utilize territories in which pasturage and browse
and water are so slight and so scattered, and/or so seasonal, that
mobility has been necessary if their stock is to subsist.[1]

The rhythm and bustle of striking and making camp may
take on a ritualistic tempo, and be sources of personal satisfaction to some pastoralists, but there is little evidence that any
pastoral peoples move camp for any reasons than practical
necessity; that is to utilize the available natural resources as
efficiently as possible, or to remove themselves from uncongenial
neighbours whom they feel may be wishing them harm. The
intensifications of pleasure and emotional satisfactions which
many nomads derive from moving, and the animated expec-
tancy which pervades a moving camp have been graphically
described by Barth (1964, pp. 148–53), and all are surely real
enough but, I suggest, these responses are similar to those responses which men generally derive from pleasurably familiar
variations in work routines and in the changing seasons and,
however ritualized, are not in themselves sufficient reasons to
promote nomadism. 'Itchy feet' may come to afflict some of
those reared in pastoral camps, but I would suggest that nevertheless, if a sedentary life could be achieved without detriment
to their stock, then most pastoralists would settle cheerfully, even

---

[1] Village shifts to clean sites merely in order to avoid the pests which thrive in
dirty stockyards I do not consider to be moves.

I exclude from consideration here peoples, such as the Tutsi and Hima, who
were able to profit from an exploitative relationship with a caste of cultivators,
and such as the Masai, who drove out 'cultivators from lands suitable for hoe til-
lage' (Forde, 1934, p. 397) and were able to maintain a pastoral mode of life by
force of arms. Creating a rubric which groups societies as diverse as those of the
Nuer and the Lapps, or even the Tuareg and the Tutsi, does seem as naïve as
collecting butterflies and classifying them by their colours.

Forde's succint summary (1970, p. 28 footnote 13) of the reasons for the superiority of cattle to non-durable food crops as reservoirs of subtly variant social and
economic power, though they are stated in reference to the Gogo, explain sufficiently why some pastoralists should scorn agriculture even in a region suitable for
it. When it pays them pastoralists who have been sedentarized may return to
pastoralism as did the Lurs of Luristan; as Plains Indians forsook agriculture for
hunting when the horse made hunting a satisfying mode of life.

I am grateful to Max Gluckman, Basil Sansom, Emrys Peters, and Bruce
Kapferer for comments on a draft of this paper.

eagerly. Indeed, where the opportunity offers, even if they make a show of regret, this is what individuals who can do so in fact do, and settlement in one place is a good step towards sedentarization. (See Spooner 1971, p. 204.) Wealthy Basseri,[1] Baggara[2] and pastoral Fulani[3] set up town houses and use poor kin, indeed even hire unrelated men, to tend their stock for them. Among the Boran, in the early 1950s, the few men of Isiolo District who were wealthy enough to do so had, for all intents and purposes, settled near to Garba Tula, though they did not cultivate, and used dependent kin to tend their other herds and flocks. One man at least, who was probably the wealthiest man in Isiolo District, even had milk brought to him daily from his wandering camel herds by an ex-slave. Wherever security and improved water supplies permitted, which was in very few places, the village of milking cattle[4] moved as seldom as they need. Near Moyale, for example, there was one settled village some members of which depended partly on wage-employment and another which contained some wealthy stock-owners which only shifted when the sites became fouled.[5] By tradition one of the admirable traits which distinguish the two Kallu (the hereditary ritual leaders of the Boran who reside in Ethiopia, see Baxter, 1965), is that it rains around them so that where they live the water and grazing last all the year round and village movements are not necessary. Some wealthy Orma of the Tana River area had likewise settled near to Garissa and

---

[1] Barth (1964, pp. 105–6) states that the wealthy stockowner 'finds himself drawn increasingly into the many ways very comfortable and privileged status of sedentary landlord'. (I acknowledge the stimulation I have received from Fredrik Barth's writings on pastoral peoples.) Compare Forde's comment that many 'pastoral peoples in Asia are to be regarded as denuded agriculturists' (1934, p. 404). Haberland (pp. 772–4) conjectures that the Galla originally lived 'as a single tribe with a mixed cattle-rearing and grain-growing economy', and only following a rapid rise in the population did they split; some sections, such as the Boran, being forced to give up barley cultivation when they moved into arid areas.

[2] Cunnison (pp. 126–7) mentions 'najirs and office holders, with steady salaries, some of them leading sedentary lives'. See also pp. 136 and 147.

[3] Burnham (p. 308): 'Very successful Mbororo succumb to the ease of sedentary life—managing their herds from a fixed location in or near a town.'

[4] See Baxter (1970, pp. 120–21).

[5] The Government Headman resided there; if he had not it is unlikely that other Boran would have permitted one village to monopolize such a useful dry-season grazing area. For amusement and to cheer up the agricultural assistant the villagers planted a few handfuls of seed maize in old cattle enclosures.

Chiffire. On a brief revisit to Marsabit in 1972 I found that a few wealthy men there had adopted a similar course.[1] This form of semi-sedentarization by the wealthy is not a renunciation of pastoral life but rather a sort of commuting. Wealthy sedentarists aim to maintain connections both in town and in the camps. But all I am aiming to establish, at this point, is that sedentarization based on stock wealth is an achievement, and is quite distinct from the enforced sedentarization which follows pauperization. The Masai do not despise the *Lumbwa* because they are sedentary, but because they do not have sufficient stock to be independent of cultivation.

Forde (1934, p. 403) pointed out nearly forty years ago that pastoral economies are often unstable, and that 'pastoralism in its more advanced forms exists on the margins of sedentary areas, with which it has close economic ties'. Certainly there are no pastoralists in Africa who do not now participate in economic exchanges with their sedentary neighbours[2] and are not also involved, conspicuously by the payment of taxes and cesses, in a sophisticated money economy. The ways in which a pastoral society is able to regulate its exchanges with the wider economy and the type of specialization it pursues, are clearly factors which may influence the type of sedentarization which occurs and hence the type of social relationships which are customary, both with sedentary neighbours and between its own members. Certainly no pastoral society is an island sufficient to itself, but the degrees to which it is turned in on itself and is independent of its neighbours, and the degrees to which it is outwardly oriented and dependent on neighbouring sedentary societies and on the larger economy seem to me to be im-

[1] Boran men who settled stated that they had done so because they needed to be near the hub of political affairs at the administrative centre; but only men of wealth (as among the Basseri and Baggara) were closely involved in political affairs. Political pressures towards sedentarization are obviously important, as are the political boundaries erected by governments to restrict nomadic movements and incursions into arable lands, but they cannot be considered here. See Bates.

Is it not possible that the Barabaig 'traditionalists (who) were usually wealthy cattle owners' and 'looked with disdain upon others scratching the ground for food', described by Klima (p. 20), had got son-in-laws whose agricultural produce they could exploit?

[2] These exchanges may occur only in market-place situations similar to those in plural societies, as between Mbororo and Gbaya (Burnham, p. 306), but produce exchanges may also be marked by marriage exchanges, e.g., as between Masai and Kikuyu, Arussi and Sidamo.

portant for an understanding of any particular society and of the processes of sedentarization. Spooner (1971, p. 207), however, goes too far when he pushes Forde's observations further and states: 'It is well to remember that historical and ethnographical evidence together suggest that there has never been a totally pastoral society, but that *non-pastoral products have always been an important part of the diet of pastoralists, and activities associated with acquiring them have figured largely in their annual cycle and division of labour.*'

The part of the quotation I have emphasized is clearly true of south-west Asian pastoralists of whom, for simplicity, I am now going to take the Basseri as representative. The consumption of non-pastoral food is indeed 'a striking feature' of the Basseri economy (Barth, 1964, pp. 72–3). Nomadic Basseri market pastoral products and receive in payment, at 'fluctuating current market prices', wheat, rice, dates, sugar, and tea. But the Basseri are specialized producers of wool, butter, hides, and manure rather than simply purveyors of meat on the hoof, they are not simple pastoralists who dispose of any stock surpluses above their subsistence requirements to acquire a few extras (cf. Asad, 1970). Basseri could consume their sheep, so they are not entirely controlled by market forces, but they actively seek to make a profit from sheep rearing and marketing to convert into land. Livestock capital is converted into land capital and successful men become sedentary. Basseri do not merely exploit specific ecological areas of Iran in a specialized manner, they are also very clearly specialist producers in a wider and differentiated economy.[1] Indeed individual Basseri who are unable to maintain a viable flock, that is one which can produce sufficient by-products for its owner to exchange for essential agricultural products and cloth, tea and sugar, are 'sloughed off'— so that in many towns and villages of the province there is 'a considerable population of Basseri origin'.[2] It is these last characteristics of product specialization, a market in stock, land, and labour, and the presence of alternative occupations for

---

[1] Barth (1960, 1964a, pp. 345–6 and 1964b, Ch. X) summarizes succinctly the manner in which 'nomads become tied in relations of dependence and reciprocity to sedentary communities'.

[2] Barth (1964b, p. 10). Sudanic and Sahelian pastoralists, such as the Fulani and the Tuareg, seem to approximate to the Basseri model more closely than do East African pastoralists.

both the successful and the failures which are, I suggest, more significant sociologically than that the Basseri happen to live as itinerant stockmen. Certainly they contrast strikingly with the Kenyan pastoralists, in the respects I have just listed and in the social characteristics that each family unit is an economically independent unit, the source of its own labour supply, socially very isolated from other like units, and crucially in that all livestock is individually owned and can be freely bought and sold. And, at any rate since the establishment of Colonial rule, Kenyan pastoralists move within their own demarcated tribal territory and do not follow a seasonal cycle through the territories of other sedentary peoples.[1] Indeed all the features, except mobility, which I have listed above as being attributes of Basseri households and camps are, at this general level, also attributes of many peasant households and villages that live by sedentary cultivation. Basseri concentrate their privately owned flocks as single units, whereas the African pastoralists I am discussing all split their herds and flocks and disperse them in different places, with different herdsmen, for their effective management; so that households are not entirely dependent for subsistence on their own stock but also require the labour of others to keep the stock which they do own in good fettle. It is exceptional for animals to be individually owned, most beasts are the focus of a number of claims, so that each needs to be perceived as being a mobile bundle of rights.[2] Most distinctively

[1] See Baxter (1970 and 1972). The splitting of the total stock for which he is responsible by a herd owner or manager into different types of stock which utilize different grazing and water, and are herded in different places, seems to me to be a crucial variant which may generate varying social forms. Such splitting frequently gives importance to affinal ties (and hence influences freedom of choice of marriage partners and also divorce) as a means of obtaining and ensuring access to a territorially scattered range of reliable stock associates. (Cf. Peters and Rubel.) As Pastner comments 'widespread and diffuse (but I would add *invariably deliberately chosen*) social ties have ecological and herd maintenance advantages for a broad variety of nomadic peoples'. But this is not so for those who are primarily producing for the market and who need to make social ties with sedentary trade partners.

[2] See Barth (1964, p. 47). Barth suggests that this isolation and extreme fear of outsiders 'is partly a product of the barriers of suspicion and fear with which the camp members surround themselves'. It could be that the suspicions and fears, evidenced in 'an excessive fear of thieves' (which Barth notes is 'reminiscent of witchcraft beliefs in many respects'), is rather a product of the isolation. The isolation itself springs from the almost total economic independence of homestead which are, nevertheless, competing with each other as producers and sellers of animal products

the African homesteads and camps could never be described as 'atomistic, kinbased camps without political (or more importantly *economic*) ties with other nomad camps'. (Barth, 1960, p. 348). Indeed the following statement must seem startlingly bizarre to anyone who has lived among East African pastoralists:

> 'The nomads' ignorance of persons in the many Basseri camps we saw and camped close by on our way, and even of the identity of other camps, was a constant reminder of the social isolation in which each camp lives.' (Barth, 1964a: 47.)

I would suggest that such an 'atomistic' organization, such a thin spread of relationships and such a set of attitudes could only be found among pastoralists who were able to fit into a specialized economic niche and who, through the possibility of 'sloughing' off the wealthy and the paupers, were only responsible for the sustenance of capital-owning able-bodied adults and their immediate dependants. East African pastoralists seek to convert stock which is surplus to their subsistence needs into social relationships, through acquiring affines, or by tying clients to them with gifts and loans, thereby increasing their range of social involvement. Like the Kababish what East African pastoralists seek from their herds is 'the maximum rate of increase in total animal numbers for enhancing social advantage, rather than the optimum rate of off-take for maximizing financial advantage'. (Asad, 1964, p. 49.) Successful Basseri, on the other hand, seek to move out into a different social, economic, and political arena while the poor are pushed out altogether. Pastoral Basseri may be aggressively egalitarian because they are in fact very equal.

But Spooner is correct when he suggests that 'the annual cycle and division of labour' of pastoralists are affected by their needs for non-pastoral products when those form an important part of their diet. Even among a people as committed to pastoral values as the Karimojong: 'It is the presence of cultivable land and permanent water supplies in the central

---

in market situations which favour the buyer. Indeed this would help explain why the most enduring relationships a Basseri appears to form, outside his immediate nuclear family, are a set of dyadic trading relationships with sedentary 'friends'. Relationships which are marked by extended and renewable, but always honoured, debt. See pp. 98–100.

zone, as much as the presence of enemies on the periphery, that keeps part of the human population in the permanent settlements for much of the year.' (Dyson-Hudson, 1966, p. 74.)

But the Boran, Gabbra, Samburu, Rendile, Turkana, pastoral Somali, and Tana River Orma seem to have subsisted almost entirely from their herds or flocks even in the harshest years, and there is little evidence that non-pastoral products formed an important part of their diet until recently and then in conditions of almost total famine. There seems to be no evidence that their annual cycles or the division of labour were affected in any way by a need for non-pastoral products, or any need to coordinate their movements to the requirements of sedentary people. Quite simply within the territories over which they graze agriculture has been, and still is, generally impossible. The relations that the pastoralists have had with neighbouring sedentaries have mostly been marginal, arrogantly domineering or concerned with trade in cloth and metals.[1] Boran were involved as exchangers of small stock for cloth, metal, decorated objects, and tobacco mostly with other pastoralists along the routes of trade, and also as traders themselves. Providing the terms were right they had no reservations about exchanging small stock for other goods, indeed the word '*tambo*' (tobacco) is used by them as a synonym for small stock, and small stock are seen as a sort of loose change. In the nineteenth century Boran

---

[1] Tana River Orma cowed the riverine agriculturists and drove their stock to water through the fields as they willed before they were controlled by the Administration. (See Turnbull and cf. Bates, p. 114.) Boran, who entered into trading relations for craft goods with Konso, do not appear to have entered into regular relationships with them for food exchange even through Konso craftsmen in times of famine exchanged their children with Boran for meat (Hallpike, pp. 135 and 144). Indeed Boran say that they welcomed locusts which ate Konso crops and thereby made Konso children cheap to buy. Boran brought up the children they thus acquired as herdsmen, in a mild form of domestic servitude. Boran also exchanged stock with Konso craftsmen for locally woven cloth and metal goods, especially the *Kalaacha* (see Brown, 1971), which is a metal phallic head ornament worn by Boran men when they undergo the *Gadamoji* ceremony. But a sub-caste of smiths lives scattered among Boran and it is reasonable to presume that most Boran metal goods were fabricated in Borana. Exchange of stock for cloth still continued in the early 1950s. (See also Haberland, 1963, p. 210.) But Boran did not, either between themselves or with neighbours, regularly value stock against grain as is reported of the transhumant Nuer, of whom Glickman (1971, p. 313), following Khalil, writes: 'In prosperous years surplus grain was sold in order to buy more cattle; the opposite sequence took place in time of famine.' Boran of the Uaso–Nyiro River area, in the 1950s, exchanged small stock for money at Government auctions and then exchanged the money they obtained with Somali for camels.

'served as the link between the Somali caravan system and the trading systems which were then operating in present day southern Ethiopia' (Abir, 1970, p. 132) and exploited the special relationship which they had established with Konso in this respect. But there is no evidence that Boran modes of stock management, and hence the patterns of cooperative social relationships which derived from them, were in any way affected by trading needs. It was the Somali and Garreh traders who sought out Boran. Similarly, though the evidence is scanty, it would seem that the Samburu and Rendile controlled the movements of Zanzibari and Kamba traders, and there is no evidence that either of those tribes modified their movements to those of the traders. (Abir, 1968; Low, 1963.) The pastoral peoples would appear to have been sought out for the stock and game trophies they could supply, rather than that they sought out the traders. Certainly during the colonial period it was the Asian and Somali traders who moved to the water-holes to set up shops and buy hides and skins from the Boran and Gabbra, and it was Garreh itinerant stock buyers who travelled around the country buying stock, rather than the Boran who sought them out. Except to attend the periodic stock auctions, which were timed and organized by the Administration and were occasions which were also utilized for assemblies, it would have been inconceivable for a Boran or a Gabbra to alter what he perceived as the best pattern of movement for his stock, in order to engage in trade or exchange of such relatively small magnitude.

I hope that I have established, however summarily, that the economics of 'pure' pastoralists, such as the Boran, were different to those of specialized pastoralists such as the Basseri. Until recently, however devastating the drought, Boran had to maintain themselves throughout the year from their herds and flocks and to all intents and purposes the possibilities of many, let alone all of them, either being 'sloughed off' or settling to a sedentary life did not exist. The stockless, and hence foodless, had to be either succoured or left to starve. Except in the most extreme circumstances, such as the Great Famine of the 1890s, we have no suggestions of families being left to starve, so it is clear that cultural devices ensured that food resources, however short, were spread and it is reasonable to presume that food passed along channels of social relationships and created such channels, as they still do. Extreme hunger and hardship were companions during each of the dry seasons even in good years and were accepted, as indeed they still are, as part of man's lot. I shall return briefly below to what happened when stock losses were so great that famine struck, but first I shall comment on some aspects of social relationships among 'pure' pastoralists.

I have already noted that the Boran, as did the other peoples I have listed, split and dispersed their herds and flocks, and that following from that dispersal the set of persons with whom any stock-owner was involved in shared interests, either agnates, affines, or stock associates and friends, were widespread territorially and extensive in social span. I do not think that this point requires labouring further here.[1] I have argued elsewhere that a further consequence of this spread of stock and of social relationships, was that both disruptive accusations of occult meddling and of fighting between members of major political units were reprehensible and exceptional. (Baxter, 1972.)

The spread of affines and other stock-linked relationships, such as stock associates, and the uses to which such relationships are put, and comparative inequalities of wealth, both appear to be related to the problems of stock management. The size of a herd or flock which a herding unit can effectively manage with its labour resources will vary with the nature of the stock and the terrain over which it is being herded, but within any one area there will be a viable minimum and a manageable maximum. These will be well-known and will be approximate to, but greater than, the herd or flock size which that herding unit needs to support itself during the harshest period of the year. A herd or flock which is too small to support its members must merge with another or its members will die.

[1] For example Spencer writes of the Samburu, 'Neighbouring families are essentially interdependent' (p. 23), and Samburu split their stock into the flock, a subsistence herd and a surplus herd (p. 7). Gulliver (1955) writes of the Turkana that 'a family's herds must be split up—for all (or very nearly all) families own all types of stock' (p. 28). Similar references abound for the Karimojong, Barabaig and Gogo.

Boran divide their herds and flocks into five units, milch cows, dry cows, milch camels, dry camels, and the flock of sheep and goats. Each are normally herded in different places. Ideally a brother should reside with each unit of the family herd, but obviously in practise other kin, affines or stock associates must frequently substitute for non-existent siblings.

A herding unit which has a herd or flock too numerous for it to manage must seek extra labour or pass some of its stock to be tended by others who have less. These facts ensure a comparative equality of stock units from the points of view of tendance and consumption of the food they produce. This, I suggest, is the source of the famed egalitarianism in manners and in lifestyles of the East African pastoralists.[1]

Rights to food, of course, are distinct from rights in stock which are the source of that food, and are also the source of the patronage which the ability to dispense food gives, and the crucial means through which social relationships can be acquired and maintained. To the field-worker 'big' men, that is those who are described to him as wealthy stockowners, are craggy features of the social landscape to whom his attention is constantly directed. Such men are likely also to be those to whom social anthropologists are drawn because their homesteads are likely to be places where social life is most obviously intense, because they are usually politically active and because they may be a convenient social umbrella under whose protection the anthropologist may creep. I suspect that such big men, in the sense of being conspicuously wealthy in stock rather than in social connections, are rarer in fact than the impressions given in the ethnographies. Assessment of stock wealth, as distinct from the social relationships into which it will normally have been converted, is notoriously difficult and is further confused by the fact that ownership is seldom single stranded, but there are

---

[1] Also important, in respect of the sharing of food, is that though with only rare exceptions stock is aways 'owned' by men, the distribution of milk (and usually of meat after it has been butchered) is in the hands of women. A Boran herd manager must allocate cows to each wife of the homestead. At milking time the first milk is handed to him to sip and bless, but when he hands back the vessel to the women control of its distribution passes to them. A man should ask his wife to serve him, or to serve his guests, and not help himself from the storage pots. Men whose wives are absent must take their guests to the houses of village mates. These customs acknowledge male dignity and ownership but limit male exploitation. A comparative examination of the domestic position of women in pastoral societies (i.e., with extensive social networks) and in sedentary societies (or with restricted social networks) might be interesting. Boran women tend to marry at a distance, they have considerable social respect and are secure from divorce; Konso women on the other hand (though Konso are culturally akin to Boran) marry near by, are 'regarded as outside society in some important respects', and 'divorce is easy for men and women'. (Hallpike, pp. 164 and 116.) Certainly, and for obvious reasons, pastoral marriage links tend to be spread far, those of partial agriculturalists to be less spread and those of sedentarists to be near.

pointers that variations in stock ownership are not as great, nor as enduring, as at first may appear. Gulliver (1955, p. 39) for example writes—'though there are wealthy men with up to one hundred cattle and over three hundred small stock, there is on the whole no great variation in wealth', and similar statements can be found in the other ethnographies.[1] Excessive accumulated wealth, that is in the form of stock on the hoof that has not been transferred to others (thus placing them under an obligation) is no more productive nor secure than money under the sleeping mat. It seems likely also that Gulliver's comment on the Jie, in contrast to the Turkana, that 'In Jieland wealth is rather less evenly distributed', is likely to be true of other sedentary or sedentarizing people, and that inequalities in wealth are likely to be greater among sedentary than pastoral peoples, even when overall wealth is lower than it is among pastoralists. Such a point, in the general absence of reliable census data, is impossible to establish with certainty. Certainly, my impression when I briefly revisited Boran in 1972, after an interval of eighteen years and during which a degree of sedentarization had taken place, partly by enforcement and partly by pauperization, was that inequalities of wealth and in life-style were certainly more apparent, though generally all the Boran were infinitely poorer than they had been in the early 1950s. Differences in dress and in feeding were observable, and many poor men grumbled to me about the grasping acquisitiveness of those who were still, relatively, well off. When, after the long period during which the weakened cows had been kept from the bulls, calves began to drop, some calf pens began to fill while others remained empty.[2] I heard mutterings that relief food had been hoarded and not shared equally, though I have

---

[1] For example: Rigby writes (p. 49), 'The average Gogo homestead does not own a very large herd, although I know of two or three individuals with 800 to over 1,000 head of cattle and more small stock. This, however, is exceptional; a homestead head with anything over 100 head of cattle is considered a rich man.'

And Klima (p. 22), 'The statement, "Here comes Ganak" (the owner of a herd numbering several hundred head) is made in a matter-of-fact way even before the herd becomes visible. There are not many herds capable of raising such dust clouds. Herds of this size help to attract attention to the wealth of their owners. The name of a wealthy man reaches every corner of Barabaig territory.'

[2] The mature stock of several homesteads may be herded together, and may be penned at night in one stock enclosure, but each homestead pens its calves and lambs separately, so the newly dropped stock are observable as distinct units.

no reason to believe that the rumours had any foundation in truth. Since the stock losses and famine which followed the Somali–Kenya troubles and the later droughts of 1970 and 1971, which had forced most homesteads to settle in or near to Marsabit, I was told that, among the settled, 'each homestead lived by and for itself'. Certainly some few of the relatively well-off, who had settled in or near to the township, employed poor men for wages to herd and to hoe.[1]

I am not suggesting that too much weight be attached to such slight observations but they indicate that for many Boran the range and texture of social relationships are changing and that the span of the mutually dependent and responsible 'us' is contracting.

Despite the presence of rules such as those of primogeniture, which would suggest that wealth should become very unequally distributed, I suggest that certain stock management and cultural practices operated traditionally to mitigate such a process. Stock, unlike rentable land or other capital which can be left fallow without loss of value, demands constant attention; a man who has a herd or flock beyond a certain size, or who may want to take a day off, must have labour beyond his own. The unpredictable nature of stock as a form of property, which may increase or decrease in size by luck and through the skills of the herdsman, have been frequently noted as a factor which tends to equalize life chances. Boran hold that any man with skill and good fortune should be able to prosper and become independent.[2] Indeed, when I checked in 1972 what had happened to some of a set of men who had been newly married in 1951–3, I found that some who had then been marked as poor, God had later blessed, and they had thriven and become polygynous. But in addition to these management practices which caused stock to be distributed widely on the ground a number of cultural devices also facilitated the distribution of 'rights' of

---

[1] A few even compared themselves to down-country European farmers in that they now employed 'boys'. Such statements would have been inconceivable in the early 1950s. At that time, for example, the Orma of Garissa District boasted that not one of them worked for wages except in the police or some similar service. Pastoral tribesmen were equal. Lewis for example (p. 180) quotes from the contract of a *dia*-paying group: 'There will be no remuneration for looking after the livestock of others.'

[2] Cf. Mpaayei (p. 39), 'The Maasai say that the cow is the head of a man—that is, a man can build up a home by the good care of one cow.'

ownership in stock. Distribution frequently occurred during the lifetime of a stock owner so that to be wealthy in stock was itself only a stage in a man's life-cycle.

Rituals associated with their declining years forced men to give away stock in gifts or as sacrifices, as at the *Gadamoji* ceremonies of the Boran (Plowman, 1919). The herds and flocks of big men get 'eaten' in a variety of ways apart from their duty to be hospitable and to succour the poor. Among the Dassanetch (Almagor, 1971), for example, these prestations were so binding and so lavish that most elders died virtually stockless though rich in stock-friends and honour. Indeed among the Boran many old men, and women, even relinquish much of their household equipment to their heirs and live out their declining years in honour but domestic shabbiness. (See also Spencer, 1965, p. 59.) Wealthy men tend to be polygynous and to have many sons to establish with herds of their own. Varieties of 'anticipatory inheritance' are frequent. I have described elsewhere (Baxter, 1970) a form of 'forgetting' or amnesia over inheritance which occurs among the Boran and which, I suspect, may occur elsewhere. Where stock are widely distributed and rights of ownership in beasts are not single-stranded, it is difficult, both practically and morally, for an heir to collect his inheritance in one place or to establish clear rights in it. Briefly I have suggested that 'there is a period past which memory is not stretched', so that over time titular rights of 'ownership' lapse and in practice become vested in the user or manager of the stock. In effect property rights which in theory may be concentrated, particularly when there is a rule of primogeniture, become widely diffused as a consequence of stock management practices.

I am not suggesting that 'big' men passively let their rights slide away from them, but circumstance and interest may hasten the process. Men have investments of love and reputation in their daughters and the children of those daughters. For example, Boran who have only daughters endeavour to circumvent the rules of patrilineal inheritance and to permit their daughter's sons effectively to inherit their herds, in a manner which recalls the manipulation of matrilateral cross-cousin marriages among the Akan (Field, 1948, pp. 110–12). A man without a son normally marries a daughter to a relatively poor son-in-law whom he brings to live in his homestead to herd his stock for him. Such a son-in-law succeeds to the managership of part of his father-in-law's stock and, through the process of 'forgetting', that herd over time becomes the herd of the original 'owners' daughter's son.

Finally, I shall briefly sketch what has occurred among Boran when disasters have reduced their stock below bare subsistence level. In pre-colonial days the option of settling to sedentary agriculture did not exist. In ancient times the rains fell regularly, the pastures were green and cows and women were always fertile. Against this idyllic backcloth they recall, with appalled horror, the Great Famine which followed the great rinderpest and smallpox epidemics of the 1880s and 1890s. It had permeated their consciousnesses so thoroughly that even men who had been born long after it spoke of it with such awe as if they had experienced it. Its name *tiite cinaaca guuraca*, 'the time when the rib cases were black with flies', suggests the desolation it caused. Then, they say, death stalked the land and many of those who survived were reduced to eating roots and types of game and vermin which were polluting. Some families still carried the taint into the 1950s. The social order and the natural order were both brought to chaos and men became like beasts of the bush. Others, it was said, disappeared among the Somali and other neighbouring peoples as servants and domestic slaves. It is possible that, if their neighbours had not suffered similarly, those who did not perish would have been assimilated into neighbouring tribes. It may be that no disaster of such magnitude had struck them previously, but certainly localized droughts and famines must have occurred, as must local defeats in battles for water and pasturage. Then it would appear that local communities became attached as dependents to neighbouring pastoral people, and the occurrence of similar clan and sub-clan names among the different peoples of the area would suggest that this process of assimilation of grazing segments was quite common. The Gabbra Algaana, for example, say that they are Boran who were 'lost' among the Somali and later returned. There are many such stories but one instance in colonial times has been recorded. In 1933 a 'Great Exodus' took place, from the Juba across the Tana River, of Orma who had been living as dependants of the Somali and

who had previously claimed to government to be 'pure'
Somali. In this migration, which took place at the height of
the drought, probably 350 people perished, but the survivors
(who were succoured by a chance visit from the D.C.) re-
established themselves as Orma (see Sharp, 1934, Turnbull
n.d., Jaenen 1956). In brief the only options in the face of
extreme disaster were death or degradation. But during the
colonial period, though famines occurred, and District Note-
books are thick with references to the consequences of droughts,
conditions were ameliorated in that improved communications
made the movement of cereals possible, and government spon-
sored stock markets increased the circulation of currency. But,
by and large, Government policy was to leave people to their
own customs, and pastoral life appeared[1] to continue, even if a
little ameliorated in that famine risks were diminished, as
before. Following Kenya Independence the Provincial Administration was re-organized and a development policy was introduced. Development has occurred but its implementation was
hampered by the Kenya–Somali troubles and later by the
droughts of 1970–1, which culminated in a torrential rain
which brought on a pandemic of pleuro-pneumonia which
almost totally destroyed the weakened surviving flocks (see Watson, 1971). Many Boran and some Gabbra were totally pauperized, but they were saved from starvation by the relief supplies
distributed by government and the Missions, and by a change
in governmental policies which encouraged Boran to sedentarize and to establish themselves as maize farmers wherever it
seemed even remotely viable. The whole economy of Isiolo
District is described as having 'collapsed' (Watson, 1971, p. 10)
as a consequence of the Somali troubles and the drought. Many
Boran of Marsabit District withdrew into Ethiopia though some
returned again when conditions improved. Some maintained
sufficient stock throughout the drought to maintain the vestiges
of a pastoral life, but many have moved up the mountain and
settled on government allocated plots and shift as best they can
to live off them (while their fertility lasts) and from relief.
Many of these settlers were totally pauperized and had no

[1] I write 'appeared' deliberately, because in fact many changes occurred. See
Barber, especially the statement made by Sir Geoffrey Archer in 1923, p. 209;
Dyson-Hudson, pp. 6–21.

alternative recourse. Others have maintained close connections with their cattle camps. But, for even the most fortunate Boran, without relief 'they would appear to be close to starvation and may only be able to meet their year round food requirements by consuming some of their capital' (Watson, 1971, p. 25). Boran themselves equated their losses with those incurred during the Great Famine of the nineties.

I am hoping to publish soon some case material which illustrates the various responses of Boran in Marsabit to their predicament, and some of the re-arrangements of social relationships which have been a consequence of these responses. In brief some have managed to maintain a pastoral mode of life, though all have become more market orientated. Some have become totally pauperized and live stockless, or with only the remnants of their herds and flocks, in and around the township and are dependent on wage labour, which is short, or on aid. But most of those with sufficient stock left to form the nucleus of future pastoral independence, have compromised for partial sedentarization and have acquired one or more maize plots on the Mountain where they have established a close kinsman. (Plots are registered so the plot holder must appear to remain on his land and opt out of the pastoral cycle.) Herd managers have organized their pastoral movements in order to be available to assist at planting or harvesting times and to be able to commute regularly from their camps with milk, and, in turn, eat maize porridge with their sedentary kin. Some enterprising men have already acquired substantial plots, employ poor Boran as labourers (unthinkable a few years earlier) and grow maize for the town market. The base on which these types of sedentarization depend may not endure because the acreage suitable for cultivation is limited, many plots are having their limited fertility mined rather than farmed, and the rainfall is erratic. But if, with good luck and improved management, the plot holders thrive further observations on the social relationships which are created should provide interesting data on the consequences of sedentarization for social relationships.

'Pastoral' may be a handy 'budget' term which describes a mode of life but, in this meandrine paper, I have suggested that it is too diffuse to comprehend a set of societies which are comparable sociologically. Nevertheless certain common cultural features and social characteristics frequently appear to cluster in societies whose members depend on stock and are to some degree mobile or nomadic. Through some comparative glances at the Basseri and some East African pastoralists (in particular the Boran), all of whom graze their herds and/or flocks in comparatively arid zones, I have attempted to indicate some related factors which do appear to have relevance for comparative sociological analysis. These are:

(a) The degree to which stock is either bred for the market or in order to provide subsistence and for transformation into extended social relationships.

(b) The degree to which a homestead either concentrates its herds and/or flocks or disperses them among a wide range of socially and territorially dispersed herders.

(c) The degree to which animals are held either in direct personal ownership or are each the foci of varied claims in ownership and disposal.

I suggest that sedentarization tends to narrow the range and alter the texture of social relationships and that the variable possibilities for and modes of sedentarization are important variables in this respect. Generally sedentarization appears to sharpen distinctions in wealth and life-style and to diminish any homestead heads' range of effective social relationships.

Market-oriented pastoralists appear to maintain restricted sets of social relationships with their pastoral fellows, though they diversify in that they seek to establish enduring, and preferably exclusive, relationships with political patrons and trading partners and useful contacts in the external market. They seek to isolate these last relationships from those with other tribesmen. Homesteads are self-sufficient for daily productive and labour requirements. Both the failures and the extremely successful leave pastoralism. Pure pastoralists, on the other hand, appear to build-up sets of social relationships which, within the tribal economy, are territorially and socially widespread and which are utilized as sources of help and as protection against the vagaries of fortune. Each homestead is connected to many others through a complex web of cross-cutting ties. Those who fail to establish or maintain a viable subsistence herd and/or flock must subsist from the stock of those with whom they have supportive social relationships. When a general cataclysm occurs then the stockless must either, individually or as a group, sink into client status.

BIBLIOGRAPHY

Abir, M.
(1968) 'Caravan Trade and History in the Northern Parts of East Africa'. *Paiduma*, Band XIV, pp. 103–20.
(1970) 'Southern Ethiopia', Chapter 6 in D. Birmingham and R. Gray (Eds), *Pre-Colonial African Trade*. London: O.U.P., pp. 119–37.
Almagor, Uri
(1971) *The Social Organization of the Dassanetch*. Unpublished Ph.D. Thesis, University of Manchester.
Asad, T.
(1964) 'Seasonal Movements of the Kababish Arabs of Northern Kordofan'. *Sudan Notes and Records*, Vol. 45, pp. 48–58.
(1970) *The Kababish Arabs: Power, Authority and Consent in a Nomadic Tribe*. London: Hurst.
Barber, James
(1968) *Imperial Frontier: A Study of relations between the British and the Pastoral Tribes of North East Uganda*. Nairobi: East African Publishing House.
Barth, Fredrik
(1960) 'Nomadism in the Mountain and Plateau Areas of South West Asia', in the *Problems of the Arid Zone*. UNESCO, pp. 341–55.
(1964a) 'Capital Investment and the Social Structure of a Pastoral Nomad Group in South Persia', pp. 69–81 in *Capital, Saving and Credit in Peasant Societies*. R. Firth and B. S. Yamey (Eds), Allen and Unwin.
(1964b) *Nomads of South Persia: The Basseri Tribe of the Khamseh Confederacy*. Allen and Unwin.
(1966) *Models of Social Organization*. R.A.I. Occasional Paper No. 23.
Bates, D.
(1971) 'The Role of the State in Peasant-Nomad Mutualism', *Anthropological Quarterly*, Vol. 44, No. 3, pp. 109–31.
Baxter, P. T. W.
(1965) 'Repetition in Certain Boran Ceremonies', pp. 64–78 in M. Fortes and G. Dieterlen (Eds), *African System of Thought*. Oxford University Press for International African Institute.
(1970) 'Stock Management and the Diffusion of Property Rights among the Boran'. *Proceedings of the Third International Conference*

of Ethiopian Studies. Addis Ababa, 1966, Vol. III, pp. 116–27. Haile Selassie I University.

(1972) 'Absence makes the heart grow fonder: Some suggestions why witchcraft accusations are rare among East African pastoralists', pp. 163–91 in M. Gluckman (Ed), *The Allocation of Responsibility*. Manchester University Press.

Brown, Jean
(1971) 'Borana Kalaca: Cire Perdue Casting'. *Kenya Past and Present*, Vol. 1, No. 1.

Burnham, Philip
(1972) 'Racial Classification and Ideology in the Meiganga Region: North Cameroon', in *Race and Social Difference*, P. T. W. Baxter and Basil Sansom (Eds). Penguin Books, pp. 301–18.

Cunnison, Ian
(1966) *Baggara Arabs: Power and Lineage in a Sudanese Nomad Tribe*. Clarendon Press, Oxford.

Dyson-Hudson, N.
(1966) *Karimojong Politics*. Clarendon Press, Oxford.

Field, M. J.
(1948) *Akim-Kotoku. An Oman of the Gold Coast*. Crown Agents for the Colonies, for Gold Coast Government.

Forde, Daryll
(1934) *Habitat, Economy and Society: A Geographical Introduction to Ethnology*. Methuen.
(1970) 'Ecology and Social Structure'. *Proceedings of the Royal Anthropological Institute*, pp. 15–29.

Glickman, M.
(1971) 'Kinship and Credit among the Nuer'. *Africa*, Vol. XLI, No. 4, pp. 306–19.

Gulliver, P. H.
(1955) *The Family Herds: A Study of Two Pastoral Tribes in East Africa, the Jie and Turkana*, Routledge.

Haberland, Eike
(1963) *Galla Süd-Äthiopiens*, Kohlhammer, Stuttgart.

Hallpike, C. R.
(1972) *The Konso of Ethiopia: A study of the Values of a Cushitic People*. Clarendon Press, Oxford.

Henin, R. A.
(1969) 'Marriage Patterns and Trends in the Nomadic and Settled Populations of the Sudan'. *Africa*, Vol. XXXIX, 3, pp. 238–59.

Jaenen, Cornelius
(1956) 'The Galla or Oromo of East Africa'. *South Western Journal of Anthropology*, Vol. 12, No. 2, pp. 171–90.

Khalil, I. M.
(1960) 'Developing the Animal Wealth of the Sudan', *Sudan Notes and Records*, Vol. xli, pp. 6–20.

Klima, George J.
(1970) *The Barabaig: East African Cattle-Herders.* Holt, Rinehart and Winston, New York.

Lewis, I. M.
(1961) *A Pastoral Democracy.* Oxford University Press.

Low, D. A.
(1963) 'The Northern Interior, 1840–84', in Roland Oliver and Gervase Mathews (Eds), *History of East Africa*, Vol. 1, pp. 297–351. Clarendon.

Mpaayei, J. T. O.
(1954) *Inkuti Pukunot oo Lmaasai*, Oxford University Press.

Pastner, Stephen
(1971) 'Camels, Sheep and Nomad Social Organization: a comment on Rubel's model'. *Man (N.S.)*, Vol. 6, No. 2, pp. 285–8.

Peters, E. L.
(1964) 'Camel Herding, Pastoralism and Lineage Organization'. Paper prepared for 27th Wenner-Gren Symposium on 'Pastoral Nomadism'.

Plowman, C. H. F.
(1919) 'Notes on the Gedamoch-Ceremonies among the Boran'. *Journal of the African Society*, Vol. XVIII.

Rigby, Peter
(1969) *Cattle and Kinship among the Gogo: A Semi-pastoral Society of Central Tanzania.* Cornell University Press, Ithaca.

Rubel, Paula, G.
(1969) 'Herd Composition and Social Structure: on Building Models of Nomadic Pastoral Societies'. *Man (N.S.)*, Vol. 4, No. 2, pp. 268–73.

Salzman, Philip
(1971) 'Movement and Resource/Extraction among Pastoral Nomads: The Case of the Shah Nawazi Baluch'. *Anthropological Quarterly*, Vol. 44, No. 3, pp. 185–97.

Sharp, Major H.
(1934) 'A Tragedy'. *Blackwoods Magazine*, November, pp. 621–31.

Schneider, Harold
(1957) 'The Subsistence Role of Cattle Among the Pakot and in East Africa'. *American Anthropologist*, Vol. 59, April, pp. 278–300.

Spencer, Paul
(1965) *The Samburu: A Study of Gerontocracy in a Nomadic Tribe.* Routledge.

Spooner, Brian
>(1971) 'Towards a Generative Model of Nomadism'. *Anthropological Quarterly*, Vol. 44, No. 3, pp. 198–210.

Trimingham, J. S.
>(1959) *Islam in West Africa*. Oxford University Press.

Turnbull, Richard
>'The Wardeh'. MS. Garissa District Records.

Watson, R. M.
>(1971) *Aerial Livestock and Land Use Surveys for Marsabit and Isiolo Districts*. P.O. Box 15068, Nairobi.

RÉSUMÉ

Certains traits des relations sociales parmi les pasteurs de l'Asie du Sud-Ouest sont comparés à ceux de pasteurs est-africains, en particulier les Basseri (Asie) et les Boran (Afrique). Quelques doutes sont formulés quant à l'utilité de la catégorie 'pastorale' pour l'analyse sociologique. On tire argument du fait que l'acceptation d'une certaine sédentarisation—chaque fois qu'elle est bénéfique—est un trait de la plupart des sociétés pastorales mais que les types possibles de sédentarisation varient beaucoup et peuvent avoir des incidences différenciatrices sur les relations sociales. Un fait important est le degré de dépendance dans laquelle se trouvent les pasteurs vis à vis de l'économie en général, c'est à dire la mesure dans laquelle ils sont pour elle des producteurs spécialisés et celle dans laquelle ils sont tributaires pour leur subsistance de produits alimentaires non-pastoraux. D'importance directe sont le type d'habitations et de villages dans lesquels vivent les pasteurs, le fait de concentrer ou de disperser leurs troupeaux, l'extension à la fois sociale et territoriale des relations sociales qu'ils créent et entretiennent.

On suggère que: (*a*) la sédentarisation diminue en général l'extension sociale et territoriale des relations qu'aura le chef de famille et (*b*) que les inégalités relatives de fortune ou de mode de vie ont tendance à être plus apparentes chez les groupes sédentarisés. Certains procédés culturels, tels que la manipulation des règles de succession, l'oubli de droits hérités ou l'héritage anticipé facilitent peut-être le maintien d'une égalité apparente. Enfin, une courte description est fournie des conséquences de la famine dans le Northern Kenya.

III

Les composantes géographiques et sociales des types d'élevage en milieu touareg

E. BERNUS

Le pays qu'occupent les Touaregs peut être cerné sur une carte: autour des trois bastions montagneux de l'Ahaggar, de l'Aïr et de l'Adrar des Ifoghas, ce pays forme un tout, domaine presque exclusif de la société touarègue en son centre, domaine partagé avec d'autres groupes nomades sur ses bordures, avec les paysans sur ses franges méridionales. L'histoire du monde touareg est celle d'un peuplement par vagues successives du nord vers le sud, les unes chassant ou recouvrant les autres. De ce fait, le pays touareg s'est élargi progressivement jusqu'à toucher au monde agricole méridional et à le pénétrer en bien des points. Conséquence de cette longue histoire, un pays touareg existe, alors qu'il est difficile de parler d'un 'pays' pour les Peuls dont l'implantation, toujours discontinue, s'est effectuée presque exclusivement dans la zone soudanienne, du Sénégal au Cameroun.

La société pastorale touarègue peuple sans hiatus toutes les zones climatiques, depuis le Sahara jusqu'à la zone nord soudanienne: elle se trouve donc confrontée à des conditions géographiques très diverses et doit adapter son élevage à ces contingences variées. Les types d'animaux diffèrent ici et là, et leur répartition n'est évidemment pas la même du nord au sud du pays touareg.

Les impératifs géographiques de l'élevage

De Madawa à Tamanrasset, en passant par Tahoua et Agadez, les régimes pluviométriques diffèrent, et le total annuel des pluies ne cesse de diminuer. Le Sahara a été comparé (cf. Monod, 1968) à un toît à double pente dont le faîte passerait

approximativement par l'Ahaggar, séparant un versant méditerranéen d'un versant soudanien: le pays touareg se trouve
donc sur la pente méridionale soumise au régime de la mousson
estivale: la saison des pluies diminue au fur et à mesure que
l'on gravit la 'pente' et que l'on s'approche du 'faîte': l'irrégularité des précipitations croît en proportion inverse du total
annuel de la pluie. Dans le Sahara central, qui constitue, le
point de convergence des deux versants, on atteint à l'irrégularité maximum, avec à la fois la dépendance des pluies
soudanaises estivales et des pluies méditerranéennes autom-
nales, qui bien souvent font toutes défaut, puisqu'elles sont à la
limite de leur influence respective.

Le tapis végétal subit les conséquences de cette diminution
des précipitations: du tapis relativement continu de la brousse
arborée nord-soudanienne, on passe à la végétation contractée
du domaine sahélien, localisée dans les bas-fonds interdunaires
ou dans les axes des vallées mortes. Chaque point bas concentre
les argiles par ruissellement et recueille l'eau des tornades en
mares temporaires et en nappes discontinues et tributaires
des pluies et de leur irrégularité; les grands arbres se rassemblent dans tous les bas-fonds, et les plateaux et dunes n'accueillent que des arbres très espacés et des touffes d'herbes souvent
déchaussées par le vent. Les petites forêts, les espaces herbacés,
forment des îlots ou de longs rubans s'opposant aux croupes
des dunes fixes et aux mornes horizons des plateaux.

Dans la zone pré-saharienne, les arbres sont encore plus
malingres, et la végétation se contracte en quelques points,
pour n'apparaître parfois que brièvement après les pluies.
Vers le nord, la végétation disparait quasiment au-delà de
l'isohyète 50 mm pour constituer un no man's land, où l'on ne
vit qu'épisodiquement. Seuls les massifs montagneux, Aïr ou
Ahaggar, forment des îlots mieux arrosés où la végétation se
concentre sur les terrasses des oueds qui divergent des sommets
et où l'eau se trouve souvent à une profondeur relativement
faible.

Les diverses zones brièvement décrites sont le domaine presque exclusif des pasteurs nomades, à l'exception de la zone
méridionale où les cultures pluviales deviennent possibles au
sud de l'isohyète 350 mm. Au nord de cette limite, seule
l'agriculture irriguée d'oasis localisée dans les zones montag-

neuses peut subsister. Les conditions physiques et particulièrement les pâturages ne permettent pas tous les types d'élevage.
Dans l'Ahaggar, qui constitue l'antenne septentrionale du
monde touareg, la pauvreté du tapis végétal ne permet que la
vie de troupeaux de chèvres à longs poils noirs, qui fournissent
l'essentiel des resources en lait des nomades. Les camelins ne
peuvent vivre en grands troupeaux, faute de ressources végétales :
autour des campements ne pâturent que quelques chameaux,
servant à effectuer les déplacements ou les petits transports.
On lâche pour plusieurs mois, après les avoir entravés, les
chameaux[1] qui ont participé aux caravanes, et qui ont besoin
de refaire leurs forces.

Les Touaregs de l'Ahaggar possèdent cependant d'assez
importants troupeaux de chamelles qui vivent en permanence
dans le nord-Niger dans les plaines du Tamesna. Ces troupeaux constituent un capital, laissé au loin, auquel rendent
visite ceux qui convoient les caravanes apportant le sel de
l'Amadror et remmenant le mil des marchés nigériens. Certaines tribus vivent partiellement expatriées, alors que quelques autres ont abandonné l'Ahaggar pour vivre en totalité dans
ces zones plus accueillantes. Le massif central saharien ne
permet donc qu'un élevage réduit, qui interdit la présence de
troupeaux importants de chameaux, de vaches et de moutons
(Rognon, 1962 ; Gast, 1968).

La zone sahélienne commence avec l'apparition du cram-
cram, ou *wezzeg* (Cenchrus biflorus), petite herbe aux graines
épineuses qui perturbe la marche en saison sèche, mais qui
constitue de bons pâturages. Entre les isohyètes 150 et 350 mm,
c'est à dire toute la zone interdite à l'agriculture pluviale, la
zone sahélienne possède une vocation pastorale. Les pluies qui
tombent chaque année pendant l'été, insuffisantes pour les
champs, permettent par contre l'élevage de différents types
d'animaux. Entre 150 et 200 mm, les camelins trouvent leur
zone d'élection : certaines plantes galactogènes, telle *alwat*
(Schouwia purpurea) ou *tazara* (Cornulaca monacantha), qui
pousse à la limite septentrionale de la zone, dans le domaine
déjà saharien (au nord de l'isohyète 150 mm) sont recherchées
par les animaux (chamelles) qui convergent en bonne année,

---

[1] Le terme de 'chameau', utilisé ici, est consacré par l'usage, bien qu'il s'agisse
en réalité du dromadaire à une bosse.

vers les lieux où elles ont bien donné; pâturages épisodiques et irréguliers de saison froide, ils attirent de nombreux troupeaux qui peuvent se disperser à l'envi, car ces plantes, tant qu'elles sont vertes, dispensent de tout abreuvement. Au sud de l'iso-hyète 200 mm, les bovins trouvent des pâturages herbacés qui leur conviennent, et leurs troupeaux sont d'importance égale à celle des camelins. Les moutons et les chèvres sont partout présents, et les éleveurs touaregs se livrent à ce quadruple élevage dans toute la zone sahélienne. Les pâturages arborés conviennent particulièrement aux camelins et caprins, alors que les pâturages herbacés sont plus spécialement recherchés par bovins et ovins. Les éleveurs peuvent donc diversifier leurs troupeaux et ainsi répartir les risques d'épidémie ou de pertes dues à la sécheresse qui ne touche pas toutes les caté-gories d'animaux de la même manière. Cet élevage diversifié, par contre, n'est pas sans poser de problèmes: il exige une main d'oeuvre importante, car les divers types de troupeaux doivent être conduits sur des pâturages différents. Leurs rythmes d'abreuvement, leurs habitudes alimentaires, leur progression au pâturage imposent une garde adaptée à chaque type d'animal. Les troupeaux de moutons sont très souvent séparés des campements pendant la saison sèche, et conduits par des bergers qui vivent dans la solitude pendant plusieurs mois. Cette garde est exigeante, car les moutons pâturent de pré-férence la nuit, pour se reposer à l'ombre au milieu du jour; or les moutons broutent en se déplaçant constamment, ce qui impose au berger une vigilance de tous les instants, car les moutons se perdent souvent et sont facilement la proie des chacals, des hyènes ou des lions.

Dans cette région, ces quatre types d'élevage permettent de nombreux accomodements, selon les vocations ou les possi-bilités des différents éleveurs.

Dans la zone sud-sahélienne et nord-soudanienne, c'est à dire dans la zone agricole, les éleveurs touaregs sont encore nom-breux. L'isohyète 350 mm franchie, les champs occupent de vastes espaces, et ont tendance à accaparer tous les terrains vacants autrefois offerts aux troupeaux. Les plateaux aux terres légères accueillent traditionnellement le mil, parfois en assole-ment avec l'arachide. Les terres lourdes des vallées sont réser-vées au sorgho ou encore au coton. Les troupeaux de camelins, de bovins, d'ovins et de caprins, peuvent trouver des pâturages à leur convenance, mais ceux-ci sont limités par l'extension de l'agriculture, aussi bien vivrière (mil, sorgho) que commerciale (arachide, coton); même à la morte saison agricole, il faut garder les animaux loin des champs de coton non encore récoltés.

Il s'agit donc d'éloigner les troupeaux à la saison des pluies, et souvent de les envoyer vers le nord, aux sources salées du pourtour de l'Aïr, et d'organiser à la saison sèche des ententes avec les cultivateurs, qui laissent libre l'accès de leurs champs récoltés aux troupeaux pour les fumer, en échange d'un peu de mil. L'élevage exige donc ici une garde permanente, qui ne vise pas seulement à éviter la perte des animaux, mais avant tout leur divagation sur les champs. L'élevage bovin l'emporte ici sur le camelin, qui touche à la limite méridionale de son aire d'extension.

En définitive, c'est la zone nord-sahélienne qui permet tous les types d'élevage, sans la concurrence de l'agriculture: elle accueille non seulement les éleveurs touaregs qui y vivent en permanence, mais sert de base avancée régulière aux Kel Ahaggar, et de terrains de migration saisonnière aux éleveurs méridionaux.

Les facteurs sociaux

L'image du Peul et de la vache est aussi solidement enracinée que celle du Touareg et du chameau. Ces deux associations sont liées au fait que les domaines respectifs des uns et des autres correspondent à la zone d'élection des deux types d'animaux. C'est pourquoi la littérature peule abonde en odes et hymnes à la vache (Sow, 1966), alors que les poèmes touaregs célèbrent le plus souvent les qualités physiques et esthétiques du chameau. Certes, le domaine touareg déborde de la zone d'élevage chamelier la plus favorable, mais là encore le chameau reste l'animal 'noble' auquel chacun se réfère.

La société touarègue, beaucoup plus que la Peule, est une société hierarchisée, dominée par une aristocratie guerrière, constituée par les *imajeghen* (ou *imohagh*), dont l'autorité est liée à la guerre, dans laquelle le chameau de monte a joué un rôle considérable pour tous les rezzous, souvent coups de main rapides, frappant parfois à de grandes distances.

Les *imajeghen*, détenteurs du pouvoir politique, ne s'occupaient guère eux-mêmes d'élevage, car ils se considéraient comme propriétaires de tous les troupeaux de leurs dépendants, tributaires (*imghad*) ou religieux (*ineslemen*) qui bénéficiaient de leur protection dans le cadre des confédérations politiques: ils prenaient, selon leur bon plaisir, des animaux que souvent ils avaient eux-mêmes distribués après des coups de main heureux.

Si le chameau est lié à l'aristocratie guerrière, la chèvre par contre a souvent constitué l'image de marque des tributaires, appelés *imgahd* (sing. *amghid*) ou *Kel Ulli*, 'Ceux des chèvres'. Certains (Nicolas, 1950, p. 189) ont même vu dans le terme *amghid* la même racine que dans *egheyd*, le chevreau. Nicolaisen (1963) va plus loin, et à propos des Touaregs de l'Ahaggar formule l'hypothèse de deux origines distinctes et même de deux civilisations différentes: 'it would seem that the economic relationships forming the basis of the Tuareg political system in the north would arise so to speak automatically from two distinct cultures which met each other in the desert: a camel-breeding culture of a Berber-speaking people, now known as the noble Tuareg, and a goat-breeding culture of an ancient Berber-speaking population which now constitutes the vassals'. (Nicolaisen, 1963, p. 405). Cette hypothèse confirme les traditions historiques qui nous montrent que la société touarègue est hétérogène, et qu'elle a rassemblé dans le moule de confédérations politiques des hommes venus de tous les horizons, en leur donnant un langage et une culture communs. Certains groupes ont conservé un parler particulier (groupes Idaksahak, Igdalen, Aït Awari, Kel Antesar, pour ne citer que les principaux, ou même Arabes inféodés au monde touareg), mais la langue commune reste pour tous la langue touarègue (tamasheq, tamajaq, ou tamahaq selon les lieux).

Cette hétérogénéité se manifeste donc sur le plan des traditions pastorales. Elle apparait également dans l'organisation sociale et dans le mariage, où la 'dot' (*taggalt*) varie d'un groupe à l'autre. Toujours constituée en têtes de bétail, la *taggalt* se compose en général d'un nombre d'animaux qui théoriquement doit rester identique de mère en fille. Chez les *imajeghen*, la compensation matrimoniale est obligatoirement composée de chameaux, dont le nombre varie ici et là. Dans le Sahara central, chez les Kel Ahaggar, le nombre est fixé à sept (Nicolaisen, 1963, p. 436). Dans l'Aïr, chez les Kel Ferwan, de dix à vingt (ibid., p. 460). Dans la zone sahélienne, il varie de deux à quatre selon les familles, chez les Kel Tahabanat de la confédération des Iullemmeden Kel Attaram; chez les Tiggirmat, Kel Nan et Irreulen, il est de quatre, chez les Tellemidez et Ikherkheren, de trois ou quatre (Iullemmeden Kel Dinnik). Dans la zone sud-sahélienne agricole, chez les Tingeregedesh de la région de Téra, la *taggalt* se compose de deux à sept chameaux, chez les Kel Gress de Madawa, elle peut aller jusqu'à quinze ou vingt chameaux pour les plus riches, mais en moyenne compte de une à cinq têtes (Bonte, 1970, p. 113), comme chez les Itesen leurs voisins vivant aux frontières de Nigeria.[1]

Malgré le nombre variable de têtes de bétail, la *taggalt* est exclusivement composée de camelins chez les *imajeghen*, qu'ils appartiennent à des confédérations vivant dans le Sahara central, en zone nord sahélienne ou même dans la zone agricole. Le chameau reste le seul animal de référence, en dehors de toute considération géographique, climatique ou écologique.

Chez les tribus vassales (*imghad*), religieuses (*ineslemen*) la 'dot' est également constituée de bétail. Mais si le chameau est parfois exigé, souvent semble-t-il pour imiter l'aristocratie qui, même sans la guerre et avec la perte de l'autorité résultant de l'évolution politique, reste pour toute la société touarègue le modèle dont le prestige est toujours bien vivant. La *taggalt* est donc de composition beaucoup plus variable, et les chameaux peuvent être remplacés par des boeufs ou du petit bétail, car un jeu d'équivalences permet de substituer les uns aux autres. Chez les *imghad* de l'Ahaggar, un des deux chameaux de la *taggalt* peut être remplacé par vingt cinq ou trente chèvres (Nicolaisen, 1963, p. 460). Parmi les très nombreux exemples que nous avons recueillis, chez les religieux Izawiten (Iullemmeden Kel Dinnik), la *taggalt* peut se composer, selon la richesse de la famille, d'une chamelle ou

---

[1] Les chiffres sans référence bibliographique sont tirés de nos propres enquêtes.

de deux ou trois vaches; chez les Kel Tafadest de la région de Téra, elle compte cinq bovins, que peuvent remplacer des ovins ou des caprins: dix d'entre eux remplacent un taureau, vingt une vache. On peut donc dire que dans les tribus vassales ou religieuses les plus riches, la *taggalt* se compose encore de chameaux, alors que chez les plus pauvres des aménagements et des équivalences existent avec d'autres catégories de bétail.

En descendant encore la hiérarchie sociale, des tribus d'affranchis (*iderfan*) ou de captifs aujourd'hui libérés (*iklan* en tamasheq, *bella* en zone songhay et *buzu* en zone haoussa) constituent leur *taggalt* uniquement en petit bétail. Chez les *iklan* vivant encore dans le campement de leurs maîtres la compensation matrimoniale composée de chèvres et de moutons est fournie par le maître du mari serf, substitut de son père réel.

Si la *taggalt*, théoriquement, ne varie pas entre une mère et sa fille, elle constitue un témoin relativement stable d'une condition sociale fixée, qui pourra se maintenir au-delà des vicissitudes de l'histoire. La composition de la *taggalt* évolue donc moins vite que celle des troupeaux: les institutions résistent et se maintiennent souvent, alors que les types d'élevage et les rapports sociaux qu'elles traduisent se sont modifiés.

L'évolution présente

La société touarègue guerrière, formée de confédérations politiques juxtaposées, en lutte permanente les unes contre les autres, a évidemment subi le contre-coup de la colonisation. Après s'être opposée par les armes au début du siècle au colonisateur, puis révoltée en 1917, elle a dû évoluer dans un cadre nouveau imposé de l'extérieur. Les structures politiques traditionnelles furent vidées de leur contenu, quand elles ne furent pas volontairement modifiées pour enlever à l'aristocratie guerrière son influence, laquelle permettait aux *imajeghen* de maintenir sous leur joug les tribus dépendantes, en contrepartie de la protection qu'ils offraient, et toute velléité d'opposition fut réduite.

Désormais, les liens de dépendance se relâchèrent: les *imajeghen* ne purent plus saisir, selon leur bon plaisir, (*tarkept*), les animaux qu'ils désiraient. Les tributs politiques (*tiuse*) ne purent plus être exigés, puisque, en contre-partie, la protection contre les ennemis n'avait plus de raison d'être. La notion de tribut exigé fut remplacée par celle de cadeau volontaire. Chaque groupe, chaque tribu, devait pourvoir seul à son entretien, et les pièces du puzzle évoluèrent isolément.

Toutes les catégories sociales cherchent alors à élever plusieurs types d'animaux. Les *imghad* perdent leur caractéristique d'éleveurs de chèvres, et ils acquièrent également des bovins, des ovins et des camelins. Les *ineslemen*, en raison de leurs fonctions religieuses prennent une importance nouvelle: l'administration coloniale, qui a voulu parfois les récompenser de leur neutralité lors de la révolte de 1917, leur a donné des chefferies que la tradition leur refusait. De plus, si la *tiuse*, ou tribut politique, perd sa signification, la *tamesadeq* ou aumône religieuse continue de leur être versée: en plus de leur fonction purement religieuse traditionnelle (les marabouts les plus influents étaient les qadi et les imam des chefs politiques auxquels ils étaient intimement associés, par exemple le 'chef' actuel des Kel Eghlal était le qadi de l'amenokal des Iullemmeden Kel Dinnik). Le droit aujourd'hui acquis à la chefferie les sépare de leurs anciens suzerains, avec lesquels ils entrent en rivalité, et confond entre leurs mains un rôle à la fois religieux et politique. L'éparpillement du pouvoir, par la constitution de groupes autonomes au sein des confédérations (Iullemmeden Kel Dinnik, Touaregs du Damergou, etc.), a profité aux *Ineslemen*. De même, grâce à leur autorité religieuse, en s'appuyant sur les textes coraniques, ils ont pu maintenir autour d'eux une main d'oeuvre servile nombreuse.

C'est ainsi que des tribus religieuses (chez les Kel Dinnik en particulier) ont pu acquérir de très importants troupeaux de tous les types d'animaux, de chamelles en particulier, sans avoir de problèmes pour la garde ou l'entretien des troupeaux.

En descendant la hiérarchie sociale, certaines tribus, tels les Iberogan, dépendants des religieux Igdalen, possédaient un élevage ovin important, qui faisait leur réputation. Depuis une trentaine d'années, ils ont acquis de nombreux camelins, qui sont venus diversifier leur élevage. Toutes les tribus autrefois serves, si nombreuses aux frontières du monde nomade et sédentaire, et tous les anciens captifs libérés ou partis s'installer en zone agricole, après avoir cultivé pour survivre, cherchent à acquérir du bétail, pour ne pas dépendre uniquement des récoltes. Mieux même, dans la région de Téra (Rép. du Niger), les tribus Bella, anciennement serves, cultivent sur de vastes surfaces le mil qu'elles commercialisent en grande partie sur les marchés d'Ayorou, Gotheye, Mehanna (Niger) ou Markoy (Haute Volta). Elles ont même acquis le quasi monopole de ce commerce, alors que les agriculteurs Songhay consomment la totalité de leurs récoltes. Avec les produits de leurs ventes, ils achètent des troupeaux de plusieurs types, et même des chameaux en grand nombre.

Au total, l'éclatement de la société touarègue a fait que chacun, désormais, élève des animaux pour son propre compte : si les *imajeghen* ont perdu leur pouvoir, leur rôle social reste prépondérant, et le modèle qu'ils représentent la référence de toute la société. De ce fait, le chameau est aujourd'hui élevé par des *iklan*, et l'acquisition de l'animal 'noble' par excellence donne à chacun l'impression de s'élever dans l'échelle sociale. On assiste donc à un nivellement qualitatif caractérisé par le fait que chaque groupe cherche à élever plusieurs types d'animaux.

Cette diversification de l'élevage s'accompagne d'une importante augmentation de l'effectif des troupeaux. Mais cette richesse est très inégalement répartie entre les différentes tribus, comme entre les différents éleveurs. Si l'on peut parler de nivellement qualitatif, c'est à dire que tel type d'élevage n'est pas réservé à une seule catégorie sociale, les différences s'accusent sur le plan quantitatif. Seules les familles les plus nombreuses, les plus cohérentes, peuvent mener de front un élevage diversifié important, exigeant l'éloignement des troupeaux loin des campements sur des pâturages appropriés, sans réduire inconsidérément la ration alimentaire des humains. L'entretien et la garde des troupeaux constituent souvent le noeud du problème posé aux éleveurs : pour les plus riches ou les plus influents, il est encore parfois tranché par la présence de main d'oeuvre servile ; pour d'autres, par des salariés qui peuvent remplacer les bergers captifs, rétribués en têtes de bétail pour une durée et un troupeau donnés ; ou encore par une main d'oeuvre familiale suffisante, grâce à une gestion commune des troupeaux de frères et de fils mariés. Ces différentes solutions se retrouvent au sein d'une même tribu, comme celle des Illabakan, *imghad* des Iullemmeden Kel Dinnik, riches en camelins, bovins, ovins et caprins[1]. Quelques familles possèdent la plus grande partie des troupeaux:

2% d'entre elles possèdent 13% des chameaux et 11% des bovins;

4% des familles possèdent 25% des ovins.

Rapportés à l'ensemble des individus, ces pourcentages sont moins élevés car les familles les plus riches en animaux sont également les plus nombreuses en main d'oeuvre, familiale ou domestique:

13,4% des individus possèdent 25% des camelins.

13,3% des individus possèdent 26,9% des bovins,

14,7% des individus possèdent 25,3% des ovins.

Il n'en demeure pas moins que ce sont les grandes familles élevant les quatre catégories d'animaux, qui possèdent 'per capita' le plus grand nombre de têtes de bétail. Les familles pauvres, réduites à la cellule conjugale, ne peuvent pas élever plus de 30 ou 40 chèvres. Au sein de la tribu, les prêts d'animaux laitiers corrigent ces inégalités et permettent à tous de se nourrir. Mais les plus grands troupeaux appartiennent à un nombre limité de familles, seules en mesure de mener de front ces différents types d'élevage.

Entre les tribus, on note également de grandes inégalités de richesse en bétail, comme en témoignent tous les recensements et toutes les enquêtes. A l'échelon d'une confédération, on observe également une concentration remarquable: Bonte (1970, p. 202) signale chez les Kel Gress que 1,7% des propriétaires possèdent 54,8% du troupeau camelin, et 6,3% des chefs de famille possèdent 75,9% des ovins. Chez ces Touaregs méridionaux, la concentration de l'élevage 'touche essentiellement les catégories de bétail créatrices de valeur monétaire: les chameaux, grâce au transport du sel, les ovins qui sont d'un très bon profit sur les marchés'.

C'est dans le domaine saharien que les contraintes géographiques s'exercent le plus fortement; c'est également dans l'Ahaggar que l'opposition entre nobles-éleveurs de chameaux et vassaux-éleveurs de chèvres était la plus marquée: le terme de

[1] Bernus, E. Les Illabekan, 1974.

Kel Ulli, connu dans la zone sahélienne, mais rarement utilisé, est en Ahaggar employé indifféremment avec son synonyme d'*imghad*. Vers le sud, où les exigences géographiques sont moins pressantes, les différenciations sociales concernant l'élevage sont moins tranchées. Avec les bovins et les ovins, la gamme des animaux élevés est beaucoup plus large. Si l'on retrouve partout l'association privilégiée des suzerains guerriers et des chameaux, la spécialisation sociale la plus marquée se trouvait là où le poids des contraintes géographiques se faisaient le plus lourdement sentir.

L'évolution actuelle de l'élevage en pays touareg, qui se manifeste par cette possibilité offerte à tous de se consacrer à n'importe quel type d'élevage, se heurte toujours aux impératifs de la géographie. Ces derniers restent un obstacle insurmontable en zone saharienne, mais peuvent être partiellement corrigés en zone sahélienne, par l'implantation de puits et de forages qui ouvrent aux troupeaux des pâturages jusque là inutilisables. C'est sans doute pour ces raisons qu'élevage bovin s'est tellement accru ces vingt dernières années. En zone soudanienne, l'élevage se trouve limité par le développement de l'agriculture: c'est pourquoi les grands troupeaux ne peuvent se maintenir qu'à l'aide d'une organisation très complexe. menée par des bergers nombreux et compétents; c'est dans cette zone où l'économie monétaire est la plus développée que la concentration des richesses est la plus marquée, et permet une capitalisation en animaux par un petit nombre d'individus, dont l'élevage n'est plus la seule ressource, mais s'intègre dans une économie qui associe également le commerce et l'agriculture.

Dans ce nouveau contexte, où les contraintes géographiques et politiques ne s'exercent plus avec la même rigueur, la société touarègue tente de conserver le cadre de ses institutions, en leur donnant un contenu nouveau.

On ne saurait donc nier le rôle joué par le choix délibéré de chaque société dans le type d'élevage qu'elle pratique: on pourrait en dire autant des Peuls WoDaaBe qui, depuis une trentaine d'années, ont envahi la zone sahélienne et s'aventurent parfois jusqu'aux frontières du Sahara. Comme les Touaregs, qui ont maintenu un élevage camelin dans tout leur domaine et jusque dans la zone agricole, les WoDaaBe ont continué à élever la vache Bororo hors du territoire soudanien qu'ils occupaient précédemment.

Les réponses données dans chaque cas, en face des transformations, tant du milieu naturel (aménagements hydro-agricoles) que du contexte politique et social (colonisation, puis indépendance, suppression de la main d'oeuvre servile), sont fonction des modèles respectifs de chaque société.

OUVRAGES CITÉS

Bernus, E. (1974) *Les Illabakan. Une tribu touarègue sahélienne et son aire de nomadisation. Atlas des structures agraires*—10–ORSTOM. Paris: Mouton.

Bonte, P. (1970) *Production et échanges chez les Touaregs Kel Gress du Niger.* Thèse de 3° cycle, Paris.

Gast, M. (1968) *Alimentation des populations de l'Ahaggar. Etude ethnographique.* Mémoire du CRAPE, VIII, Alger.

Monod, Th. (1968) Les bases d'une division géographique du domaine saharien. *Bull. IFAN*, T. XXX, série B, n° 1, pp. 269–88.

Nicolas, F. (1950) *Tamesna. Les Ioullemmeden de l'Est ou Touareg Kel Dinnik.* Paris: Imp. Nale.

Nicolaisen, J. (1963) *Ecology and culture of the pastoral Tuareg.* The National Museum of Copenhagen.

Rognon, P. (1962) La confédération des nomades Kel Ahaggar. *Annales de Géographie*, Paris, n° 388, Nov.–Déc., pp. 604–19.

Sow, A.-I. (1966) *La Femme, la Vache, la Foi.* Classiques Africains. Paris: Julliard.

SUMMARY

The territory inhabited by the Tuareg is extensive, extending from North to South across the Saharan, Sahelian, and Sudanese climatic zones. Thus geographical conditions vary considerably within the area, and Tuareg pastoral society has had to adapt its way of life, and its animal-raising techniques in particular, to these different conditions.

Geographical constraints

Rainfall declines from Nigeria to the Ahaggar, with the most irregular rainfall in the driest areas. The plant cover, which is relatively unbroken in the Sudanese zone, withdraws in the Sahelian zone into the valleys and low-lying areas between the dunes, and disappears almost completely in the Saharan zone, providing only short-lived and irregular pasture, both in time and in space. Apart from the southern zone this territory is inhabited exclusively by nomadic shepherds.

In the far north, in the Ahaggar, only goats can be raised; camels are restricted to a small number of transport animals. Thus the great herds of camels and sheep have to remain far from their owners, much farther south in the Tamesna, on the borders of northern Niger.

The Sahelian zone is the favoured area for raising camels and cattle, camels generally speaking where rainfall is between 100 and 200 mm., and cattle where rainfall is between 200 and 350 mm.

South of the 350 mm. rainfall-line annual crop-raising competes with stock-raising, and little by little the areas suitable as pasture for the four kinds of stock-raising are taken over by fields. Animals remain a serious threat to the crops, however, and have to be carefully controlled and periodically removed from the agricultural zone.

Social factors

The camel has always been associated with the image of the Tuareg. In fact Tuareg society, which is complex and hierarchical, used to be dominated by an aristocratic group (the *Imajeghen*) for whom the camel was part and parcel of their warrior traditions. The *Imghad* or vassal groups, who used to pay tribute to the *Imajeghen*, are associated with goat-raising, and are often called *Kel Ulli* ('They of the goats'). Tuareg society has brought together in political federations men of widely differing backgrounds, by giving them a common language and culture.

This heterogeneity can be seen in animal-raising traditions, in social organization, and notably in the composition of marriage payments (*taggalt*), which in theory should consist of exactly the same number of animals for a daughter as for her mother. Among the *Imajeghen* it is obligatory to pay it in camels, without considering whether the zone of residence favours the raising of camels. Among the tributary (*Imghad*) and religious groups (*Ineslemen*) marriage payments are sometimes composed of camels in order to conform to the example set by the overlords. In many cases, however, camels may be replaced by cattle or by sheep and goats in accordance with a codified system of equivalence. Among former captives the *taggalt* is almost always made up of small livestock.

Current development

After resisting the European advance at the beginning of the century, and rising in revolt against the colonizing power in 1917, the warrior Tuareg society had to adapt itself to a new framework imposed from outside. Old political structures were deprived of their content and the influence of the *Imajeghen* over their dependants was weakened. The former political tribute (*tiuse*) could no longer be exacted by the overlords, since in the absence of war the protection offered in return had no value. The *tiuse* was replaced by a tax paid to the colonizing power by everyone, without distinction. The ancient bonds of dependence loosened; the *Imajeghen* could no longer regard themselves as the true owners of all the animals. Every group, every tribe, every family had from that time onward to provide for its own upkeep in its own way. The religious groups, the *Ineslemen*, profited from this development: they were granted chieftaincies which tradition had closed to them, while the religious tithe (*tamasedeg*) continued to be paid to them. This combination of religious and political roles sometimes resulted in the accumulation of wealth, and certain of the *Ineslemen* have built up considerable herds in this way.

Animal-raising became less rigidly specialized, each tribe attempting to acquire several sorts of animal. But if the *Imajeghen* have lost their power, they have retained much of their prestige, and remain the model towards which all social categories strive: thus former captives can be seen buying camels to bring themselves closer to this ideal model.

This diversification of stock-raising has led to a considerable increase in the size of the herds, and though one could mention qualitative changes, they are more noticeable in the quantitative level: with the progressive disappearance of shepherds of servile status, a shortage of manpower has become the most common problem. Differences of wealth are discernible between families, between tribes and between tribal confederations, and the concentration of some herds in a very few hands is a noticeable fact. Within tribes, inequalities of wealth are compensated for by the loan of dairy animals.

Though the privileged association between camels and warrior overlords can be found everywhere, social specialization in the kinds of animals raised was always most marked in the central Sahara, where the geographical constraints were strongest. Now the opening of wells or bore-holes in the sahelian zone is counteracting the natural limitations of the environment by giving access to new pastures.

In the Sudanese zone, stock-raising on a large scale is only possible with careful organization, and has necessitated integration into a money economy: it is in this zone that the concentration of wealth in a few hands is most noticeable.

In this new setting, where geographical and political constraints are not as harsh as they once were, Tuareg society is attempting to preserve the framework of its institutions by giving them a new content.

IV

Conditions et effets de l'implantation d'industries minières en milieu pastoral: l'exemple de la Mauritanie

PIERRE BONTE

L'implantation récente d'industries minières en République Islamique de Mauritanie s'est accompagnée d'importants courants de migrations vers les centres urbains de Zouérate et de Nouadhibou, créés ou développés autour des installations de MIFERMA (Mines de Fer de Mauritanie).

La majorité de ces migrants sont des Maures, la plupart originaires d'une société de pasteurs nomades. Les observations présentées dans cette communication portent sur les migrants provenant de l'Adrar, les plus nombreux, environ 10.000 personnes (soit près du tiers du total).

L'étude des *migrations de travail* en Afrique tant à l'époque coloniale que dans la situation présente, n'a pas—dans la littérature existante— été menée de manière satisfaisante: la recherche de causalités privilégie deux types de facteurs, les uns liés à l'évolution de la société traditionnelle, les autres aux conditions nouvelles de la vie urbaine ou industrielle sans que l'on se préoccupe des correspondances étroites qui existent entre ces deux ordres de phénomènes. Ce type de problématique se contente de déterminer les conditions de l'offre et de la demande sur le marché du travail et leur ajustement.

Notre approche sera différente. Les migrations de travail doivent être interprétées comme résultant de la *mise en relation* de deux types de sociétés, l'une dominée par la production capitaliste, l'autre dont il faut déterminer au préalable le mode d'organisation.

L'articulation de ces deux types de société révèle une *dominance*, celle de la société capitaliste. L'étude doit dégager les phases de transition au cours desquelles s'instaure cette dominance. Elle doit définir plus précisément les conditions de 'libération' de la force de travail des individus appartenant à la société 'pastorale', c'est-à-dire les conditions de leur intégration en tant que prolétaires aux entreprises capitalistes.

Les migrations de travail ne peuvent donc être interprétées en fonction de la seule implantation de ces grandes entreprises. Elles en sont aussi la condition et se manifestent en une phase transitoire qui correspond à l'établissement de la dominance de la société capitaliste. Dans un pays comme la Mauritanie, cette phase est *la période de colonisation*. Notre propos est de construire le modèle des transformations durant cette période, le mode de pénétration des rapports capitalistes dans la société 'pastorale'. S'agissant d'une société, telle la société maure, où l'élevage tient une place prépondérante, cette recherche fournit un éclairage nouveau sur des formes d'organisation et d'évolution spécifiques dans la mesure où 'les études orientées vers l'examen et l'explication des changements modifiant les sociétés traditionnelles ne nous éclairent pas seulement sur le devenir de ces dernières mais aussi sur leurs structures et organisations antérieures''.[1]

La société maure de l'Adrar

Si l'on fait exception des tribus de nomades chameliers et guerriers parcourant de manière épisodique, irrégulière, le nord de la Mauritanie, le groupe humain le plus directement concerné par l'implantation de MIFERMA est localisé dans l'Adrar, massif gréseux inséré dans des zones dunaires très arides qui bénéficie de conditions climatiques plus favorables et constitue un îlot de peuplement ancien.

La population adraroise pratique l'élevage (de petit bétail dans le massif ou à proximité, chamelier, dans les régions avoisinantes) et l'agriculture (palmeraies et quelques cultures de décrue). Les ressources agricoles sont insuffisantes; le complément est obtenu grâce aux caravanes échangeant au Soudan le sel local. Dans un contexte général de ressources rares et précaires, se développent des modes de vie diversifiés.

L'unité économique et sociale est le *groupe domestique*. La division du travail dans la famille monogame ou dans la

[1] G. Balandier. 'Structures sociales traditionnelles et changements économiques', *Cahiers d'Etudes Africaines*. Republication Paulet, mai 1968, 4, p. 2.

famille étendue (patriarcale ou fraternelle) permet d'effectuer la plupart des travaux. C'est à ce niveau que sont répartis et appropriés les biens de production: le troupeau (l'appropriation commune du bétail définit la famille tout autant que les liens de parenté réels), les parcelles de culture réparties entre les familles sur lesquelles cependant des groupes plus large (lignages, tribus) possèdent des droits prééminents. L'individualisation de la propriété n'apparaît nettement que pour les palmiers et les parcelles de culture irriguée.

Une autre forme de division du travail et de coopération est réalisée dans le cadre du *campement* qui est aussi l'unité résidentielle. Les tâches sont réparties en son sein: garde des troupeaux (les activités pastorales sont diversifiées et les troupeaux le plus souvent dispersés), envoi d'un ou plusieurs membres pour conduire les caravanes, surveiller les palmeraies ou les récoltes, aller s'approvisionner dans les villes, etc.

Le campement comprend de 3 à 6 tentes (15 à 30 personnes). Il peut correspondre à la famille étendue. La plupart du temps on s'associe à des parents agnatiques, mais il n'est pas rare qu'on rejoigne des affins ou même de simples amis. Les relations corésidentielles sont variables et instables en fonction des circonstances: lorsque les conditions sont favorables, les campements se regroupent en unités plus larges selon des critères politiques—il s'agissait autrefois du lignage ou de la fraction politique (*fakhad*).

Il existait en outre dans la société maure, très différenciée, des formes d'exploitation du travail qui, sans remettre en question les fondements domestiques de l'organisation sociale, introduisaient une complexité nouvelle, d'autres types de relations sociales.

L'*esclavage* était largement répandu[1]. Chez les Ulad Ghaïlane[1] peu fournis en esclaves, ils représentaient 8% de la population et on les trouvait dans 12% des unités de production. L'esclave était intégré socialement et économiquement au groupe domestique dont il accroissait les capacités productrices. Cependant la possibilité d'utiliser des esclaves était limitée par les capacités d'accumulation des unités domestiques, elles-mêmes définies par les conditions sociales et matérielles de la production:

[1] Nous avons plus particulièrement étudié cette tribu hassan, nombreuse et fortement touchée par les migrations.

on préférait souvent confier un troupeau (dit *azib*) à l'esclave qui le gérait et bénéficiait de son produit, ou bien une palmeraie à entretenir sous des formes contractuelles qui l'assimilaient rapidement à un affranchi.

La forme la plus répandue d'exploitation du travail était en fait la *relation tributaire* garantissant l'autonomie du producteur (ou plutôt de l'unité domestique de production) et la livraison périodique du surplus de sa production, directement sous forme de travail corvéable ou sous forme de produits. Les tributaires, *znaga*, le plus souvent éleveurs, dépendaient politiquement des groupes guerriers (ou religieux) auxquels ils livraient la *horma* (chamelle laitière renouvelée annuellement, moutons, etc.). Certains propriétaires de palmeraies livraient le tribut sous forme de produits agricoles. Cette relation tributaire transmissible par héritage (tous les enfants mâles du *znaga* dès lors que mariés ils constituent une unité autonome, doivent le tribut à la famille dont ils dépendent) et cessible définit un rapport de classe correspondant à l'accès privilégié d'un groupe à un facteur de production, aux droits prééminents, en dernière analyse politique que s'arrogent guerriers ou religieux sur les pâturages, les puits, les mines de sel, etc. Les idéologies (protection, conquête) justifiant cette situation ne peuvent masquer la place privilégiée qu'occupent ces groupes dans la production.

Parallèlement à ces deux formes fondamentales d'exploitation du travail, existent des formes d'extorsion où la pression politique directe est remplacée par des *contrats juridiques* justifiant la pérennité des droits du groupe contrôlant la production. On pouvait ainsi se procurer des bergers gardant le troupeau contre une rétribution en nature ou contre une partie des produits ou du croît. Ce type de relation était surtout répandu pour l'exploitation et la plantation de palmeraies par suite de l'individualisation des droits dans ce secteur. Elle s'apparentait apparemment au métayage, l'une des parties fournissant le terrain, les plants, le gros-oeuvre, l'autre le travail, les produits—y compris les palmiers plantés—étant répartis selon des modalités variables, mais toujours fixées avec précision. Ce type de contrat liait particulièrement les *harratin*, esclaves affranchis et leurs anciens maîtres, créant de nouveaux rapports de domination et de dépendance.

L'organisation sociale reflète la coexistence contradictoire de ces formes d'organisation de la production. La famille, sous sa forme simple ou étendue, est la base de la structure sociale. Les groupements résidentiels, plus ou moins larges, du campement à l'unité de transhumance, représentent souvent un élargissement des relations agnatiques et affinales qui sont à la base de ces groupes domestiques.

La reproduction des groupes domestiques, des familles, suppose la circulation des producteurs et des moyens de production sous une double forme qui constitue le *cycle de croissance des groupes domestiques*.[1] Elle s'effectue par la transmission, au sein des groupes lignagers patrilinéaires, des principaux droits et biens de production: bétail, parcelles cultivées, esclaves, dépendants tributaires. Cette transmission s'effectue du vivant même du chef de l'unité domestique de production, au moment du mariage des fils. Elle se présente comme un préhéritage. La reproduction des unités domestiques est d'autre part liée au mariage, à la circulation de femmes entre les unités domestiques. La formation d'une nouvelle unité apparaît potentiellement avec le mariage d'un fils; l'épouse apportant tout ce qui est nécessaire à la vie domestique, hors les biens de production. La stabilité du mariage, la permanence des unités de production et la garantie de leur reproduction (qui apparaît comme garantie des droits des enfants) est assurée par la circulation, en sens inverse de celle des femmes, d'un certain nombre de biens (*essedagh*) fournis par les parents du futur époux.

Les structures politiques n'introduisent pas de complexité nouvelle apparente; fractions et tribus—qui sont définies par la fixation du pouvoir politique en certains segments—peuvent sembler, et sont effectivement, idéologiquement conceptualisées comme des regroupements de lignages dans un schéma généalogique segmentaire.

Cependant les relations de dépendance et les règles d'endogamie délimitent dans la société maure des strates hiérarchisées; guerriers (*hassan*), religieux (*zwaya*), tributaires (*znaga*), artisans (*ma'allmin*), affranchis (*harratin*) et esclaves (*abid*). Cette

---

[1] 'The developmental cycle in domestic groups' est l'expression utilisée pour regrouper un certain nombre d'études sur ce problème (J. Goody ed. Cambridge University Press, 1958). Nous la reprenons pour définir un type d'approche que nous ne pouvons développer.

stratification définit un autre mode d'organisation sociale et politique qui recoupe partiellement le système domestique et et lignager, et vient s'y articuler. Il s'agit d'une véritable *structure de classe* qui suscite l'apparition d'une forme politique centralisée: l'émirat de l'Adrar.

Ce bref exposé des fondements de la société maure de l'Adrar laisse la plupart des problèmes dans l'ombre. Il nous permettra de définir les conditions d'articulation de cette société avec la société capitaliste.

Conditions de formation d'un 'marché du travail'

Les étapes de la politique coloniale jusqu'à l'Indépendance—correspondant à l'implantation des sociétés minières et à la dominance des rapports capitalistes—sont marquées d'une finalité commune: créer les conditions de pénétration et de développement des rapports capitalistes; en tout premier lieu, créer un 'marché du travail' sur lequel la force de travail des individus, 'libérée' des formes antérieures de réalisation, pourra être confrontée au capital. Quelques rappels historiques sont nécessaires.

La conquête de l'Adrar est accomplie en 1909, mais la résistance continue dans les zones limitrophes jusqu'en 1934. Pendant toute cette période, le pouvoir colonial s'appuie sur les guerriers de l'Adrar, sur l'aristocratie militaire (non sans quelques déboires, tel le départ de l'émir en 1931) pour combattre la dissidence. La structure sociale antérieure semble en partie maintenue.

En fait elle est rapidement lézardée. Pendant cette période la production est profondément désorganisée. Les dissidents pillent d'énormes troupeaux, les réquisitions militaires pèsent lourdement. L'agriculture, les transports caravaniers souffrent pareillement et les périodes de disette, déjà nombreuses au début du siècle alors que la pénétration coloniale s'effectue dans le sud, sont de plus en plus longues et rapprochées. De 1906 à 1927, selon les rapports administratifs, la famine est chronique, les échanges sont presque interrompus, la fin des guerres empêche que jouent les mécanismes de transfert et de redistribution inter-régionale des richesses. L'Adrar est 'saigné à blanc', les mouvements internes de population accentuent le désordre.

La dissidence réduite, dans la courte période qui précède la seconde guerre mondiale (1934–40), une lente réorganisation se manifeste, masquant des transformations qui vont se révéler au cours de la grave crise que connaît la Mauritanie durant la guerre.

A partir de 1940, les échanges avec les autres colonies sont interrompus, ainsi que ceux avec la métropole: cette rupture révèle leur importance dans la société maure et le degré de pénétration des rapports marchands. S'ajoutent, dans les années 1941–1942–1943, une série de saisons sèches et d'autres calamités naturelles (sauterelles).

Les effets de la crise se révèlent dès 1942 et sont d'une grande acuité jusqu'en 1946. Le plus spectaculaire est la brusque montée des prix. Elle touche surtout les produits importés qui deviennent rares et sont contingentés. L'administration multiplie les réquisitions pour fournir le marché alimentaire. La spéculation se développe, favorisant l'apparition d'une couche sociale nouvelle: les commerçants qui s'enrichissent rapidement. Par contre la situation matérielle des éleveurs devient très difficile: beaucoup se deplacent vers le sud, d'autres gagnent les villes dont la population grossit.

La crise se prolonge après 1946 par une crise sociale entraînant la rupture des liens de dépendance. De nombreux esclaves quittent les campements. A partir de 1946 et jusqu'en 1952, est organisé par l'administration le rachat des rapports tributaires sous la pression des dépendants. Elle se manifeste enfin au plan politique, dans le contexte nouveau d'après-guerre, par l'apparition d'un parti politique nouveau et l'élection du député Sidi Horma.

Le déroulement historique des faits n'explique pas les *conditions de développement d'un 'marché du travail' après la crise et en liaison avec elle.* Dès cette époque, l'ouverture de chantiers urbains et militaires prépare les futures implantations industrielles: elle témoigne de l'extension parallèle de l'‘offre’ durant cette même période.

Le problème est d'examiner *les modalités de 'libération' de la force de travail des anciens éleveurs, séparés de leurs moyens de production et de leurs produits, et obligés de migrer.* Ce processus apparaît totalement déterminé par la pénétration progressive de rapports marchands. Après la longue aventure de la conquête, la période 1940–60 est celle de l'instauration de la dominance des rapports capitalistes.

La crise amène dans les villes nombre d'anciens éleveurs ayant perdu leur cheptel et totalement démunis. En brousse même, des nomades, sans animaux, doivent trouver des expédients pour vivre: petits travaux annexes (bois de chauffage, charbon de bois, etc.), transports, berger pour un éleveur plus chanceux.

La destruction périodique du cheptel sous l'effet de calamités naturelles ou sociales n'est pas un phénomène nouveau dans ces régions aux conditions difficiles. Ce qui est nouveau, c'est que ne jouent plus les mécanismes sociaux de reconstitution des troupeaux par le jeu de la circulation des moyens de production dans la 'société pastorale', transmission domestique et familiale, circulation hiérarchique (redistribution, relations de clientèle et de dépendance), sans parler de la redistribution assurée par les guerres.

La séparation des producteurs de leurs moyens de production prendra l'aspect de destructions périodiques du cheptel sans renouvellement, suivies de l'exode massif des éleveurs démunis. On retrouvera ce processus à la fin des années 50; une nouvelle période de sécheresse prolongée et la relative insécurité au moment de l'Indépendance amènent un nouvel exode de main-d'oeuvre coïncidant avec l'ouverture des mines. Il ne s'agit pas en définitive d'un phénomène spécifique de la Mauritanie, des faits analogues peuvent être relevés en analysant l'évolution des sociétés pastorales africaines durant la période coloniale.

La pénétration des rapports marchands entraîne complémentairement la séparation des producteurs de leurs produits. Cette pénétration apparaissait limitée à la veille de la guerre. L'utilisation même de la monnaie restait secondaire, les échanges s'effectuant souvent sous une forme directe. Les commerçants traditionnels Tekna, Ulad Busba, etc., commanditaires de caravanes fournissaient les quelques produits extérieurs (thé, sucre, étoffes et armes) sans que soit réellement pénétrée l'économie domestique.

Dès cette période se développe cependant l'économie monétaire; trois facteurs interviennent: (1) les soldes et retraites versées aux goumiers, partisans et autres militaires ainsi qu'aux chefs politiques; (2) l'impôt, qui ne semble cependant pas jouer un rôle majeur dans cette région; (3) enfin l'apparition de besoins nouveaux ou la satisfaction d'anciens besoins sous une forme monétaire, grâce au contrôle de l'administration sur les échanges.

La crise joue là encore un rôle révélateur. Les restrictions sont brutales et les prix s'élèvent de manière incontrôlée pendant la guerre. Deux possibilités s'offrent à l'éleveur dans le besoin :

— La vente des produits de l'élevage (accessoirement aussi du sel qui rentre également dans des circuits monétaires). La dégradation de la valeur monétaire de ces produits par rapport aux produits manufacturés amène le *développement de la commercialisation* et contribue à la dégradation des conditions de la production.

— Le *salariat* offre une autre possibilité d'accéder aux revenus monétaires. Il s'agit d'un secteur encore limité après la guerre et les salaires sont très bas.

Cette analyse prouve par ailleurs que commercialisation et migration sont deux aspects de la pénétration des rapports marchands, ce qui explique leur fréquent parallélisme. Des ventes massives peuvent précéder des courants de migration. Le caractère irrégulier, souvent constaté, de la commercialisation dans ces sociétés—posant des problèmes complexes d''aménagement du marché'—correspond à cette détermination commune. La 'libération' de la force de travail des éleveurs s'accompagne d'une restriction des procès de circulation dans la 'société pastorale', la reproduction de cette société prend une forme régressive ou stagnante. Cette situation témoigne d'un degré d'incompatibilité—que l'on pourrait définir avec précision dans chaque société—avec l'économie marchande.

Les phénomènes migratoires à une grande échelle qui s'accélèrent à partir de 1960 s'inscrivent dans ce contexte, prolongeant l'évolution précédemment décrite et permettant l'installation des grandes sociétés minières et industrielles.

On peut estimer la population de l'Adrar à 70.000 personnes, plus de 20% se trouvent actuellement hors de la région; il faudrait y ajouter la population—en régression—d'Atar.

Apprécier les causes et l'importance des migrations serait cependant insuffisant si l'on ne montrait comment les transformations de la 'société pastorale' qui en résultent ont pour fonction—tant que la société capitaliste lui reste liée de manière dominante—d'assurer la reproduction élargie du rapport de production dominant: fournir en nombre accru des 'travailleurs libres'.[1]

Transformations actuelles de la 'société pastorale'

Elles ne peuvent être comprises que si l'on tient compte de la *nature des processus de prolétarisation:* ceux-ci déterminent une rupture radicale et intègrent le travailleur à une société obéissant à des principes totalement différents.

Le problème apparaît clairement en considérant les conditions de reproduction de la force de travail des migrants salariés: le salaire destiné à la reconstitution de cette force de travail sera utilisé, du fait de la pression sociale, à d'autres fins: redistribution collective, détournement par le biais du parasitisme familial ou tribal. Le crédit qui se développe d'autant plus dans ce contexte que les salaires sont bas, liera définitivement le travailleur à sa condition, quelles que soient les tentations de retour en arrière.

Les résistances à la prolétarisation sont effectives et se manifestent de diverses manières. Au niveau individuel, on les constate dans la recherche d'une diversité des revenus et d'autres modèles de promotion sociale (commerce par exemple). Au niveau collectif, elles apparaîssent dans l'instauration de systèmes de sécurisation collectifs.[2] Cette résistance apparaît aussi sous une forme conflictuelle, liée à l'émergence rapide d'une conscience de classe à travers les grèves revendicatrices dont l'analyse est particulièrement intéressante.

Le caractère radical de la rupture apparaît aussi dans l'évolution du turn-over des entreprises[3] et de la qualification professionnelle des ouvriers. La classe ouvrière mauritanienne se développe de manière spécifique, en marge de la société pastorale. Ses structures se transforment sur le modèle de la

---

[1] On notera que la fourniture de marchandises par la société précapitaliste ne joue qu'un rôle secondaire contrairement à ce que l'on peut observer dans d'autres sociétés coloniales. L'établissement d'une typologie et la comparaison des situations enrichiraient considérablement l'étude du phénomène colonial.

[2] C'est le système des *kas lawha* fonctionnant par tribu. Les travailleurs originaires d'une même tribu versent une cotisation destinée à couvrir des frais imprévus (accidents, maladie, décès . . .) à accueillir un hôte de marque, etc.

[3] Qui passe de 56% du personnel par an en 1964, à 12,5% en 1968 à Zouerate; à Nouadhibou de 61% en 1963, à 11,5% en 1971.

société capitaliste: la famille tend à s'aligner sur le ménage, les fonctions du groupe domestique, noyau de la société pastorale, disparaissent, de même que les valeurs qui y sont attachées (comportements de parenté, statut de la femme, rapports d'autorité).

Cependant, pour des raisons qui tiennent au développement des rapports capitalistes (volonté d'alimenter le marché du travail en main d'oeuvre à bon marché, extension des rapports marchands), mais aussi aux conditions d'articulation qui subsistent avec la société pastorale, loin d'aboutir à un ralentissement des migrations, la formation, spécifique et 'marginale' d'une classe ouvrière, la saturation du marché du travail, aboutissent à l'*accélération des mouvements de population*. La circulation des individus, des biens et des idées entre le milieu industriel et la brousse est un facteur essentiel de cette accélération.

Les ouvriers conservent de nombreuses relations avec leurs groupes d'origine: la plupart retournent dans leur famille lors des congés. Leurs femmes et enfants y séjournent souvent plusieurs mois par an, en particulier lors des cures de lait et de dattes. Il est même assez courant de trouver la famille installée définitivement en brousse auprès des parents, le travailleur profitant de toutes les occasions pour les retrouver quelques jours. Il est remarquable que les formes traditionnelles d'alliances matrimoniales persistent jusqu'à présent et que se maintiennent les règles d'endogamie.

Une partie des salaires versés aux ouvriers aboutit en brousse, non tant par la fourniture de produits de consommation sur le marché urbain (le bétail fait exception, mais le marché est relativement limité), que par le canal des rapports sociaux. La plupart des ouvriers envoient une partie de leurs salaires à leurs parents restés en brousse. Le versement des dots et les diverses prestations dues aux beaux-parents (*wajib*) entraînent aussi d'importantes redistributions d'argent et de biens. La redistribution monétaire ou en produits contribue à l'apparition de besoins nouveaux (radio, magnétophones, chaussures, étoffes, etc.).

Cette situation a des limites qui sont celles fixées par la dominance des rapports capitalistes. Sauf rares exceptions, il est rare que les ouvriers puissent acquérir des moyens de production (bétail, palmiers) quel que soit le désir qu'ils en manifestent. Les salaires se révèlent insuffisants à cette fin et il est très difficile d'obtenir le travail nécessaire à l'entretien et à la mise en valeur du cheptel ou des palmeraies éloignées.

Enfin la circulation des idées, des modèles culturels et des valeurs nouvelles est très importante: elle entraîne l'apparition de besoins nouveaux et des transformations conséquentes de la vision du monde. L'ensemble de ces facteurs—effet en retour des migrations antérieures et des processus de prolétarisation, élargissement des rapports capitalistes (création d'un marché intérieur encore limité), entretien d'un volant de chômage—contribuent à accélérer les migrations. Ces processus correspondent à la *reproduction élargie des rapports capitalistes* qui passe par la reproduction de la société pastorale, mais profondément transformée.

Les maures appellent *tenusu* le migrant. Ce terme imagé désigne le bétail errant ayant fui le troupeau au pâturage et cherchant seul sa nourriture. C'est un individu en situation de rupture potentielle avec la société 'pastorale'; il est actuellement très jeune. Il circule entre les différents lieux où il peut trouver du travail (vivant chez des parents ou des membres de sa tribu) et son campement d'origine.

Sur 60 jeunes éleveurs Ulad Ghaïlane constituant un échantillonnage aléatoire, 56 avaient déjà effectué un ou plusieurs séjours dépassant parfois un an en ville; dans certains cas ils avaient travaillé; le plus souvent ils alimentaient la masse croissante des chômeurs vivant de petits métiers ou en parasites, manoeuvres journaliers, etc.

La rupture est souvent brutale; à l'occasion d'un voyage, le jeune homme commence à chercher du travail. Parfois le berger abandonne ses troupeaux en passant à proximité des villes. Les retours ultérieurs en brousse sont toujours provisoires et précaires, bien qu'un tiers des personnes questionnées manifestent le désir de renouer avec la vie pastorale. Seule la vie en ville, les salaires permettent de satisfaire les besoins nouveaux qui apparaissent et d'échapper à l'emprise de la société traditionnelle, à des rapports d'autorité qui se révèlent particulièrement lors du mariage. La gravité du problème est manifeste lorsque l'on étudie les variations du pourcentage de migrants en fonction des classes d'âge (exemple des Ulad Ghaïlane) :

Catégorie	% migrants
16–20 ans	17
21–25	25
26–30	34
31–35	25
36–40	17,5
41–45	15
46–50	11
51–55	9

Ces pourcentages seraient plus importants encore si l'on ne considérait que les seuls hommes. La population restée en brousse vieillit nettement; les campements sont souvent occupés par des femmes et des vieillards. La dégradation des capacités de production est à nouveau accélérée. Chez les Ulad Ghaïlane, la tendance à la sédentarisation s'accentue, apparaîssant souvent comme une solution partielle et provisoire. Ils ont acheté nombre de palmiers et construit des maisons dans les oasis : en fait, il leur manque très rapidement la main-d'oeuvre nécessaire à l'entretien des palmeraies.

Il est nécessaire d'apporter quelques correctifs à ces observations en fonction des groupes sociaux considérés. Si nous prenons pour base les tribus, ce qui est une approximation assez grossière, on obtient les pourcentages suivants de population migrante/population totale (migrants à Zouérate et Nouadhibou seuls) :

Ulad Akchar–Ulad Amoni	30%
Regueïbat	16,5
Ulad Ghaïlane	15
Smacid	12,5
Teïzegua	10
Amgaridje	8
Torchane	6,5
Ideïchelli	5
Ahel Cheikh Mohamed Fadle	5

Les migrations touchent surtout les tribus guerrières et politiquement dominantes, par contre les tribus *znaga* à l'économie diversifiée, quittent peu la société traditionnelle. Le cas des Smacid commerçants est intermédiaire. Ces variations demanderaient à être interprétées avec soin à partir d'études monographiques, telles celles effectuées chez les Ulad Ghaïlane. Le cas des anciens esclaves est un peu particulier, beaucoup ont quitté les campements depuis 1946; démunis de ressources, ils ont été parmi les premiers migrants dans les centres urbains et ont acquis des métiers et qualifications diverses, jardiniers en particulier, aussi n'ont-ils que modérément migré vers les centres industriels. Le cas des esclaves originaires du Sud est différent et ils sont très nombreux à avoir gagné les villes.

On peut tirer en quelques mots la conclusion de cette analyse : *la société pastorale et nomade adraroise apparaît condamnée dans un délai relativement court.* Ce jugement n'est pas seulement dicté par la dégradation des capacités de production, mais surtout par l'analyse des conséquences des transformations profondes de cette société.

Les structures de l'unité domestique, cellule de base de la société, sont elles-mêmes marquées par la pénétration des rapporte marchands. L'évolution de la fonction et de la nature du prix de la fiancée est un aspect fondamental de cette action corrosive. Le prix de la fiancée variait peu autrefois—étant fixé par la coutume tribale.[1] Il est désormais versé en argent et a subi une inflation considérable. Il assurait la stabilité de l'alliance et du groupe domestique, il contribuait à déterminer les groupes endogames à l'intérieur desquels circulaient les femmes et le patrimoine. Ces unités sont menacées d'éclatement et l'instabilité de la famille augmente du fait de son inflation monétaire. Le prix de la fiancée devient une simple indemnité de transfert des droits sur les femmes, quasiment un rapport marchand. On commence à voir apparaître des mariages entre individus de groupes et strates endogames et même avec d'autres ethnies : nombre de travailleurs 'noirs' ont des femmes maures. La possibilité de rassembler l'argent pour verser le prix de la fiancée crée la seule légitimité du mariage, ce qui favorise les ouvriers et autres salariés.

Les conséquences sont importantes. Le nombre de divorces croît fortement. Les femmes jeunes quittent les campements pour chercher un mari en ville. Dans ces villes se développe

---

[1] Les variations des autres prestations matrimoniales étaient plus conséquentes. Le prix de la fiancée était versé en produits divers selon les tribus: bétail, pièces d'étoffes, armes, pièces d'argent, etc. On continue formellement à faire de même mais en fixant une valeur monétaire fictive à chacun de ses éléments.

une forme de parasitisme féminin et, surtout à Nouadhibou, la prostitution.

Les comportements à l'intérieur du groupe domestique sont eux aussi modifiés, relations entre conjoints, relations parents–enfants, en particulier celles avec le fils qui recevait du chef de famille les troupeaux et le prix de la fiancée, nécessaires à son établissement autonome. Le départ des jeunes *tenusu* est la manifestation la plus évidente de cette crise d'autorité et de la décomposition du groupe domestique.

Aux autres niveaux d'organisation sociale, les effets sont plus marqués encore. Les hiérarchies et stratifications antérieures, ébranlées profondément durant la période 1940–60, sont remises en question par l'émergence de couches sociales nouvelles —fonctionnaires, commerçants, ouvriers—malgré leur réintégration partielle dans l'Etat indépendant. De nouvelles formes de groupements résidentiels apparaissent. Les groupes de transhumance s'organisent autour d'individualités occupant des fonctions importantes dans les nouvelles structures politiques, quelles que soient leurs appartenances traditionnelles.

L'organisation lignagère et politique ne résiste pas à cette evolution. Il est difficile de cerner le phénomène mais il est évident que la perte de mémoire généalogique (c'est-à-dire la prégnance de l'idéologie agnatique) est très forte parmi les adultes les plus jeunes. Les enquêtes menées sur le terrain témoignent d'une conscience aiguë de l'état de destructuration de la société pastorale.

En définitive, la reproduction élargie des rapports capitalistes nécessite, pour le moment, l'existence de cette société, mais il s'agit d'une situation très provisoire. Les difficultés de maintien d'une vie nomade et pastorale témoignent certes de son incompatibilité, sous ses aspects traditionnels, avec un système de type capitaliste, mais en leur forme spécifique, décrite dans ces quelques pages, elles correspondent surtout au caractère destructeur de la diffusion des rapports capitalistes.

Conclusion

Avant la conquête, la société maure était depuis longtemps en contact avec les sociétés occidentales. Les relations consistaient en fourniture de marchandises: esclaves et surtout gomme au XIXe siècle. Durant cette période, les rapports marchands sont périphériques, ils jouent cependant un certain rôle dans la société pastorale et contribuent à l'établissement de structures politiques centralisées.

La colonisation correspond à l'établissement progressif de la dominance des rapports de production capitalistes. Elle a pour résultat la séparation des producteurs de leurs produits et de leurs moyens de production. Elle se manifeste par l'ampleur croissante des migrations de travail. C'était là la condition historique de l'implantation des industries minières et de l'extension actuelle des rapports capitalistes. La pénètration rapide dans la phase actuelle des rapports marchands dans la société traditionnelle (à travers le prix de la fiancée en particulier) remet en question la survivance même de cette société dans un avenir proche.

SUMMARY

Great changes within the pastoral societies who live in this region have come about because of the exploitation of the mineral resources of Northern Mauritania (iron from Zouerate, copper from Akjoujt). The resulting massive migrations (approximately 20% of the population of the Mauritanian Adrar, the area most affected, with great differences according to social groups) would seem to be the result of this establishment of industries, but at the same time it is a condition of the latter. The prior existence of a labour force is essential to the local development of capitalist relations.

The migratory phenomena are central to the problem of interactions between capitalist and pastoral societies. They belong to an historical process by which the dominance of capitalist production has become established. Their interpretation presupposes at the same time that the characteristics of these two societies and the successive forms of their interaction can be identified.

Mauritanian society of the Adrar region, upon which our study is based, shares a number of characteristics with other pastoral societies of the Sahara. It is strongly hierarchical, made up of endogamous social strata which have diverse social and economic functions and an unequal participation in political power. Within this society there were many kinds of exploitation of labour, including domestic slavery, tribute, and forced labour. We are dealing with a class society with its own particular contradictions, favouring political centralization under the Emirate. Apart from the slaves, the producers retained control of both the means of their production and what they produced since they belonged to family groups, the units of such production and the foundations of the social structure. This militated against their becoming free workers able to offer their labour on a market. The establishment of the dominance of capitalist relations through a process of articulation required several stages of destructuring and transformation of the pastoral society.

I. Mauritanian society had long been in contact with western capitalist societies. Before colonial conquest, dealings were mainly concerned with providing goods, slaves, and above all gum-arabic during the 19th century. Over this period trading relations were peripheral and controlled. They did, however, play a part in the pastoral society and contributed to the setting up of a centralized political structure.

II. Period of the Conquest (1909–1940). This continued right up to the end of the dissidence in the North (1934). Change within the pastoral society was evident but slow; disorganization of production, introduction of a monetary economy, gradual development of relations in production. The somewhat limited nature of these changes became apparent during the years which followed the pacification (1939–40), a time when some stability was established.

III. The next two decades (1940–60) saw a rapid intensification of these changes. It began with the rapid and prolonged economic and social crisis which swept the country during the second world war. Producers were separated both from their means of production and their products. Migration became increasingly widespread while the labour market expanded. Conditions were fulfilled for setting up mining companies, and this began at the end of the fifties. The area was now colonized in the true meaning of the word and capitalist production became dominant. Correspondingly, the transformation of the society was profound.

IV. Lastly, the present day (since 1960) has seen a rapid decay of the pastoral society and an increase in migration in spite of a saturation of the labour market. The creation of a proletariat among the mine workers fosters the formation of a working class which has its own evolution. The penetration of pastoral society by capitalist productive relations (in particular through the development of bridewealth), raises the question whether the society can continue to exist, at least in the north of Mauritania. This could be indicative of an ultimate phase to come, whose exact form cannot, however, be predicted.

V

Analyse des rapports de production chez les pasteurs et les agriculteurs de l'Ahaggar

A. BOURGEOT

L'analyse qui va suivre ne se prétend pas exhaustive. Son ambition se limite à mentionner des évènements d'ordre historique et à livrer des matériaux ethnographiques tendant à éclairer les rapports liant agriculteurs sédentaires et pasteurs nomades en Ahaggar. Ces deux aspects seront organisés afin d'en saisir leur articulation. A cet effet, l'étude portera sur l'évolution de ces rapports depuis la période qui a précédé la colonisation française (1890) et le début de celle-ci, en 1902, date à laquelle les Kel Ahaggar furent vaincus à Tit, jusqu'à nos jours.

L'analyse de ces 80 ans d'histoire essaiera de mettre à jour les faits historiques qui ont participé à l'accélération du processus de différentiation sociale tout en développant les contradictions internes à cette société.

Dans ces grandes lignes, cette période historique est marqué par la régression de l'esclavage et du commerce transsaharien. Par ailleurs, sous l'impulsion de *Musa ag Amastan, aménokal* reconnu par la France, l'extension des travaux agricoles et des centres de cultures (*aghrəm*)[1] commence à se manifester. La disparition des rezzou a fortement contribué aux changements économiques et politiques. L'ensemble de ces mouvements économiques intimement liés ont modifié l'organisation politique traditionnelle en la rendant plus complexe et oblitère la structure sociale. Celle-ci fut disloquée par l'instauration des rapports nouveaux, lors de l'indépendance algérienne en 1962.

[1] *aghrəm*: Centre de cultures peuplé de sédentaires à grande majorité *izeggaghən*. Les *aghrəm* sont constitués soit de huttes circulaires en typha, soit de maisons rectangulaires en pisé, soit des deux. Ce terme s'applique aussi bien au plus petit hameau qu'à la plus grande ville. 'gh' traduit le 'r' grasseyé par opposition au 'r' roulé.

PRESENTATION DES CONDITIONS ECOLOGIQUES

Massif montagneux volcanique dont le point culminant atteint les 3000 m. (mont Tahat), l'Ahaggar est peuplé d'environ 16.000 âmes ainsi réparties: 10.000 sédentaires (les *kəl aghrəm*) localisés dans les centres de cultures et 6.000 pasteurs nomades (les *imuhagh*).[1]

Le régime des pluies se caractérise par son extrême irrégularité dans la fréquence comme dans l'abondance tant à Tamanrasset que dans l'*Atakor* (massif central de l'Ahaggar). La pluviométrie concernant ces deux zones passe du simple au double: Tamanrasset reçoit en moyenne 50 mm. par an, tandis que l'*Atakor* peut en recevoir jusqu'à trois fois plus. Une telle pluviométrie interdit toute culture non irriguée. Les pâturages se caractérisent par une maigreur alarmante en période de sécheresse. Cette instabilité dénote un bas niveau de nourriture végétale et une chaine alimentaire fort réduites. Dans ces conditions, il n'est pas suprenant que les fluctuations pluviométriques aient des répercutions dramatiques sur les populations animales et, par voie de conséquence, sur les populations humaines.

Dans ces grandes lignes, la structure sociale recouvre, d'une part les hommes libres: les *ihaggarən* (détenteurs du pouvoir économico-politique) les *kəl ulli* (littéralement les 'gens de chèvres' au statut social de tributaires), d'autre part, les dependants: les *iklan* (sg. *akli*: esclaves); les *izəggaghən* (les agriculteurs métayers).

Les troupeaux de caprins constituent l'une des principales ressources chez les *kəl ulli* tandis que les *ihaggarən* possèdent aussi des troupeaux de chameaux relativement importants.

LE PASTORALISME EN AHAGGAR

Définir le nomadisme comme étant un mouvement migratoire est une tautologie. Le caractère général du nomadisme se réfère à un mode de vie déterminé par des conditions historiques et écologiques précises impliquant des déplacements cycliques

---

[1] *imuhagh* représente le cadre de référence recouvrant l'ensemble des populations dont le mode de vie est le pastoralisme. A l'intérieur de ce cadre de référence interviennent les différentes hiérarchies sociales *ihaggarən, kəl ulli, iklan*. Les *kəl aghrəm* représentent un autre cadre de référence regroupant les populations sédentaires (jardiniers et commerçants arabophones).

(ou non) afin d'oeuvrer à la satisfaction des besoins alimentaires du groupe. Cette définition très générale n'est que le point de départ de l'étude de la réalité (c'est-à-dire l'étude d'une société pastorale particulière) afin de préciser et concrétiser les différents types de nomadismes. Le pastoralisme nomade n'est qu'un trait historique et géographique du nomadisme qui explique la manière par laquelle les besoins alimentaires du *troupeau*, et par relation directe, des *hommes*, sont satisfaits.

Définir le pastoralisme comme étant une 'adaptation particulière à l'intérieur d'un éco-système donné'[1] tend à privilégier la dimension écologique en évacuant les problèmes posés par la survie économique et politique du groupe, survie cristallisée autour du troupeau. Il est bien évident que le pastoralisme nomade évolue dans des conditions écologiques spécifiques, mais si celui-ci veut rendre compte de l'évolution des sociétés, le recours à l'explication écologique (l'adaptation) bien que nécessaire est tout-à-fait insuffisante et ne peut traduire qu'un aspect partiel de l'adaptation: l'écologie est une variable seconde permettant une explication partielle. Le pastoralisme ne se dissocie pas de l'histoire de sa formation ni de celle de ses rapports sociaux au sein desquels il se manifeste. Dans cette perspective, oeuvrer à l'analyse des rapports qui articulent l'organisation sociale et les différents types de troupeaux est primordiale. Cette démarche peut éclairer le rôle de l'élevage dans la structuration de ces sociétés ainsi que les rapports liés entre les troupeaux et les unités de production.

Les *imuhagh* sont des pasteurs semi-nomades. En milieu nomade proprement dit, le campement se déplace dès que le troupeau a consommé les pâturages alors qu'en Ahaggar, les troupeaux se déplacent autour des campements (*amezzagh*) jusqu'à l'épuisement total des réserves. Le semi-nomadisme semble reposer sur une migration cyclique tendant vers la régularité et se mouvant dans une zone de pâturages extensifs: les terrains de parcours.

Quant à la précision du terme pasteur, elle renvoie à l'activité dominante de cette société: le pastoralisme. Le terme établit de plus une distinction par rapport à celui d'éleveur. En effet, cette distinction se rapporte au problème de l'économie

---

[1] Paine, R. 'Animal as capital: comparison among northern nomadic herders and hunters.' *Anthrop. Quarterly*, 44, 3, 1971, p. 162.

mixte, c'est-à-dire aux rapports économiques entretenus par les peuples nomades (ou semi-nomades) avec les populations agricoles.

Dans le cas des sociétés pastorales, les pasteurs pourraient se passer de l'apport agricole qui se présente comme une économie d'appoint par rapport aux activités commerciales caravanières. Les relations des pasteurs avec les agriculteurs se limitent au séjour des premiers dans les centres de cultures chez leurs métayers, au moment des récoltes afin de prélever leur part.

La distinction établie à propos des éleveurs et des pasteurs se construit sur les deux points suivants.

En premier lieu, sur l'activité principale, à savoir, l'agriculture. L'élevage apparaît ici comme secondaire et son impact dans la vie économique sert d'appoint. En second lieu, le terme éleveur connote un habitat fixe et permanent. Dans ces deux exemples, l'homme n'intervient pas de la même manière dans ses rapports avec le troupeau, et ses connaissances expriment un contrôle différent.

En Ahaggar, le pastoralisme épouse des formes différentes conséquentes aux types de troupeaux spécifiques à chacune des catégories sociales. Le troupeau de base est composé de caprins qui assurent la survie économique des populations nomades; c'est donc essentiellement un 'pastoralisme alimentaire' fondé sur l'utilisation des produits du troupeau (lait, beurre, fromage, peaux transformées en cuir). Ce trait était autrefois spécifique aux *kǝl ulli* (les 'gens des chèvres'), dépendant des *ihaggarǝn*. Ceux-ci, propriétaires d'autres types de troupeaux, (camelins) assuraient leur main mise économique et politique par la possession de troupeaux dont l'emploi de l'énergie animale permettait la domination. Celle-ci les dégage partiellement des problèmes alimentaires par l'établissement d'un système de redevances, à savoir, l'instauration d'un tribut de domination politique (la *tiwse*), versée par leurs tributaires sous forme de produits divers (caprins ou autres), et proportionnelle à la richesse des biens.

Assurés d'une partie de leurs besoins alimentaires, les membres du clan dominant peuvent se livrer, grâce à l'exploitation de l'énergie chamelière, au 'pastoralisme caravanier et commercial' ainsi qu'au 'pastoralisme de conquête' par la pratique des rezzou.

L'exploitation de l'énergie chamelière, appropriée par les *ihaggarən*, fut un facteur déterminant dans la mise en place du rapport de domination économico-politique sur les *kəl ulli*.

Il apparaît donc que la possession des différents types de troupeaux engendre différentes formes de pastoralismes qui se manifestent dans la constitution des troupeaux et dans les modes de gardiennage. L'exploitation de l'énergie animale orientée vers plusieurs buts permet d'affirmer le contrôle et la suprématie politiques.

Le mode d'exploitation du troupeau ainsi que la manière dont l'énergie animale est employée participent à la différenciation économique laquelle engendre une nouvelle division sociale du travail, source de différenciation sociale.

Les formes de propriété chez les pasteurs

Cette présentation du pastoralisme des *kəl Ahaggar* serait incomplète si nous passions sous silence les formes de propriété chez les pasteurs. Le mouvement vers l'appropriation privée du troupeau se construit sur un fond d'appropriation collective. En effet, la totalité des territoires de parcours composés par les maigres pâturages indispensables au maintien du troupeau, appartiennent à l'ensemble du clan: chaque clan a un terrain de parcours inaliénable.

Les rapports de dépendance, en dehors des rapports politiques qui lui sont inhérents, se manifestent par l'implantation des *kəl ulli* sur des terrains de parcours aux frontières bien délimitées. Chez les *ihaggarən*, et plus précisément chez les *kəl ghela*, (clan dominant dans lequel est choisi et élu l'*aménokal*) l'installation des terrains de parcours circonscrits géographiquement, n'existent pas: tous les troupeaux dont il sont propriétaires peuvent potentiellement paître et traverser les territoires attribués aux tributaires. Cette absence de portion territoriale destinée à l'usage des clans dominants rend compte des droits de domination imposés sur tout le territoire. A partir de celui-ci, il s'est élaboré un système de redevances et des règles légiférant les droits de passage. Ainsi se trouve posé le problème de la terre et de son appropriation aux niveaux collectif et individuel. Ces deux formes se concrétisent à travers les rapports économiques liés entre la terre et l'*aménokal*.

Les droits d'appropriation et d'aliénation des biens sont

identiques pour les dominants (*ihaggarən*), *aménokal* compris, et pour les tributaires (*kəl ulli*). Il existe deux types de terre correspondant à deux formes d'appropriation:

— Les terres acquises par héritage; celle-ci sont aliénables et peuvent être qualifiées de propriété privée.

— Les terres de domination politique constituant la propriété publique inaliénable dont *l'aménokal* est en fait le gestionnaire et le garant.

Certains auteurs ont voulu voir dans l'*aménokal* le grand propriétaire terrien de l'*Ahaggar*. Cette conception est fausse: l'*aménokal* ne peut affirmer sa propriété que sur des biens meubles et immeubles acquis par héritage. En d'autres termes, la propriété se matérialise dans et par le patrimoine familial et uniquement par celui-ci.

Quant à la seconde forme d'appropriation (les 'terres de domination politique'), afin d'en déterminer sa spécificité, il serait indispensable de l'étudier sous tous les angles dont les plus essentiels sont:

— le statut juridique de ce type d'appropriation par rapport: aux terres de l'*aménokal* acquis par héritage;
— aux terres des tributaires;
— le pouvoir économico-politique que ce type de détention lui confère.

Cette appropriation existait-elle avant la succession politique matrilinéaire? Il ne semble pas que cette appropriation ait été profondément associée au titre d'*aménokal*. A l'époque où sa nomination reposait essentiellement sur des qualités d'ordre personnelles reconnues par une majorité permettant ainsi de cimenter la cohésion sociale, il ne semble pas qu'il ait été pourvu de ce pouvoir. Il semble plutôt que ce droit est conséquent à l'institutionalisation de son pouvoir nouvellement fondé sur la transmission matrilinéaire. Malgré une documentation restreinte se rapportant à la succession du pouvoir politique chez les *Kəl Ahaggar*, il apparait que celle-ci s'est d'abord effectuée par voie patrilinéaire pour devenir matrilinéaire à partir de l'*aménokal* El Haž Ahmed (1860–77). Cette institution, le *kaskab* marque le passage vers la centralisation du pouvoir entre les mains d'un seul clan, celui des *kəl ghəla*. A ce propos, les conflits politiques permanents pour la course au pouvoir entre *Kəl ghəla* et *Taïtoq* (2 clans *ihaggarən*) abondent dans ce sens. Le passage de la succession patrilinéaire à la succession matrilinéaire est lourdement chargé d'implications économiques et politiques. En prenant comme point de départ ce tournant historique il serait sans doute profitable de l'analyser en relation avec le problème de l'endogamie chez les *imuhagh*.

Evolution des rapports de protection

L'analyse des rapports politico-économiques chez les *imuhagh* a été faite par ailleurs.[1] Nous procéderons donc à l'approfondissement du rapport de protection (la relation *təmazlaït*)[2] au détriment des autres types de rapports.

Celle-ci diffère du rapport de domination (relation *əttəbəl*)[3] que les dominants imposent à leurs tributaires, et de la relation *analkam*[4] laquelle exprime un rapport de soumission politique et économique dans la relation générale dominants/autres hommes libres, agriculteurs compris. Le relation *təmazlaït* est conséquente à une décision politique librement consentie qui n'oblitère pas la relation *əttəbəl*. Un tributaire appartenant à un *əttəbəl* quelconque peut entretenir une relation *təmazlaït* avec un suzerain extérieur à cet *əttəbəl* tout en faisant partie de celui-ci.

Cette fonction de protecteur opère tant sur les tributaires nomades que sur les métayers sédentaires (*izəggaghən*). Elle est indépendante des devoirs que le protecteur a envers son groupe d'appartenance. Ce faisant, il n'y a pas d'interférence sur les relations politiques qu'il entretient à l'intérieur de son propre clan. Le rapport de protection tend à acquérir un statut d'autonomie et ce processus d'autonomisation accélère la dispersion de l'autorité politique dirigeante, laquelle récupère cette autonomie au niveau du contrôle sur les jardins et par un système élaboré de redevances.

Pour que cette fonction de protecteur soit entièrement soustraite de la chefferie il faudrait que ce rapport s'érige en institution indépendante, politiquement et économiquement, du

---

[1] Bourgeot, A. 'Idéologie et appellations ethniques: l'exemple twarəg. Analyse des catégories sociales'. *Cah. Et. Afr.*, 48,2, 4ème cahier, 1972.

[2] Foucauld, R. P. de. *Dictionnaire Touareg-Français*. Paris 1951, t. IV, p. 1965.

[3] Dictionnaire cit. t. IV, p. 1923.

[4] Dictionnaire cit. t. III, p. 1041.

clan dirigeant. Par un retour aux concepts autochtones, nous pouvons avancer que la relation *təmazlaït* ne peut se rendre autonome qu'en devenant extérieur à la relation *analkam*. Or, ce n'est pas possible car l'*aménokal*, garant de la cohésion sociale du groupe, récupère ce mouvement autonomiste par son contrôle économique et politique.

— Ce type de rapport n'a pas encore pu institutionaliser la fonction de protecteur car le processus n'est pas achevé. Cependant, cette fonction pertinente existe mais elle n'a pas encore atteint sa pleine efficacité économique et politique. Par contre, sa mise en place accélère le processus de stratification sociale aussi bien au niveau global qu'à l'intérieur du clan au sein duquel évolue le protecteur. Les limites de cette fonction sont fixées par le contenu du rapport *analkam*.

— En définitive, il semble que la relation *təmazlaït* apparaisse comme un pseudo-pouvoir. Pseudo, car en fait, cette parcelle de pouvoir est conséquente à une redistribution de celui-ci, émanant de l'*aménokal*, seul 'protecteur suprême'.

L'AGRICULTURE EN AHAGGAR

La préhistoire de l'Ahaggar ne nous livre pratiquement aucune information sur l'agriculture de cette région. Il faudra attendre les années 1850 pour obtenir quelques notes éparses sur ce type d'activité, date de l'introduction des *kəl aghrəm* en *Ahaggar*.

Dès 1900, la colonisation française au Sahara va fixer les évènements historiques sur lesquels nous nous appuierons afin d'expliciter le développement de l'agriculture et ses conséquences politiques.

Le rôle de *Musa Ag Amastan* (*aménokal* nommé par la France en 1904) en conflit ouvert avec le rebelle *Attici*, *aménokal* légal, contribue à éclaircir les deux points précédemment cités. L'analyse du rôle et de la fonction de *Musa* ne se cristallisera pas sur le personnage mais essaiera plutôt de montrer comment celui-ci a été le détonateur du mouvement, quels en étaient les buts, et à quels besoins répondaient la tactique employée.

Musa Ag Amastan apparaît aux yeux de l'histoire comme un personnage soumis à l'autorité française envahissante, c'est-à-dire, comme un collaborateur prêt au compromis afin d'établir son pouvoir. Mais la légitimisation du pouvoir ne peut se consolider qu'avec l'approbation des instances politiques traditionnelles; or, celles-ci ne sont pas suffisantes, tout du moins à court terme, pour étayer son influence.

En 1905, Musa fut légitimé par la bénédiction religieuse d'un Marabout, alors qu'il était venu à In-Salah pour y rencontrer les autorités françaises. Il revint au pays consolidé dans son pouvoir temporel.

Mais, et cet évènement est plus capital que le précédent, *Musa* rentre d'*In-Salah* avec des idées sur l'agriculture. Dès son retour en Ahaggar, il entreprend de faire creuser des *foggara* (drains souterrains) à *Tamanrasset* et à *Ennedid* dont la mise en valeur fut l'oeuvre des *izəggaghən* (sg. *azəggagh*; arabe: *Haratin* sg. *Hartani*) du *Twat* et du *Tidikelt*.

Cette introduction d'une main d'oeuvre étrangère exclue des problèmes politiques des *imuhagh*, sans liens parentaux ni matrimoniaux avec les pasteurs, débouche sur une non-intégration des *kəl aghrəm* dans la structure traditionnelle.

L'intervention de ces éléments nouveaux favorise l'établissement du pouvoir de *Musa* sur des population 'neuves', lui donne les moyens de créer un 'ordre nouveau' et implique des rapports sociaux nouveaux dont il sera question à propos de l'étude des contrats passés entre agriculteurs et pasteurs propriétaires du sol.

Ce pouvoir politique ne peut se cimenter qu'en s'élargissant et en contrôlant la complexité économique et social grandissante. On assiste alors à un double contrôle: l'un sévissant sur l'ensemble de la production, l'autre s'affirmant politiquement par le biais de la structuration d'une fonction coercitive permettant le contrôle économique.

Le pouvoir de l'aménokal

Il semble qu'avant *Musa*, selon certaines informations fournies par des rapports de tournées des commandants de cercle, l'*aménokal* n'ait été qu'un chef élu des *Ihaggarən*. Les critères sur lesquels s'appuient les électeurs reposent essentiellement sur des qualités d'ordre moral, une vaillance sans faille au combat (il doit être un guerrier vigoureux). Son autorité parait s'imposer dans les périodes où les conflits, trop aigus, se règlent par une intervention militaire (ce fut le cas de *Musa Ag Amastan*).

En fait, son autorité est celle que veulent bien lui reconnaître ses fondataires, lesquels, le cas échéant, ne se gênent pas pour la mépriser. La vieillesse survenue, l'*aménokal* ne peut plus affirmer sa vaillance militaire. Ce faisant, son autorité ne cesse de décroître. Quoi qu'il en soit, il se trouve dans l'impossibilité de prendre personnellement une décision. Celle-ci ne peut être effective qu'avec le concours et le consentement de ses pairs qu'il réunit. Ces quelques caractéristiques présentent l'*aménokal* comme étant davantage un chef *militaire* qu'un chef *politique*. L'histoire conjoncturelle (la colonisation) ne pourra qu'accélérer le passage de la fonction militaire à la fonction politique de *l'aménokal* car les conditions de ce passage étaient déjà objectivement crées.

Organisation du travail agricole : processus de différenciation sociale

Le creusement des *foggara* a provoqué une organisation nouvelle du travail. En effet, les travaux de terrassement et d'entretien des drains nécessitent une coopération et sont effectués sous la direction et la surveillance d'un *amghar-n-əfəli* ('chef de foggara') à qui les propriétaires terriens donnent un jardin.

Cette unité de coopération agricole regroupe plusieurs hommes de familles indépendantes et, de ce fait, soustraite de tous liens parentaux. La coopération agricole prend le caractère d'une organisation hiérarchisée (main d'oeuvre de terrassement, 'chef de foggara' dont la fonction de 'contremaître' permet l'accession à la propriété personnelle de jardins) traduisant non seulement une différenciation sociale mais aussi l'apparition d'institutions nouvelles ('chef de foggara') sanctionnant l'évolution de la complexité sociale de la différenciation de la vie économique.

L'intervention d'un *amghar-n-əfəli* souligne la nécessité de coordonner l'activité économique ce qui débouche sur la création d'un travail spécifique d'organisation. En d'autres termes, le 'chef de foggara' fournit un travail improductif, séparé, par définition, de la transformation des conditions naturelles de la production. Il semble bien que cette distinction entre le travail productif (main d'oeuvre de terrassement) et le travail improductif (chef de foggara) soit l'embryon de la division du travail manuel et du travail 'intellectuel'. La fonction de ce dernier est récompensée par la donation d'un jardin, c'est-à-dire par l'accession à la propriété individuelle. L'ensemble de ces phénomènes jettent les fondements des rapports d'exploitation dont le principal garant en est la propriété.

Cette différenciation au niveau des fonctions est un phénomène nouveau par rapport aux conditions d'inégalités sociales chez les pasteurs. Chez ces derniers, (nous avons tenté précédemment de mettre en relief l'instauration des rapports de domination économico-politique par l'exploitation de l'énergie chamelière), les hiérarchies sociales ne se sont pas construites sur des fonctions particulières mais sur un type de troupeau (les camelins) dont l'exploitation énergétique a permis l'installation des hiérarchies sociales. L'intervention correspondante aux différents types de troupeaux n'a pu se matérialiser qu'à partir de l'exploitation et de l'appropriation de l'énergie chamelière permettant le transport et la conquête.

Dans les conditions historiques que sont celles de l'Ahaggar, il apparaît que les conquêtes ont accéléré le processus de différenciation sociale et participé à la formation d'un pouvoir centralisateur dont l'appropriation se fera par les clans les plus forts militairement.

Ces deux types d'économie (agricole et pastorale) impliquent une coopération dans le travail et une division sexuelle du travail différents.

D'un point de vue général, il serait particulièrement intéressant de déterminer dans quelles mesures ces différences ont eu un effet sur la forme de l'organisation sociale. Notre intention se limitera ici à l'étude du contrat agricole se référant aux rapports liés entre agriculteurs et pasteurs.

Le contrat agricole : analyse des relations politiques :

Il existe chronologiquement trois types de contrat.

- (*a*) *ta-s-səmmusət* (ar. *khammast*) : le propriétaire des jardins donne un cinquième de la récolte au métayer.
- (*b*) *ta-s-kəradet* (ar. *tilt*) : un tiers de la récolte va au cultivateur.
- (*c*) *ta-s-sənatet* ou *aghil* (ar. *ənnus*) la récolte se partage en deux parties égales.

Dans chacun de ces contrats, l'*amahagh* (pl. *imuhagh*) détient les moyens de production tandis que l'*azəggagh* (pl. *izəggaghən*, jardinier) n'apporte que sa force de travail. Les clauses du contrat sont valables pour une durée de six mois renouvelables et varient en fonction des saisons.

Les clauses du contrat du type *khammast* pour la saison hivernale (plantation de blé tendre et d'orge) sont les suivantes:

Le propriétaire doit fournir

(*a*) Pour les travaux préparatoires aux semances:

— La nourriture (*elmahsur*) du personnel employé aux travaux de creusement du drain souterrain (*efəli*, pl. *ifəlan*, ar. *foggara*).
— Les outils nécessaires (pioches, pelles) à l'accomplissement de ces travaux.

(*b*) Pour les travaux spécifiquement agricoles:

— la totalité des semences (environ 40 kg de blé et 10 kg d'orge) (*təfest*, pl. *tifəsin*, ar. *zəriga*).
— la nourriture afin de subvenir aux besoins alimentaires du métayer (environ 150 kg de blé, mil, dattes, ou quelquefois même des graines sauvages (*afezzu*, pl. *ifezwan*, ar. *merkeba, Panicum turgidum* Forssk). Cette quantité de nourriture inhérente aux clauses du contrat s'appelle *tinafəq*, ar. *nəfaka*. Celle-ci est généralement répartie en plusieurs versements jusqu'au moment où l'eau drainée par l'*efəli* arrive au bassin d'épandage (*tihəmt*, ar. *mɛgjəm*) permettant une certaine puissance à l'irrigation.

Le propriétaire doit rétribuer l'entretien du drain.

Au moment de la récolte, qui se fait à l'aide de la seule houe (*adjəlhim*) procurée par le propriétaire, celui-ci prélève les 4/5. Auparavant, 4 *taziwawin* (10 kg, sg. *taziwa*, ar. *guesɛ*) de blé ont été réservées à *l'aménokal* pour tout jardin cultivé (cette redevance, *éhéré wan afaradj*, est une *tiwse* prélevée sur les jardins. Dans le cas où la redevance a déjà été prélevée sur la caravane, l'*éhéré wan afaradj* n'est pas versée).

L'*azəggagh* répartit son travail entre le jardin et l'entretien du drain, lequel nécessite cinq jours de travail hebdomadaire. L'amendement de la terre du jardin est généralement fait par les femmes ou les enfants du métayer grâce à un âne prêté par l'*amahagh*. Le métayer a droit au cinquième de la récolte prélevé après le versement des droits de l'*aménokal* (4 *taziwawin* de blé).

Arrive l'été qui voit les jardins produire du mil, du maïs, des tomates, courges et quelques légumes. En principe la distribution de cette production est régie par un contrat qui prolonge celui d'hiver. Lorsqu'il y a rupture de contrat, celle-ci prend effet à l'automne; époque des semailles de blé.

Dans cette catégorie de contrat, deux cas sont à envisager:

1° Le propriétaire bénéficie de la récolte après versement de la moitié de la *tinafəq* d'hiver il a droit au 1/5 des plantes cultivées.

2° Le métayer bénéficie de la jouissance du jardin; dans ce cas particulier, le propriétaire ne fournit aucun moyen de production. Tout ce qui pousse appartient au producteur.

La caractéristique du contrat d'été se manifeste par l'absence du prélèvement sur la propriété des jardins (*éhéré wan afaradj*): aucune redevance ne revient à l'*aménokal*.

Les conditions d'application des clauses des contrats saisonniers *ta-s-kəradet* et *aghil* ne présentent pas de particularités isolables par rapport au *khammast* si ce n'est dans le pourcentage de l'attribution et de l'appropriation des produits du sol conséquentes aux clauses des dit contrats. Dans ces trois cas, l'*amahagh* est le propriétaire des moyens de production, bases de la séparation du travail et des conditions objectives de la production. Il participe ainsi à l'asservissement du travailleur, créant les germes des facteurs de crise. Cette séparation est sanctionnée légalement par la fixation des clauses du contrat. La dimension juridique 'ordonne' et consolide l'organisation sociale.

L'ARTICULATION DES RAPPORTS PASTEURS/AGRICULTEURS

Les rapports qui se scellent entre agriculteurs et pasteurs sont ceux d'un ouvrier agricole envers un propriétaire terrien. Ce type de rapport s'intègre dans la relation générale *analkam* (soumission politique et économique) et dans la relation particulière *təmazlaït* (protection). Il contribue à la fixation et à la stabilité des structures politiques et précipitent la formation d'un pouvoir centralisé en valorisant la fonction politique de l'*aménokal*.

L'installation de ces rapports nécessitent une réorganisation partielle de la production qui ne peut se réaliser qu'à travers une modification, un élargissement des structures socio-politiques et un développement de l'instance juridique. La nature de ces rapports est celle de la domination et de l'exploitation; elle précipite la rupture de l'évolution des liens parentaux évoluant au sein de la société des pasteurs. Cette rupture de continuité des rapports de parenté tend, par contre-coup, à la stagnation; elle les fige au point où ceux-ci pour ne pas périr d'asphyxie, doivent être dépassés (et ils le sont) par l'installation des rapports d'exploitation. Cette présentation brutale ne se veut pas analytique mais indicative, afin de donner une idée du passage des rapports de parenté aux rapports d'exploitation inhérents aux relations entretenues par les pasteurs et les agriculteurs. Il est évident que ce passage ne peut s'effectuer qu'à partir du moment où les conditions sont crées pour que puissent surgir des rapports de production nouveaux conséquents aux données historiques et économiques antérieures.

Ces rapports expriment fondamentalement l'absence de prestations matrimoniales inter-ethniques (populations agricoles et pastorales) au profit des rapports économico-politiques ce qui affine l'inégalité et la complexité sociales.

A l'intérieur du cadre de référence *imuhagh* (les pasteurs), les rapports évoluant entre hommes libres (dominants et tribu-taires) ainsi qu'entre maîtres et asservis sont radicalement mas-qués par les rapports de parenté qui véhiculent les rapports de production. A cet égard, les relations maîtres/esclaves sont com-plètement opacifiées par les rapports parentaux (parenté fictive, terminologie de parenté, référents parentaux de l'esclave vis à vis de son maître etc.) qui dénaturent le fondement des rapports scellés entre ces deux positions antagoniques.

Dans l'articulation des deux cadres de références (*imuhagh/kəl aghrəm*) ces rapports ont totalement disparu et les relations se font en termes politiques et économiques: les rapports fondés sur les liens de consanguinités sont définitivement exclus et ceci est irréversible. Cette dissolution des liens parentaux, tant dans les rapports pasteurs/agriculteurs qu'à l'intérieur des unités économiques agricoles, privilégient et isolent les liens politiques jetés entre pasteurs et agriculteurs par des rapports d'exploitation.

En résumé, nous appuyant sur l'analyse précédente, nous pouvons avancer que l'intervention des agriculteurs et le développement de l'agriculture a fortement contribué à l'approfondissement des différenciations sociales; elle a accéléré le processus de complexité structurelle des *kəl Ahaggar* en oeuvrant dans le sens du renforcement du pouvoir politique centralisé par les *kəl ghəla* (clan dominant) et l'*aménokal*. Ces différenciations sociales renvoient à l'organisation de la société sous formes de classes où les intérêts économiques de la classe dominante sont nécessairement appuyés par des institutions juridico-politiques particulièrement en voie de formation et, ce faisant, par des fonctions (cf. le 'chef de foggara', la fonction juridique du contrat, les rapports d'exploitation agricoles).

L'entrée des agriculteurs sur la scène historique en Ahaggar implique un changement des relations intra tribales et une modification dans les rapports élaborés avec l'extérieur.

Esclavage et affranchissement: ses conséquences politiques

L'introduction des agriculteurs originaires du *Twat* ne se dissocie pas des affranchis, anciens esclaves des *imuhagh*, libérés par leur maître. Le processus de l'affranchissement intervient sous le poids des contraintes économiques liées au déclin du commerce caravanier et au contrôle du commerce extérieur par les marchands arabophones. Ce déclin se traduit par une fuite du surplus mettant en péril l'équilibre économique, freinant le développement de la production. De ce fait, l'élargissement de la production n'est plus assuré et le procès de production sociale n'est plus simultanément un procès de reproduction considéré comme maintien et renoucellement des facteurs de production.

L'affranchissement apparaît comme une solution permettant la réalisation du procès de production et en même temps sa reproduction sociale. Le processus consiste à rejeter les esclaves hors des rapports esclavagistes et à les placer dans le cadre des rapports d'exploitation engendrant la création d'un nouveau surplus accaparé par les propriétaires terriens sous des formes nouvelles, à savoir: les rapports d'exploitation agricoles.

Ce phénomène a fondamentalement contribué à mouler la société touarègue et lui a donné un nouvel essor. L'affranchissement renvoie à deux mouvements apparemment contradictoires et cependant profondément indissociables dans leur unité dialectique.

L'esclave (*akli*, pl. *iklan*) est la propriété *humaine* du maître; l'affranchissement peut alors être considéré comme un effritement de cette propriété et un coup porté contre le pouvoir des maîtres. En fait, le processus participe au renforcement du pouvoir économique des tributaires dans la course à la propriété privée des *terres* et contribue dans le même mouvement à user le pouvoir des hommes libres (dominants et tributaires) contraints de 'libérer' leurs esclaves mais conservant la relation de pouvoir.[1]

Il serait utile de procéder à un relevé quantitatif portant sur l'origine de leur ancienne appartenance clanique.

L'affranchissement en tant que fait politique et économique, implique une nouvelle organisation de la production et, par voie de conséquence, une réorganisation de la main d'oeuvre laquelle, à son tour, ne peut servir d'encadrement, ne peut assurer l'élargissement et la diversification de la production que dans la mesure où se créent simultanément des institutions capables de consolider cette nouvelle organisation économique. En d'autres termes, les nouveaux rapports liés avec la communauté agraire implique des procès de production nouveaux et avec eux, se manifestent l'émergence de traits quantitativement nouveaux. Ces derniers sont particulièrement explicites tant au niveau de la propriété des moyens de production qu'à celui des rapports politiques qui en découlent.

La contradiction qui s'installe entre le propriétaire des moyens de production (propriétaire non producteur, tout du moins dans le secteur agricole) et le producteur direct non possédant, tend à placer les deux parties sur des positions antagoniques politiquement sourdes mais turbulentes dès que l'occasion politique se présentera.

L'affranchissement est une voie de passage, une transition vers des rapports d'exploitation allant dans le sens de l'antagon-

[1] Bourgeot, A. 'Rapports esclavagistes et conditions d'affranchissements chez les imuhagh (twarəg kel Ahaggar),' in *L'esclavage en Afrique précoloniale*, Maspéro 1975, pp. 77-98.

isme; il renvoie au métayage et avec lui, à la création de rapports explosifs latents tandis que les rapports esclavagistes apparaissent comme des rapports de docilité bien qu'objectivement antagoniques. En définitive, l'affranchissement marque un déplacement de la contradiction et l'ancien antagonisme *esclaves/hommes libres* se présente sous la forme *étrangers (metèque)/autochtones*, dans des rapports adéquats.

Aux rapports de domination économique des possédants s'associent des formes de dépendances correspondantes.

EN GUISE DE CONCLUSION

L'antagonisme sourd entre métayers et propriétaires des jardins se manifeste dès l'Indépendance par l'intermédiaire du FLN, parti politique proposant une perspective et apparaissant comme capable de coordonner et de diriger ses efforts vers ce but.

Les propositions du FLN apparaissent comme une violence politique, libératrice du joug des *imuhagh* et suffisamment forte pour s'opposer à une autre violence politique, celle des *imuhagh*. Ce nouveau pouvoir procède à la dislocation des formes politiques anciennes, figées et agonisantes, c'est-à-dire il rejette d'une manière irréversible les relations et les institutions périmées.

Il faut mentionner la différence de comportement politique des agriculteurs et celui des esclaves. La lutte embryonnaire opposant maîtres et esclaves repose sur un mécontentement *individuel*. De ce fait, la lutte, dont le point de départ est le mécontentement, ne peut pas se réaliser pleinement par le biais de la révolte individuelle. A cet égard, le comportement politique des agriculteurs traduit une conscience de classe acquise par leur appartenance à la 'communauté agricole' située dans un rapport d'exploitation.

Cette nouvelle situation pose maintenant le problème de savoir comment les *imuhagh*, dépossédés de l'initiative économique (et donc en même temps, politique), dépourvus de perspective politique, réagissent à ce nouvel état de fait?

SUMMARY

This paper analyses the historical events of the last 80 years in the Ahaggar, from the period immediately preceding French colonization to the present day. It also draws on ethnographic sources to outline politico-economic relationships now taking shape between sedentary cultivators (*kəl aghrəm*) and nomadic pastoralists (*imuhagh*). During this period, two economic facts have marked political consequences: the decline both of slavery and of the traditional trans-Saharan commercial traffic. Analysis of the role and function of Musa ag Amastan, the only chief recognized by France after the defeat of the *Imuhag* at Tit (1902), shows how he himself set these changes in motion.

Pastoralism in Ahaggar

The general character of nomadism involves a mode of life, arising from definite historical and ecological conditions which make cyclic (or acyclic) migrations necessary if the group's nutritional needs are to be satisfied. Nomadic pastoralism is only one aspect, historical and geographical, of nomadism, explaining how the nutritional needs of the herd, and, consequently of men, are met.

An ecological definition of nomadism seems inadequate. It does not account for the problems arising from the group's need for economic and political survival nor for the evolution of societies. Ecology is here a secondary variable, offering therefore only a partial explanation. In this perspective, it is of basic importance to analyse the relationships between social structure and the various types of herds. This approach can clarify the role of animal-raising as well as the relationships between the herds and the production units.

The *imuhagh* are semi-nomadic pastoralists, the word 'pastoralist' referring to the dominant activity of such a society, viz. pastoralism, as distinct from livestock-raising ('élevage').

Pastoral societies could dispense with agricultural products which are only subsidiary to them. Among livestock-raisers, the main activity is agriculture, and livestock-raising is an accessory. Moreover, it implies a fixed and permanent home. In these two situations man does not deal in the same manner with the herd and his knowledge leads to a different kind of control.

There are three types of pastoralism corresponding to the two social categories arising from the two different modes of acquisition of herds: 'nutritional pastoralism', based on animal products provided by the *kəl ulli* (tributaries, literally: 'those of the goats') enabling the *ihaggarən* (dominants), freed from material constraints through a system of dues taken from the *kəl ulli*, to practise both a 'caravan pastoralism' and a 'predatory pastoralism', made possible by the possession of camel herds.

These three categories correspond to different types of herd exploitation, leading to economic differentiation and a new labour division, and thus to social differentiation. The movement towards private ownership of herds arises from a background of collective ownership.

The protective relationship or *təmazlaït* differs from domination relationship (*əttəbəl*) forced upon vassals, and from *analkam* relationship (a type of political and economic submissiveness within the relationship between dominants and other free men, agriculturists included). The protective relationship follows a political decision freely reached; it does not replace the *əttəbəl* relationship. The functions of the protector are independent of his duties towards his own group; thus there is no interference with the political relationships he keeps with his own lineage. But to complete the institutionalisation process, *tamazlaït* must become exterior to *analkam*. At present such an autonomy remains impossible, because the *amenokal* (military chief turned into political chief) is responsible for the group's social cohesion, and prevents such an autonomist trend.

Agriculture in Ahaggar

Agriculture developed around 1900, with the active support of Musa ag Amastan, who, having received at In-Salah (1905) the religious consecration which strengthened his temporal power, speeded up cultivation. The underground water ducts (*foggara*) were dug by foreign labour imported from the Twat and the Tidikelt. Such immigration of external elements increased the *amenokal*'s influence on these 'new' populations, enabling him to create a 'new order'.

The organization of labour to dig the *foggara* led to a new form of economic organization. With the appearance of an *amghar-n-efeli* ('*foggara* boss'), directing and supervising the labour force, a division was made between productive (digging) and unproductive labour (*foggara* boss), an incipient separation between manual and 'intellectual' labour. In return for his function the *foggara* boss was given a garden, and thus acquired private property. These various processes created the basis for exploitative relationships, supported mainly by the existence of private property. Such a differentiation on the basis of functions is new when compared with types of inequalities habitually found within the pastoral society.

Agricultural contracts are of three types:

— *ta-s-semmusət* (Ar.: *khammast*): the owner of the garden gives a fifth of the crop to his share-cropper.
— *ta-s-kəradet* (Ar.: *tilt*): one third of the crop goes to the farmer.
— *ta-s-sənatet* or *aghil* (Ar.: *ənnus*): the crop is divided in two equal parts.

In these three types of contract, the *amahagh* owns the means of production but is separated from the objective conditions of production, because he does not himself work these means. Thus he contributes to the worker's subordination and sows the seeds of future conflicts. This division is sanctioned by the terms of the contract and the legal dimension controls and consolidates the social structure.

Articulation of the relationships between pastoralists and cultivators

Relations between farmers and pastoralists are those of agricultural worker and landlord, within the general *analkam* and particular *təmazlaït* relationships: they help to fix and stabilize political structures and hasten the rise of centralized power by reinforcing the political role of the *amenokal*. The setting up of these relations involves partial restructuring of production, which can only be achieved by broadening socio-political structures and developing the legal system. These relationships are both dominating and exploitative, and accelerate both the rupture and the evolution of family ties within the pastoral society. The break in continuity in kinship relations has encouraged stagnation: these ties were so rigid that to survive they had to be superseded by exploitative relationships. These exclude marriage gifts between agricultural and pastoral communities to the benefit of political and economic relationships, which in turn increase inequality and social complexity.

Among the *imuhagh*, kinship relations tend to obscure, and thus distort, the relations of production for which they are the vehicle.

The appearance of agriculturists, either immigrants from Twat or former slaves freed by the *imuhagh*, and the development of agriculture have greatly deepened social differences which are reflected in the development of classes. The interests of the dominant class are inevitably supported by the politico-legal institutions now forming.

Conclusion

The blind opposition between share-croppers and landlords since Independence has shown itself through the Front de libération nationale (F.L.N.), whose proposals can be seen as a form of political violence able to destroy that of *imuhagh*. This new power is currently breaking up the older political forms which were fossilized and dying. It remains to be seen how the pastoralists, without political perspective and deprived of economic initiative, will react to these new conditions.

VI

Les problèmes de contact entre les pasteurs peul et les agriculteurs dans le Niger central

M. S. DIARRA

INTRODUCTION

Le Sahel nigérien est un domaine géographique dont la vocation pastorale est attestée par l'existence de vastes pâturages résultant de conditions naturelles spécifiques. En effet, sa situation en latitude lui confère un climat sec dont l'aridité s'accentue à mesure que l'on avance vers le nord. Ainsi la faiblesse générale des précipitations et leur irrégularité inter-annuelle contribuent à la formation d'une végétation steppique essentiellement composée de graminées au cycle de croissance strictement lié à la saison de pluies. Cette couverture herbacée est dominée par des peuplements plus ou moins denses d'arbres épineux dont les plus répandus sont les acacias. On comprend, dès lors, toute l'importance que revêt l'économie pastorale dans cette zone sableuse qui se drape chaque année d'un tapis de verdure fugace. Mais le Sahel nigérien comporte une bande méridionale où la pluviosité plus abondante et mieux répartie dans le temps, autorise une économie agricole fondée sur l'exploitation des cultures vivrières et des denrées d'exportation telles que l'arachide et le coton. Zone de transition climatique entre le Sahara et le Soudan, le Sahel nigérien apparaît comme un domaine de convergence humaine (Dresch, 1959). En effet, il est caractérisé par la coexistence de peuples pasteurs et de communautés paysannes que des circonstances historiques et des mobiles économiques ont tour à tour opposés pour le contrôle de l'espace géographique et rapprochés pour des échanges fructueux. Aussi, cette immense étendue sableuse est-elle devenue le théâtre d'une colonisation simultanée par les éleveurs nomades et par les cultivateurs pionniers qui sont à la recherche de terres neuves depuis près d'un demi-siècle.

La présente étude se bornera seulement à l'examen des contacts entre les éleveurs peul et les paysans hausa dans le Niger Central agricole, c'est-à-dire, la portion du territoire nigérien comprise entre l'Ader Doutchi et le Damagaram. En d'autres termes il s'agit d'analyser l'évolution des rapports entre deux groupes ethniques aux vocations économiques initialement distinctes mais aux influences réciproques non négligeables sur le devenir de chacun d'eux.

Par quel processus s'est opérée l'implantation des groupements peul dans la zone agricole du Niger Central? Comment y ont évolué les rapports entre les pasteurs peul et les cultivateurs Hausa? Quelles sont les perspectives ouvertes au pastoralisme peul dans la zone des cultures? Telles sont quelques unes des questions qui retiennent l'attention lorsque l'on considère les problèmes de contact entre les éleveurs et les paysans dans le Niger Central agricole.

PROGRESSION DES PEUL DANS LE NIGER CENTRAL

L'implantation des peul dans cette région correspondant approximativement aux départements administratifs de Tahoua et de Maradi, est un phénomène relativement récent car il remonte seulement au début du XXième siècle. Auparavant, l'espace évoqué était en marge des territoires effectivement contrôlés par les souverains peul dont l'hégémonie s'exerçait sur les Etats septentrionaux de l'actuel Nigéria. Après l'occupation européenne suivie par la délimitation des zones d'influence britannique et française, fut amorcé par les peul un lent processus d'infiltration dans le Niger Central. Mais la localisation actuelle de ces migrants n'est que l'aboutissement d'un mouvement séculaire suscité apparemment par la recherche de pâturages à travers le domaine sahélo-soudanien. Les grandes vallées qui prennent en écharpe le centre du pays ont constitué des voies naturelles ayant permis la progression des pasteurs peul vers les steppes du Nord. Il s'agit, d'une part, des Majya qui sillonnent l'Ader Doutchi, et d'autre part, des gulbi, anciens axes de drainage des eaux fluviales vers ce qui constitue aujourd'hui le bassin hydrographique du Niger moyen. Ainsi, à partir des provinces septentrionales du Nigéria, notamment, celles de Sokoto et de Katsina, des mouvements migratoires n'ont cessé de se poursuivre d'une manière diffuse le long des grandes vallées sèches où l'on observe encore de nos jours, des allers et retours correspondant aux différentes formes de déplacement des troupeaux transhumants. Dans le Sahel nigérien les fonds de vallées constituent des itinéraires de prédilection pour le pastoralisme en raison de leur richesse fourragère supérieure à celle des formations dunaires, mais surtout à cause des facilités qu'ils offrent à l'abreuvement des troupeaux. En effet ils égrènent des chapelets de mares dont certaines subsistent pendant la longue saison sèche. Mais en l'absence de ces témoins d'une pluviosité aléatoire, des puisards permettent d'atteindre la nappe phréatique qui se trouve souvent à de faibles profondeurs. Au début de chaque saison des pluies les pasteurs peul ont coutume de remonter les vallées fossiles du Niger Central pour rejoindre les pâturages salés des plaines du Nord. Leurs déplacements s'effectuent sur des distances qui varient de quelques dizaines à plusieurs centaines de kilomètres. La mobilité de chaque groupe d'éleveurs est fonction des espèces animales composant le cheptel. Mais elle dépend de plus en plus de la disponibilité des terrains de parcours de saison sèche. C'est ainsi que les Peul moutonniers conduisent souvent très loin de leurs points de départ, les troupeaux en provenance du nord du Nigéria. Leur séjour dans les pâturages septentrionaux est généralement plus long que celui des pasteurs bovins dont les besoins en eau précipitent le retour vers les régions méridionales plus humides. Quoi qu'il en soit, les déplacements pastoraux sont généralement lents et saccadés (Dupire, 1970, p. 222). Le glissement des Peul vers le Niger Central procède, en effet, d'une infiltration par avances saisonnières. Cette technique pastorale consiste à abandonner des pâturages de saison sèche localisés dans les zones de culture pour adopter d'anciens secteurs de parcours d'hivernage situés plus au nord. Ceux-ci deviennent alors de nouveaux pâturages de saison sèche. Ainsi nombre de mouvements migratoires en provenance du Nigéria voisin ont abouti au transfert de groupes de pasteurs peul au Niger suivant des itinéraires multiples, accomplis en plusieurs étapes. Il a fallu souvent quinze à vingt années de déplacements pour aboutir à l'implantation de 'groupes migratoires' dans le Sahel nigérien. C'est le cas des Bikoroén qui, d'après M. Dupire, sont partis de l'Emirat de Sokoto en 1900 pour arriver à Madaoua en 1920. Mais, poursuivant leur progression vers le nord, ils atteignent Dakoro en 1947, cependant qu'à la suite de scissions, des segments de lignages s'installent à Tahoua en 1940, puis à Agadès in 1950 (Dupire, op. cit., p. 228). Au total, la colonisation du Niger Central par les groupements peul originaires, en grande partie, du Nigéria, procède d'une série de vagues migratoires comportant chacune des arrêts plus ou moins prolongés. Cette mobilité géographique assortie de tentatives de stabilisation témoigne des difficultés d'adaptation des peul aux conditions écologiques. Elle résulte par ailleurs, de la concurrence de plus en plus vive qui oppose le pastoralisme et l'agriculture car ces deux activités reposent sur l'utilisation extensive de l'espace rural. On comprend, dès lors, qu'elles s'associent difficilement dans le Sahel nigérien où les sols généralement pauvres conduisent les cultivateurs à déplacer fréquemment les champs. En outre, les maigres pâtures ne peuvent pas assurer pendant plusieurs mois l'alimentation de troupeaux en augmentation continue. Quoi qu'il en soit, la progression des Peul vers le Sahel nigérien se poursuit à un rythme soutenu qu'il est difficile cependant de préciser en raison du caractère diffus et complexe du mouvement migratoire des différentes fractions composées de quelques chefs ou parfois de plusieurs dizaines de chefs de campements. Les Peul constituent sans doute un groupe minoritaire d'implantation récente dans le Niger Central. Mais ils forment parfois de petites concentrations locales et peuvent atteindre le dixième et même le cinquième de la population. La montée des cultures vers le Nord a rejeté au delà du 15ième parallèle le nomadisme pastoral. Ainsi le peuplement du Niger Central par les Peul se poursuit dans la frange septentrionale impropre à l'agriculture pluviale.

PROCESSUS D'INSTALLATION
DES PEUL EN ZONE SÉDENTAIRE

L'implantation des Peul revêt diverses formes dans la zone des cultures. Hormis les Bororo dont la plupart sont de purs pasteurs nomades, les autres groupes notamment les Farfaru, ont des attaches territoriales, car ils sont installés parmi les paysans hausa, de part et d'autre de la frontière commune au Niger et au Nigéria. Mais il s'agit généralement de résidences provisoires ou nominales que des mobiles politiques ou pastoraux font déplacer, même lorsque les groupes concernés s'adonnent d'une manière subsidiaire à la culture de plantes vivrières. Au début du XXième siècle le faible peuplement des zones de transhumance permettait des stations prolongées aux abords des grandes vallées sèches du Sud maintenant occupées par les cultures des communautés paysannes. Aussi, l'extension des zones agricoles a eu pour conséquence, la raréfaction des pâturages de la bordure méridionale du Sahel nigérien. De plus, les cultures de saison sèche de loin les plus gênantes pour les Peul, se sont multipliées à proximité des points d'eau permettant l'abreuvement des animaux. Aussi, est-il devenu impossible pour les pasteurs, de rester dans la zone des cultures dès le début des campagnes agricoles. D'où l'alternative qui consiste, soit à progresser vers les pâturages libres des steppes septentrionales, soit à renoncer, du moins provisoirement, à l'élevage nomade pour s'installer dans un village de paysans hausa. Ce processus de fixation s'observe dans la zone frontalière du Niger Central où la densité de l'occupation du sol exclut la présence de grands troupeaux de bovins pendant la saison des cultures pluviales. On assiste, depuis quelques décennies, à l'immigration croissante de jeunes peul du Nigéria, souvent dépourvus d'animaux après avoir connu la vie sédentaire auprès de leurs parents. Ils deviennent bergers de village ou de gros propriétaires de bétail au Niger. Des contrats de gardiennage réglés en espèces ou en nature ainsi que la vente des produits laitiers leur permettent d'obtenir progressivement leur propre troupeau. Certains empruntent des lopins de terre pour cultiver le mil ou l'arachide. L'installation des Peul comme cultivateurs procède aussi des pertes d'animaux consécutives à une grande sécheresse ou à une épidémie meurtrière. En attendant de reconstituer leur cheptel, ils conduisent aux pâturages les animaux des sédentaires ou s'adonnent provisoirement aux cultures.

La fixation des Peul s'accompagne d'une évolution de l'économie pastorale. Celle-ci présente une diversité de formes qui reflètent les tentatives plus ou moins réussies d'adaptation aux conditions géographiques et humaines dans les zones des cultures. Aussi la pratique, à des degrés divers, d'une double activité pastorale et agricole caractérise-t-elle la plupart des communautés peul du Niger Central. En quelques décennies le rythme de progression des agriculteurs a été tel que les anciens pâturages d'hivernage sont devenus des domaines de cultures. A cet égard, la région qui s'étend de l'Ader-Doutchi au Damergou, apparaît désormais comme une vaste zone de passage des troupeaux transhumants. Ceux-ci se dirigent vers les steppes herbeuses du Sahel pendant la saison des pluies et retournent après les récoltes, vers la frange agricole du Sud.

Dans les arrondissements frontaliers de la République du Niger où leur implantation est la plus ancienne, les Peul ont été groupés en fractions administratives rattachées à des villages de paysans pour des raisons fiscales. Chaque fraction correspondant à un segment de lignage placé sous la conduite d'un Ardo, occupe souvent un campement temporaire composé de paillottes disséminées à travers l'espace rural. Cependant certains groupements peul sont établis d'une manière durable auprès des cultivateurs traditionnels dont ils ont adopté le style de l'habitat et les formes d'activité agricole. Ainsi les communautés peul en quête de subsistance pour leur troupeaux ont élaboré des solutions diverses pour faire face au rétrécissement de leur horizon pastoral. Par exemple dans la région de Konni on distingue quatre catégories parmi les fractions Farfaru venues du Nigéria (Dupire, 1962a, p. 17). Près d'un tiers de ces fractions correspond à des groupes de pasteurs-agriculteurs mal fixés au sol du fait de leur instabilité résidentielle et de leur mobilité géographique. Tandis que les adultes cultivent un peu, les jeunes transhument toute l'année avec les troupeaux. La seconde catégorie qui rassemble le quart des fractions recensées se compose de nomades dont le chef seul possède une résidence fixe et s'adonne à la culture. Un autre quart de l'ensemble comprend à la fois des pasteurs-agriculteurs et des nomades purs, en déplacement continuel avec leur cheptel. Il existe enfin une dernière catégorie groupant les fractions exclusivement nomades qui transhument entre le Nigéria et le Sahel tout au long de l'année.

L'arrondissement de Madaoua constitue aussi une région de passage dont la partie méridionale se caractérise par une forte densité d'occupation du sol. Ici, la majorité des Peul est semi-nomade, mais un important noyau s'est concentré autour de Bangui, centre administratif frontalier. L'habitat des Peul résidant dans cette localité ne se différencie pas de celui des cultivateurs hausa. On observe, par contre, une dispersion de paillottes rustiques dans les champs environnants. Là, des femmes et de jeunes garçons entretiennent les vaches laitières dont ils acheminent chaque jour, le produit vers le village proche qui leur fournit en retour les provisions de mil nécessaire à leur subsistance. Plus loin dans la brousse, le troupeau villageois est gardé par de jeunes bergers qui le conduisent pendant l'hivernage vers les pâturages salés des environs d'Agadès. Ainsi une division du travail est apparue parmi les groupements peul de la région de Bangui. Elle se traduit par une spécialisation des membres actifs de chaque fraction dont une partie fixée dans les villages se consacre à l'agriculture tandis que l'autre dispersée dans des campements provisoires pratique le nomadisme pastoral.

L'une des plus fortes concentrations de Peul du Niger Central est localisée dans l'arrondissement de Tessaoua plus précisément, dans sa partie méridionale s'appuyant sur la frontière du Nigéria. Elle comporte deux grands groupements administratifs dont les chefs résident dans des villages fixes. Ces deux groupements qui ont amorcé un processus de sédentarisation depuis près d'un demi-siècle, ont établi des campements denses entre les villages de cultivateurs sédentaires, notamment, dans les cantons de Korgom et de Gangara. Ils ont quintuplé leurs effectifs depuis une trentaine d'années par suite d'un glissement continu à partir du Nigéria. Le groupement Minielbi dont le chef réside en permanence à Awandawaki, tout près de la frontière, rassemble les deux-tiers des Peul de la région tandis que le reste forme le groupe Dan Papa. Minoritaires parmi les populations paysannes du Sud, les ressortissants des deux groupements Peul ont essaimé dans les cantons septentrionaux de l'arrondissement de Tessaoua et même plus au nord dans les arrondissements de Mayahi et de Dakoro. Dispersés le long des gulbi, ils s'adonnent souvent à l'agriculture en marge de l'économie pastorale. Ceux des cantons frontaliers cultivent depuis plusieurs décennies le mil, l'arachide et le haricot, à l'instar des paysans hausa. Leurs champs fixes sont fumés régulièrement par les animaux durant la longue saison sèche. Ils les transmettent de père en fils, ce qui contribue à la sédentarisation progressive des éléments jeunes qui pratiquent l'élevage transhumant. Ces pasteurs deviennent de plus en plus des paysans qui ne se distinguent pas des cultivateurs sédentaires dont ils parlent la langue et adopte souvent le mode de vie en contractant des mariages.

Tout au long du gulbi N'Kaba sont installés de petits groupes de Peul qui vivent sous la conduite d'un Ardo. Utilisant des puisards creusés dans la vallée fossile ou des puits de villages hausa pour abreuver leurs troupeaux, ils pratiquent souvent une agriculture originale caractérisée par des champs en lanières, disposés perpendiculairement à l'axe du gulbi. Attachés d'une manière durable à la terre, ils envoient leurs troupeaux en transhumance d'hivernage sous la garde de jeunes bergers. Ces animaux qui ne s'éloignent pas beaucoup des campements de cultures, ne participent pas, de ce fait, à la cure salée dans la région d'Agadès. Les unités résidentielles correspondent à des segments de lignages dont l'habitat est constitué par un alignement de cases déplacées une fois par an, en fonction de l'occupation du sol pour les cultures. En effet, les champs formant des bandes de terre sont limités par un alignement de paillotes précédées par des aires de parcage du bétail pendant la période des cultures. Ces parcs dont le sol est ainsi fumé par la stabulation des animaux sont intégrés au domaine d'exploitation lors de la campagne suivante. Ainsi les cases sont déplacées d'une centaine de mètres dans le sens de la progression annuelle de la mise en valeur de l'espace rural. Les déplacements de l'habitat sur des bandes de terre contiguës se font de manière synchronique car ils résultent d'actions concertées entre les membres de chaque fraction peul. Cette progression linéaire ressortit aux habitudes pastorales des Peul conduisant leurs troupeaux selon une direction privilégiée. Elle s'explique, en outre, par le souci d'éviter les déprédations que pourraient causer les animaux dans les champs cultivés. Elle procède enfin d'un besoin d'entraide qu'éprouvent les membres d'un segment de lignage associant l'agriculture au pastoralisme en manifestant en toute occasion leur cohésion sociale.

S'il est vrai que l'élevage tient actuellement dans le Niger Central une place secondaire par rapport à l'agriculture proprement dite, la fixation, même temporaire des pasteurs peul parmi les cultivateurs, a modifié un peu partout d'une manière sensible, les modes de production et les rapports socio-économiques des populations locales. Tandis que les éleveurs se consacrent de plus en plus aux cultures, les paysans sont devenus des propriétaires de troupeaux parfois importants.

ÉVOLUTION DES RAPPORTS ENTRE PASTEURS PEUL ET COMMUNAUTÉS PAYSANNES

L'insertion des Peul dans le Niger Central a été rendue possible depuis quelques décennies, par le faible peuplement de l'ensemble du Sahel Nigérien. Mais l'espace pastoral s'est peu à peu rétréci dans le Sud, sous la pression démographique combinée à des facteurs économiques tels que l'expansion de la culture arachidière. De plus, la menace du surpâturage se précise en raison de l'accroissement du cheptel, qu'il s'agisse des troupeaux appartenant aux différents groupes de pasteurs ou de ceux qu'élèvent les cultivateurs traditionnels. Ainsi se trouve modifié un état d'équilibre qui a permis la coexistence harmonieuse du pastoralisme et de l'agriculture jusqu'à une période récente. Les cultures occupaient alors une faible proportion de l'espace rural et se pratiquaient de préférence dans les zones dunaires tandis que les troupeaux fréquentaient les abords des grandes vallées fossiles. Celles-ci sont actuellement le théâtre d'une occupation quasi-exclusive du sol par les cultivateurs. L'exemple de la Majya est caractéristique à cet égard. Dans cette vallée de l'Ader Doutchi, la densité des cultures exclut la présence des troupeaux, notamment en période humide. On comprend, dès lors, les difficultés qu'éprouvent les pasteurs pour pratiquer leur activité traditionnelle dans les secteurs intensément exploités par les paysans. L'élevage y est menacé d'asphyxie et l'alternative pour les Peul consiste alors à sacrifier l'élevage à l'agriculture ou à remonter vers le nord où le libre pacage des animaux est possible dans les étendues herbeuses impropres à l'agriculture. Dans le premier cas, la fixation des Peul dans les villages témoigne souvent d'un appauvrissement en cheptel. Mais comme le fait remarquer justement M. Dupire, la sédentarisation de certains groupes Peul se traduit par un élevage prospère car 'l'enrichissement en bétail donne à des familles les moyens financiers de libérer les enfants de la garde des troupeaux, confiée à des bergers rémunérés (Dupire, 1962b, p. 39).

En général cette sédentarisation est le fait de la chefferie qui adopte alors l'agriculture. Mais le phénomène de fixation des Peul est plus courant et plus ancien dans la zone frontalière du Niger Central par suite de la raréfaction des terrains de parcours. On assiste, par contre à une reprise de nomadisme chez les pasteurs semi-sédentaires qui remontent toujours plus nombreux vers le nord pour éviter une concurrence de plus en plus vive de la part des cultivateurs en expansion continue sur les zones de pâturages d'hivernage. Des conflits violents opposent souvent les éleveurs Peul et les paysans, notamment à la lisière septentrionale du domaine des cultures et dans les zones de passage des troupeaux transhumants. Ceux-ci peuvent dévaster les champs soit au début de la campagne agricole lors de la croissance des plantes, soit avant les récoltes, au moment du retour vers les pâturages de saison sèche. Aussi les bergers négligents sont-ils astreints au paiement d'une amende au titre de réparation des déprédations subies par les exploitations agricoles.

Les contacts entre les sédentaires et les pasteurs ne se traduisent pas toujours par des conflits car des liens étroits les unissent traditionnellement dans le cadre des échanges de produits et de services. Ainsi les transactions portent habituellement sur les ventes de mil et de bétail. Elles prennent parfois la forme d'un troc qui se traduit par l'échange des produits laitiers contre les céréales. Le développement de l'économie monétaire a eu pour conséquence l'intensification des échanges entre les deux communautés. Les sédentaires sont devenus les clients privilégiés des pasteurs en ce qui concerne la commercialisation du bétail et la transformation des produits de l'élevage. Ainsi le foisonnement des marchés et la diversité des activités rurales liées à l'économie pastorale témoignent de l'importance des contacts entre les éleveurs et les paysans dans le Niger Central agricole. Outre les transactions commerciales, il existe dans cette région des liens de collaboration entre les deux groupes de population, notamment, en ce qui concerne les échanges de services. Par exemple, la garde des troupeaux villageois par les bergers peul est un phénomène courant dans les zones intensément cultivées du Sud. Par ailleurs, des contrats de fumure permettent aux paysans de bénéficier du parcage des troupeaux dans les parcelles appauvries de leurs champs situés à proximité des agglomérations rurales. Ainsi en contre-partie du stationnement des animaux durant quelques semaines dans les exploitations paysannes, les bergers reçoivent de l'argent ou du mil qui leur sert de provision ou de source de numéraire. Souvent l'abreuvement du cheptel d'une fraction peul est assuré grâce aux puits appartenant aux villages des sédentaires. Le fumier ainsi répandu aux alentours des points d'eau est exploité par les cultivateurs pour fertiliser leurs champs. Mais l'abreuvement aux puits villageois est souvent une source de conflits entre pasteurs et agriculteurs car les cultures subissent des déprédations lors des passages des troupeaux.

Malgré des contacts fructueux entre les deux communautés, une vive concurrence les oppose dans la zone sahelo-soudanienne du fait de l'extension des surfaces cultivées et de la raréfaction des terrains de parcours des troupeaux transhumants. Aussi le domaine des sédentaires est-il de plus en plus abandonné par les Peul qui gagnent le Nord où leur activité peut s'exercer librement. Cette situation est particulièrement observée dans l'Ader Doutchi où la progression des cultures a contraint les pasteurs peul à glisser vers les steppes sahéliennes (Bonte, 1968, p. 101). Mais le mouvement pionnier des cultivateurs qui avancent dans la même direction constitue une lourde menace pour le pastoralisme dont l'aire d'extension se rétrécit à un rythme accéléré. Sans doute le problème de la limite septentrionale des cultures a déjà fait l'objet d'une intervention des autorités administratives qui ont tenté de fixer les domaines respectifs assignés à l'élevage nomade et à l'agriculture sahélienne. Ainsi une loi de 1954 remaniée en 1961 a préconisé l'interdiction des cultures au nord d'une ligne voisine du 15° parallèle. Mais cette règlementation de l'occupation du sol n'est pas respectée par les cultivateurs que la fièvre des défrichements a conduits au nord de la frange où la rentabilité de l'agriculture sous pluie est encore assurée. En outre les problèmes concernant la coexistence, en zone sédentaire, des cultures et des troupeaux en augmentation rapide sont loin d'être résolus, malgré l'existence d'un programme d'hydraulique pastorale et agricole en cours de réalisation. Les poussées pionnières qui se traduisent par l'extension désordonnée des cultures ont désorganisé les mouvements annuels des troupeaux transhumants. Depuis quelques décennies les Peul ont été contraints soit d'émigrer vers les régions moins cultivées soit de se fixer au sol. Cette alternative n'offre pas de perspectives favorables au pastoralisme dans le Niger Central, tant il est vrai que la pauvreté des sols et la sécheresse qui s'accentue ces dernières années, rendent précaires les conditions d'existence des Peul dans une région soumise à une forte pression démographique.

CONCLUSION

Les rapports entre les pasteurs peul et les agriculteurs sédentaires dans le Niger Central agricole se caractérisent par une concurrence de plus en plus vive concernant l'occupation du sol. Les Peul, minoritaires dans cette région, ont tendance à remonter vers les pâturages libres du Nord. Mais certains groupements implantés parmi les cultivateurs ont élaboré des solutions, sans doute provisoires le plus souvent, pour s'adapter aux conditions géographiques et humaines. Leur sédentarisation s'accompagne généralement de la diminution de leurs troupeaux et de l'adoption des activités paysannes. Tantôt établis parmi les communautés villageoises, tantôt groupés en petites cellules le long des vallées fossiles, tantôt en déplacements incessants dans les steppes sahéliennes, ils se trouvent partout en équilibre difficile. Mais la diversité des types de pastoralisme pratiqués par les Peul témoigne de leur facilité d'adaptation au milieu géographique. Parfois ils ont su habilement associer l'élevage et l'agriculture pour réaliser d'importants profits. A cet égard certaines communautés pastorales établies le long du gulbi N'Kaba ou dans la zone frontalière du Niger Central se sont engagées dans la voie d'une intensification des deux activités rurales. Outre la fumure des champs par le parcage du bétail, elles pratiquent une rotation des cultures et un élevage quasi-stabulant faute de terrains de parcours.

Les solutions techniques envisagées pour améliorer les conditions du pastoralisme dans la zone des cultures du Niger Central concernent la multiplication des puits pour l'abreuvement des troupeaux, l'aménagement des réserves sylvopastorales, l'ouverture et la protection de couloirs de passage dans les zones intensément cultivées. Ainsi une meilleure organisation des courants de transhumance pourrait éviter nombre de conflits entre pasteurs et agriculteurs. Mais il reste que la pression démographique conjuguée avec l'augmentation rapide des troupeaux tant nomades que sédentaires n'est pas favorable à l'élevage transhumant des Peul. Ainsi s'explique le caractère sommaire de leur implantation car les techniques extensives qu'ils pratiquent procèdent d'une part, des exigences de leurs troupeaux concernant les pâturages et les points d'eau, et d'autre part leur attachement à des formes résidentielles garantissant leur autonomie.

L'évolution des rapports entre le pastoralisme et l'agriculture dans le Niger Central s'accompagne de difficultés accrues de coexistence de ces deux formes d'activités rurales dont les techniques extensives doivent être améliorées dans la perspective de réaliser un équilibre nécessaire entre l'homme et le milieu d'une part et d'autre part entre les deux types de production en présence.

OUVRAGES CITÉS

Bonte, Pierre
  (1968) L'élevage et le commerce du bétail dans l'Ader Doutchi-Majya, *Etudes Nigériennes*, n° 23, Niamey, Paris.
Dresch, Jean
  (1959) Les transformations du Sahel Nigérien. *Acta Geographica*, fasc. 30 juin, pp. 1–12.
Dupire, Marguerite
  (1962a) Peuls nomades: étude descriptive des Wodaabe du Sahel nigérien. *Trav. Mém. Inst. Ethnol.*, n° 64, Paris.
  (1962b) Facteurs humaines de l'économie pastorale. *Etudes Nigériennes*, n° 6, Niamey.
  (1970) *L'organisation sociale des Peul*. Paris.

SUMMARY

The Sahel of Niger is suited to pastoral life by its extensive grasslands, its dry climate with aridity increasing to the north and sandy soils carpeted only seasonally with fresh grass amid the scattered trees. But its southern zone, with higher and better distributed rainfall, can support agriculture and has thus been occupied by pastoralists and farmers who have both sought to expand their occupation over the past fifty years. This study of contacts between the Fulani pastoralists and the Hausa villagers in the agricultural zone between Ader Doutchi and Damagaram analyses the development of relations between the two groups and their significant reciprocal influences on future development.

Despite some rewarding relationships, sharp competition has resulted from the extension of areas of cultivation and reduction of those available to the transhumant herds. The settled areas, notably in Ader Doutchi, have been more and more abandoned by Fulani who have moved northwards. But the continued northward advance of cultivators is a severe threat to pastoralism. This has been the subject of administrative intervention. A law of 1954, revised in 1966, has excluded agriculture north of approximately 15° N., but this has not been respected by would-be farmers who have moved beyond the limits where rain-fed agriculture can still be practised.

Within the settled zone problems arising from extensions of farm land and increase of herds are far from being solved despite current programmes for improving water supplies for crops and herds. Uncontrolled extensions of farming have disorganized annual movements of herds. For several decades the Fulani have been faced with the choice of moving north or becoming settled. Neither offers favourable prospects. Poverty of soils and increasing drought over recent years together with demographic pressure in this area are creating very precarious conditions for the continued existence of the Fulani.

Most Fulani, as a minority in the cultivated zone, have tended to move out to the North; this involves constant movement to find grazing. But some groups still located among the farmers have worked out new, if only provisional, adaptations. They have become settled, reducing their herds and taking up some farming either close to villages or in hamlets along dry valleys. Sometimes they have obtained good returns as, for example, groups along the Gulbi n'Kaba who, besides manuring their farm plots with their stock, practise crop rotation and semi-stabilized pasturage.

Technical developments envisaged to improve pastoral conditions in the cultivated zone include increasing the number of watering points and establishing pasture reserves and corridors for the transhumant movements of stock, thereby reducing conflicts between herders and farmers. But increasing demographic pressure of men and herds obviously cannot be favourable to sustained transhumant herding.

VII

Sur trois ressorts du comportement peul

R. DOGNIN

Les sociétés peul du Cameroun présentent une grande variété de modes d'organisation sociale. La typologie la plus simple les range entre deux tendances extrêmes, que j'appellerai 'Peul de brousse' et 'Peul villageois'.

Ces sociétés ne sont pas fermées : les Peul de brousse intègrent des éléments hétérogènes dans leurs 'groupes d'affiliation lignagère'; et les Peul villageois, jouissant d'un statut de prestige, entrainent l'adhésion, et bientôt l'intégration, de nombreux éléments ethniquement et culturellement étrangers.

Le pôle 'Peul de brousse' est une introduction à la culture peul, pour des gens qui ne l'ont jamais vécue, ou chez qui elle s'est altérée. C'est donc surtout sur eux que j'insisterai, puisque aussi bien ce séminaire porte sur les problèmes du pastoralisme nomade.

A l'observateur étranger, le monde pastoral paraît clos, ésotérique, entouré de barrières à destination tant interne qu'externe. Cependant, il existe certaines 'clés' qui permettraient de mieux comprendre la dynamique des comportements peul. C'est à trois d'entre elles que cette communication est consacrée : l'idéologie de la *barka*, le narcissisme et l'envie.

L'idéologie de la barka

Si je traite en premier lieu de la *barka*, c'est que les Peul y renvoient constamment dans leurs propos, les plus banals comme les plus solennels, au point qu'elle apparaît comme une idée-force qui inspire représentations et institutions. Il faut accorder toute son attention à ce mot usé par son cousinage avec le mot arabe '*baraka*', tant il passe inaperçu à force de présence dans la conversation courante.

Le mot arabe '*baraka*' peut se définir comme une qualité de l'être, foncièrement bénéfique, qui se transmet en ligne directe depuis le Prophète jusqu'à ses descendants, pour s'attacher, par dérivation de sens, au pouvoir temporel.

La *barka*[1] des Peul de brousse est le pouvoir qu'a un être humain de transmettre à ses descendants, accru, le patrimoine qu'il a lui-même reçu, tant en hommes qu'en vaches et en expérience.

Les deux termes connotent une idée de transmission, transmission d'un pouvoir d'essence divine chez les Arabes, et transmission d'un patrimoine chez les pasteurs peul. La différence tient à la source de ce qui est transmis, unique ou plurale. Chez les Arabes, ce pouvoir sacré se transmet directement par simple filiation à partir du Prophète. Chez les Peul, il n'y a pas de référence au Prophète, mais à des hommes dont l'importance dans le lignage s'est mesurée à l'aune de ce qu'ils ont pu transmettre à leurs descendants. Cette chaîne de la *barka* peut donc être rompue au niveau d'un maillon moins résistant, puis recréée à un autre, et finalement, ce sont ces gens-là, ceux qui ont de la *barka*, qui donnent leur nom aux 'maisons' (*cuuDi*) après avoir imprimé leur marque sur le lignage.[2]

Ce pouvoir gagne en intensité s'il est concentré sous un seul 'chef' (au sens de 'tête'). Il se matérialise dans une 'personnalité'. Par contre, il perd de sa force en étant divulgué, tout comme un billet de sweepstake rapporte moins d'avoir été misé sur un favori. On saisit là un des traits par lesquels la culture peul se ferme au monde.

Dans le domaine des alliances matrimoniales, la *barka* commande l'endogamie au groupe, ou du moins elle la recommande. Pour un Peul de brousse, contracter une union avec des femmes qui ne font pas partie de son groupe de lignages, c'est courir le risque d'abaisser notablement la *barka* de son ménage, et si sa descendance ou son bétail ne prospèrent pas comme il l'espérait, il en verra la cause dans la diminution de ce pouvoir, qui sanctionne son manquement aux règles de de *pulaaku*.[3]

Cependant, l'étude de la parenté révèle que, par familles

---

[1] Ce mot est communément traduit par 'chance', 'fortune'.

[2] Je reviendrai sur cette caractéristique de la *barka* peul en traitant du narcissisme.

[3] La *pulaaku* ou *fulfulde* est l'ensemble des règles de conduite auxquelles un Peul doit se conformer sous peine de perdre sa *barka*. Ce code n'est pas unique, mais varie avec la localisation et l'organisation sociale des groupes.

entières, des non-Peul, ou à tout le moins, des gens qui n'étaient pas auparavant des Peul de brousse, s'intègrent à des groupes de pasteurs, et finissent par s'y fondre au bout d'un certain nombre de générations, les appellations lignagères étant le moins sûr des repères en ce domaine. Cette absorption d'éléments étrangers a suscité un type particulier d'institution, sorte de 'mécanisme de défense' social, qui permet à l'idéologie de la *barka* et au phénotype peul[1] de subsister sans dommages graves.

Tous les groupes lignagers de Peul de brousse, que j'appelle 'groupes d'affiliation lignagère' (G.A.L.), comportent ces institutions de sélection réservées à la jeunesse, par le biais desquelles s'intègrent peu à peu au G.A.L. des éléments hétérogènes, sans que la culture de ce groupe en soit notablement modifiée.

Elles consistent à rassembler pendant plusieurs jours, selon une périodicité variable, les lignages qui constituent un G.A.L. Les jeunes gens se livrent alors à des danses, qui sont autant de joutes phénotypiques, au cours desquelles sont délivrés aux garçons, par leurs congénères et par les filles, de véritables certificats de virilité. Les vedettes sont en même temps les hommes les plus recherchés par les femmes, alors que les autres, qui ont subi ces épreuves avec moins de succès, sont plus ou moins écartés de la compétition amoureuse. En l'espace de quelques générations, ces institutions ont pour résultat de faire resurgir, ou de perpétuer, le phénotype peul, à partir d'un matériel humain relativement hétérogène.

Elles permettent à ces groupes d'observer formellement l'idéal endogamique imposé par la *barka*, tout en intégrant des éléments étrangers dont la descendance sera soigneusement sélectionnée.

Si la *barka* impose des restrictions dans le domaine humain des alliances matrimoniales, elle concourt également à faire du troupeau un ensemble clos et distinct. La symbiose pastorale Peul/zébus s'établit au niveau intermédiaire des trois relations possibles hommes/bétail: zoolâtrie, où l'animal est divinisé; zoophilie, où l'animal est humanisé; zootechnie, où l'animal est

---

[1] 'Phénotype' signifie ici: ensemble bio-culturel de caractères individuels, morphologiques et psychologiques.

instrumentalisé. Dans toutes les représentations, le bovin est le nourricier, le compagnon, le bienfaiteur, l'ami, une image du pasteur. Les intérêts des hommes et ceux des vaches sont si convergents, les orientations affectives si mutuelles, qu'ils concourent à former une structure centripète, où les dynamismes des uns sont toujours fonction de ceux des autres, comme dans une chaîne de causalités réciproques.

Aux institutions de sélection chez les hommes répondent des modalités de sélection du bétail.

Une conformation d'animal est choisie, à la suite d'un revers, ou bien héritée, gardée, et puis transmise, parce que le troupeau prospère. Ensuite, par élimination progressive des produits non conformes de ces vaches-souches, les pasteurs parviennent très vite à obtenir un troupeau à caractéristiques homogènes, à partir d'éléments hétérogènes. La sélection des produits en vue d'un phénotype bovin, porte non seulement sur la couleur de la robe et d'autres traits morphologiques comme le cornage, la taille du fanon et du nombril, l'aspect général, mais également sur les qualités de marcheur, l'indépendance de caractère, la façon de se conduire au pâturage, la lactation, la reproduction, etc. Chaque groupe bovin va être déterminé suivant des modalités de ce genre, et parviendra très rapidement à constituer un troupeau homogène, les génération bovines étant incomparablement plus rapprochées que les générations humaines.

Au Cameroun, on ne rencontre de troupeau dont la conformation répond ainsi à un phénotype général que dans les groupes suffisamment riches pour pouvoir se permettre de pratiquer une sélection qui n'a d'avantage que pour l'esprit. Le plus souvent, c'est à des troupeaux hétérogènes qu'on a affaire, où la race '*mbororodji*', grandes vaches à lourde charpente osseuse et à grand cornage en lyre, est mélangée de bétail '*gudali*', vaches des Peuls villageois, à squelette plus fragile, petites cornes, meilleures lactation et conformation bouchère. Soit parce que ces Peul de brousse n'ont pas les moyens de se débarrasser des animaux non conformes à l'idéal qu'ils se sont proposés (besoins du groupe humain excédant les produits du troupeau), soit parce qu'il s'agit au contraire de très riches propriétaires complètement acquis aux vues de la technologie vétérinaire moderne, et qui ont accepté de faire passer à l'arrière-plan de leurs préoccupations les impératifs traditionnels de la *barka*. Cependant, même chez ceux-là, ce sont des troupeaux de castrés à robe homogène (tout blancs, ou même tout noirs) qu'ils chercheront de préférence à constituer pour les confier à des bouviers salariés. Je dirai plus loin comment cette recherche de l'homogénéité relève chez le pasteur peul d'une quête plus générale de l'image 'pleine', inentamée, qu'il veut avoir de lui-même.

Il suffit d'avoir séjourné quelques semaines dans un campement de Peul de brousse pour savoir qu'une vache 'mbororodji' à robe rouge peut donner naissance à une vache d'apparence 'gudâli' à robe bariolée et à petit cornage. La façon même dont sont nommés ces animaux, par lignées, d'après le nom d'un ancêtre maternel reconnu et situé dans un patrimoine, révèle, en même temps que les non-conformités mère/enfants (une vache noire pourra s'appeler 'Blanchette' quoique sa mère soit de robe rouge, parce que la mère de celle-ci, introduite dans le troupeau, s'appelait ainsi), la préoccupation de rattacher, au moins nominalement, des animaux dissemblables à un ancêtre qui a marqué le troupeau, par son arrivée et sa fécondité, d'un sceau bénéfique.

On saisit mieux, à présent, les réticences des pasteurs peul à mêler leurs troupeaux, soit aux abords des parcs vétérinaires et des bains détiqueurs, soit aux points d'abreuvement, soit, d'une manière générale, à un pâturage donné: plusieurs *barka* différentes risquent ainsi d'interférer, et la *barka* étant une sorte de pouvoir, de s'annuler réciproquement, ou du moins de sortir entamées de cette confrontation. Cette crainte est si forte chez les Peul de brousse, alors qu'elle laisse les Peul villageois indifférents, qu'ils préfèrent souvent quitter un territoire de pâturages, s'ils pensent en trouver un autre où la promiscuité sera moins grande, que d'affronter ce risque. Mais il y a beau temps que les terres vierges n'existent plus au Cameroun.

Le signe de la *barka*, chez les Peul de brousse, c'est le bovidé, la vache, le troupeau[1]. Un homme qui n'a pas de *barka* est un homme dont le troupeau périclite, dont les enfants sont obligés

---

[1] Chez les Peul villageois, le représentant de la *barka* est l'Islam, par quoi passent liberté individuelle et pouvoir temporel.

de quitter la condition de Peul libre et de devenir, par exemple, des bouviers salariés, ou même d'abandonner complètement la vie pastorale. Le choix primordial pour les pasteurs peul, c'est ce type d'animal qu'ils ont décidé d'élever, et ce choix va déterminer d'autres choix harmoniques qui vont marquer son mode d'être.

Aux yeux des Peul, les bovidés, scientifiquement classés comme mammifères ongulés artiodactyles ruminants, se distinguent avant toute chose par la forme de leur sabot fendu en deux doigts, et l'empreinte caractéristique que celui-ci laisse dans le sol, une dépression circulaire qu'une saillie partage en deux. Cette image que les pasteurs ont constamment sous les yeux, a quitté peu à peu les zones conscientes de l'appareil psychique pour animer en profondeur un grand nombre de représentations. On pourrait l'appeler 'la marque de la fente'. Elle est devenue le signe bénéfique par excellence, celui que les pasteurs répètent sans se lasser sur eux-mêmes, sur leur bétail et sur leurs objets.

Du façon plus générale, l'empreinte du sabot fendu a fourni un schéma protecteur, celui de deux masses disposées de part et d'autre d'un axe, telle une hyperbole, qui constitue un élément déterminant dans la reproduction du phénotype peul, dans la maîtrise de l'espace, et dans le choix, entre mille autres, de traits qui concourent à la spécificité de cette culture. De façon globale, enfin, c'est le troupeau qui, par le biais de ses déplacements, détermine une certaine structure du temps, rythmé par les jours favorables ou non aux changements de campement, c'est lui, encore, qui introduit l'homme dans l'univers, c'est-à-dire la brousse, l'y protège, et enfin, règle ses rapports avec les autres hommes en lui fournissant une certaine idée de la liberté.

Pour nous, la 'fortune' est l'ombre de la réussite. Pour les Peul, c'est la réussite qui est l'ombre de la 'fortune'. Ils croient, ou veulent croire, qu'elle s'obtient par l'observance de certaines pratiques dont le secret est détenu par ceux qu'elle favorise visiblement. Ces derniers le croient aussi, mais répugnent à communiquer les recettes auxquelles ils devraient leur 'fortune' à autrui, de peur que celles-ci, ainsi divulguées, ne perdent une partie de leur pouvoir, ou ne deviennent vulnérables à des contre-pratiques inspirées par l'envie. Seule, l'intimité avec le détenteur de la *barka* pourra faire pénétrer certains de ses secrets, et, de toutes façons, être bénéfique par simple contact. Ces pratiques se conforment à certaines règles générales, à partir desquelles l'individu brode librement en s'inspirant de ce que je ne peux faire autrement que d'appeler son 'sens poétique'. Un père peut transmettre à son fils, des pratiques sur lesquelles il a lui-même laissé sa marque, ce dernier les recueillera sans y rien changer, ou bien les enrichira de trouvailles de son cru, à tel point qu'elles en deviendront méconnaissables. Règles générales et touches personnelles ont en commun d'être basées sur le principe de 'l'image' (*mbeelu*).

Par exemple, en ce qui concerne les règles générales, c'est-à-dire le fonds d'idées commun à tous les invidus qui appartiennent à la même culture, le représentant de base de la *barka* étant le bovidé, le végétal favori, celui qui participera à tous les rituels destinés à fortifier ou accroître la *barka*, sera le *barkehi*, ou 'arbre de barka' (Piliostigma thonningii), parce que ses feuilles reproduisent exactement une empreinte de bovidé.

Le narcissisme

Dans cette communication, je me suis proposé de mettre en valeur trois traits de la culture peul, qui rendent lisibles une grande part des comportements et des institutions: l'idéologie de la *barka*, dont je viens de parler, le narcissisme, comme mode de fonctionnement psychique, et l'envie, comme mode de relations interpersonnelles.

Je ne crois pas pour autant que le désir de transmettre à ses enfants un patrimoine accru, l'amour de soi ou le dépit angoissant de ne pas posséder un attribut de l'autre, constituent des traits spécifiques de la culture peul: ils sont universels. Mais ils se présentent chez les Peul avec une telle insistance et dans un tel dépouillement, que les passer sous silence, comme choses allant de soi, ferait courir le risque de ne pas comprendre les valeurs importantes du monde peul qui en sont issues.

Si le narcissisme et l'envie ont acquis une certaine valeur opératoire en psychanalyse,[1] ce ne sont pas des concepts familiers aux anthropologues. Aussi, est-ce à une approche phénoménologique que je vais laisser le soin de préciser leur

---

[1] Cf. l'oeuvre de Freud. Pour le narcissisme, Lacan et Grunberger. Pour l'envie, Klein et Róheim.

valeur sociologique, après une brève définition liminaire empruntée à la psychologie freudienne.

Je définirai le narcissisme[1] comme maintien d'un mode d'être, ayant ses racines dans un vécu antérieur à la constitution d'un moi, opposé à un monde extérieur; 'dont la vie intra-utérine serait l'archétype'; marqué par des sentiments de complétude, d'autonomie et de toute-puissance. L'image qui représente cette 'intégrité narcissique' dans l'inconscient est le Phallus.

L'éducation

Tout ce qui peut entamer l'image du moi autonome, comme l'état d'obéissance, de dépendance, de sujétion, est ressenti de façon très vulnérante par les Peul. L'humiliation (*laftaare*) est l'épreuve qu'ils redoutent le plus d'affronter. La plus sûre façon de couper les ponts avec quelqu'un est encore de l'humilier, l'obligeant ainsi à fuir qui lui porte de telles blessures. En même temps, la 'blessure d'amour propre' est le type de frustration à quoi expose couramment la vie quotidienne.

Toute forme d'éducation suppose de la part de celui qui en bénéficie une certaine capacité à supporter les frustrations. L'éducation d'un enfant peul ne fait pas exception à la règle. Aussi la mère inculque-t-elle de bonne heure à son enfant une technique qui lui rendra supportable une certaine dose d'humiliations, tout en l'habituant à ne pas en infliger aux autres: *sey o nangita hoore mum*, 'il doit retenir sa tête' (la tête représentant ici le corps tout entier). Cette technique à double effet s'appelle *munyal*, 'flegme', 'self control'.[2] Défense narcissique, elle permet d'absorber un certain contingent de frustrations sans pour cela perdre le contrôle de soi: *o jey'ay hoore mum*, 'il ne possède plus sa tête' (même sens général que plus haut), s'applique aussi bien à celui chez qui les humiliations provoquent un état d'abattement ou de colère, qu'à celui qui inflige des humiliations parce qu'il est en colère. *Munyal* est une technique spirituelle pour supporter les agressions de l'entourage immédiat, des puissants et du sort.

---

[1] En m'appuyant sur Laplanche et Pontalis (1968) et Grunberger (1971).
[2] Généralement traduit par 'patience'.

Par son autorité, le père est celui des parents qui menace le plus l'autonomie de l'enfant. Aussi est-il de sa part l'objet d'évitements considérables sans commune mesure avec les attitudes réservées aux autres membres de la famille. Si le recours aux châtiments corporels est fréquent (coups de fouet ou de bâton auxquels l'enfant se dérobe agilement), la punition la plus sévère pour sanctionner la faute la plus grave, le vol, consiste à feindre, un certain temps, que l'enfant n'existe plus, ainsi que l'exprime cette menace: *min laarama bee gite*, 'nous te regarderons avec les yeux' (sous-entendu 'comme une simple chose'), qui se comprend par référence à un jeu de mots: *min laarama bee yiide*, 'nous te regarderons avec amour'.

Ce simulacre d'abandon, ce rejet provisoire de la cellule familiale, nous le retrouvons autrefois, mais à l'échelle du groupe, lorsqu'il s'agissait de sanctionner la même faute chez un adulte. Reed[1] nous dit que, chez les Wôdâbé du Bornou, le *laamiiDo laawol pulaaku*, 'chef de la voie peul', exilait en brousse pour une période allant jusqu'à deux ans l'auteur d'un vol, 'considéré comme le plus grave des manquements au code moral peul'. Personne ne devait le recueillir, ni lui parler, et il ne devait approcher personne. Il restait à l'écart de son campement, et sa nourriture était chaque jour déposée pour lui sous un buisson.

Ce jeu de l'abandon a une portée pédagogique terrible, parce qu'il ravive l'angoisse archaïque de l'enfant d'être abandonné par sa mère. Avec elle, il est tout, sans elle, il est néantisé. Ce qui est grave pour l'enfant, c'est de ne plus exister, ou de le croire d'après le regard chosifiant de ses parents: ainsi est entamée l'image de soi, pleine et entière, qu'il veut garder de lui pour revivre la sérénité de la dyade primordiale.

Ce type de punition fait partie de cet apprentissage de la *munyal*, au cours duquel l'enfant devra trouver en lui les ressources qui lui permettent de supporter la néantisation, sans crainte ni tremblement.

L'intégrité de l'image de soi

Sa vie durant, l'individu va s'efforcer d'acquérir et de présenter aux autres une image de soi pleine et inentamée. Au regard de cet achèvement, ce sont les années de l'adolescence

[1] Reed (1932).

qui comptent le plus, comme une répétition des premières années de l'enfance.

Le *soro* est l'institution de sélection du G.A.L. des Môrotobé ('ceux qui se tressent les cheveux'), centré sur Yola. Les garçons y 'entrent', comme on 'entre dans la vie', vers le début de la puberté, pour en sortir à la fin de l'adolescence, vers 23/25 ans. Cette longue période, qui peut couvrir le tiers de leur moyenne de vie, est jalonnée de réunions d'importance variable (appelées aussi *soro*), auxquelles les jeunes gens se préparent dans l'intervalle, en même temps qu'ils se livrent aux tâches pastorales.

Le principe du *soro* consiste à recevoir imperturbablement sur le torse deux coups de bâton administrés avec force par un adversaire de même âge, appartenant à un lignage déterminé, avec lequel il n'existe pas, pour le moment, d'alliances matrimoniales. Dans une deuxième partie, les battus battent à leur tour ceux qui les ont battus à leur arrivée, dans un va-et-vient qui rappelle l'image spéculaire, réciprocité que la culture peul nous rend familière.

Au niveau individuel, le *soro* permet à un adolescent d'affirmer publiquement qu'il est un adulte, capable de succéder à son père. Au cours des années de *soro*, le garçon se dépouille progressivement de l'enfant qu'il était, 'pénis de sa mère' (*halleere inna ma*, 'mauvais de ta mère', ici 'mauvais' = pénis, injure de *soro* lancée par les filles supporters de l'équipe adverse), pour recevoir le Phallus, c'est-à-dire, prouver qu'il est un adulte, capable de procréer comme son père, 'il est comme son père!' (*ba baaba maako*, louange de *soro* lancée par les filles aux garçons de l'équipe dont elles sont les supporters). Ce rituel n'est autre qu'un adoubement, dont les parrains seraient les propres compagnons d'âge du postulant.

Au niveau sociologique, ce n'est plus la réussite du passage de l'ambiguïté enfantine à l'orientation sexuelle adulte qui compte, mais la plus ou moins grande 'qualité' des postulants. Les garçons qui n'ont pas subi à leur honneur les épreuves du *soro*, sont 'disqualifiés', ce qui équivaut à une sorte de castration imaginaire, mais 'réelle' quant à ses résultats. Un classement s'opère, qui favorise, dans la procréation, les individus les plus doués sur le plan phénotypique. Ce sont aussi ceux-là qui sont les plus battus et qui battent le plus, car battre un camarade d'âge, c'est lui faire honneur, c'est lui décerner un certificat de 'foulanité'.

Pendant le *soro*, tous les yeux se portent sur celui qui reçoit les coups, et non sur celui qui le bat. Le garçon qui est battu, et il peut l'être successivement par une dizaine ou une quinzaine d'antagonistes, s'efforce de supporter les chocs et la douleur en conservant une totale impassibilité. Debout, il s'est figé dans une attitude extra-ordinaire, les jambes croisées au niveau du genou, le torse érigé, les bras auréolant la tête. De la ceinture jusqu'aux pieds, son corps est recouvert d'ornements rutilants, pantalons et pagnes brodés, kilts de cuir ornés de chaînes, ceintures d'amulettes. Sa coiffure est celle d'un dieu. Il renverse la tête pour s'absorber dans la contemplation de son image qui lui renvoie un miroir attaché à un sabre, qu'il maintient à bout de bras.

Dans cette épreuve douloureuse, l'adolescent présente aux autres, de tout son corps tendu, paré, indifférent, cette image phallique, symbole de la Vie, qui est le représentant du narcissisme dans l'inconscient. Il éprouve par la souffrance sa finitude, et accepte de renoncer à la toute-puissance imaginaire de l'enfant, en devenant un géniteur comme son père.

A la fin du cycle du *soro*, il sera tondu et portera un bonnet, il laissera ses ornements et ses vêtements brodés à un petit frère, il ne jouira plus du préjugé favorable des jeunes filles. Il accepte de déposer les signes les plus manifestes de son estime de soi. Il a les plus belles années de son existence derrière lui.

Dans cette vie adulte, il va s'efforcer de maintenir et confirmer cette image de soi pleine et inentamée qu'il désire avoir de lui et proposer aux autres. L'idéologie de la *barka* lui permet d'imprimer sa marque personnelle sur le chaînon de lignage qu'il actualise. Car il n'y a pas de régularité, ni de progression, dans la façon dont les individus d'un lignage donné peuvent jouir des faveurs de la *barka*. Un homme retirera une grande satisfaction narcissique d'avoir de la *barka*, car il se distinguera ainsi, non seulement de ses contemporains, moins doués que lui, mais de ses ascendants.

Le troupeau représente pour le pasteur peul une partie de lui-même, une partie de son moi, et c'est en même temps une des images de la mère bonne. Comme ils souhaitent présenter d'eux-mêmes une image inentamée, les Peul désirent que leurs troupeaux présentent une image homogène, ce qu'ils obtiennent par sélection, comme je l'ai montré précédemment, en s'efforçant de réaliser l'unité chromatique et morphologique de leur bétail. Ils reculeront toujours devant la nécessité d''entamer' ce troupeau, parce que ce serait 'entamer' leur propre moi. D'où les dérobades devant l'impôt, les abattages d'animaux malades et les techniques 'rationnelles' d'élevage, où l'accent est davantage mis sur la qualité que la quantité.

Les abattages de bétail à des moments rituels, comme les réunions pour les donations du nom, les mariages formels et réels, ou bien lors du déroulement des institutions de sélection dans certains G.A.L. (comme le *geerewol*), sont de véritables sacrifices auxquels tout le monde doit participer. Ces abattages, qui ont pour résultat pratique la consommation d'une grande quantité de viande par les participants, sont des sacrifices dont la responsabilité doit être partagée par tout le groupe. Il n'est d'ailleurs que de voir la façon dont un propriétaire choisit dans son troupeau l'animal qui doit être sacrifié, pour comprendre à quel point il a conscience, en entamant son troupeau, d'augmenter ou de diminuer sa propre image de soi. Deux apports narcissiques luttent dans son esprit: la complétude du troupeau, et l'estime d'autrui. Il voudrait faire égorger une vieille vache, et qu'en même temps, les autres apprécient sa générosité. Tous les membres de sa famille se récrient, et finalement, le choix se portera sur un jeune castré, bien gras. Le propriétaire se plie à contre-coeur à ces corrections, mais il sait bien qu'il payerait d'un entamement de lui-même la présentation d'une vache maigre: mystérieuse transmutation entre les hommes et le bétail, où ce dernier paye de sa vie un accroissement de l'image de soi des premiers.

Auto-engendrement, autonomie

Les versions orientales du mythe du bourbier primordial peuvent se résumer ainsi:

— Un enfant est abandonné dans la brousse par ses parents villageois.

— Au bord d'un fleuve, il rencontre un génie bienveillant qui lui promet de l'aider à vivre en brousse, à condition qu'il s'éloigne de l'eau sans se retourner. L'enfant obéit, et derrière lui, les premières vaches sortent de l'eau.

— N'y tenant plus, il se retourne, et les vaches cessent d'émerger. L'enfant s'en ira avec celles qui étaient déjà sorties de l'eau,
et vivra de leur lait. 'C'est pour cela que les Peul n'ont pas de
plus grands troupeaux.'

Je distinguerai dans ce mythe au moins trois thèmes narcissiques. Et d'abord, celui de l'abandon par les parents, que
l'enfant retourne à son avantage en niant leur rôle. Puis, le
thème narcissique de l'auto-engendrement : de sa propre image
qui lui apparaît dans le fleuve (le génie), vont naître sa vie
même et la croissance de son moi (le troupeau). Enfin, un
thème qui oppose le narcissisme à la réalité : la marche sans
fin de l'enfant devant le troupeau imaginé, illimité, porte en
elle l'accomplissement du narcissisme dans la folie. Il est temps
de se retourner, et de conférer par le regard une existence à ce
troupeau, en payant de ses limites le prix de sa réalité.

Comme le *soro*, ce mythe montre qu'un coup d'arrêt doit
être porté au narcissisme ; que, pour l'individu comme pour
le troupeau, des limites doivent être admises (unisexualité,
nombre fini de vaches), quitte à conférer par la suite à ces
limites mêmes les attributs de la perfection. Cette constatation
de l'incomplétude de la vie montre que le narcissisme peul n'est
pas un narcissisme pathologique.

Les Peul de la brousse du Cameroun viennent souvent de
régions situées plus au Nord, où, au fur et à mesure que ses fils
sont en âge de fonder un foyer, leur père doit leur partager son
propre troupeau, réduit le plus souvent à passer ses derniers
jours avec l'un d'eux, totalement dépossédé. Cette institution,
que Dupire[1] a appelée 'le préhéritage', donne à un jeune homme
la possibilité de se séparer de son père, de ses oncles ou de ses
frères, pour aller tenter sa chance dans un autre territoire de
pâturages. Au Cameroun, où les groupes de Peul de brousse
sont toujours plus ou moins en voie de 'villageoisation', on
assiste à une reconquête par le père de son autorité et du contrôle qu'il entend exercer sur le patrimoine jusqu'à un âge
avancé. Ce mouvement de bascule, qui semble s'accompagner
d'une augmentation de l'âge moyen du groupe, contribue à
réduire les possibilité de segmentation.

Dès qu'ils ont subi les épreuves des institutions de sélection,

[1] Dupire (1962).

les jeunes gens, qui ont fondé entre temps leur propre foyer, sont capables de se détacher du tronc familial. En remontant dans l'histoire des lignages qui ont essaimé des représentants au Cameroun, on s'aperçoit que ces segmentations ont été très fréquentes, s'effectuant généralement par séparation de jeunes adultes à partir d'une cellule lignagère, et non par le déplacement collectif de tout le groupe.

Il y a toujours dans le coeur des adultes le secret espoir de fonder leur propre 'maison' (*suudu*), et de léguer à leurs descendants une appellation lignagère qui ne tiendrait que d'eux-mêmes. Ces hommes qui sont extrêmement sourcilleux sur le chapitre de leur allégeance, aspirent à exercer une autorité, d'abord sur leur propre lignage, puis sur d'autres groupes plus vastes. Ce paradoxe explique, chez les Peul de brousse, la répartition quasi horizontale des statuts, qui peuvent être remis en question par un simple déplacement, un changement de pâturages, l'affiliation à un autre G.A.L.

Les processus d'agrégation et de désagrégation se poursuivent avec une extrême rapidité: on s'affilie à un groupe pendant quelques saisons des pluies, et on le quitte pour une autre formation et pour d'autres territoires de pâturages, dont on pense qu'ils pourraient présenter des avantages. La réalité quotidienne d'un campement tend à créer progressivement un état d'insatisfaction, donc d'angoisse, qui ne peut être apaisée que par l'idéalisation d'un 'ailleurs', donc par un changement de camp. Les Peul expriment cette lassitude en disant: *geDal am jinni*, 'ma part est finie!'

La migration vers des pâturages que l'on préfère ne pas connaître,—ici, la nouveauté est la béquille de l'imaginaire—, ou que l'on a connu autrefois,—et là, c'est la complaisance des souvenirs qui berce l'imaginaire—est une aspiration narcissique à trouver le repos, la complétude, qui n'existent pas et ne peuvent exister dans la vie réelle.

Les symboles phalliques dans l'art populaire peul

Chez les Peul de brousse, la simple lecture du plan d'un campement révèle des correspondances: il reproduit le schéma d'une empreinte de bovidé, ramassant dans un tout circulaire, hommes, femmes, bétail et calebasses; il dispose de part et d'autre d'une ligne médiane occupée par l'avenir de troupeau et du groupe—les veaux— les hommes et leur bétail, les femmes et leurs calebasses.

La marque de la fente, qui est le signe distinctif de l'empreinte de bovidé, se retrouve à la fois sur le bétail et sur les calebasses. Sur le bétail, sous forme d'une entaille à l'oreille, sur les calebasses, sous celle d'une incision triangulaire qui en marque l'ombilic, et en fait une empreinte de vache, c'est-à-dire une vache. La collection de ces objets est, au niveau du symbole, le troupeau de la femme.

Le marquage des calebasses ne s'en tient pas toujours à ce signe minimum. Sur nombre d'entre elles, la cuticule externe est envahie par un travail décoratif, actuellement vécu comme tel ('parce que c'est beau'), mais pleinement signifiant. Malgré des styles et des techniques très divers, la répétition de motifs qui appartiennent au même fonds d'inspiration, permet de distinguer un certain nombre de signes, que j'appellerai des symboles phalliques.

Qu'est-ce qu'un symbole phallique?

Le Phallus est le représentant dans l'inconscient de la plénitude narcissique. Ni la virilité, ni la féminité n'en ont l'exclusive, mais il apparaît comme le plus absolu symbole du 'flux vital en tant qu'il passe dans la génération'.[1] Son image s'appuie sur celle de l'organe sexuel masculin, parce que le pénis est extérieur et visible.

A partir de ces considérations, nous pouvons maintenant envisager ce qu'est un symbole phallique.

On peut distinguer dans la culture peul au moins quatre types de symboles phalliques, selon qu'ils sont une image

— des organes sexuels masculins, symboles 'directs';

— d'une représentation du pénis, symboles 'indirects' (par exemple, la flèche, le serpent, le scorpion, la tête, les doigts, etc.);

— d'une représentation de l'hermaphrodisme, symboles 'mixtes' (par exemple, le serpent, le scorpion, mais aussi tous les signes qui associent des symboles 'masculins'—linéaires ou réduits à un point—à des symboles 'féminins'—fermés ou creux--);

[1] Cf. Lacan (1966).

— enfin, de ce qui peut représenter, chez les Peul et eux seuls, la plénitude narcissique, symboles 'spécifiques' (par exemple, l'empreinte de bovidé, ou le serpent qui représente à la fois la parole et l'objet le plus important d'un campement pastoral, la corde à veaux (*daangol*), qui traîne par terre en sinuant).

On rencontre ces quatre types de symboles dans la culture peul sous la forme explicite de signes tracés, gravés, brodés—cuticule des calebasses, vêtements, peau du visage et des mains, murs, lits, sacs, boîtes, etc., ou sous la forme implicite d'attitudes ou d'objets—l'attitude de l'adolescent au *soro*, la forme en sablier du tambour préféré, qui sont toutes deux des images de la marque du bovidé; la coiffure des femmes, qui imite le schéma de cette empreinte; ou encore, la protection qu'apporte dans le domaine de l'envie l'usage d'objets qui sont eux-mêmes des symboles phalliques 'directs', comme la vigne de Bakel (*ceembal, Cissus quadrangularis* Linné.).

Je ne puis m'attarder dans le cadre trop restreint de cet exposé, sur ces symboles phalliques. Je dirai seulement quelques mots du plus important d'entre eux, le triangle, qui se présente comme le signe du bovidé.

Comme beaucoup d'autres symboles, ce signe est surdéterminé, c'est-à-dire qu'il est le dénominateur commun d'une grande quantité d'associations, la poignée d'un faisceau de représentations. A ce titre, il participe des quatre types de symbolisme que j'ai définis plus haut: il est 'direct', 'indirect', 'mixte' et 'spécifique'. Ces participations, qui peuvent sembler contradictoires, sont le caractère de la surdétermination.

Pour les Peul, il est le signe narcissique fondamental, symbole de la Complétude, de l'Inentamé. Au niveau symbolique que j'ai appelé, faute de mieux, 'direct', il est une image phallique dont la base associative repose sur la trinité de ses sommets et leur correspondance masculine, tarte-à-la-crème de certains africanistes. Au niveau 'indirect', il est l'image de la tête de flèche. Au niveau 'mixte', il est l'image parfaite de l'hermaphrodisme, c'est-à-dire de l'association, sous la forme d'une même figure inversée, du principe mâle—triangle au sommet pointé vers le ciel, et du principe femelle—triangle au sommet pointé vers la terre. Comme tel, il se présente sous quatre aspects différents: deux triangles en position inversée, dont les sommets opposés sont joints par une ligne droite; deux triangles réunis par un de leurs sommets (le sablier); deux triangles superposés en position inversée, les sommets opposés de chacun reposant sur la base de l'autre; et enfin, l'étoile de David. Au niveau 'spécifique', il est le signe du bovidé dont l'empreinte est caractéristiquement fendue en deux portions égales. Ce signe se présente alors, soit sous la forme d'un simple triangle, pointe en bas, en fait, une 'fente' (*loomoodu*); soit sous la forme du sablier; soit sous celle des deux triangles en position inversée dont les deux sommets opposés sont joints par une ligne droite; soit, enfin, sous une forme complète conjoignant un demi-cercle de part et d'autre des deux signes précédents.

Niveau 'direct':

Niveau 'indirect':

Niveau 'mixte':

Niveau 'spécifique':

La répétition obsédante ou la présentation d'images et de symboles phalliques répond à deux fonctions précises: imposer la toute-puissance magique du narcissisme, et ce faisant, défendre l'intégrité du moi contre l'envie.

L'envie

Si le narcissisme se fonde sur la toute-puissance, l'envie, elle, prend racine dans la 'non-toute-puissance'. Le premier implique une tension vers la conservation de l'intégrité du moi, la seconde s'efforce au contraire d'y porter atteinte. Face à une culture où le narcissisme semble inspirer un grand nombre de comportements, il faut s'attendre à trouver des modalités de relations interpersonnelles fortement colorées par l'envie.

L'envie est un sentiment archaïque consistant en une rage autodestructrice, un dépit angoissant de ne pas posséder un attribut, une qualité, perçu chez l'autre. Dans les meilleurs des cas, elle conduit à l'appropriation de l'objet désiré, sinon, à des efforts pour provoquer sa destruction.[1]

C'est un mode de relations dans la mesure où le manque est révélé par l'apparition de l'autre. Elle est faille du narcissisme. Lourde d'agressivité, elle présente une menace pour l'individu et le groupe social, et inspire des conduites pour s'en protéger.

La jalousie, par contre, est un sentiment ontologiquement plus tardif. Elle puise sa force émotionnelle dans l'envie, mais fonde la rivalité en introduisant un troisième personnage, au moins imaginaire. Ce qui est envié ici, c'est Untel dans la relation privilégiée qu'il entretient avec une tierce personne.[2]

Les médiateurs corporels de l'envie

Les médiateurs corporels de l'envie sont l'oeil, la parole—ou plutôt, comme disent les Peul, les yeux, les langues—et la main.

Chez les Peul, la signification exclusivement maléfique du regard et de la parole requiert une attention spéciale. Dans le langage courant occidental, il existe de 'bons' et de 'mauvais' regards, de 'bonnes' et de 'mauvaises' paroles. Bien que ces qualificatifs ne soient pas absents, on s'en doute, du vocabulaire peul, et qu'ils sachent fort bien faire le départ entre une intention bienveillante et une intention malveillante, le regard et la parole sont considérés comme une menace potentielle, qui expose à une réplique hostile celui qui les émet sans y prendre garde. C'est pourquoi, seuls les 'grands' défieront regards et paroles, et s'en arrogeront l'usage; les égaux mesureront soigneusement la portée des leurs; et les faibles ne pourront éviter leurs effets en retour qu'en s'abstenant eux-mêmes d'en user.

L'étiquette peul du regard réserve l'apanage du regard dirigé aux personnages de statut supérieur et aux puissants, les chefs, les époux, les pères. Il est manière de s'opposer, de défier, de dire non. Le regard baissé est le lot des personnes de statut subalterne et des faibles, les femmes, les enfants, les serviteurs. Il est aveu de vulnérabilité, signe de merci, façon de dire oui. Entre gens de condition égale, on évite d'en abuser; souvent, on

---

[1] D'après Klein, un des prototypes de l'envie serait l'envie du bébé pour les seins de sa mère, premiers 'objets partiels'. Cf. Klein, (1968).

[2] Les Peul désignent l'envie par *nganyaandi*, et la jalousie par *kaajal*. Pour les psychanalystes, le troisième personnage est, bien entendu, le père.

le détourne, alors même qu'on échange des paroles. Car regarder, c'est s'exposer à être regardé en retour. Le regard dirigé, par là-même ressenti comme provocant, nie la peur du regard en retour. Il est du droit des 'grands': exposés à l'envie de par leur statut, ils savent s'en protéger.[1]

L'étiquette peul de la parole est aussi précise que celle du regard. L'usage autonome du Verbe, dans ses manifestations les plus agressives—ordre, question, contradiction— est réservé aux gens de condition supérieure, à charge pour ceux-ci de mesurer le volume de leur voix, quand ils ne doivent pas, tels certains chefs éminents, ne transmettre à l'interlocuteur qu'un écho assourdi de leur parole, à travers les répétitions d'un interprète faisant office de sas relationnel. Deux individus de statuts égaux excelleront à parler 'sous la langue',[2] derrière le masque des expressions toutes faites ou proverbiales, dont il existe un fonds constamment renouvelé, qui rend possible l'expression des idées les plus contradictoires. La parole communique, mais aussi, elle crée toutes sortes de 'doubles' à vie imaginaire, sur lesquels pourrait s'exercer une action néfaste inspirée par l'envie: parler de quelqu'un, c'est faire exister à son insu une image vulnérable de lui.[3] Quant aux personnes de statut subalterne, l'exercice de la parole leur est tout simplement refusé. Il leur est seulement loisible d'acquiescer, d'accepter, quittes à mener leur action en contradiction avec cet accord imposé, mais en conformité avec leur volonté.

La main ne fait office de médiateur corporel qu'en prêtant sa fonction de préhension aux yeux 'qui prennent', aux langues 'qui prennent'—domaine du 'mauvais oeil'. Mais dans le domaine de la sorcellerie, on dit parfois de quelqu'un qui est 'pris': *Be ngaDiimo jungo*, 'on lui a fait la main'.

Ces complexes, mais universelles, hiérarchies du regard et de la parole sont en acte dans le rituel de la salutation, avec bien d'autres signifiants corporels, comme les positions respectives—accroupi ou debout—et l'affrontement à distance des paumes rougies au henné. Entre gens de statut égal, la salutation apporte l'apaisement d'un combat nul grâce au caractère

---

[1] Le commun croit que les chefs passent la nuit à défaire les charmes qu'on leur a jetés pendant le jour.

[2] *Wolwa les Demngal.*

[3] Un proverbe dit: *ko leggal ma Be Don wolwa ngal tum/ngal yooran sakko goDDo* 'Si on parle continuellement d'un arbre, il va sécher encore plus qu'une personne!'

réciproque des défis. Un duel est livré, où les armes sont toutes sortes de questions concernant les appartenances des individus en présence, auxquelles la même réponse stéréotypée défend à l'humeur du moment de révéler une faille dont pourrait profiter l'envie, toujours soupçonnée, de l'interlocuteur. Au contraire, ce 'Tout va bien, merci!' propose une image de soi, pleine, résistante, fermée, qui ne laisse aucune prise à la parole, mais constitue une sorte de défi. Pour en neutraliser la portée, l'autre se soumet à son tour au même questionnaire.

Don et sorcellerie

L'un des fondements du narcissisme réside dans l'idée de toute-puissance. Une dépendance envers un terme extérieur sera ressentie comme vulnérante. Les déplacements de biens sans retour vers le donateur, créent un déséquilibre entre des parties de statut égal, générateur d'un danger que le donataire désamorce en retournant symboliquement au donateur une portion du don. Cette recherche de l'équilibre conduit à l'échange différé ou au prêt. Mais l'acte de donation peut être manqué— un refus opposé à une sollicitation— créant à nouveau un déséquilibre qui expose les deux parties à de nouveaux dangers.

Les faits de sorcellerie (witchcraft) paraissent relever de cette situation. Très souvent, le déclencheur est un acte de donation manqué, un donateur éventuel opposant un refus aux sollicitations d'un donataire éventuel. La personne qui a refusé de faire le don, ou d'accéder au désir de l'autre, est alors 'empoisonnée' par l'idée que le solliciteur va chercher à se venger, et ce qu'elle croit devenant vrai, déclare que son 'double' (*mbeelu*) est dévoré par lui, qu'elle accuse d'être un 'sorcier' (*kaaramaajo*). Ses troubles psychiques s'accompagnent de troubles organiques graves, qui peuvent mener jusqu'à la mort à moins d'une intervention rapide de contre-sorciers. La personne accusée de sorcellerie est préparée culturellement à accepter ce rôle, car on peut être sorcier sans le savoir. Le 'dévoré' crée, par son attente, le 'dévorateur'.[1]

En sollicitant un don ou en le refusant, on court le risque extrême de devenir un sorcier ou un dévoré. Ces phénomènes

---

[1] Par la fureur des émotions mobilisées, le couple dévoré-dévorateur rend très probable une référence au schéma de l'agressivité de l'enfant au sein selon le modéle kleinien.

appartiennent à la vie quotidienne. Il n'est pas de campement ou de village qui n'aient été le théâtre de ces drames, auxquels la vie moderne ne paraît apporter aucun apaisement.

L'éducation

A propos du narcissisme, j'ai indiqué comment les parents inculquent à l'enfant *munyal*, une technique pour lui faire endurer les humiliations inévitables; *semteende* est une autre technique, mais pour les éviter, et faire dévier de sa personne toute agression provoquée par l'envie. Elle recouvre un champ complexe d'attitudes, puisqu'elle désigne aussi bien l'indifférence jouée par la mère envers son bébé en présence de tiers, que le respect dévotieux de l'enfant envers son père. Et pourtant, dans les énoncés: 'la mère aime son enfant' et 'l'enfant craint son père', on peut remplacer les deux prédicats par *semtan*, qui signifie 'a de la *semteende* envers'.

En présence de tiers, l'attitude absente de la jeune mère envers son bébé, pourtant son bien le plus précieux, est dictée par le souci de ne pas attirer l'attention sur lui. Elle ne lui ménagera pas ses caresses dans l'intimité de sa case. L'attitude dévotieuse de l'enfant vis-à-vis de son père est inspirée par le même souci. Dans le premier cas, l'enfant, prolongement très valorisé de la mère, peut faire l'objet de l'envie d'un tiers. Par sa réserve, la mère évite d'attirer le regard sur lui. Dans le deuxième cas, l'enfant, qui a conquis son statut de sujet, se met à l'abri, par sa réserve respectueuse, des agressions de son père. Il se ménage l'indulgence paternelle.[1]

Derrière l'attitude de la mère vis-à-vis de son enfant, se profile l'attitude de l'adulte vis-à-vis de ses biens. Derrière l'attitude de l'enfant vis-à-vis de son père, se profile l'attitude de l'adulte vis-à-vis de ses supérieurs. On dira d'un *arDo*, chef d'une fraction de lignage, qu'il a de la *semteende*, si, malgré sa richesse et le pouvoir qui en découle, il se conduit sans faste excessif, n'écrase pas les autres de sa morgue, porte des vêtements simples, et sait ordonner en suggérant. Par cette attitude même, il protège sa personne 'en vue' des atteintes de l'envie auxquelles son statut supérieur l'expose particulièrement.

---

[1] *enDam* signifie à la fois 'indulgence' et 'lait maternel'.

L'envie et la 'barka'

Un homme à qui la vie a réussi, qui a beaucoup d'enfants, de vaches et de puissance, devrait constituer une cible de prédilection pour l'envie. Mais c'est sa *barka* qui lui a procuré ces félicités, et la *barka* relève d'un savoir-faire, peut donc se transmettre par la connaissance. Elle possède comme telle une certaine valeur apotropaïque. Ce personnage aura beaucoup d'amis qui vivront à son contact en espérant attraper un peu plus que 'la fumée du rôt', mais lui ne leur révèlera pas ses secrets, car plus la 'fortune' favorise de gens, plus son filet devient ténu.

La fonction protectrice des symboles phalliques

S'ils sont une manière d'exprimer une affirmation narcissique, les symboles phalliques contribuent en même temps à défendre le narcissisme contre l'envie.

Les signes qu'une femme grave sur ses calebasses protègent le récipient lui-même et son contenu, sa propriétaire, et par delà eux, le troupeau ou les champs qui ont fourni les produits contenus dans la calebasse, et toutes les appartenances de sa propriétaire, son époux, ses enfants, son groupe familial.

Au *soro*, en proposant à l'attention des autres une image phallique de lui-même, l'adolescent se met en position de résister aux atteintes de l'envie, théâtralement figurées par les coups de bâton.

La couleur rouge protège aussi de l'envie. Les femmes trempent leurs calebasses dans des teintures écarlates. Pieds et mains sont rougis au henné pour protéger leurs empreintes d'une éventuelle saisie; pour protéger la paume dans l'affrontement de la salutation; et la plante du pied dans son contact avec le sol, qui peut avoir été 'charmé'.

Lors de certaines joutes phénotypiques (*geerewol*), les danseurs s'enduisent le visage de peinture rouge pour recueillir, en dépit de l'envie, les lauriers auxquels ils ont droit. Les jeunes gens du *soro* se rougissent les dents pour protéger leur bouche et l'intérieur de leur corps des sorciers qui rôdent pendant la fête, et possèdent le pouvoir de 'voir' les entrailles d'autrui.

Le rouge est la couleur du sang, liquide vital, et en cela, c'est une couleur phallique. La prédilection avec laquelle il est employé vient de ce qu'il peut être opposé en image à la couleur des yeux de l'envieux, réputés injectés de sang.

CONCLUSION

Cette idée-force de transmission patrimoniale, ce mode de fonctionnement psychique qu'est le narcissisme, ce type de relations interpersonnelles qu'est l'envie, sont des caractéristiques humaines, et non pas culturelles. On les retrouve selon des dosages variés dans la majorité des cultures africaines. J'ai simplement voulu montrer quel contenu spécifique leur donnaient les Peul, et comment elles forment chez eux une manière de système.

Après ce constat de présence, on pourrait se poser une question: 'Pourquoi?' Cette recherche des commencements, il ne m'appartient pas de la mener. Les fondements de la *barka*, du narcissisme et de l'envie se situent dans un champ de recherche qui appartient à la fois aux historiens, toujours réduits aux hypothèses en ce qui concerne l'histoire de Peul, et aux psychanalystes, qui pourraient étudier comment le maternage est vécu dans ces sociétés.

OUVRAGES CITÉS

Dupire, Marguerite
    (1962) *Peuls nomades*. Paris: Inst. d'Ethnologie, p. 182.
Grunberger, B.
    (1971) *Le narcissisme*. Paris: Payot.
Klein, M.
    (1968) *Envie et gratitude*. Paris: Gallimard.
Lacan, J.
    (1966) 'La signification du phallus'. *Ecrits*, Paris, p. 692.
Laplanche, J. et Pontalis, J. B.
    (1968) *Vocabulaire de la psychanalyse*. Paris: Presses Universitaires de France.
Reed, L. N.
    (1932) 'Notes on some Fulani tribes and customs'. *Africa*, vol. V, 4, p. 429.

SUMMARY

Narcissism is a mode of psychic functioning which can illuminate, beyond individual behaviour, at the level of an entire society. Characterized by sentiments of completeness, autonomy, and total power as well as a tension for preserving the integrity of the self, it appears to play a determining role among the Fulani in their mythology, their system of education, the institutions of the young and the preoccupations of adults.

The herd is part of the pastoralist's self and its economy conforms to rules which are more readily seized in a narcissistic context. The search for autonomy and completeness implies a tendency for groups to segment and migrate.

It is as if the ideology of *barka* has the essential function of allowing gifted individuals to imprint a narcissistic seal on their lineage by strengthening and transmitting to their descendants the patrimony in men, stock and experience which they themselves have received.

The great vulnerability of narcissism has given rise to many 'social defence mechanisms' against envy. The child learns how to remain master of himself when subject to humiliations and how to avoid, by his reserve, attracting attention to himself. The adult multiplies phallic signs around himself representing completeness in the unconscious. In this way he confirms his narcissistic integrity and discourages aggressions inspired by envy.

VII

Exploitation du sol, communautés résidentielles et organisation lignagère des pasteurs woDaaBe (Niger)

MARGUERITE DUPIRE

Si l'on s'en tient à une définition stricte et juridique, il n'existe pas de tenure foncière sans mode de répartition des terres et d'exploitation des sols (Le Roy, 1970, pp. 2–3). Beaucoup de populations pastorales en seraient donc dépourvues et particulièrement celles qui n'ont pas d'attache fixe et ne sont pas propriétaires des pâturages qu'elles utilisent. Cependant la régularité et l'organisation de leurs déplacements engendrent des communautés résidentielles plus ou moins stables.

La comparaison de sociétés pastorales implique donc le dépassement de définitions trop rigides et une description minutieuse de leur insertion sur le sol qu'elles occupent, et non seulement de leurs 'droits' fonciers. Des conditions historiques de l'installation—conquête avec ou sans partage des terres, infiltration suivie de reconnaissance de droits d'usage exclusifs ou non—dépendent les relations à l'intérieur du groupe et avec les populations voisines. Le milieu écologique de la vie pastorale, la précarité des ressources, nécessitent une grande souplesse d'adaptation. Plus la zone de nomadisation est désertique, plus les droits de propriété, quand ils existent, s'assortissent d'arrangements réciproques permettant la survivance des pasteurs et de leur bétail: nous sommes loin d'une tenure foncière visualisée par un bornage.

Le sujet qui nous intéresse ici est celui de la relation entre un certain type d'exploitation du sol et un mode d'organisation socio-politique dans une société qui se conçoit à l'intérieur d'un modèle lignager. Nous ne croyons pas que ces modèles ne représentent que des constructions logiques de l'anthropologue. L'expérience ethnographique nous apprend que les indigènes s'y réfèrent pour justifier leurs comportements sociaux. Mais à quelle réalité correspondent-ils, et dans quelle mesure sont-ils compatibles avec d'autres schémas ou modèles explicatifs—généalogies, analyse sociologique ou statistique— et les comportements observés? Au niveau où l'analyse est possible, elle révèle généralement un aspect dynamique et stratégique qui ébranle les cadres du modèle théorique. Cependant, même si le contenu du modèle ne correspond qu'imparfaitement à sa forme, celle-ci exprime un agencement plus ou moins idéologique des unités du groupe. Les quelques études de sociétés lignagères segmentaires ont montré que cet agencement avait une base territoriale, qui se répercutait sur l'organisation socio-politique. Disjoindre ces différents aspects du modèle lignager serait factice, et toute comparaison devrait se situer à un niveau global.

Les Peuls woDaaBe du Niger utilisent un idiome lignager pour désigner la totalité de leurs unités sociales. Existe-t-il des rapports entre ces divisions lignagères et les communautés résidentielles qui se sont formées à partir d'une exploitation particulière du sol, et quels sont-ils?

II

Quelles que soient les conditions limitatives imposées par le milieu géographique, le caractère collectif et organisé des mouvements pastoraux engendre des communautés solidaires. Sédentaires une partie de l'année ou entièrement nomades, ces communautés centrées autour d'une exploitation coordonnée des ressources en eau et en pâturages constituent la trame de l'organisation socio-politique.

Les woDaaBe du Niger, qui vivent exclusivement de pastoralisme en zone soudano-sahélienne, nous offrent l'exemple d'une société non dominante, possédant un mode régulier d'utilisation du sol en dépit de ses variations cycliques. La dynamique des mouvements pastoraux n'exclut pas leur stabilité morphologique.

A aucun niveau le groupe n'est limité territorialement. Le terme 'tribu' pour désigner l'ensemble des vagues migratoires woDaaBe installées au Niger et entretenant des contacts réguliers ou épisodiques aux puits, marchés, rassemblements de saison des pluies, ou même ne se connaissant que par ouï-dire, a

une portée plus sociale que territoriale. Des coutumes originales, des relations spécifiques entre unités et sous-unités tribales,
distinguent ces woDaaBe d'autres tribus peul pastorales vivant
dans cette région et d'autres régions administratives voisines
(Nigeria, Tchad, plateau de l'Adamawa). Cette appellation
se justifie dans la mesure où cette unité maximale n'aurait pu
se constituer et se survivre sans contacts anciens ou actuels sur
des pâturages plus ou moins distants et sans souvenirs migratoires communs. La tribu est l'unité de voisinage la plus vaste
aux limites floues.

Tous les Peul pasteurs orientaux pratiquent trois types
principaux de mouvements, liés les uns aux autres: déplacements saisonniers, migration-transhumance et migration-fuite
(aussi Stenning, 1957). Les petits déplacements de saison
sèche des campements woDaaBe, autour des puits et points
d'eau situés près des marchés sédentaires, font place à la saison
des pluies à une avance concertée des membres de la fraction,
utilisant les mares naturelles en zone nomade sahélienne, vers
un point fixe où aura lieu la grande réunion annuelle. La
migration-transhumance est un processus lent, une avance
progressive des déplacements saisonniers, la zone de saison des
pluies devenant celle de saison sèche, tandis qu'un *nouveau*
secteur, généralement aire de déplacement secondaire, est
utilisé à la saison des pluies suivante. Lorsque cette modification graduelle des mouvements saisonniers a lieu à l'intérieur
d'un même secteur administratif et du même environnement
humain, elle peut être qualifiée d'interne. Par contre la migration externe, qui est souvent une fuite en réponse à des dangers
ou exactions intolérables, se caractérise par une rupture
politique, un point de départ et un point d'arrivée historiques,
des contrats verbaux avec les propriétaires du sol et la création
de nouveaux circuits de déplacements saisonniers adaptés aux
conditions écologiques.

Ainsi des vagues migratoires woDaaBe, chacune conduite par
un chef, sont venues de l'Emirat de Sokoto dans le cercle administratif de Tahoua, des migrations internes eurent lieu à
l'intérieur de ce cercle et des migrations externes vers d'autres
cercles administratifs de la République du Niger. Le mouvement se stabilise lorsque le groupe migratoire paie ses impôts
dans son secteur de saison sèche.

Avant la guerre sainte (1805–1856) ces groupes nomades avaient vécu, pendant des siècles probablement, dans le royaume du Bornou et accepté bon gré mal gré la suzeraineté de ses rois qui leur avaient consenti des droits de pâture. Bien que dominés, ils étaient parvenus à maintenir leur autonomie et leur style de vie pastoral. Mais à la suite des conquêtes d'Uthman dan Fodio ils n'avaient pu résister à la tentation d'utiliser à leur avantage le nouveau système hiérarchique. C'est ainsi que se diversifia le sort des Bororo woDaaBe et leur type d'organisation socio-politique. Ceux qui se rallièrent à quelques chefs nomades prééminents et convertis à l'Islam purent pénétrer dans la région frontalière occidentale du Bornou, soutenus par la politique d'extension de l'Empire peul. Ils furent intégrés dans la structure politique peul-haoussa (Stenning, 1959: 68–71). Les woDaaBe qui pénétrèrent au Niger s'étaient efforcés de rester en marge des hostilités, mais certains avaient profité de l'hégémonie peul pour rehausser leur statut à l'intérieur de leur propre société: protection du Sarki n'musulmi pour obtenir un turban et faire reconnaitre leur commandement, islamisation voyante (pélerinage), achat d'esclaves. Les fondements égalitaires de cette société nomade qui, par la migration, échappa à l'emprise étatique, se trouvaient néanmoins ébréchés.

La vague migratoire, dirigée par un seul chef au début, une fois fixée dans une région, se divisa en fractions autonomes, politiquement égales, car il n'existe qu'un seul niveau de commandement. Les scissions s'opérèrent d'après les clivages des noyaux—considérés comme des lignages—composant le groupe migratoire, puis des branches collatérales en compétition pour le pouvoir. Ainsi, entre 1900 et 1950, le groupe migratoire Bi koro'en, parti de Goronyo, se scinda en quatre groupes locaux: cinq fractions à Madaoua, trois à Tahoua, cinq à Dakoro, quatre à Agadez. On ne peut nier le caractère expansionniste d'une telle bande nomade, mais cette expansion est une infiltration territoriale, non une conquête.

Le fragment de groupe migratoire qui s'est fixé dans une région administrative où il paye l'impôt constitue une communauté résidentielle au sens large du terme. Nécessairement dispersée en saison sèche pour des raisons écologiques, elle devient en saison des pluies un groupe de transhumance. Les campements se rapprochent alors et se déplacent sur un parcours décidé à l'unanimité, vers un point fixe où se tiendra le rassemblement annuel. Le gardiennage du bétail ne peut être collectif, mais des bergers expérimentés sont désignés pour aller reconnaître en éclaireurs l'état des pâturages. Pendant quelques jours les membres de la fraction célèbreront les cérémonies d'imposition de noms et de mariages et le conseil des adultes se réunira pour discuter des intérêts communs et tenter de régler les litiges internes.

Au fur et à mesure de l'accroissement démographique et de la concurrence interne, les chefferies se sont multipliées, et c'est autour de chaque chef de fraction que s'effectue le plus souvent la transhumance. Néanmoins la solidarité des fractions du groupe migratoire se maintient longtemps et les jalousies, les rancunes, qui ont provoqué certaines scissions s'oublient, lorsqu'il est besoin de défendre les intérêts communs.

Un réseau serré d'alliances matrimoniales unit en effet les membres du groupe, dont l'endogamie est, pour les premiers mariages arrangés par les familles, quasi totale. Celles-ci soudent les noyaux hétérogènes composant le groupe et qui sont considérés comme des patrilignages minimaux, bien que la plupart ne soient pas généalogiques. Ils se sont en effet formés par un processus de fusionnement résultant de relations d'alliances et de voisinage autour de points d'eau et de pâturages communs. La formule idéale, rarement réalisée, est celle d'un lignage minimal (*wuro*) rassemblé autour d'un seul chef et d'un puits à gros débit en saison sèche.

Ainsi la contiguïté de campements en saison sèche, leurs mouvements coordonnés en saison des pluies, et l'organisation des mouvements migratoires, apparaissent comme des facteurs déterminants dans la formation des communautés résidentielles à leurs trois niveaux. En effet les woDaaBe en pénétrant au Niger ont du accepter d'abord les conditions des propriétaires du sol, Touareg et Haoussa, qui exigeaient d'eux des taxes en bétail ou des services. Puis ils ont cherché à faire reconnaître par l'administration leur présence en secteur nomade et leurs droits sur des points d'eau. La transhumance commune n'implique aucune appropriation exclusive des pâturages. Les parcours des différentes populations pastorales—peul, touareg, bella—s'enchevêtrent, mais leur synchronisation est fixée par l'usage et provoque rarement des conflits entre les transhumants woDaaBe. Leurs droits sur certains points d'eau sont mieux établis—céanes appartenant à ceux qui les ont creusées, puits construits par cotisation des membres de la fraction—mais les woDaaBe ne possèdent pas le sol sur lequel ceux-ci sont aménagés. C'est pourquoi l'utilisation des puits profonds ou forages creusés par l'administration a provoqué de fréquents conflits entre les premiers occupants et les immigrants peul. Néanmoins la fraction ou le groupe migratoire fixé sur une aire de déplacement défend âprement sinon agressivement les droits d'usage acquis et cherche à en obtenir d'autres. Puisque les conditions écologiques le permettent, cette recherche d'une certaine stabilité territoriale exprime le désir de fonder d'une manière durable l'unité socio-économique du groupe.

III

Comment ces communautés pastorales temporaires, dont la composition change constamment, se conçoivent-elles à l'intérieur d'un schéma lignager? Elles semblent engagées dans un cycle sans fin de stabilité relative et d'instabilité, de concentration et de dispersion, que l'on pourrait comparer à un rythme cardiaque de systole et de diastole. Des campements faisant partie d'un ou de plusieurs groupes de transhumance se rassemblent pour émigrer, puis se divisent au point d'arrivée en groupes de déplacements saisonniers qui ensuite émigrent ailleurs, etc.

Ce sont ces dernières phases dont les mémoires ont conservé le souvenir qu'expriment les niveaux de fragmentation lignagère: corésidence actuelle de saison sèche, du moins théorique, dernière migration et transhumance commune en saison des pluies, contacts de voisinage et relations socio-politiques dans un passé récent, lointain ou plus lointain (Fig. 2). A chacune de ces phases des éléments partent, d'autres rentrent, se constituent en lignage et fusionnent.

C'est au niveau du lignage minimal (*wuro*, campement) que ce processus est perceptible. Les lignages minimaux, généalogiques ou non, sont intégrés au niveau immédiatement supérieur (*suudu*, case) par l'intermédiaire des noyaux plus anciens déjà constitués. Il n'y a aucune tentative de raccrochement, ni *a fortiori* d'adoption, ces lignages flottent côte à côte dans un flou généalogique quasi total et s'approprient collectivement leurs ancêtres. Ils ne se hiérarchisent structuralement que par rapport à leur ordre d'arrivée dans le groupe de transhumance. Même lorsque certains de ces lignages apparaissent issus d'une même souche, leur relation segmentaire et parfois leur ancêtre commun sont ignorés, ces unités segmentées étant socialement et politiquement égales aux unités formées par fusionnement et relations de voisinage. Il n'existe pas chez ces woDaaBe de clans ou de lignages dominants: ils cherchent à le devenir sans y parvenir.

Le même processus ayant joué dans le passé, ce type d'efflorescence se reproduit à tous les niveaux lignagers, correspondant chacun à une des phases des mouvements pastoraux. Le présent n'efface pas le passé et les relations antérieures de voisinage ou les souvenirs de migrations communes sont d'autant plus vivants que sur le même territoire se déplacent divers segments woDaaBe qui, avant leurs dernières migrations et dans une autre région, partageaient les mêmes coutumes, se cotoyaient occasionnellement sur les mêmes pâturages, dansaient et s'opposaient à la saison des pluies au cours de la cérémonie *gerewol*. Cette structure lignagère, fragmentaire et asymétrique, dont la forme rappelle celle d'un corymbe, diffère du lignage segmentaire classique, symétrique, en cyme bifare ramifié (Fig. 1 et 2).

Bien que les niveaux de fragmentation (A, A1, A2, A3), formés par polarisation géographique, soient conçus sur un schéma lignager, les woDaaBe les différencient des unités consanguines, réellement généalogiques, que sont les branches du lignage minimal et les campements. Les éléments qui composent ces dernières—campements de la branche, hommes du campement—s'alignent sur le terrain selon une orientation N/S. Cet alignement s'inverse—S/N—lorsque les lignages minimaux campent ensemble à leur rassemblement annuel ou lorsque des lignages secondaires ou primaires se rencontrent pour danser. A la hiérarchie généalogique, basée sur les relations de génération et d'âge, s'oppose la hiérarchie historique fondée sur l'ordre d'arrivée des unités dans le groupe et donc leur ancienneté relative. Dans certaines circonstances les

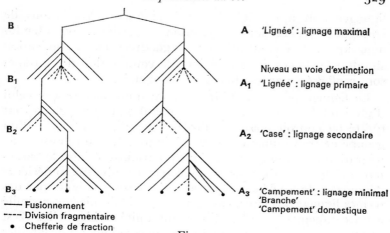

Fig. I

Schéma lignager et niveaux de fragmentation

Diagram of descent showing levels of segmentation

unités supérieures s'opposent et nous verrons plus loin la portée socio-politique de cette seconde dichotomie opposition/ alignement.

Les expressions utilisées pour décrire et analyser ce modèle

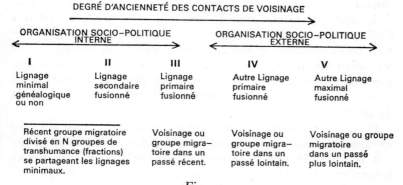

Fig. 2

Fragmentations lignagères, contacts de voisinage et organisation socio-politique

Descent segmentation, neighbourhood contacts, and social and political organization

lignager font apparaître la prédominance des relations de contiguïté vécues sur les relations agnatiques ou pseudo-agnatiques. Les contradictions engendrées par l'application simultanée de ces deux principes de composition des groupes sont renforcées par les effets de l'endogamie. Le lignage porte aussi bien le nom d'un ancêtre que celui d'un lieu et dans ce cas, dit-on, les membres de tel 'lignage' ont quitté tel endroit pour tel autre, c'est à dire sont sortis d'un groupe de transhumance pour se joindre à un autre groupe de migration-transhumance. Un autre paradoxe éclaire le caractère idéologique du schéma lignager: les niveaux supérieurs dépourvus de tout fondement agnatique sont désignés par des termes lignagers (lignée, case), alors que le dernier est assimilé à un campement, c'est à dire à une unité résidentielle. C'est en effet ce qu'il est dans bien des cas, un conglomérat de familles agnatiques étendues qui ont voisiné. Dès que la mémoire fait défaut, la terminologie agnatique et lignagère remplace la terminologie résidentielle.

Une autre ambiguïté, qui se résoud dans le même sens, résulte de la grande fréquence des unions endogames, soit agnatiques et généalogiques, soit pseudo-agnatiques et lignagères. Ainsi des fragments de même niveau peuvent être liés simultanément par une relation d'âge relatif et une autre de cousinage croisé. La première exprime l'ancienneté de leur fusionnement, tandis que la seconde nécessite par surcroît l'existence de mariages réciproques résultant de relations de bon voisinage non dépourvues de signification politique. Or les obligations qui découlent de cette seconde relation sont plus contraignantes que celles engendrées par la première. Ici encore les relations vécues relèguent au second plan le schéma lignager historique.

C'est aux derniers niveaux, ceux du lignage minimal et du groupe migratoire, que l'analyse sociologique et généalogique fait ressortir le processus cyclique à l'origine de ces unités lignagères. Relations de voisinage, relations agnatiques et relations affinales s'engendrent réciproquement et indéfiniment l'une l'autre. Ce sont les plus individualisées et les plus proches dans le temps et l'espace qui dictent les comportements entre les unités et les membres du groupe.

Le processus de fusionnement est un des traits qui caractérise cette structure lignagère. A l'inverse, l'assimilation à un lignage ou à un clan (Tiv, Peul pasteurs du Sénégal occidental) implique une hiérarchie généralement politique entre les éléments assimilateurs et assimilés. Celle-ci s'exprime par des différences formelles telles que : présence et absence de généalogie et de segmentation, coexistence de deux types de généalogies, etc. . . . Un lignage de ce type qui se forme par fusionnement et se divise par fragmentation est basé sur deux principes, l'un égalitaire, l'autre linéaire avec son corollaire l'emboîtement et la subordination des générations. La contradiction formelle entre ces deux principes est résolue par l'équivalence fonctionnelle des nouvelles unités—campements, lignages à chaque niveau—avec celles dont elles sont issues ou qui les ont précédées chronologiquement.

IV

Il semble bien qu'il faille attribuer à l'instabilité caractéristique des woDaaBe du Niger et à leur isolement des milieux islamisés le maintien d'une organisation politique égalitaire en dépit de tendances constamment freinées à la domination et à la continuité dynastique du pouvoir. Il suffit d'une poussée externe, provenant d'un état centralisé pour que le système bascule vers une forme aristocratique. Les chefs de fractions qui dans l'Adamawa sont parvenus à se faire nommer chefs supérieurs par un *laamiiDo* musulman et l'Administration ont souvent abusé de leur pouvoir. Pour échapper à leurs exactions et recouvrer leur autonomie, leurs subordonnés émigrèrent en masse dans le territoire voisin (Oubangui-Chari).

Démocratiques ou aristocratiques les systèmes politiques des pasteurs peul sont en effet basés sur le consentement, l'allégeance et la possibilité aussi d'en changer. La forme démocratique du pouvoir ne s'est maintenue que dans quelques îlots et au Niger particulièrement. Au Bornou les woDaaBe ont connu d'autres formes d'organisation : allégeance de certains chefs de fractions au 'chef du chemin peul', gardien des valeurs culturelles, dont la fonction se transmettait à l'intérieur d'un lignage, ou à un chef de clan héréditaire reconnu par l'émir et enfin système de chefferies de villages instauré par le Protectorat britannique (Stenning, 1959 : 73–99, 194–205).

Il n'existe qu'un niveau de commandement au Niger, et le

chef de fraction est un 'conducteur' auquel n'obéissent que ceux qui veulent le suivre. Ces chefferies de fraction proviennent de scissions du groupe migratoire selon des clivages théoriquement agnatiques, mais en réalité conditionnées par les réseaux des relations affinales, maternelles, résidentielles. La fraction dont les membres transhument ensemble est la seule unité politique reconnue par l'Administration, et son chef est responsable de la collecte de l'impôt. Cependant l'autonomie de la fraction n'exclut pas sa solidarité à l'intérieur du groupe migratoire, car c'est à ce niveau que se décide le choix d'un fragment lignager adverse chez lequel se donnera la cérémonie *gerewol*. Les groupes politiques sont donc liés aux déplacements pastoraux bien qu'ils soient conçus sous forme lignagère.

Au delà du groupe migratoire, les relations entre fragments woDaaBe sont essentiellement matrimoniales et s'expriment à l'issue de la cérémonie et des danses *gerewol*: la tolérance du mariage par rapt s'accroît avec leur distance structurale. L'alignement des unités à l'intérieur du lignage primaire et leur opposition segmentaire au delà—lignages primaires du même lignage maximal, lignages maximaux différents-expriment visuellement deux niveaux d'organisation socio-politique de la tribu, l'une interne, l'autre externe (Fig. 2). Ils peuvent être présentés sous forme d'un tableau schématique:

Organisation interne

— Endogamie de fait du premier mariage (niveau II).
— Système autonome de classes d'âge (niveau II).
— N. chefferies de fraction par allégeance (niveau II).
— Conseil annuel de la fraction ou de N. fractions.
— Action commune des chefferies (niveau II).

— Alignement des unités (réunion, danse *yake* (niveaux I, II, III).

Organisation externe
(niveaux IV et V)

— Opposition segmentaire (danse *gerewol*).

Organisation interne	*Organisation externe* (niveaux IV et V)
— Rapt des femmes interdit (niv. I, II, III).	— Rapt des femmes toléré.
— Pas de réglementation des conflits (vengeance, exil) (niveaux I, II, III).	— Réglementation des conflits par serment.
— Relations agnatiques, croisées (niveaux I, II, III).	Relations pseudo-agnatiques, croisées, par serment = autorisation dégressive du rapt.

En deçà du lignage primaire les décisions concernant la survie du groupe et le maintien des bonnes relations sont prises par le chef de fraction et le conseil des adultes. Il n'existe pas de procédure régulière pour réduire les conflits. A la malédiction d'un père répond une accusation de sorcellerie et l'abandon par ses enfants; la réprimande, la conciliation, le versement d'une amende compensatoire sont utilisés ou proposés souvent sans succès par le chef et le conseil des adultes; l'obligation de la vengeance qui incombe aux parents agnatiques proches aboutit à l'exil volontaire et la peine suprême, celle du bannissement, n'a plus cours.

Les relations qui mettent en jeu des fragments plus distants nécessitent l'accord de tous les chefs du groupe migratoire ou du lignage primaire résidant dans le secteur. Le rapt des femmes est en effet toléré au-delà du lignage primaire, entre unités qui s'opposent à la *gerewol*. Un groupe migratoire choisit librement un autre groupe migratoire auquel il ira donner une *gerewol* et les danseurs qui peuvent appartenir à des fragments divers s'alignent selon leur affiliation au niveau supérieur et font face aux femmes du lignage maximal adverse, disposition qui favorise l'exogamie maximale des mariages secondaires avec des femmes mariées. Lorsque ces enlèvements trop fréquents ont provoqué de l'hostilité, celle-ci peut être réduite par un serment collectif prêté par les chefs des deux groupes sur une calebasse renversée. Le caractère sacré de ce serment engage définitivement les deux lignages à rompre avec cette pratique et permet la restauration des relations amicales antérieures. Cependant la tolérance du rapt entre

lignages primaires ou maximaux ne dépend pas seulement de
leur distance structurale, elle est inversement proportionnelle
à la qualité et l'actualité des liens qui les unissent: prohibé
lorsqu'ils sont liés par serment, déconseillé dans le cas de relations croisées, admis en cas de pseudo-agnation.
Ces distances structurales qui règlementent théoriquement
les relations internes et externes dans la tribu, traduisent des
degrés de contiguïté passée ou présente entre les segments:
histoire des dernières migrations, solidarité des groupes de
transhumance et de corésidence en saison sèche.

V

Les tentatives de classification des systèmes lignagers (Middleton et Tait, 1958) ou de recherche des conditions nécessaires
et suffisantes à leur fonctionnement (Sahlins, 1961) sont de
précieux instruments de travail difficiles à manipuler. Il suffit
en effet qu'une des conditions se modifie légèrement pour
altérer l'ensemble. La rigidité d'un système entraîne son inadéquation à la réalité et de là son instabilité. Plus il est total,
inclusif, plus son existence est menacée, c'est pourquoi l'observation ethnographique ne peut nous fournir que des variantes
du même modèle. La contradiction, la contingence caractérisent les sociétés qui se conçoivent à l'intérieur d'un système
segmentaire: E. Evans-Pritchard a qualifié l'organisation des
Nuer d'"anarchie ordonnée' et E. L. Peters (1967) a souligné le
caractère trompeur du cadre lignager des Bédouins de Cyré-
naïque pour comprendre leurs comportements sociaux. De ce
point de vue les woDaaBe ne différent pas de ces sociétés
pastorales considérées comme segmentaires et partagent avec
elles d'autres traits communs: utilisation du principe linéaire
pour définir les relations théoriques entre unités du groupe,
égalité des segments de même niveau, absence de lignages
généalogiques solidaires, contrôle collectif du pouvoir.
Par contre leur implantation territoriale est différente et le
rôle joué par les mouvements pastoraux et les relations de
voisinage est apparu prépondérant dans la formation et le
fonctionnement des unités sociales. Cette installation n'est pas
celle de guerriers en continuelle extension, installés dans des
secteurs contigus où ils cultivent une partie de l'année, mais de

migrants pacifiques qui se sont inflitrés par vagues successives. Leur système lignager traduit ces rapports entre groupes de migrants-transhumants continuant à entretenir comme par le passé des relations plus ou moins régulières. Il ne peut y avoir d'opposition segmentaire généralisée lorsque les segments de même niveau sont dispersés géographiquement et manquent d'attaches fixes avec un territoire à défendre. Tout au plus les unités inférieures peuvent elles s'inclure dans le niveau supérieur lorsqu'elles ont des raisons de se rencontrer: c'est ce qu'exprime la *gerewol*. L'organisation politique des woDaaBe est peu élaborée. Arrangements, ruse, escarmouches locales, conviennent mieux à de petites unités mouvantes qu'un code de lois rigide. Il est peu probable qu'ils aient connu d'autres modes de règlementation de l'homicide que l'exil, au niveau de la fraction, et la vengeance puis la fuite au delà. Le pouvoir n'est pas encore devenu dynastique bien qu'il y tende et les contrats (Somali, I. M. Lewis, 1961) n'ont remplacé ni la contiguïté, ni les relations agnatiques et affinales comme facteurs de cohésion de la tribu.

On serait tenté de situer ce mode d'organisation entre celui d'une bande de nomades à base patrilinéaire et le type classique de système lignager segmentaire. Cependant l'importance des droits agnatiques à l'échelle des groupes domestiques, la compétition pour l'acquisition et la conservation du pouvoir sont des traits qui renforcent la cohésion des lignages généalogiques, portent atteinte à l'égalitarisme du système et rapprochent les woDaaBe d'autres sociétés lignagères politiquement peu organisées.

BIBLIOGRAPHIE

Dupire, M.
    (1962) *Peuls nomades, étude descriptive des WoDaaBe du Sahel nigérien.*
        Paris: Institut d'Ethnologie, Trav. & Mém., LXIV.
    (1970) *Organisation sociale des Peul, étude d'ethnographie comparée.*
        Paris: Plon, Recherches en Sc. Hum., 32.
Le Roy, E.
    (1970) Théorie, applications et exploitation d'une analyse matricielle des systèmes fonciers négro-africains. Paris: Labo. d'Anthrop. jur., ronéo.

Lewis, I. M.

(1961a) 'Force and fission in Northern Somali lineage structure'. *Amer. Anthrop.*, LXIII, I, pp. 94–113.

(1961b) *A Pastoral Democracy. A Study of Pastoralism and Politics among the Northern Somali of the Horn of Africa.* London: O.U.P. for I.A.I.

Middleton, J. and Tait, D. (eds.)

(1958) *Tribes without Rulers.* London.

Peters, E. L.

(1967) 'Some structural aspects of the feud among the camel herding Bedouin of Cyrenaica'. *Africa*, XXXVII, 3, pp. 261–83.

Sahlins, M. D.

(1961) 'The segmentary lineage: an organization of predatory expansion'. *Amer. Anthrop.*, LXIII, 2, 1961, pp. 322–45.

Stenning, D. J.

(1957) 'Transhumance, migratory drift, migrations: patterns of pastoral Fulani nomadism'. *J. Roy. Anthrop. Inst.*, LXXXVII, I, pp. 57–75.

(1959) *Savannah Nomads. A study of the WoDaaBe Pastoral Fulani of Western Bornu Province.* London: O.U.P. for I.A.I.

SUMMARY

This article studies the relationship existing, in a nomadic Fulani society, between a certain type of exploitation of resources and a form of socio-political organization conforming to a lineage model.

Exclusively pastoralists, the woDaaBe of Niger own no territory and change camp sites throughout the year. The camps of a political group (fraction), which are dispersed in the dry season, transhume together during the rainy season. Efforts to find better ecological conditions, to avoid various exactions, and to gain recognition of dissidents' political autonomy give rise to two types of migration, one progressive, the other abrupt. After settling in an administrative region where it pays taxes, the migratory group, led by a chief, separates into fractions. Each fraction constitutes a unit of transhumance during the rainy season. The migratory group, however, maintains its solidarity through matrimonial alliances which join its nuclei, considered as lineages. Most of these nuclei were formed by a process of fusion resulting from neighbourhood and affinal relations. Thus the proximity of camps in the dry season and the organization of migratory movements are the principle factors in the formation of these residential communities.

These communities define themselves in terms of a lineage model whose four levels of fragmentation represent the last remembered phases of these seasonal and migratory movements. The fusioning process is discernible on the level of the minimal lineage, which is not genealogically attached to the secondary lineage. All the units of the same level are arranged in a hierarchy according to the order in which they entered the group. The woDaaBe distinguish this historical hierarchy from the true genealogical hierarchy by inversing the linear orientation of these units. The expressions they use to analyse their lineage model emphasize the predominance of neighbourhood or affinal ties over pseudo-agnatic ones, the former being more constraining than the latter.

Their political organization has remained egalitarian, based on consent and allegiance to a fraction leader, spokesman for the adult council. This autonomy is not incompatible with the solidarity of fractions originating in the same migratory group and which is characterized by an internal socio-political organization different from the external one. The contraposition of units is possible above the primary lineage level and is especially evident during the *gerewol* ceremony, when wives are stolen. This contraposition favours maximal exogamy resulting from such elopements which are regulated, an oath ending the hostility that may have been engendered between two lineages. These structural distances, which theoretically govern internal and external tribal relations, express degrees of previous or actual geographical proximity existing among segments.

This organization shares many features with that of segmentary lineage societies, but segmentary contraposition cannot be generalized because the segments of the same level are dispersed and have no territorial attachment. This type of organization, essentially based on pastoral movements, could be classed between those of the patrilineal band and the segmentary lineage system.

IX

Contraction and expansion in Nigerian bovine pastoralism

CHARLES FRANTZ

Relations between sedentary and pastoral communities in the six northern States of Nigeria have undergone great change since the 19th century Fulbe *jihad*, which provided rewards of high status for Koranic learning, the acquisition of land and slaves, and the assumption of permanent residence. While the importance of these criteria for high status continues, there have been significant changes under successive Fulbe, British, and Nigerian governments. In addition to the new administrative structures, there has been considerable growth of human and cattle populations, the spread and contraction of various religious systems, and a number of basic economic changes. Although these changes have been considerable almost everywhere, their impact on pastoral life has varied from area to area.

There are no general descriptions available of contemporary relations between pastoral and non-pastoral people in northern Nigeria. Several surveys[1] have provided useful data, but the two most intensive studies of nomadic Fulbe (Stenning, 1957 and 1959, and Hopen, 1958) have dwelt only marginally with inter-ethnic relations in Gwandu and Bornu. The data for this study were gathered in 1971 and 1972 in ten provinces in the six northern States.[2] Except for parts of Adamawa and Sardauna, all these provinces lie north of the Benue and Niger Rivers. Data were obtained from pastoral and non-pastoral

[1] Sharwood-Smith (1934), St. Croix (1945), Hanson-Smith (1955), Forde (1946), and Fricke (1964).

[2] I wish to express appreciation for financial assistance from Ahmadu Bello University and the Research Foundation of the State University of New York. I am also grateful for the opportunity to supervise a survey of cattle sales for the Livestock and Meat Authority of Nigeria. Finally, I am indebted to Mahmoud Hamman and others for their excellent assistance and cooperation during my research.

Fulbe, Hausa, Kanuri, Shua and more than twenty other ethnic groups whose subsistence is primarily horticultural.

Previous studies of Nigerian pastoral societies have been primarily ecological, emphasizing the importance of grass, water, disease and the adaptability of men and cattle to various milieux. My own study, which focused on man-land relations, indicates that political, economic, demographic, religious, legal and cultural factors are often more important than ecological ones in determining relationships between pastoralists and horticulturalists.

I will discuss these factors first, then indicate the main directions of change connected with nomadism and cattle-rearing. Next I will provide a short analysis of the problems associated with the emerging types of animal husbandry, and will conclude with a brief prognosis of bovine pastoralism in northern Nigeria.

Factors affecting cattle-rearing

Major demographic changes have occurred in both the human and cattle populations since the first estimates were made by colonial administrators. Today, approximately 25,000,000 people live in the six northern States of Nigeria, and among these are over 200 ethnic groups, most of whom have not been studied. Many of these have developed more distinct ethnic identities and organization as the result of colonial overrule, although paradoxically they also have lost much of their former cultural distinctiveness.

In the last century and a half, several million inhabitants have taken up residence in new areas, sometimes in contiguous areas but often at considerable remove. In addition, seasonal migration for wage-earning has become more common, though generally not for pastoralists. For our purposes, the most significant residential shifts have been the descent onto the plains by hill-dwellers, as in Gwoza, Bauchi, and Shendam areas, and the continuing south and eastward movement of Fulbe pastoralists from the north-western quarter of Nigeria.

Previously unoccupied lands have increasingly come to be utilized by either pastoral or horticultural communities. The spatial expansion of farming has been facilitated by the ending of warfare and slavery, increased control over disease, the introduction of cash cropping, hybridized and new plant species, improvements in transportation, ever-increasing urban demand for food, the substitution of the plough for the hoe, and the adoption of oxen for draft purposes.

The conversion both of unused and former grazing lands, which has progressed furthest in Sokoto, Katsina, and Kano Provinces, has been the main cause of the south-eastward migration of pastoral Fulbe. They have also been forced to shift their seasonal orbits or to become sedentary as the result of the construction of dams and waterholes, the establishment of forest reserves, the development of mining, and the growth of towns. For example, as a result of the Kainji Dam on the Niger River, the water in the Benue and its tributaries now runs off more quickly. Consequently many streams dry up two months earlier. This has made it necessary for pastoralists to find alternative dry season grazing zones, and has increased their contact and competition with riverine farmers.

Except in the north-western quarter of the nation, the cattle population is rising as steadily as the human population. Current estimates of the number of cattle in Nigeria vary from eight to eleven million, of which approximately 95% are located in the six northern States. The ratio of cattle to people for the whole of Nigeria, however, is quite modest compared to other nations. In Nigeria, the ratio is between 1:5 and 1:7, whereas for all Africa it is 1:2.4 and for the world 1:3, according to the Food and Agricultural Organization.[1]

The rise in Nigeria's cattle population has principally been encouraged by improvements in the control of epizootic diseases,[2] and the adoption or expansion of animal husbandry by non-pastoral communities. The growth in number has also resulted from improvements in range management, elimination of most wild predators, rise of a commercial beef industry, increased consumer demand, and various measures taken by governmental agencies. Since 1972 several States and one commercial meat company have established cattle ranches, and at least one State has been purchasing pregnant calves which

---

[1] Quoted in Lutke-Entrup (1971, p. 9).

[2] The principal diseases affecting cattle in northern Nigeria are Contagious Bovine Pleuro-Pneumonia, Trypanosomiasis, Rinderpest, Haemorrhagic Septicimia, Black Quarter, and Anthrax.

are being marketed in order to prevent their slaughter. Also the automatic destruction by officials of diseased cattle is being terminated. Despite all these measures, however, the gap between beef supply and demand is increasing. In 1971, Nigeria had to import 29% of its meat requirements.[1]

Governments, as well as butchers and traders, have acted to help eliminate this meat shortage by encouraging nomadic and semi-nomadic people to settle permanently and to practise 'mixed farming', i.e., raising both crops and cattle. Thousands of square miles have been demarcated as grazing areas and land has been set aside to encourage settlement. Although the Fulbe have a history of becoming sedentary after the 19th-century *jihad*, these recent intentional efforts are the first large-scale measures designed to hasten this process.

In the 20th century the first major sedentarization of nomadic Fulbe began about 1908 on the Jos Plateau. Shortly thereafter, as mining and towns developed, many began to migrate eastward. After the British assumed control of part of the Cameroons in 1917, Mbororo'en began to move onto the Mambila Plateau, an area free of tsetse flies and favoured with excellent grass and water. The number of cattle rose so rapidly that by the 1930s conflicts with farmers were common. Grazing regulations were introduced in 1947, a Land Use Committee established in 1950, and the nomadic pastoralists began to settle more permanently.[2] Although the immigration of cattle was officially prohibited, their number rose from 93,000 in 1950 to 220,000 in 1971–2.[3] Disputes between farmers and graziers are greater today in Mambila than in any other part of Nigeria.

The sedentarization of nomads and improvements in horticulture have modified the traditional symbiosis between farmers and graziers. Transhumant and semi-sedentary Fulbe now grow their own crops, although often confined to one major

---

[1] *New Nigerian*, 9 May 1972 (Kaduna).

[2] Of all areas in northern Nigeria, the regulation of cattle has progressed furthest in Mambila District, Sardauna Province, North-Eastern State.

[3] The 1950 figure is derived from the National Archives, Kaduna; the 1971–2 figure, based on *jangali* assessments, was provided by local officials in Mambila District. During the 1971–2 dry season, some 13,000 cattle were permitted to graze in the Republic of Cameroun. Permission had also been obtained in previous and subsequent years. In the words of one Nigerian official, 'the Cameroun is the safety valve for our excess cattle population'.

grain. Horticultural ethnic groups have broadened the range of crops grown, have frequently shifted from single to multiple cropping, and have shortened or eliminated fallowing. In some areas nitrogenous plants are grown for fertilization in preference to the use of dung. Thus pastoralists and farmers are both more self-sufficient in food, although in many areas dry season contracts for the use of stubble are still found.

Money has almost universally replaced bartering in transactions between farmers and graziers. Fulbe women even extend credit for town women who buy milk and butter regularly.

Other than in food, cattle-rearing peoples have become less self-sufficient in most areas related to basic needs, such as for clothing, pots, tools, beds, firewood, medical care, home construction, and transportation. Neither are they self-sufficient in supplying labourers for herding—and this is even truer for sedentary owners of cattle. In areas such as the Mambila Plateau, herds are simply too large for an owner and his sons or near kin to care for alone. Generally, since herding ranks low as an occupation in most of northern Nigeria, cowboys tend to come from ethnic groups with low status. The increasing number of non-Fulbe cattle are herded either by Mbororo'en or individuals of other ethnic groups. In addition, the work on Fulbe farms is almost universally done by non-Fulbe, some of whom reside permanently near their employers' households; at times these employees are economically or even jurally incorporated into the Fulbe households, especially if they marry daughters of the headmen.

As more Nigerians have come to own cattle, joint herding of Fulbe and non-Fulbe cattle is more common. Also it appears that owners frequently transfer their cattle from one location to another, or have them herded with those of individuals of other ethnic groups, in order to conceal their ownership. Nevertheless, rather commonly owners charge that herdsmen of other ethnic groups steal their cattle or exercise improper management.

Nomadic and semi-sedentary Fulbe, as well as non-Fulbe who own cattle, have become increasingly dependent on the patronage of town-dwelling herd owners, traders, and butchers for borrowing money, selling cattle, and obtaining hospitality. Loans are repaid generally by pledging or selling a cow, and borrowing is often done in order to pay the *jangali* (cattle tax) annually. The links with townsmen are useful in helping assure graziers of an adequate food supply in case of drought or hardship. This expanding set of urban-based ties between pastoral and non-pastoral peoples has other consequences, which will be discussed later.

Another significant change in animal husbandry has been the spread of individual ownership. Among all groups who own cattle, the title of ownership is seldom held by units larger than an extended family. However, the holding of titles is often not identical with the rights to dispose of cattle. Whereas title to cattle usually rests with individuals, purchases, sales and gifts are undertaken only with the advice or consent of kinsmen and friends. The freedom for individuals to dispose of stock may be greatest where herd size is also largest, e.g., in Mambila Division, where herds frequently exceed a thousand animals.

The expansion of government in the past century has affected relations between sedentary and pastoral ethnic groups in many ways other than those mentioned above. Many new ethnic identities were generated during the colonial period. In some stateless societies headmen were appointed; in other groups head political officers were ignored, although some were given greater authority; but generally traditional headmen were allocated redefined responsibilities and absorbed into larger administrative structures.

Among the Cattle Fulbe, the kin-based authority of headmen has been transferred in large measure to territorially based Village and District Heads (many of whom are sedentary Fulbe), along with the giving of tribute and gratification.[1] Except in Mambila District, where a kind of dual local administration operates, Mbororo *ardabe* (headmen) are subordinate to local, state, and federal officials. Nevertheless, the Cattle Fulbe headmen today continue to carry out important duties in allocating grazing lands, collecting *jangali*, furthering co-operation with governmental regulations and programmes, and mediating both internal disputes and those involving graziers and farmers.

Cattle Fulbe have never been unified in one centralized

[1] Ironically, the giving of tributes or gratifications to local officials has sometimes brought their resistance to the spread of literacy programmes.

political system. On the contrary, the efficiency of nomadic grazing depended on loose political controls. As individual pastoral families continue to shift either their location or clan affiliation, administrative duties can hardly be carried out today through kin-based headmen. Consequently, Mbororo headmen are appointed mainly on criteria of wealth, Koranic learning, and popularity rather than kinship or heredity. Beyond that, few pastoralists occupy local administrative or veterinary positions or, except for Mambila District, are members of District Councils. As their political autonomy has declined, one of the few available means for retaining or strengthening one's influence or authority is through conversion to Islam. Another, but related, activity is the erection or purchase of compounds by pastoral headmen in district headquarters or other important villages and towns.

Not only governmental policy, but also Maliki and Nigerian civil law, favour clarity in land titles, compliance with grazing, marketing and veterinary regulations, and the use of Islamic codes to regulate marriage, divorce, inheritance, and taxation. Many Cattle Fulbe, however, have a strong fear of *alkali* courts, and seek to avoid using them because of alleged inequitable justice.[1]

Religion also affects social relations between sedentary and nomadic peoples, as suggested above. For several centuries, the Fulbe have been associated with the spread of Islam in the western and central sudanic zones, although this was intimately related to urban settlements, markets, and centralized political systems. The non-Islamic beliefs and rituals of the Mbororo'en are declining, and the moral authority of headmen has now largely been transferred to *mallams*. Cattle Fulbe are increasingly being visited by itinerant Koranic teachers and curers, whereas in market towns they invariably associate with more devout Muslims.

Islam not only is the religion to which most traders, merchants, and government officials adhere; it also occupies a long prestigious position in the northern States of Nigeria. Fulfulde, the *lingua franca* in much of Sardauna and Adamawa Provinces, has the reputation of being 'the langue of Islam', much as

---

[1] The situation in Mambila District, where the reverse obtains, seems to be atypical.

Arabic and Hausa have elsewhere. In these areas some converts to Islam prevent their children from learning or speaking languages other than Fulfulde.

Religious conversion among the Cattle Fulbe is almost always to Islam rather than to Christianity. Non-Fulbe also make the same choice (but less frequently), particularly Village and District Heads in most parts of northern Nigeria, since this brought economic and political advantages until at least the post-Civil War period. Many Cattle Fulbe converts do not practise inheritance, since this would break up large herds into smaller and economically non-viable units—the more so in the case of a polygynous man having many sons. Paradoxically, therefore, polygyny is associated with greater wealth in cattle, yet through Islamic law polygyny can result in the fragmentation of a large estate.

In general terms, religious conversion has enabled many social bonds between horticultural and cattle-rearing communities to be created or strengthened. In some cases, non-Fulbe who convert to Islam seek to hide their original ethnic identity. Sometimes they are ridiculed by their unconverted kinsmen and neighbours, and move to villages or towns in order to obtain more comfort and assistance from fellow adherents. In some parts of the northern States of Nigeria, tension or aloofness between cattle-rearers and horticultural ethnic groups is significant since the latter are, if not traditionalist, more frequently Christian than the former.

Marriages between pastoral and non-pastoral peoples are extremely rare, although increasing in frequency, since ethnic exogamy seldom occurs in the absence of religious collaterality. Inter-ethnic marriages occur most frequently between male Muslims and women of traditional religious persuasions. As the Cattle Fulbe have become involved more with horticultural or town-dwelling Muslims, more Mbororo women are marrying Town Fulbe men; whereas others are leaving their husbands more frequently to lead unmarried lives in town. Those who choose to marry townsmen find that the attractions and comforts of settled life outweigh any constraints associated with more restricted or segregated roles. In general, Koranic sanctioning of polygyny and concubinage has facilitated changes in ethnic and religious identity; today this mainly affects non-Fulbe females on a voluntary basis, whereas formerly the process operated to encourage the assimilation of slaves.

Town Fulbe households frequently include non-Fulbe or Cattle Fulbe children. Some are physically or ritually handicapped, whereas others are being reared for friends or kinsmen; still others are given food and lodging, usually in exchange for performing household chores, in order to attend Koranic or secular schools.[1] As a result of temporary fostering many of these children become sedentary and/or Muslims as adults. To a lesser degree, the same occurs in the non-Fulbe Christian households located in villages and towns.

Emerging patterns of sedentary-nomadic relations

Pastoralism and animal husbandry in northern Nigeria have been greatly affected by demographic, economic, political, legal and religious factors. A variety of distinct patterns of cattle-rearing have resulted from these changes. Firstly, there has been a continuous and perhaps accelerating process of sedentarization among nomadic peoples. This has been most widespread in Sokoto, Katsina, Kano, Jos, Gombe, Adamawa, and Sardauna provinces or areas. The attitudes and behaviour of nomads have become more like those of sedentary communities. Increasing involvement in networks of relations with townsmen and sedentary farmers has not only expanded their market for dairy products but also brought greater diversification and improvement in their diet and health, more involvement in the market economy, greater dependence on others for labour and essential household needs, and changes in systems of marriage and lineage-based authority. Exposure to Islam and to Hausa culture and language has increased, as has knowledge of non-pastoral peoples and, indeed, the wider world in general. As their isolation and political autonomy have declined, obversely the pastoral populations have progressively become incorporated into trans-ethnic systems of social relations.

A second major development, often overlooked in discussions of animal husbandry, has been the introduction or expansion of

---

[1] Foster, or boarding/working, children generally are not adopted, do not obtain jural rights, and do not marry Fulbe members of the household. Some exceptions occur in Adamawa, and perhaps elsewhere, however.

cattle-rearing among horticultural peoples, such as the Kanuri, Hausa, Buzu, Waja, Kilba, Chamba, Kaka, and Mambila. In addition, cattle ownership has noticeably increased among merchants, contractors, administrators, and other business and professional persons, most of whom are town-dwellers.[1] Some of this new category of cattle-owners have acquired cows to use for draft purposes and others as a source of income, since incomes generally can be augmented more quickly than through expanded farming. Most frequently, however, this new group of cattle-owners build up their stock mainly as a form of social security or a reserve investment. The addition of cattle-owning has brought little dietary change to farmers, since the animals are generally not slaughtered for meat nor is their milk consumed. A major corollary of the adoption of cattle-rearing, however, has been the spread of the idea that status is directly correlated with the size of one's herds.

Among ethnic groups who have taken up cattle husbandry, some sections have of necessity become transhumant. In a few cases they have also adopted the *soro* or *sharo* ceremony, in which young men undergo a test of strength and fortitude prior to marriage and being granted full adult status. This process seems to have progressed furthest among the Challa (Ron) of the Jos Plateau and the Karim and Wurkum of Muri Emirate in Adamawa Province.

A third variety of relations centring around cattle, while it is not new, involves the abandonment of pastoralism or cattle-rearing altogether. Traditionally this resulted from the decimation of herds through disease, theft, or catastrophe. More recently it occurs when a young man sells those cattle given him (*chukkol*) by his father upon becoming mature. Other cattlemen choose to abandon pastoralism because of its rigorous demands or out of exhaustion from trying to prevent crop damage or paying heavy fines. The material and social attractions of town life—motor-cycles, radios, leather shoes, commercial beer, travel and recreational activities—sometimes exert compelling influences upon both young men and women. Older men sometimes sell their herds when they have no sons (or their sons prove to be incompetent in managing herds),

---

[1] In Mambila District, approximately 20 per cent of the herds (not necessarily absolute numbers) registered were in the names of non-Mbororo'en in 1971–72.

but more often they give up pastoral life in order to engage in trade or to study the Koran and prepare for the pilgrimage to Mecca. For some pastoralists, however, the abandonment of cattle-rearing may, like sedentary farming, be a temporary expedient until sufficient money can be raised to begin acquiring a new herd.

A fourth consequence of contraction and expansion of Nigeria's pastoral economy has been the resettlement, migration, or eviction of horticultural families or communities. This occurs principally with the demarcation of forest or grazing reserves, or when cattle intrude into farms and cause heavy damage. Among the Mambila, many claim to have been forced to move from traditional farmlands either because of cattle damaging crops or as the result of the official redesignation of farming and grazing areas.[1] Some of these farmers have moved elsewhere on the Mambila Plateau, whereas others have settled below the escarpment in a different ecological zone or have migrated to the Republic of the Cameroun.

Finally, in the dynamics of bovine pastoralism, full-time nomadism and transhumance continue to be practised—perhaps more than ever before, since the population continues to grow and much unfarmed land still exists in the northern States of Nigeria—but in time this is becoming a declining alternative. Some of the groups who follow these patterns of animal husbandry do so from preference, being reasonably satisfied with their traditional (though modified) way of life. Others have moved locations because of increased horticulture or due to conflict with farmers.[2] Still others return to nomadic or transhumant pastoralism after temporary absences for earning sufficient money to recover from previous losses.

Ethnic identity and animal husbandry

The physical ecology of northern Nigeria has essentially been unchanged during the past century, yet major social and cultural modifications connected with animal husbandry have been generated. The ecological adaptations of cattle-rearing

[1] Some officials and Fulbe graziers deny that this has occurred, but a number of substantiated cases are a matter of official record.

[2] Many Mambila, it appears, prefer to shift their residence, in case of crop damage or the redesignation of farming and grazing boundaries, rather than to go into court to seek settlement of disputes.

groups formerly existed in a near vacuum of regular political control and Islamic influence, whereas economic ties with non-pastoralists were quasi-symbiotic and limited to small-scale barter. Today, pastoralists are considerably influenced by Government services and controls—taxation, innoculations, courts, the demarcation of land, and incorporation into local political systems. Economically both horticultural and pastoral peoples have diversified their subsistence patterns and decreased their dependence on each other.

The availability of grazing lands and a favourable market for beef have attracted many non-Fulbe into embarking on the ownership of cattle without endangering their agrarian land rights. Although the sale of farmland has begun in some of the States, land rights customarily have been obtained through use rather than economic transactions. The migratory life of pastoralists, together with their conceptions of property focusing mainly on cattle, place them at a disadvantage as the population generally expands and sedentary peoples' diversify into cattle husbandry, reduce fallowing periods, and produce crops more on a year-round basis. The scale with which former grazing lands have been converted to farms has forced pastoralists in many areas either to become sedentary or to migrate to other locations. These changes have caused shifts in affiliation and identity for many pastoral groups.

As the pastoralists' isolation and autonomy have declined, ethnic identity of the herding force and even of spouses has become more varied. One consequence of the former is that Fulbe cattle-owners circulate more in towns than before non-Fulbe herders were regularly employed. Pastoralists have become more involved in multiple webs of social relations with farmers and with townsmen. Inescapably, sedentary Fulbe and Hausa have served as the model for pastoralists to emulate, although this has occurred perhaps more because they are Muslims than because they are sedentary farmers or townsmen.

In many ways, sedentarization has reduced cleavages between cattle-raisers and farmers, and brought greater similarities in culture and social organization, but consciousness of ethnic identities generally has not decreased. Many Mbororo'en want to settle and receive the benefits of more secure land and political rights, better water and food, improved health services, and sometimes education. Yet the weight of tradition, plus the fact that their numbers are stable or growing, so far has enabled nomadic and semi-sedentary pastoralism to continue. These groups are increasingly opposed to farmers and to some agencies of Government because of the growing economic and political constraints placed upon their seasonal movements. Although inescapably they have become increasingly enmeshed in new kinds of social relations with other ethnic groups and various intercalary agents, their cattle's need for pasture and water in the dry season has placed the pastoralists in greater competition with farmers.

Conclusion

The demographic, political, legal, economic, and religious evolution of northern Nigeria has immensely modified the nature of bovine pastoralism. Continued growth of cattle and people, combined with an increasing demand for beef, will almost alone assure further sedentarization and the gradual reduction of nomadism in any variety. In addition, the development plans of State and Federal Governments will require further demarcation of grazing and farming areas, control of migration, improved marketing, range management, and commercial ranching. Land rights will increasingly be defined in political terms.[1] The incorporation of pastoralists into the national economic and political system is very likely to continue.

Cattle-rearing, an historic prerogative in Nigeria chiefly of Fulbe and Shua, is becoming trans-ethnic in character. As nomadism diminishes, so will the association between ethnicity and animal husbandry. Pastoralists will probably remain viable only as they develop common interests, and take more joint action, with sedentary cattle-owners. Whether Islam and Hausa/Town Fulbe culture will necessarily be adopted is less certain, but until secular education has affected pastoralists more extensively they are unlikely to be familiar with alternative models.

[1] The situation in another decade or two is likely to have many parallels with what obtains on the Mambila Plateau today, at least so far as grazing is concerned.

Without permanent local groups, systems of individual or corporate land tenure, and effective centralised government, the future of pastoral groups in Nigeria appears to be very problematic. In the transformation of ethnic groups into distinct occupational or status groups, the former complementarity between farmers and graziers will give way to greater competition in many areas. On the other hand, as non-ecological and external factors have come to be dominant in determining much of the structure and activity within ethnic groups, social and cultural fusion or identities will develop.

BIBLIOGRAPHY

Beck, G. H.
  (1972) Developing the Livestock of Nigeria. *Ahmadu Bello University Public Lectures, 1970–71 Session.* Zaria: Ahmadu Bello University.
Forde, D.
  (1946) 'The Rural Economies', in Perham, M., ed. *The Native Economies of Nigeria*, pp. 29–215. London: Oxford University Press.
Fricke, W.
  (1964) 'Cattle Husbandry in Northern Nigeria—Natural and Social Environments, Characteristics, and Seasonal Movements', in Werhahn, H., *et al. The Cattle and Meat Industry in Northern Nigeria.* Frankfurt-Main (publisher unknown).
Hanson-Smith, C.
  (1955) *Note on the Sokoto Fulbe.* Unpublished report.
Hopen, C. E.
  (1958) *The Pastoral Fulbe Family in Gwandu.* London: Oxford University Press.
Lutke-Entrup, J.
  (1971) *Limitations and Possibilities of Increasing Market Production of Peasant African Cattle Holders in Western Province, Zambia.* Lusaka: Institute for African Studies, University of Zambia (Communication No. 7).
St. Croix, F. W. de
  (1945) *The Fulani of Northern Nigeria.* Lagos: Government Printer.
Sharwood-Smith, B. E.
  (1934) *Report on Fulani and Assessment of Jangali in Gwandu Emirate.* Unpublished report.

Stenning, D. J.
(1957) 'Transhumance, Migratory Drift, Migration: Patterns of Pastoral Fulani Nomadism'. *Journal of the Royal Anthropological Institute*, Vol. 87, 57–73.
(1959) *Savannah Nomads*. London: Oxford University Press.

RÉSUMÉ

Les relations entre les sociétés pastorales et sédentaires dans le nord de la Nigéria ont subi des changements considérables depuis le jihad du 19eme siècle, sous les gouvernements successifs des Fulbé, Anglais, et Nigériens. Auparavant les études des sociétés pastorales de la Nigéria portaient principalement le point de vue écologique, en insistant sur l'importance de l'herbe, de l'eau, des maladies et l'adaptabilité des hommes et des bétails aux différents milieux naturels. Une étude des relations entre l'homme et le sol dans dix Provinces des six Etats du Nord indique que les facteurs qui ne sont pas écologiques déterminent de plus en plus les relations entre les populations pastorales et celles qui ne le sont pas, ainsi que la faculté de chacune d'elles de s'adapter à l'environnement physique et les modifications de ce dernier. En effet l'importance relative de ces facteurs change selon le temps et le lieu. La partie principale de cette étude examine l'importance des facteurs principaux affectant le pastoralisme bovin et les relations sociales entre paysans et éleveurs.

Divers types d'élevage de troupeaux se sont individualisés au cours du 20eme siècle. Premièrement, plusieurs groupes pastoraux de nomades se sont 'contractés' à cause de leur sédentarisation et de la disparition de leurs terrains de paccage. Le deuxième type est moins connu mais est tout aussi important du nombre des agriculteurs ainsi que sur l'accroissement des fonctionnaires, gens d'affaires, partisans qui possèdent des troupeaux. Un troisième type qui est beaucoup plus rare concerne l'abandon total de l'élevage du bétail. Le dernier type, et le plus significatif, est le nomadisme intégral et la transhumance qui continuent à être largement pratiqués par les peuples traditionnels pastoraux. Un des résultats de l'augmentation de la pression exercée par l'accroissement de l'élevage est le déplacement de certaines communautés agricoles.

Ces divers types d'élevages sont accompagnés par des modifications dans l'organisation sociale et culturelle des groupes ethniques du nord de la Nigéria. Les différents facteurs qui ont changé sont l'autonomie alimentaire, les marchés d'échanges, la propriété et l'emploi du sol et du bétail, la direction et l'autonomie politiques, la langue, les systèmes de mariage et de relations parentales, les croyances religieuses et rituelles, et autres aspects de la vie quotidienne. Un nombre croissant de similarités structurelles et culturelles apparaissent chez les paysans et les éleveurs, bien qu'insuffisantes pour éliminer la plupart des identités ethniques.

Les groupes pastoraux sont très désavantagés par rapport aux populations en expansion de la campagne cultivée et des villes parce qu'ils ne possèdent pas de groupes locaux permanents, de systèmes collectifs de tenure des terres, ou d'autonomie politique extensive. Cependant l'élevage du bétail est pratiqué de plus en plus par d'autres groupes ethniques, et la complémentarité limitée qui existait auparavant entre les agriculteurs et les éleveurs est graduellement remplacé par un nombre grandissant de concurrences et de conflits. Il est vraisemblable que ceci continuera jusqu'à ce que des intérêts communs, et une unité accrue de comportement aient développé entre les populations pastorales et les éleveurs sédentaires ou, sinon, jusqu'à ce que les décisions governementales soient devenues plus instutionalisées.

En général, il se produit un déclin progressif de l'importance des facteurs écologiques, dans la détermination de la nature et de l'étendue du pastoralisme et de l'élevage du bétail. D'autre part, les facteurs démographiques économiques, politiques, légaux, religieux et culturels sont devenus de plus en plus importants. Ces tendances indiquent qu'une plus forte proportion des décisions sur l'utilisation des terres de pâture et de l'eau relèveront principalement de considérations administratives. Ainsi l'avenir du pastoralisme bovin en Nigéria apparaît problématique et les sociétés nomades risquent de se voir progressivement intégrées dans des systèmes économiques, politiques et sociaux, tant à l'échelle régionale que nationale.

X

Traditions pastorales et développement: problèmes actuels dans la région de Mopti (Mali)

JEAN GALLAIS

OBJET DE LA COMMUNICATION

Ayant séjourné de 1956 à 1960 dans la région de Mopti pour une étude globale de la géographie humaine du Delta intérieur du Niger (Gallais, 1967) le gouvernement malien m'a demandé par l'entremise de la Société d'Etudes pour le Développement économique et social (SEDES Paris) de suggérer les propositions d'ordre socio-économique d'un 'Programme pour le développement de l'élevage et l'aménagement de l'espace rural dans la Région de Mopti'. Mon séjour en 1972 m'a permis de constater la situation critique à certains égards de l'élevage dans une région traditionnellement pastorale et de présenter à titre préliminaire un programme d'action (Gallais, 1972). La région possède une organisation pastorale traditionnelle très élaborée. Celle-ci, parfaitement adaptée aux contraintes écologiques originales de la région, historiquement prestigieuse, inspirée par des valeurs dont certaines sont d'une modernité politique évidente, fournit un schéma de référence précieusement utilisable moyennant certains ajustements. Renvoyant pour le détail aux publications citées, je désire souligner dans cette communication cet état de concordance.

POSITION DE L'ÉLEVEUR ET DE L'ÉLEVAGE

(1) *Une région de grand élevage peul*

La région de Mopti possède un troupeau évalué à 1.500.000 bovins et 2.400.000 ovins et caprins. Le gros cheptel malien étant évalué à 5 ou 6 millions de têtes, la région dispose du *quart du cheptel bovin national*.

En 1966 L'enquête démographique du Mali estimait la *population* de la 5° région à 937.000 h. sur une population nationales approximative de 4.600.000 personnes, soit 20% de la population. *La surface* de la 5° région couvre 88.700 km² du territoire national.

L'importance de l'élevage de la 5° région est donc mise en valeur par le rapprochement des trois pourcentages: 25% du gros cheptel national, 20% de la population, 7% de la surface.

Le groupe peul représente 36% de la population totale de la 5° Région. Il faut cependant noter que les *Peul proprement dits ne comptent que pour environ 20%*, les autres sous groupes étant les Rimaïbé, anciens captifs cultivateurs, les Diawambé, caste de commerçants, et les autres castes habituelles de la société peul.

Le rapport entre l'élevage et le groupe peul peut être précisé en exploitant les chiffres fournis par les enquêtes de la MISOEC pour le Delta intérieur:[1] sur 4.720 personnes ayant déclaré l'élevage leur activité principale, 4.175 sont Peul, 10 Rimaïbé, 10 Bozo, 20 Bambara, 5 Sonray, 50 divers. *Ainsi 98% des éleveurs sont Peul.*[2]

(2) *Les bases écologiques de la vie pastorale*

L'organisation pastorale repose comme le montre la carte de repérage des itinéraires sur l'exploitation alternée de deux milieux écologiques: (*a*) *Les pâturages soudano-sahéliens* des régions situées de part et d'autre de la vallée du Niger, ceci en raison des pluies de Juillet à Septembre. (*b*) *Les pâturages de décrue du Delta intérieur du Niger*, les 'bourgoutières', ceci, au fur et à mesure du recul des eaux, de novembre à avril.[3]

Cette description schématique suffit pour comprendre les avantages inestimables qu'offre le milieu naturel régional aux éleveurs. Ceux-ci ne sont placés qu'en avril, et pour une durée

[1] Enquête démographique dans le Delta central nigérien, Mission socio-économique 1956–58. République du Mali. 2⁸ fascicule p. 56.

[2] Le rapport inverse établit qu'un grand nombre de Peul est détaché de l'élevage comme activité principale tout en conservant l'exploitation d'un troupeau comme activité secondaire. Pour 100 Peul (population masculine de plus de 14 ans) l'activité principale est l'agriculture pour 36, l'élevage pour 29.

[3] bourgoutière d'après le mot peul 'burgu', désignant de façon large la savane inondée, de façon restrictive l'association floristique de haute valeur fourragère: *Echinochloa stagnina* (gamarawo)—*Polygonum lanigerum* (poupoli).

de 2 à 3 mois, devant les conditions écologiques difficiles que les autres éleveurs sahéliens affrontent à partir d'octobre pour une durée de 9 mois.

Avec l'arrivée des pluies le milieu écologique devient trop humide dans le Delta. Avant même d'être chassés par la crue fluviale qui ne se déclanche qu'en août, les troupeaux abandonnent les plaines inondebles où pullulent les mouches. Ils retrouvent les pâturages sahéliens reverdis et les nombreux points d'eau alimentés par les premières pluies.

(3) *Profil socio-culturel de l'éleveur peul de la Région de Mopti*

(*a*) Sa première caractéristique est le *respect* qu'il porte d'emblée aux *valeurs traditionnelles* de la sociégé historique peul qui amalgame régionalement le pastoralisme ancien, issu de la vie nomade, et l'organisation islamique et agro-pastorale édifiée par les souverains peul du XIXe dont Cheikou-Ahmadou fut le plus important. Tout Peul instruit et influent fait de constantes références à la 'Dina', l'Etat peul du XIXe (Ba et Daget, 1955). La psychologie sociale des leaders régionaux est imprégnée par ce 'modèle'. Dans chaque discussion avec eux sur les problèmes pastoraux leur argumentation s'appuie sur la règlementation de la Dina qui est analysée ci-dessous comme la donnée fondamentale de l'élevage régional. Loin de l'ignorer, les responsables du développement pastoral doivent épouser cette référence en l'adaptant aux conditions actuelles.

Ce traditionnalisme maintient les Peul en dehors des idées et des comportements véhiculés par la scolarisation et l'usage du français. Il faut savoir que la connaissance du français est limitée chez les Peul au niveau le plus bas par rapport aux autres ethnies régionales: 3,5% chez les Peul, contre 3,8 chez les Rimaïbé, 4,2 chez les Bambara, 4,6 chez les Bozo (pêcheurs), 5,1 chez les Marka (source: Missoec).

Ces caractères socio-culturels n'entravent une action de développement que si elle est coupée et ignorante des valeurs traditionnelles régionales.

Le second caractère sociologique des Peul de la Région, antinomique en apparence du précédent, est l'extrême individualisme et un attachement passionné à la liberté. Entre l'appartenance peul et son existence individuelle, le Peul ne dispose guère de niveaux intermédiaires de soutien ou de contrainte. Par rapport au développement, l'émiettement sociologique peul est à la fois faveur et difficulté. Il est favorable dans la mesure où les freins collectifs ne jouent guère pour dissuader l'éleveur de faire fructifier son capital. Chacun sait qu'il bénéficie personnellement et concrètement de tout progrès économique. Le caractère agressif des disputes et le caractère meurtrier des bagarres en milieu pastoral dérivent de cette conscience individualiste des intérêts économiques. Il est aussi difficulté dans la mesure où les autorités trouvent malaisément appui sur les structures sociales. Très concrètement, cela se traduit par la difficulté de trouver un interlocuteur collectif, avec des leaders ayant de l'autorité.

Le troisième caractère de la société des éleveurs peul à considérer dans la perspective d'un plan de développement est une démographie défavorable. Les Peul du Delta intérieur du Niger, sont comme ceux de la plupart des autres régions de l'Afrique de l'Ouest, très médiocrement expansifs. La fécondité féminine peul est inférieure à celle des autres ethnies, que l'on examine la fécondité totale ou actuelle (Gallais, 1964).

Il en résulte un affaiblissement numérique relatif des Peul dans la région; ce qui amène un déclin d'influence politique et économique. Par ailleurs dans la situation de concurrence pour la terre qui sera décrite ultérieurement, la pression peul sera proportionnellement affaiblie par ce régime démographique médiocre.

L'ORGANISATION TRADITIONELLE DE L'ÉLEVAGE ET SON ÉVOLUTION

Le Delta intérieur du Niger connaît une tradition pastorale ancienne, historique et précise en équilibre avec le milieu écologique et l'encadrement humain.

(1) *Les contraintes écologiques*

Le Delta intérieur n'est pas une zone de pâturage relativement homogène, pénétrable aisément et de partout comme le sont le plus souvent les savanes et les steppes soudano-sahéliennes. La topographie très diversifiée dans le détail de la plaine fait émerger des chaussées naturelles, des îlots, entre les cuvettes où les eaux s'attardent et les chenaux profonds et innombrables des grands fleuves et de leurs défluents. Le but des bergers est simple: atteindre le plus vite possible le *burgu* fourrager. Mais ce pâturage occupe les cuvettes les plus profondes et n'est utilisable qu'à partir de janvier dans le Delta amont, de février dans le Delta moyen, de mars dans le *burgu* du lac Débo. Pour les atteindre le zébu peul du Delta, le *burgukodji*, bien que fort capable de nager sur plusieurs centaines de mètres et habitué au marécage, doit être conduit selon des *itinéraires précis*, assurant à la fois des possibilités fourragères permanentes et le cheminement le plus direct et le plus aisé vers le *burgu*. Ces itinéraires s'appuient sur un certain nombre d'éléments du milieu deltaïque, les points hauts de la topographie naturelle. Les différentes contraintes du milieu naturel expliquent la précision des itinéraires: l'espace pastoral est structuré par un véritable réseau: celui des *burti* et des *bilé*.

Le *burtol* (pluriel *burti*) est la piste de transhumance, empruntée par les troupeaux depuis leurs pâturages de saison des pluies jusqu'au exact.

Le *windé* (pluriel *bilé*), appelé quelquefois *waldé*, est le lieu de stationnement des troupeaux transhumant le long du burtol: les tertres les plus élevés, dégagés pour assurer la sécurité des animaux et suffisamment vastes, 50 à 200 m. de diamètre, pour que plusieurs centaines d'animaux puissent s'y reposer.

(2) *Le code pastoral de la Dina* (Ba et Daget, op. cit.).

Cheikou Ahmadou donna à l'organisation traditionnelle pastorale du Delta un véritable code en s'inspirant de deux objectifs: (i) permettre la *coexistence de l'élevage et des autres activités économiques*. Souverain peul d'un pays dont la majorité de la population était peul, il fut néanmoins toujours soucieux de la coexistence pacifique des différents peuples du Delta et de l'équilibre entre leurs diverses activités productives: élevage, agriculture, pêche; (ii) *achever la sédentarisation des Peuls* en conciliant l'implantation villageoise des éleveurs avec la nécessaire mobilité de leurs troupeaux, ce qui implique la distinction de plusieurs types de troupeaux.

Le *benti* est le troupeau de vaches laitières et jeunes veaux, gardé le plus longtemps possible au village. Partant en transhumance un peu plus tard que le gros du troupeau, il reste au retour à proximité du village, sur un pâturage réservé: le *harrima*, interdit à la culture et au pâturage des animaux étrangers. Lorsque les eaux sont hautes il ne reste au village que quelques '*dumti*', une ou deux vaches laitières par famille, abritées dans les enclos et paillottes et nourries à l'herbe coupée dans le harrima.

Le *garti* constitute le gros du troupeau transhumant. Il est organisé de façon militaire: l'unité de base est le *séfré* (pluriel *tiéfé*) qui est constitué de 300 têtes sous la garde de trois bergers. Sept *tiéfé* constituent un ensemble transhumant *diadd'é*, dont les vingt et un bergers sont dirigés par un *amirou diadd'é*.

Garti et *benti* suivent les *burti*, campent sur les *bilé*, Cheikou Ahmadou déplaça certains tracés et fit aménager certains *burti* nouveaux pour éviter les régions de village et de culture. L'*amirou diadd'é* est responsable des dégâts causés par les animaux aux cultures ou aux lieux de pêche.

A côté de cette codification de l'exploitation pastorale, Cheikou Ahmadou intervient dans l'organisation foncière et territoriale du burgu. Pour chaque groupe socio-historique peul les pâturages constituent une propriété collective. L'administrateur de ce bien collectif, le *dioro diom hudo* fait payer un droit de pacage, le *tolo*, aux éleveurs n'appartenant pas au groupe. Il en est de même à certains gués ou passages précis du *burtol*, au bénéfice du *dioro diom tolo*. Cheikou Ahmadou limita ces taxes à un maximum de 20 cauris par tête, les veaux exceptés.

Le code pastoral de la Dina, parce qu'il s'appuie sur les contraintes du milieu naturel et qu'il est inspiré par un souci d'équitable justice et de paix entre les peuples du Delta, est une véritable révolution sociale et économique qui n'a cessé pendant plus d'un siècle de porter des fruits bénéfiques et de s'adapter aux conditions nouvelles.

(3) *Les conséquences socio-économiques du code pastoral de la Dina*

(a) *L'enrichissement économique et démographique du Delta :* le véritable 'aménagement du territoire', codifié par la Dina permit la multiplication des ressources. La soumission aux règles édictées par la Dina permit une extension parallèle des surfaces cultivées et du cheptel, agriculture et élevage se font fructifier réciproquement. Il est bien évident que les *fortes densités paysannes* supportées par l'agriculture intensive des mils dans le Kounari, Femaye, rive nord du lac Débo sont rendues possibles par la fumure considérable déposée par le cheptel transhumant. La discipline du cheptel, son acheminement selon des itinéraires précis permettent la sécurité des récoltes et l'extension maximum des champs. Si un incident éclate, l'opinion publique et l'administration disposent d'une tradition de référence. L'importance des échanges lait-céréale-poisson par le troc journalier dans chaque village ou par la commercialisation sur les marchés, assure un *équilibre alimentaire* mieux réalisé dans le Delta qu'ailleurs et anime la vie commerciale si active de la région. La multiplication des richesses et leur variété permettent celles des hommes. La démographie dans le Delta ne connut pas les brusques coups de frein des grandes famines causées par les sécheresses dans les pays à mil voisins, par exemple celle de 1913–14 en Pays Dogon, en Pays Bwa, au Niger. Les avantages tirés par le Delta de la coexistence humaine et économique codifiée par la Dina, apparaissent mieux par opposition au Delta du Sénégal qui offre des conditions naturelles semblables: 5 à 6 fois moins d'hommes au km² (densité de 3 à 4 h. contre 15 à 18); difficulté de concilier les économies: à une exploitation jusqu'en 1963 quasi-exclusivement pastorale succède depuis cette date une colonisation rizicole qui élimine le cheptel; insignifiance du secteur pêche.

(*b*) *L'intégration des nouveaux usagers:* l'organisation pastorale de la Dina conçue pour les Peul du Delta et des régions de bordure révéla sa souplesse en permettant l'intégration progressive et continue de nouveaux usagers.

Ceux-ci doivent accepter l'organisation traditionnelle. La transhumance se poursuit selon ses artères, les *burti*. Mais le groupe de transhumance perd de sa rigidité organique: les troupeaux se multiplient, ont des effectifs inégaux. Au *diadd'é*, légion pastorale encadrée et commandée, succède l'*egguirgol*, horde transhumante constituée par une tête, les troupeaux des éleveurs à qui appartient collectivement le bourgou ou même le *burtol*, et que réunit l'autorité du *dioro* traditionnel, et par une suite de troupeaux divers et indépendants.

Arrivé au *burgu*, le *dioro* veille à un ordre d'accès et de pénétration des différents troupeaux, les premiers admis étant les siens et ceux des familles apparentées. Cet ordre est défendu pour trois raisons: (i) religieuses: le *dioro* pratique diverses cérémonies propitiatoires que l'islamisation rend secrètes, mais n'a pas fait disparaitre entièrement; (ii) symboliques d'un droit de propiété traditionnelle du groupe; (iii) économiques: les troupeaux d'avant-garde bénéficient d'un pâturage neuf, avantage qui sera d'autant plus important que les dates d'admission seront plus fortement décalées.

(4) *L'évolution à l'époque coloniale*

Le système d'exploitation pastoral de la Dina tout en portant des fruits heureux a subi jusqu'en 1960 une forte évolution parallèlement aux tendances soci-économiques et sociopolitiques de l'époque coloniale.

(*a*) *De l'appropriation collective a l'appropriation familiale :* à l'origine chaque tribu peul possède un *burgu* collectif dont le *dioro* surveille l'exploitation. Tribus et familles sont en pays peul, brassées par des fissions permanentes. Il en résulte que le nombre des ayant-droit à la propriété tribale se réduit, le départ de ceux qui s'éloignent n'étant pas compensé de ce point de vue par l'arrivée de familles étrangères (*hobbé*) qui s'incorporent à la tribu, sont admises à l'exploitation gratuite du *burgu*, mais sont exclues du collectif foncier. Il ne reste ainsi de la collectivité foncière d'origine que le *dioro* et quelques familles alliées.

(*b*) *L'élargissement abusif de la propriété beit-el :* la propriété de la chefferie politique introduite localement par Cheikou Ahmadou, a pris souvent sous l'administration coloniale un élargissement abusif.

(*c*) *La hausse du tolo :* les conceptions 'pan-peul' et étatiques de Cheikou Ahmadou expliquent que le *tolo* n'a pas été officialisé dans le code pastoral de la Dina qui s'est borné à lui imposer le plafond d'un versement symbolique de 25 cauries. A partir de la fin du XIX° siècle le *tolo* d'entrée n'a cessé d'augmenter en valeur réelle jusqu'aux environs de 1960.

Dina: troupeau de 50 têtes, 1.000 cauries, soit la valeur contemporaine de 10 kgs. de paddy, et la moitié de celle d'une *kassa* (couverture peul de laine, traditionnelle au Macina). En 1958, 1 taurillon, environ 3.000 F (CFA.) soit la valeur de 150 kgs. de paddy et de trois à cinq *kassa*.

(*d*) *La pression des troupeaux étrangers pour le libre-pâturage :*

l'organisation traditionnelle prévoit généralement un droit de libre pâturage à partir de l'époque *Bel-mal-hùti* du calendrier solaire ancien islamique, située entre le 21 mars et le 3 avril. Dans le Delta amont et dans le Macina les pâturages ont, dès cette époque, perdu beaucoup de leur valeur. Mais le *burgu* du lac Débo ne fait que de se découvrir et la franchise est reportée traditionnellement 30 jours après le début de la période *Bel-Mal*. Les troupeaux étrangers venant du Nord, touareg pour la plupart, qui pénètrent précisément dans le *burgu* à cette hauteur chez les Yallabé, Ouro-Ndia et Dialloubé, exercent depuis 50 ans une pression permanente pour devancer cette date. Jusqu'en 1919, ils en acceptèrent les contraintes. A partir de cette date, s'autorisant de l'institution d'un laisser-passer de nomadisation délivré par le Cercle de départ (Goundam), ils revendiquent la libre pénétration en dehors de toute date. En décembre 1930, ils sont dans l'Ouro Ndia avant la récolte des rizières et deux mois avant les éleveurs peul de la région. Quand ceux-ci arrivent, des rixes sanglantes ont lieu à Fara-Yéni en mars 1931.

PROBLÈMES ACTUELS DE L'ESPACE PASTORAL

(1) Problèmes relatifs au régime d'exploitation des pâturages

L'exploitation du *burgu* entre 1900 et 1960 s'est faite selon deux directions: (i) dans le principe, le code pastoral de Cheikou Ahmadou demeure la charte de référence; (ii) la réalité de l'évolution fait apparaître un dénaturement profond.

Après l'Indépendance, l'administration malienne tente un règlement radical de la question en faisant table rase des droits éminents, sur l'eau, la terre et les pâturages; ce qui implique la caractère illégal de toute appropriation du *burgu*, qu'elle soit collective au niveau du groupe tribal peul, ou personnelle; la propriété des *dioro*; la propriété '*beit-el*' disparaissant automatiquement avec la suppression des chefs de canton.

Les problèmes pratiques sont examinés par les 'Conférences annuelles régionales sur les Bourgoutières'. Celle du 20.21 mai 1969 rédige une résolution qui fait figure de charte sur quatre points: (1) Le droit d'exploitation sans discrimination implique la suppression des redevances coutumières sous toutes ses formes; (2) La préséance de certains troupeaux selon la tradition avec réduction de la durée d'attente; (3) Le respect et la restauration des pistes traditionnelles, des gîtes d'étape et des *harima*; (4) La conférence annuelle fixera les dates d'entrée en fonction du régime de décrue.

L'ensemble de ces décisions est cohérent sur le plan politique et géographique, mais l'enquête sur le terrain montre que la résolution n'est que partiellement mise en pratique.

1—*La perception de tolo* se poursuit fréquemment.

2—Le '*respect de la préséance*' avec réduction de la durée d'attente signifie vraisemblablement dans la pensée des autorités régionales le respect de l'ordre traditionnel d'entrée avec un décalage réduit dans la pénétration. La question a été éludée semble-t-il à la réunion de 2 novembre 1970. Au niveau des Cercles l'application a été différente: on a respecté les préséances à Ténenkou mais pas à Djenné. A la réunion du 3–4 novembre 1971, les autorités décident le 'respect strict de l'ordre de progression et d'accès'. Il semble donc qu'après quelque hésitation, le *problème est nettement posé* et *la décision définitive prise.* Pour qu'elle soit appliquée *deux conditions sont nécessaires*: (a) le maintien exclusif des *burti* traditionnels et la suppression de tout autre itinéraire; (b) sur ces *burti* faire respecter la progression décalée des troupeaux.

3—*Le respect et la restauration des pistes traditionnelles, des gîtes d'étape et des harrima.* C'est la décision la plus vitale pour les éleveurs, celle dont dépend très largement le fonctionnement des transhumances. Elle suppose le règlement d'un certain nombre de questions géographiques ou matérielles fort délicates: *l'inventaire des lieux* a été mené dans tous les Cercles lors de réunions auxquelles participaient les éleveurs. Utilisant la toponymie locale peul, il doit être complété par *un travail de cartographie* considérable; *la matérialisation de ces lieux*, c'est-à-dire leur signalisation a été décidée et engagée.

(2) *Concurrence pour l'espace: le développement rizicole*

L'extension des rizières, régulière depuis un demi-siècle s'est accélérée nettement depuis l'Indépendance:

1920	16.000 ha.	1962	89.000 ha.
1935	62.000 ha.	1966	119.000 ha.
1957	75.000 ha.	1969	123.000 ha.

Après l'Indépendance le rythme de l'extension rizicole s'accélère au-delà du croît démographique: 5,7% en moyenne annuelle entre 1960 et 1969 contre 1,5 à 2% ceci pour deux raisons: les paysans subissent jusqu'en 1967 une forte pression pour produire au maximum; le parc de charrues a doublé approximativement entre 1955 et 1970. Compte tenu du caractère itinérant des rizières et de ce que la végétation naturelle ne se reconstitue qu'au bout de 4 à 5 années de jachère, l'espace rizicole soustrait à l'utilisation pastorale environ 250.000 ha.

(3) *L'alourdissement de la charge pastorale du Delta*

Il résulte de l'accroissement des troupeaux appartenant aux éleveurs et paysans du Delta, le cheptel *burgukodji*, et du nombre croissant d'animaux venant de l'hinterland pastoral du Delta, et séjournant dans la plaine d'inondation de plus en plus longuement.

(*a*) *Le cheptel burgukodji*: jusqu'à ces dernières années l'équilibre maintenu par l'organisation politique et sociale héritée de la Dina, était facilité par la stabilisation relative du cheptel *burgukodji* sous le coup des grandes épizooties, aggravées dans le *burgu* par la concentration saisonnière des animaux. Ce n'est qu'en 1950 que l'action sanitaire entreprise par le Service de l'Elevage porta ses fruits et que les effectifs du cheptel augmentent sensiblement et régulièrement. Le croît s'accélère à partir des années 1964, avec la Campagne conjointe contre la peste bovine. Estimations pour les cercles de Mopti, Djenné, Ténénkou: 1957—180.000 à 200.000 bovins; 1961—238.000; 1968—438.000; 1970—477.000. Compte-tenu des animaux du sud de Niafounké à considérer comme *burgukodji*, le cheptel local s'élève à environ 630.000 têtes de gros bétail. Le croît du cheptel est saisissant et il est un facteur indiscutable d'enrichissement régional et national.

(*b*) *Le cheptel de l'hinterland pastoral du Delta*: la carte des itinéraires de transhumance montre l'importance de l'hinterland pastoral du Delta intérieur. Les utilisateurs peuvent être estimés à 560.000 têtes. Le cheptel de l'hinterland pastoral du Delta était estimé à 200.000 bovins en 1958. Son accroissement numérique résulte en premier lieu et principalement, du croît naturel qui s'accélère à l'égal de celui du *burgukodji* mais aussi par le fait qu'un certain nombre de troupeaux n'ont pris que récemment la route du Delta. Les éleveurs des régions de bordure évitaient le *burgu* redouté comme foyer d'épizootics. Le recul de celles-ci, les sécheresses des années précédentes (1969), la dégradation de la végétation naturelle sous l'action des feux de brousse accentuent l'attirance du Delta. Par ailleurs ce cheptel 'étranger' 'maximise' son séjour dans le *burgu* à l'égal des *burgukodji*, la charge d'ensemble est donc la suivante: 1.200.000 bovins durant sept à huit mois, sur des pâturages naturels couvrant environ 1.250.000 ha. De novembre à juin la surface moyenne disponible dans la plaine inondée est réduite à 1 ha. par unité de gros bétail. Le capital fourrager du Delta est désormais en cours de dégradation.

CONCLUSION

Les valeurs traditionnelles comme instrument d'un développement économique de style moderne.

Telle est l'option qui a inspiré largement les propositions d'ordre socio-économique que j'ai faites dans le cadre d'un Programme de développement pastoral de la Région de Mopti. Celle-ci possède une structure pastorale de référence prestigieuse qu'il convient de restaurer à chaque fois que son actualisation est possible. Sans entrer dans le corps des propositions faites je cite:

. une rationalisation cadastrale de l'espace, semblable à celle réalisée par la Dina, mais au maillage resserré, parallèlement à la densification du peuplement en un siècle.

. des mesures pour la défense de l'espace pastoral par référence au code pastoral de la Dina, ce qui leur assure l'autorité et garantit les non-éleveurs de toute atteinte à leurs intérêts spécifiques. En particulier l'immatriculation des *burti* selon un système de classification de type routier, avec leur utilisateurs.

. la délimitation d'unités pastorales, sur les bordures et dans la *burgu* où la propriété nationale du fond est compatible avec la responsabilité gestionnaire des Conseils d'utilisateurs, édictant des règles d'exploitation adaptées aux conditions locales.

. le contrôle des bergers et des mouvements du cheptel par les Conseils gestionnaires et la restauration de la fonction traditionnelle du *dioro*, responsable de la conduite du troupeau et de l'utilisation du pâturage pour le bien collectif.

. des formes originales de vulgarisation zootechnique et de formation des bergers menées sur les pâturages par des équipes itinérantes et couplées avec les tournées de vaccination. Ceci suppose l'abandon de 'l'esprit fonctionnaire et sédentaire', une connaissance approfondie de l'organisation traditionnelle, connaissance dont sont dépourvus les fonctionnaires qui ne sont pas Peul de la région.

OUVRAGES CITÉS

Ba, A. H. et Daget, J.
(1955) *L'Empire peul du Macina. I. (1818–1853)*. IFAN, Centre du Soudan.
Gallais, Jean
(1964) Quelques particularités démographiques de l'Afrique noire. *Bulletin de la Faculté des Lettres de Strasbourg*, pp. 325–49.
(1967) *Le Delta intérieur du Niger—Etude de géographie regionale*. Dakar: Mém. IFAN. 2 tomes.
(1972) *Développement de l'élevage et aménagement de l'espace rural dans la 5° région du Mali*. Rapport préliminaire mai 1972. Paris: SEDES.

SUMMARY

The author was commissioned by the Government of Mali to put forward proposals for a socio-economic programme of pastoral development in the Mopti region. With one and a half million cattle and 2,400,000 sheep and goats, the region contains one quarter of the national cattle herd. Ethnically the stock-raisers are 98% Fulani. Pastoral values are pre-eminent because of the historical importance of the Peul group which numbers locally 343,000 persons out of a population of 936,000.

Pastoral organization is based on the alternate exploitation of two ecological areas: the Sudan–Sahel pastures of the border regions and the low-water riverain pastures of the inner Delta, the *burgu* marshes which provide fresh grass from November to April. To reach the *burgu* the '*burkukodji*' herd has to follow precise itineraries indicated by a network of traditional paths (*burti*) with places for staying the night (*bile*).

The Fulani herdsman has great respect for the agro-pastoral organization achieved in the region by the Dina, the Fulani Empire of Macina in the nineteenth century, and traditional values have not been encroached upon by the extremely slow progress of education among the Fulani (3·5% have a 'knowledge' of French). The clans, socio-historic groups and villages lack a corporate identity and this individualism makes it difficult for the public authorities to discover social bonds. In addition low fertility rates limit their population growth compared with other peoples in the area.

The true pastoral code was laid down by Sheik Ahmadou, the Peul ruler of the Dina. Distinction is made between different kinds of herds: *benti*, a herd of milking cows whose transhumance is limited, and *garti*, a herd of extended transhumance controlled in military fashion by a hierarchy of herdsmen. The main responsibility rests on the *dioro*, chief herdsman and manager of the grazing as a whole. The socio-economic consequences of this pastoral code—peaceful co-existence and fruitful relations between different peoples and various economic activities, a large population and commercial activity—have been beneficial. New users have been integrated into the pastoral organization, the *dioro* being responsible for the transhumance group following the same itinerary.

During the colonial era the *burgu* tended to become the property of a few families, including that of the *dioro*, and the entrance fee (*tolo*) increased. The property of the leaders (*beit-el*) was properly extended and foreign herders exerted pressure to use the *burgu* illegally. After Independence, traditional water, land and pasture rights in Mali were abolished. In 1969 a conference decided on freedom of usage without discrimination and the suppression of the *tolo*. It acknowledged the traditional order of entry into the *burgu* and insisted on the *burti* and *bile* being respected. The difficulties of application are considerable—the *tolo* is maintained secretly, and the rush towards the *burgu* tends to increase the *burti* paths and disorganized use of the pastures.

The development of rice-growing has resulted in competition

for land and the rice fields have extended their area, especially since Independence. At the same time there has been an increase in pastoral land. The *burgukodji* livestock, which was for a long time restricted by serious epizootic outbreaks, increased slowly from 1930 and rapidly after the joint campaign against rinderpest in 1964. In 1970 there were about 560,000 users of the pastoral hinterland of the Delta against 200,000 in 1968, the herds of the neighbouring regions having increased and being attracted in growing numbers towards the *burgu*. This livestock, which previously stayed only 3 or 4 months, is now staying as long in the *burgu* as the *burgukodji*.

The proposals made by the author in a 'Programme for pastoral development in the Mopti Region' emphasize the importance of traditional values as the instrument of modern economic development. The area has a prestigious traditional pastoral structure, perfectly adapted to the ecological conditions, and this should be restored wherever possible. The main proposals include: a cadastral rationalization of the area, similar to that achieved by the Dina, but with a tighter network, corresponding to the increase in population density in a century; measures for the defence of the pastoral area with reference to the pastoral code of the Dina, which gives them authority and guarantees the non-herdsmen against any attack on their specific interests. In particular the registration of the *burti* according to a classified system of track charts, with their users; the delimitation of pastoral units, on the borders and in the *burgu*, where basic national ownership is compatible with the administrative responsibility of the councils of users, decreeing rules of usage adapted to local conditions; the control of herdsmen and movements of livestock by the administrative councils and the restoration of the traditional function of the *dioro*, as responsible for the conduct of the herd and the use of the pasture for the common good; new forms of zootechnic popularization and education of herdsmen, taken to the pastures by travelling teams and coupled with tours of vaccination. This presupposes abandoning the 'bureaucratic and sedentary attitude', and a thorough knowledge of traditional organization, a knowledge which the non-Peul officials of the region do not possess.

XI

Nomadic movements: Causes and implications

P. H. GULLIVER

In this essay I examine a major characteristic of all pastoral nomads: movement of residence and of locale of pastoral operations. There are two reasons for this focus. One is that, in my opinion, the causes of movement have not been sufficiently and explicitly considered by anthropologists and others. There has been a tendency to over-emphasize a generalized environmental explanation.[1] My contention is that nomadic movement is a response not only to physico-biotic conditions and to other features of a socio-political kind in the total external environment of nomads; but it is also, and importantly, a response to the internal context of the socio-cultural system of the people. Secondly, the sociological implications of recurrent movement —where movement itself is empirically normal—have not been sufficiently specified nor integrated adequately into the analysis of nomadic social life.

My leading examples in this essay are taken from the Turkana of north-western Kenya. This is not merely anthropological ethnocentrism from an experience of the Turkana since 1948 (last visit 1968), nor simply that any example is often sufficient to illustrate a point. Anthropologists' monographs on African nomads, excellent though they are as a set, have not always given enough data and analyses of the causes, nature, and significance of movement. Certainly my own monograph is not exempt from this stricture. In a later essay (Gulliver, 1969) I

---

[1] Random examples of this over-emphasis are: 'The extreme subordination of Bororo life to the natural environment—pasturage, water, climatic changes— on which the life of the herd depends.' (Dupire, 1962, p. 33.) 'The requirements of the camels control both the movements and the organization of a Bedouin group.' (Forde, 1934, p. 313.) And my own explanation of Turkana movements as 'attempts to maximise the supply of necessities'. (Gulliver, 1955, p. 27.)

have, however, made an attempt to rectify this in part, and some of my illustrative examples are taken from there.

For present purposes I somewhat arbitrarily limit the field of enquiry to fully nomadic peoples: that is, peoples who have no fixed residence, no location which is 'home', and no interest in a determinate base. While agreeing with Salzmann's view that ideal types of pastoralists, such as 'pure nomad', 'semi-nomad', 'transhumant', etc., are not appropriate sociological categories in general (Salzmann, 1971), yet the present focus on nomads serves here conveniently to reduce the variables. It also permits the suggestion of a useful contrast with other kinds of African pastoralists, such as the Nuer or Jie, who, though making recurrent herd movements, nevertheless have a permanent residential (and agricultural) base continuously or seasonally occupied by some members of the group. Such peoples have, therefore, some more or less permanent set of social relationships with others who live at the same base, and they hold certain rights and interests focussed on it. Among nomads, on the other hand, movements not only involve herds of animals and their immediate herdsmen (as among transhumants also), but they involve whole domestic groups attached to the animals.

It is patently obvious that movement by pastoral nomads is a necessary response to poverty of resources in the physico-biotic environment relative to the economic requirements of the herds. Resources—principally pasturage and water—are typically nowhere sufficient to maintain herds permanently in one location, not even were the human and stock populations equably distributed over the resources available.[1] Supplies of pastoral resources are seasonally variable according to general rainfall patterns, and they are geographically variable (e.g. upland and lowland, valley and steppe, etc.). Commonly the supply of resources is much more variable than that, of course, because of marked differences of total rainfall from year to year, and because of erratic geographical and temporal distribution and practical effectiveness of it. These irregularities are wholly unpredictable. Thus herdsmen not only have to move their livestock in order to obtain a continuous supply of pasturage, but such movements cannot be regular from season to season,

---

[1] The fact that populations are not equally distributed is in part the result of socio-cultural factors of the kind referred to later in this paper.

and year to year. Anthropologists can produce generalized patterns of movements, and there are comparable folk models too; but empirically on the ground irregularity in response to highly variable reality is characteristic of on-going nomadic life. Men are, and must be, constantly alert to the practical need for flexibility, for adjustments greater or smaller to currently available resources. These conditions are exacerbated by mal-distributions of population relative to resources as herds and camps move around: put simply, over-concentrations of animals reduce the availability of resources in an area, leaving other areas comparatively under-exploited, and this often calls for adjustments.

There is a general policy, overtly articulated in varying degrees by different nomadic peoples, to seek to maximize the use of pastoral resources. Some areas offer resources at only certain times of the year and these must be used then or not at all; other areas offer more persistent resources which therefore can be saved until more transient supplies have been exhausted. Vegetation needs opportunity for regeneration and if feasible must in effect be rested if the best yield is to be obtained. For example, the Turkana attempt to move their cattle herds out of the permanent grasslands on the mountains in order to take advantage of ephemeral rainy season grasslands in the lowland plains and to remove pressure on the mountain areas temporarily. This is fairly clearly perceived by these nomads (Gulliver, 1955).

The supply of pastoral resources is not the only factor, for there may be the necessity to avoid areas for longer or shorter periods because of harmful insects, such as tsetse or biting flies, or because of animal diseases.

All this is commonplace, of course, and I am not here attempting any detailed exposition. What I want to emphasize is that each occasion for movement is for the nomads an occasion for *choice*: the assessment of information and needs, the exercise of opinion, and the making of decision. Indeed one may say that there is an almost continuous need for choice—sometimes virtually every day—whether or not to move. And if a move is to be made, then there must be a choice of timing, of direction, of distance, and of new location. This choice is not in practice simply a matter of reaching a decision through the assembly and assessment of information on resources, for usually there is no obviously single best choice but a variety of possibilities. Information is seldom complete in any case, and the techniques of its assessment are not wholly efficient. Opinion is involved, and this can vary from herdsman to herdsman. But in any case seldom is there but one time and direction of movement clearly indicated. There is a range of opportunities of roughly equal pastoral advantage. For instance, there may be several water-points within striking distance, each of which offers surrounding pastures; or a choice must be made between such options as comparatively plentiful water and poorer pastures, or better pastures and less adequate water, and in-between options also. Is it preferable to move a long distance, relatively debilitating to the animals, to where good resources are available, or to go a shorter distance, less demanding on the animals, to where poorer resources are to be had? Assessments also have to be made about the likely movements of other herds, for a potentially good area may become over-popular and over-crowded, reducing the availability of resources and perhaps creating competitive conflict between the herdsmen, while a less favoured area may be under less pressure and therefore become preferable.

In general, only at certain times of the year is such choice denied to nomads. At the end of the dry season when resources are at their most limited, distances between remaining usable areas may become too great for the herds to cross from one to another. In some nomadic territories wet season flooding may similarly limit or even more or less rule out choice of movement; and other comparable environmental limitations can occur at particular times. Even so, the precise location of a man's camp is almost always a matter of choice: for example, although perhaps confined to the area served by a single water-point, the camp can be located, and relocated, within that area of a hundred square miles or more. On the whole, however, such tight restrictions on choice are quite limited in number and and period of operation. Choice is the norm (though not, of course, anything like unrestricted choice) both objectively in terms of the availability of resources, and subjectively in terms of individual assessments. There is, then, a degree of freedom to exercise options that is not normally open to sedentary peoples.

The paradox is that although movement is an inescapable necessity, yet this affords a degree of freedom of action.

This freedom is commonly, though not universally, exercised by the individual herd-owner or the head of the minimal herding unit. That is, each man, each head of a herd-using, domestic group, has the ability and the right to make decisions about the movements of his own animals and of the humans dependent on them. He is seldom or perhaps never subject to superior authority, nor is he altogether constrained by group membership. This is perennially true of the Turkana (Gulliver, 1955:31 ff. and 126). Among the Fulani, 'in Bornu, as elsewhere, the dry season was described as one in which it was "every man for himself"', and agnatic lineages disperse during that period (Stenning, 1957:61). Comparable statements have been made about the Kababish Arabs (Asad, 1970:20), the Masai (Jacobs, 1959:4), and the Samburu (Spencer, 1965:6), and also for Somali nomadic hamlets (Lewis, 1961:62, and 1962:6) though there lineage membership is more restrictive of individual freedom. To be clear, in none of these cases is freedom of action, of choice, by any means absolutely unrestricted; nevertheless, and varying ethnographically, there is a marked degree of freedom which is most important.

This individual freedom is demonstrated by the idiosyncrasies of individual herd and camp movements. It is indicated also by the commonly reported fact that people who come together at one time of year later disperse and associate with other people at other times of the year, and possibly do not come together again at the succeeding times in following years.

All this seems not to be true of such nomadic societies as those of the North African Bedouin where land and water rights and pastoral movement appear to be controlled by lineage membership. The ethnographies are far from clear, however, and it is at least possible that on the ground (in contrast with folk and some observers' models) there remains still a rather considerable freedom of choice, though affected by the current confines of lineage territory.

Thus far I have been concerned with movements and decisions only in respect of available pastoral resources. But it needs to be emphasized that each occasion for choice about movement is also an occasion when other considerations, other assessed advantages and disadvantages, can be taken into account by the herdsmen. Where, at any one time, the range of resource possibilities can scarcely be graded preferentially, those other considerations can be decisive; but even where alternative resource options can be graded in some order of preference, the concomitant advantages and disadvantages of a socio-cultural kind can modify or even override such ordering. These social factors are part of the total information to be accumulated and assessed by a herdsman before choice is made. Their nature and significance vary according to the culture of particular nomads, but some generalization and indication are possible and useful.

It is clear that the nomadic herdsman considers the resource possibilities in relation to the location and potential movements of certain other significant people. With whom is it useful, or at least not harmful, to associate, and whom is it desirable to avoid? Some people are regarded, from experience and in relation to current exigencies, as those to be avoided if possible: enemies (by whatever definition), men of known bad character, those likely to be uncooperative or careless of obligations as neighbours, men (typically kinsmen) whose claims may currently be greater than their obligations, men who may place too great a burden on one's resources, men who have grudges or who seek to make claims which one wishes to avoid or deny, and men who are simply personally unpleasant. In contrast, there are other men with whom association is sought because of particular or general advantages they offer; and they tend to have qualities the opposite of those mentioned above. It is not always possible to avoid disadvantageous people, if only because their movements and locations are not always known. Generally information is likely to be more accurate and up-to-date on those men who are more important to an individual, typically his kinsmen of various categories to whom he is beholden and against whom he makes claims. This does not mean at all that he invariably seeks to move with or near them. They are often somewhat scattered in any case, each following his own assessments and choices. But some kinsmen, at least at certain times, are often best avoided because of demands they make, because of past conflicts and structural tensions in the relationship, or because one or both men wish to avoid too great an interdependence (or even one-sided dependence). Other kin offer distinct advantages: they are friendly, cooperative, and trustworthy, it is valuable to express and perhaps to strengthen continuing relations and interdependence, certain claims can be pushed, and so on. Particular cultures and kinship systems affect the actual assessments and choices in all this, of course. In some cases, as with the Turkana, it is possible for a man through his movement decisions over a period to associate for shorter or longer times with a high proportion of those men with whom he has permanent, inter-personal relations: his stock-associates (agnatic, matrilateral, and affinal kin and bond-friends). A Turkana herd-owner follows a fairly deliberate policy of this kind, in so far as he can, by movements to, and with, each of his stock-associates for at least a time long enough to express and re-emphasize those valued relationships, but not staying long enough to encourage too great a dependence by one on another.

One Turkana family head described some of his recent movements as follows. 'My affine and I, we went together (three moves), and then we had been in the same community a long time. So he went one way and I went another and there were no words (i.e., no quarrel or ill-feeling). And my mother's brother was not far off. I heard he was moving. So I went to the same area when I left my affine. But the pastures there were poor and there were many camps, many goats, and camels, so we moved again soon. We moved together and we put our camps in one place near that water-course. We helped one another. We had not lived together for a long time and he is good (friendly, helpful). Then I wanted to move eastwards, for it was the rainy season by that time and there were new pastures. But he wanted to go north, where his affine was, and we parted; but there were no words. I moved eastwards . . . but I found my half-brother first so I moved on (in order to avoid him), and on the other side of the water-course I found two friends, and we put our camps together where the pastures were good' (Gulliver, 1969:7).

No doubt many nomads are more restricted in their choices than are the Turkana, because they are members of important corporate groups (e.g., Fulani or Somali lineages), or because they have rather more permanent herding communities which tend to make collective movements. Even so, and perhaps particularly at certain times of the year (e.g., as among the

Bornu Fulani: cf. page 373 above), a good deal of freedom of choice remains. The internal organization of the group may hold herdsmen together, but seldom without a pooling of individual opinion and collective decision-making. Internal politics may periodically stimulate separate movements as a result and an expression of conflict. Barth noted for the Basseri nomads of southern Iran: 'a camp community of nomads can only persist through continuous re-affirmation by all its members. Every day the members of the camp must agree in their decision on the vital question of whether to move on, or to stay camped, and if they move, by which route and how far shall they move. These decisions are the very stuff of pastoral nomad existence . . . Every household head has an opinion, and the prosperity of his household is dependent on the wisdom of his decision. Yet a single disagreement . . . leads to fission of the camp as a group —by next evening they will be separated by perhaps 20 km of open steppe and by numerous other camps.' (Barth, 1964: 25–6). Unfortunately Barth does not explain how collective decisions are reached, nor why and how dissension occurs. At least it seems clear that more than the availability of pastoral resources is involved; and doubtless this is true for comparable African nomadic situations.

There is a variety of other socio-cultural factors which affect pastoral movements, and I do not claim to make an exhaustive list of them here. One factor is the attraction of certain individuals, places, and activities. Leaders of valued activities—political, military, ritual, etc.—tend to draw other men towards them at times when those activities are important, periodically or *ad hoc*, in order to participate or to gain particular advantages. Sometimes these activities occur at more or less fixed centres— sacred spots or conventional and thus widely known locations; often the activities occur where the leaders happen to be at the time. This may affect the movements of relatively large numbers of men, or only those of a particular group, or only a few who seek assistance and services at one time. There may be fairly regular, and also irregular, deflections of nomadic movements, for instance to take advantage of market centres or political centres at certain times of the year.

Because of the relative ease and frequency of movement, and the weakness or even absence of persistent ties with immediate neighbours at any one time, it seems to be a typical reaction of nomads to move away in order to avoid local difficulties, problems with associates of the moment, failures in cooperation and toleration. Among the Turkana the generally expressed attitude is, 'why put up with difficulties and ill-feeling if you can move away and avoid them?' There is the expectation of finding more congenial and cooperative neighbours elsewhere. Similar views appear to be held by Somali and Samburu, and by the Nuer (Goldschmidt 1971, p. 135). Such movement may just be a local adjustment of no more than a mile or two, to another neighbourhood based on the same waterpoint; but such avoidance of disapproved associates can precipitate a longer movement which otherwise might not have been made, or not for some time.

Political manoeuvrings often have a movement component. Where members of a group which is a unit of political action become more or less dispersed, it is on occasion necessary for them to come together as an expression of unity and for ritual performance, or for mutual defence or the support of one of their number, or to mount collective offensive action. This is the case among the Somali as lineages concentrate under threats of war, and probably among the Samburu. Among the Turkana, when more serious disputes occur it is usually impossible to deal with them immediately because neither disputant will have a sufficient number of his prime supporters (stock-associates) on hand to assist him; while unrelated and temporary neighbours have neither the desire nor the right to become involved. The aim of a disputant is first to get away from the trouble spot, especially but not only if he is the alleged offender liable to pay compensation. Then he seeks to move towards as many of his supporters as he can, and to attract their movements towards him. This can, and quite commonly does, lead to a distortion of 'normal' movements in which, though men must constantly have regard for pastoral resources, the pervasive factor is political. Men cannot usually afford to come together simply as individuals to give support; they must shift their animals and camps with them in order to continue regular supervision and to ensure their safety. Disputes and personal hostilities, even misunderstandings, often go unresolved as the proponents shift apart. There appears to be a direct relationship between the poverty of techniques with which to deal with disputes on the one hand, and the ease and readiness of camp movement on the other hand. Every Turkana man leaves behind him a trail of unsettled problems and disputes; but it may be more correct to say that this is in fact the Turkana method of dealing with them. Even a serious affair—homicide or adultery—may go unsettled, at least for a long time. Over a period a number of dovetailing movements by a disputant and his supporters, fitted to environmental exigencies, can bring together a sufficient force. And the other disputant will be following the same course. The movements of two or three dozen men and their camps and herds are affected. Furthermore, other men, attracted to or seeking to avoid any of these men, may themselves be affected in their movement choices.

External political factors also affect movements. A superior authority may open or close an area for grazing, or may require a mustering of nomads, for its own purposes and convenience. As Stenning showed, major migrations as well as migratory drifts are the result of such external political conditions (Stenning 1957). Both colonial and modern republican administrations have interfered in varying degrees with nomadic movements. Inter-tribal warfare may close off certain areas, make new ones available, and require concentrations of men, which otherwise would not be the case.

To reiterate and emphasize: all or any of these factors affect nomadic movements. They have to be considered by the herdsmen in assessing potentialities and impossibilities. At any time they may be secondary considerations affecting the choice between roughly comparable pastures; but on occasion they become prime factors determining choice. And to an indefinite degree the choices of some men have repercussions on the choices and movements of yet other men. Any field worker among nomads knows of cases where movements have been deliberately made which were not directly in the best interests of the herds, as the result of choosing to move in a direction or to a location where resources were less advantageous. And of course, some men, or whole collections of nomads, may be precluded from more favourable pastures because of their inability to obtain access or to maintain adequate security there. To make myself clear, however, let me repeat also that the availability of pastoral resources remains pervasive and usually a major factor, both in determining the broad outlines of movement through time and in any particular set of movements.

In a short paper enough has been said to indicate the kinds of socio-cultural factors which significantly affect choices about nomadic movements. Those movements obviously have their effects on the nature of the social system, as has been generally recognized by anthropologists, if only by a mandatory first chapter of their monographs. The point I want to stress here is that nomadic social life has a flexibility: the continual possibility of geographical movement and the continual possibility of association and disassociation with particular people. It is not only that life, social processes, and attitudes are all geared to the necessity and inevitability of movement, but also that movement is relatively easy, almost always possible, and can be used for personal and social purposes, expressing and effecting preferences.

There is here a significant contrast with sedentary peoples who must devise and follow institutions and processes to cope with the comparative permanence of residence and thus of association. There must, for example, be fairly efficient means by which disputes are dealt with, sealed off, or made otherwise tolerable, among people who cannot avoid each other and are to some degree interdependent. A sedentary farmer can of course usually move if stress, tension, and hostility become great enough. But this suggests a breakdown of normal social control; and a move (often not easy in practical terms in any case) most likely has critical consequences for future social relationships, rights and obligations, and security. Probably a move can only be made by severing old group membership, economic, political, and religious involvements, and by slowly taking up new ones. Movement therefore is not only relatively unusual and difficult practical action, but it is a markedly symbolic and decisive action for the sedentary farmer.

This significance is fairly readily avoidable by nomads, if they so wish. They are frequently moving, and always potentially mobile; and although the quality of social relations and of expectations is partly expressed in movements, this need not be irrevocable. No move, often not even a set of consecutive moves, is necessarily decisive. A man may suspect that he is being avoided, or sought after, but often he is not quite sure, and neither party has to make an inflexible commitment. One can go along, see how things work out, and later try association or disassociation as the case may be. Difficulties and hostilities that threaten otherwise advantageous or ascribed relationships can be made tolerable, perhaps, by the two men keeping apart, geographically apart, for most of the time so that they are not called upon for too great a degree of cooperation and of interdependence. To be sure, sedentary farmers can also sometimes revoke a movement away by returning back again; but the practical, social, and symbolic significance of a move, or of its reversal, is very much greater than among nomads. Indeed for the nomads, because of the vital fact of poor physical resources about which assessment and opinion can differ in any case, a move can generally be rationalized as being dictated by resource availability and so can be explained away later if desirable. Turkana tend to explain their movements, in general and particular, by reference to resource availability as if this were the only factor. Only detailed enquiry elicits other factors. This is clearly a convenient mode of explanation which avoids making possibly troublesome statements which are derogatory of some men or unduly approbatory of others. A man need not commit himself too closely. Moreover the resource explanation is the easiest and simplest to give to neighbours and associates—and also to inquisitive strangers, such as anthropologists. Though lacking concrete evidence, I strongly suspect that something similar is applicable to the overt explanations of other nomads.

Elsewhere I have argued that a major factor in the sociological differences between the Turkana and the Jie lies in the nomadic nature of the former and the permanent, sedentary, homestead bases of the latter. The extended family and the matrifocal 'house' are weakly maintained by the Turkana, who give prime emphasis to the achieved independence of each mature man as head of his own herding unit. Structural conflicts between close agnates induce these men to shift apart and to move apart. A man is able to choose, by personal experience of practical relations, with which of his various agnates he cooperates, whom he trusts and helps, and with whom relations are minimal even to the point of atrophy. Among the Turkana, men who are linked together in terms of property interests are therefore almost always territorially separated. People who reside together at any one time, engaging in day-to-day interaction and necessary cooperation, are not associated in property rights. Thus there is rather little strain in relationships among neighbours, while tensions between property-linked kin are minimized and made tolerable.[1] Among the Jie, with an essentially similar culture to that of the Turkana, by contrast both extended family and 'house' are well maintained groups. Individualism is valued only as a personal trait, but not in social relations. Close agnates cannot easily avoid one another where all live in a single large homestead which is part of a cluster of clan homesteads. There are marked ritual obligations of interdependence among Jie agnates and clansmen, which by Turkana are largely acknowledged only in the breach. The Jie are anchored where their cultivation plots and artificial ponds are, in their heavily pallisaded, defensive homesteads. Agnatic conflict can be severe, though it is played down and overlaid by a rich ritual pattern. (Gulliver, 1955:244 ff.)

Thus there is a flexibility about nomadic social life and processes, which has not of course gone unremarked by anthropologists in Africa and elsewhere. But it has been underemphasized. This flexibility is in itself of direct advantage economically in the pastoral regime for it allows the nomads continuous possibilities of adjustment to their highly variable, undependable rainfall. The freer men are to make their own decisions the more readily they can adjust the needs of their particular herds to current circumstances: hence, maybe, a source of the commonly reported emphasis on individualism among nomads. In some cases, too, this flexibility is utilized to keep open a wide range of options, i.e., typically a range of kinship connections, which may be advantageously used in varying times of need.[2] Moreover, nomads are able to react more readily to interpersonal relations and preferences, thus giving a fluidity to social organization.[3]

[1] I am grateful to Dr. Baxter who emphasized this in seminar discussion. (Cf. Baxter, 1972, p. 178.) This kind of argument applies also to at least some other African nomads: for example, the Boran.

[2] I have in mind here the Turkana system of stock-associates and the pattern of keeping all the linkages active through intermittent neighbourly association.

[3] E.g., among the Somali (Lewis, 1961, p. 61), the Kababish (Asad, 1970, p. 125), and the Turkana (Gulliver, 1955, p. 190).

This flexibility, and the implications involved, is at least partly an explanation of a number of general socio-cultural traits characteristic of nomads: the weakness or absence of authority, the pliability of group membership, individualism as a cultural value, the rarity of witchcraft accusation.[1] It is clearly connected with the relative unimportance or absence of operating concepts of territoriality, as among the Fulani, Kababish, Somali, Turkana, and (probably) Masai.[2] This intrinsic flexibility has also been important in nomads' dealings with and reactions to external political authorities, as the long history of Bedouin relations to urban-based power shows in North Africa and the Middle East, and as Stenning has demonstrated for the Bornu Fulani (Stenning, 1957 and 1959). In all this, I think, it is not simply a matter that nomads can and do move regularly, but that movement is directly and indirectly, consciously and unconsciously, used in social policy and stratagems going well beyond the requirements of the physico-biotic environment.

In this paper I have perhaps said little that is new, little that is not fairly obvious to a careful field worker among nomads. I have however sought to focus attention on a vital issue in nomadic life which has not, in my opinion, received sufficient direct analytical attention. Pastoral movements are too often described by reference to the variable supply of natural resources, with parenthetic references to the locations of neighbouring sedentary peoples, of market centres, of cultivation areas, and of political centres, which may deflect movements. As I have indicated in brief, there are many socio-cultural factors which affect movement, of which the nomads themselves take account in making their decisions. I have noted the recurrent opportunities available to nomads to use occasions of movement for social as well as economic purposes, and I suggest that this gives a particular quality to nomadic social systems despite their manifest diversities in so many respects: e.g., compare Fulani,

[1] Baxter (1972) notes that although East African pastoralists hold witchcraft beliefs, actual accusations are rare. He argues that there is 'an inverse relationship between the ease of homestead movements (that is, when these cause little economic or social dislocation) and accusations of malevolent occult action' (op. cit., p. 177).

[2] This has also been noted in other nomadic regions, such as Iran. Where territoriality is culturally emphasized, as among the Bedouin for instance, this would seem to be an ideal concept often ignored on the ground, perhaps only fully observed at times of the threat of armed conflict between major groups.

Somali, and Turkana cultures. Frequent movement and the constant possibility and ease of movement, but also the positive use of movement, all have significant repercussions in kinship affairs, political action, social control, and interpersonal relations. The effects, the limitations and the opportunities, are pervasive in all social matters. They demand a more prominent place in the total analysis than has been given to them. They justify a rather more careful treatment of human ecology in which the interaction of physical environment and socio-cultural factors is more complex than is often perceived. Pastoral movement is not simply a matter of ecological adaptation and basic economies; it concerns much more than a mere backcloth against which other action occurs. It is deeply and inextricably involved in both cause and effect. Our analyses have been too simple.[1]

REFERENCES

Asad, T.
  (1970) *The Kababish Arabs: Power, Authority and Consent in a Nomadic Tribe.* London: C. Hurst & Co.
Barth, F.
  (1964) *Nomads of South Persia: the Basseri Tribe of the Khamseh Confederacy.* London: Allen & Unwin.
Baxter, P. T. W.
  (1972) 'Absence Makes the Heart grow Fonder', in *Allocation of responsibility*, edited by M. Gluckman. Manchester University Press, pp. 163–191.
Dupire, M.
  (1962) *Peuls nomades.* Paris: Institut d'Ethnologie (Travaux et Mémoires 64).
Forde, C. D.
  (1934) *Habitat, Economy and Society.* London: Methuen.
Goldschmidt, W.
  (1971) Independence as an Element in Pastoral Social Systems. *Anthropological Quarterly,* 44, 3, 132–42.
Gulliver, P. H.
  (1955) *The Family Herds: a Study of Two Pastoral Tribes in East Africa, the Jie and Turkana.* London: Routledge & Kegan Paul.

[1] I would add that the kinds of factors and implications which I have noted here are not only applicable to nomadic hunters and gatherers, but *mutatis mutandis* to other regularly mobile people, such as shifting cultivators. Cf. Gulliver, 1971, p. 49 on the Ndendeuli shifting cultivators of southern Tanzania.

(1969) 'Nomadism Among the Pastoral Turkana of Kenya: its Natural and Social Environment', in *Society and Social Change in Eastern Africa*, ed. P. Rigby (Nkanga IV). Kampala: Makerere Institute of Social Research, pp. 30–41.

(1971) *Neighbours and Networks: the Idiom of Kinship in Social Action Among the Ndendeuli of Tanzania*. Berkeley & London: California University Press.

Jacobs, A. H.

(1959) *The Pastoral Masai* (unpub. MS).

Lewis, I. M.

(1961) *A Pastoral Democracy: a Study of Pastoralism and Politics Among the Northern Somali of the Horn of Africa*. London: Oxford University Press.

(1962) *Marriage and the Family in Northern Somaliland*. Kampala: East African Institute of Social Research (E.A. Studies No. 15).

Salzmann, P. G.

(1971) Movement and Resource Extraction Among Pastoral Nomads; the Case of the Shah Nawazi Baluch. *Anthropological Quarterly*, 44, 3, 185–97.

Spencer, P.

(1965) *The Samburu: a Study of Gerontocracy in a Nomadic Tribe*. London: Routledge & Kegan Paul.

Stenning, D. J.

(1957) Transhumance, Migratory Drift, Migration: Patterns of Pastoral Fulani Nomadism. *Journal of the Royal Anthropological Institute*, 87, 57–73.

(1959) *Savannah Nomads: a Study of the Wodaabe Pastoral Fulani of Western Bornu Province, Northern Region, Nigeria*. London: Oxford University Press.

RÉSUMÉ

Ce texte est centré sur les déplacements périodiques des pasteurs nomades d'Afrique. Le déplacement est, bien sûr, une réponse à la pauvreté des ressources naturelles des zones nomades, et cet aspect est brièvement examiné. Chaque mouvement est cependant une occasion pour le pasteur, de *choisir* quand se déplacer, dans quelle direction, à quelle distance et où installer un nouveau campement et presque toujours, il y a une certaine latitude de choix en fonction des ressources pastorales disponibles. L'éventail des choix peut dépendre des mouvements en cours des autres nomades. Mais chaque occasion de tels choix permet en général à l'éleveur de tenir compte d'autres considérations de nature socio-culturelle. Ces considérations peuvent être décisives quand les diverses possibilités sont plus ou moins équivalentes et quelquefois même quand elles ne le sont pas. Ainsi, dans l'évaluation permanente qu'il fait des ressources pastorales, un éleveur est influencé par l'emplacement et les mouvements des autres. Il y a certaines personnes qu'il souhaite éviter et d'autres avec lesquelles il souhaite se réunir temporairement ou pour de plus longues périodes. Certaines personnes se révèleront de piètres voisins ou associés, certains sont positivement hostiles, certains ont toute chance de se comporter en quémandeurs, d'autres seront probablement des voisins serviables, amicaux, susceptibles de répondre aux sollicitations et prêts à coopérer. Il y a des individus qui, à des moments particuliers, offrent certains avantages en tant que responsables de certaines activités (politiques, militaires, rituelles, etc.) et certaines activités ou lieux qui exercent une attraction périodique (par exemple, les marchés ou les lieux de cérémonies rituelles). On se déplace quelquefois (même lorsque les conditions pastorales ne l'exigent pas) pour fuir certaines difficultés locales ou des disputes et pour échapper temporairement aux sollicitations (par exemple, parenté, obligations juridiques ou rituelles).

Des manoeuvres politiques se traduisent souvent en partie en mouvement géographique et elles influent sur les exigences et les possibilités pastorales.

La vie nomade, son déroulement et les attitudes qui en découlent sont en prise sur l'inévitable nécessité de se déplacer, et le déplacement est généralement facile. C'est pourquoi il existe une souplesse inhérente à la vie nomade qui fait contraste avec les peuples sédentaires. Ces derniers doivent avoir les moyens de composer avec les tensions et les difficultés résultant d'un voisinage permanent, de les supporter ou de les régler. Un changement de résidence représente pour eux une rupture de contrôle social normal, se produit habituellement sous l'effet de la contrainte et a des conséquences graves sur leurs relations sociales, les droits et les obligations. Pour les nomades qui, de toute façon, se déplacent d'une manière répétée, ceci a moins d'importance et les effets sociologiques sont (ou du moins peuvent être) nuls. Le déplacement nomade et ses implications culturelles n'a pas d'ordinaire un caractère d'irréversibilité dans son but et ses conséquences; le déplacement peut être (et est habituellement) justifié en se référant aux exigences naturelles, même si des facteurs socio-culturels sont en cause et même prédominants. Dire que les déplacements sont seulement le résultat de la pauvreté des ressources naturelles, revient à laisser de côté une grande partie de ce qui intervient dans les décisions successives prises par les nomades. Les éleveurs doivent naturellement conserver leur souplesse pour tirer parti d'un environnement variable, imprévisible et rigoureux; mais cette souplesse pénètre leur vie sociale toute entière. De là vient l'importance culturelle de l'individualisme et de l'autonomie de l'unité minimale d'élevage, l'absence fréquente de territorialité, la variabilité de l'appartenance à un groupe et la faiblesse de l'autorité.

Les nomades apparaissent comme spécialement sensibles à la qualité des relations interpersonnelles. Ils savent utiliser les déplacements à des fins politiques, à la fois à l'intérieur de leur communauté et dans leurs relations avec des pouvoirs politiques extérieurs.

Malgré un certain nombre d'excellentes études anthropologiques sur les nomades africains, les causes et les conséquences des déplacements aussi bien en général qu'en particulier, ont été assez négligées et elles n'ont pas été pleinement intégrées dans l'analyse ou dans les comparaisons de sociétés nomades. Dans cet article, les exemples et les références sont pris chez les Turkana et aussi chez les Peul, Kababish, Masai, Samburu et Somali.

XII

Herdsman and husbandman in Niger: Values and strategies

MICHAEL M. HOROWITZ

Throughout the African Sudanic region, pastoralists and farmers are linked in intricate networks of exchange relations, involving the conveyance of herd and horticultural produce, and access to pasture and water. These exchanges occur most frequently among persons who not only exploit different ecological niches, but also are members of different ethnic groups, with distinct behaviours, codes, and evaluations in those areas which are not directly concerned with those objects exchanged across the boundaries.

In this essay I shall consider certain aspects of these exchange relationships, refering to field material from the complex, though not atypical, ethnic/ecologic situation of south-eastern Niger. In a previous paper (Horowitz, 1972a), which compared the restraints on cattle investments by sedentary and herding peoples, I showed that the ecologic division—between herder and farmer—stands in a close, though imperfect, relationship to ethnic segmentation, between Fula-speaking 'Fulani' on the one hand, and Kanuric-speaking Manga and Mobeur on the other; I tried to demonstrate that the means of exploiting the environment are not independent of culture, 'that economic production and value orientation are necessarily interlinked phenomena within a society' (Dyson-Hudson, 1972, p. 17).

Our task now is to pursue the analysis better to understand the association of ethnicity and ecology in the region. The discussion falls into three sections. First, historical; we show that the Manga had a long occupancy of the area as millet farmers before the Fulani appeared in the early part of this century with their herds of cattle and goats and flocks of sheep. Although the immigrants awaited the peace established by colonial rule, they

were in a real sense guests of the Manga, for they had no traditional rights of access to grass and water. It is thus problematic
why the Manga have not themselves taken to herding and
denied or at least competed with Fulani access to that productive and profitable ecologic address. Second, cultural; we
outline the major idioms of cultural differences between the
peoples, to show how ethnic identity is made manifest at an
overt, highly visible level. Unless special care is taken to under-
communicate their differences (see Goffman, 1959), ethnicity
is an inherent component of transactions between members of
the different groups. Finally, sociological; we detail those
boundary-crossing transactions involving cattle, and suggest
why the two niches exploited on the same terrain—herding and
husbandry—remain identified with ethnically distinct populations.

The discussion focusses not on categories but on processes.
Students of pastoral societies have belatedly come to realize
what the rest of social anthropology has understood for a long
time: we cannot begin our analyses by formulating rigid taxon-
omic categories and then hope to move meaningfully to the
explication of the dynamics of social life. We are finally putting
to rest sterile arguments about the precise content of such terms
as 'nomad', 'transhumant', and 'semi-nomad', arguments which
dominated our discussions as late as the 1950s (see Bacon, 1954;
Krader, 1968). Neville Dyson-Hudson, in a trenchant introduction to a recent series of essays, *Perspectives on Nomadism*, sums
up this approach, the shift away from classification to a focus on
the details of action, and on the choices which produce actions:
' . . . a social anthropology of nomads must be built on the
behavioural, specifying approach . . . rather than on the cul-
turological, generalizing approach . . . which we have had with
us too long and with too little scientific result' (1972 p. 21). We
have learned that many pastoral peoples are capable of multiple
adaptations (e.g., Dupire, 1962), and that a people which is
seen to be exclusively in herding one year, may spend considerable energy in farming a few years later, and then return to a
full commitment to the herd. The boundaries implied by the
classificatory approach are far more malleable and permeable
than their authors pretend.

We are trying to understand therefore the *processes* of pastoralism, by centring on transactions, those interactions in which there is an exchange of value or, as Barth puts it, '. . . those sequences of interaction which are systematically governed by reciprocity' (1966, p. 4). It is empirically verifiable that, where values are exchanged, each actor tries over the long run to see that the values received in exchange are at least not less than the values given; the actors play strategically and attempt to 'maximize' value gained. The transactive study of non-sessile herdsmen throws into relief what many have realized in their fieldwork but may have despaired of being able to analyse: the essential opportunism of pastoral life. A particularly satisfactory demonstration of transactive analysis may be seen in Talal Asad's study of the Kababish (1970), in which the author shows how individuals *manage* their lives, rather than how they respond mechanically to social principles and jural rules external to themselves. Behavioural patterns are shown to be not the consequences of these rules, but are rather the statistical outcomes of repeated individual acts. Our task is to understand the components of behavioural choices, the decisions to act in particular ways within a framework of tradition and ecology.

I

When the Fulani arrived in the area of the Komadugu Yobe after the turn of this century, the Manga had already been there at least a hundred years. The Manga were northern provincials of the Bornu Empire. They provided a buffer between the Kanuri heartland around the capital, Kukawa, and the Saharan homeland of the Tuareg. Their remoteness from the centre of the Empire made it difficult for the rulers of Bornu (the *mai* and later the *shehu*) to maintain continuous tight control. Throughout the 19th century Bornu was subject to attack from the east and west. During these periods the Manga, seizing the chance that Bornu was too preoccupied elsewhere to respond, ceased paying tribute, and asserted independence from their rulers.

We have no evidence of a truly autonomous Mangari at any time: ' . . . le Manga n'a jamais formé d'entité politique' (Urvoy, 1949, p. 90–1). The earliest mention of the Manga, in the 1823 reports of Denham and Oudney, speaks of them as recalcitrant subjects of Bornu:

> Ever since my return from Mandara, as expedition, to be commanded by the sheikh in person, had been in agitation against a numerous people to the west called Munga. These people had never throughly acknowledged the sheikh's supremacy, and the collecting of their tribute had always been attended with difficulty, and bloodshed. They had, however, now thrown off all restraint, and put to death about 120 of the sheikh's Shouaas, and declared they would no longer be under his control . . . ; and headed by a fighi of great power, had begun to plunder and burn all the sheikh's towns near them. It was reported, and with some truth, that they could bring 12,000 bowmen into the field; by far the most efficient force to be found in the black country (Denham, Clapperton, and Oudney, 1966, II, p. 359).

These attempts at independence must have occurred with some regularity. Thirty years after Denham's mission, Heinrich Barth noted that shortly prior to his visit the Manga again seized on the occasion of an external attack on Bornu, this time from Waday, to assert their autonomy (1965, III, pp. 36–7). It is unfortunate that the Manga occupied so little of the attention of that most informative of 19th-century travellers to Bornu; Barth passed through their country quickly on his way to the Bade. It does seem clear that the Manga on several occasions during the 19th century latched on to any sign of weakness or preoccupation in Bornu to declare some measure of independence.

Throughout the 19th century, the Manga seem to have been subsistence farmers, growing millet and sorghum, hunting small game, and trading surplus grains for wild meat with the Teda-speaking Aza, who were hunting specialists. In their country the Manga also exploited raw materials in the form of salt and natron. Foureau (1902) describes the salt production in Adébour in 1900, and subsequent discussions were made a few years later by the Mission Tilho (Landeroin, 1910).

The total Manga population in Niger today numbers about 70,000 persons. Their country is bounded on the west by the Hausa, on the north-west by Tuareg, Buzu, and Kanuric-speaking Dagara, on the north-east by Tubu, and on the east and south by various Kanuric-speaking peoples (Mobeur, Kanembu, Kanuri, Djetko, etc.). This is, of course, a schematic picture, and there is considerable interpenetration of peoples, particularly around the boundaries of the region. The Manga reside, as they did during the last century, in small settled communities, ranging from about ten to about fifty households. Larger villages are also sites of weekly markets.

Manga country was deeply affected by the incursions of Rabeh, who conquered Kukawa in 1893, and for seven years attempted to expand and administer his territory (Horowitz, 1970). The Manga of Mainé-Soroa, under the leadership of Kaigama Abdu Kolomi, were among the few peoples to put up up some resistance, and they engaged in periodic skirmishes with Rabeh's armies. Abdu Kolomi joined Foureau's mission in 1900, as the Frenchman was with one of the columns which was to converge on Rabeh at Koussri, and the Kaigama played a role in the accession of Ahmar Scindda to the title *shehu*, and to the re-established throne of Bornu.

During the period of Rabeh's rule and for a few years after his death intergroup relationships in Mangari were anarchic. The peaceful travel of strangers and traders, on whom the wealth of the sudanic kingdom was predicated (Horowitz, 1967), disappeared, and Manga raided and even enslaved fellow Manga of other villages. As late as 1905 there were battles and attempts at territorial aggrandisement between the Manga of Mainé-Soroa and the Kanuri of Geidam, Nigeria. Effective French administration in Mainé dates only from 1908.

Doubtless the Manga knew of the Fulani prior to colonization, but there is no evidence that any Fulani regularly herded cattle in the Mainé-Soroa region until after the French arrived. The Fulani began their eastward trek as soon as they learned of the deaths of Rabeh (in 1900) and of his son Fadlallah (in 1901), and they followed closely on the heels of the Europeans. Among the earliest Fula-speaking groups to arrive, the Tuntumanko'en left their home area around Mageria in 1903, led by Bako, father of the present *chef de canton* of Fulatari, El Hadji Lamido Kanta. In just a few years, Fula-speaking peoples, finding an ecologically conducive niche void of serious competitors, migrated all the way to Lake Chad. Even though Fulani entry in Mangari is entirely within the 20th century, they today comprise about half the population. Thus, in 1973, the principal ethnic–ecologic confrontation in the region is between these Fula-speaking herders (who are themselves segmented into major groupings as Uda'en, Tuntumanko'en, Kunanko'en, Bornanko'en, Wodaabe, Abore, etc.) and Manga farmers.

It has been customary to discuss the implications of colonialism and the modern state for change in indigenous economic systems. Such a discussion would, in a sense, be inappropriate here, for the multiple land use pattern of eastern Niger, in which pastoral Fulani and sedentary Manga have overlapping ranges, is itself coterminous with colonization and may, indeed, be a function of it. That is, following the destruction of Bornu by Rabeh in 1893, the northern provinces in what is today Niger became an anarchic no-man's land. Economic production reached a disastrous low, a consequence of wars and a series of droughts which resulted in the *kangale kura*, the 'great famine', around 1900. The subsequent French occupation re-established peace, and allowed for the safe movement of strangers. The Fulani, who had been pressing eastwards ever since the *jihad* of Usuman dan Fodio, but who had been checked by the power of Bornu, now entered in numbers, bringing with them the full-time commitment to cattle pastoralism which had not previously been a feature of the area. The Fulani squeezed themselves into a corridor between the Teda/Daza-speaking Tubu pastoralists to the north and the Arabic-speaking Shuwa pastoralists to the south. The corridor is in many ways well-suited for cattle herding, for while it lacks the surer and somewhat heavier rainfall of the south (Mainé-Soroa has a mean annual precipitation of 435 mm.; that of Maiduguri, present capital of Bornu, is 66 percent greater), it is considerably freer of disease-bearing flies.

In 1968, the population of the arrondissement of Mainé-Soroa was about 70,000, divided roughly equally between 'nomadic' (i.e. Fulani, Tubu, Djetko) and 'sedentary' (i.e., Manga, Hausa, Mobeur) peoples. Unlike the situation in the western half of the Niger Republic, there is no formal delineation here of a *zone nomade* and a *zone sédentaire*. Herders and farmers may be in close proximity throughout the year, with cultivated fields and pastures often having common boundaries. Since the same *kind* of land may be designated pasture or farm, there is a potential for conflict which can erupt whenever local ecologic balances are disturbed. For the herder, these balances involve manageable access to browse and water; for the farmer, these are reasonably productive millet fields. There is some tentative prodding throughout the year, as farmers essay expanding their fields into traditional pasturage and as herders allow or are unable to prevent the incursions of animals in the cultivated fields. Such events inspire negotiation between village chiefs (*maruma*) and pastoral band chiefs (*ardo*) and, when these fail, cases are brought before the customary law courts. The recency of Fulani entry and their lack of prior ownership render them rather more vulnerable than the farmers, rather more likely to lose in court. As the late Derrick Stenning wrote:

> The pastoral Wodaabe are an interstitial population. The formation of large groups with well-defined and specifically territorial rights to water and grazing has not occurred. Consequently, there is no past or present institution concerned with the acquisition or defence of territory for its own sake in perpetuity. At whatever period or time-span we care to choose we find Wodaabe negotiating, with aliens and in languages not their own, for temporary rights to pasture and water; usually doing so at the personal level (1966, p. 389).

Most of the time conflict remains an unrealized potential. Rainy season pasture is usually sufficient to keep animals out of the fields prior to the September harvest, and farmers take the further precaution of fencing their lands with thorny bushes and branches along paths where animals are likely to pass.

Exchange relationships between Manga and Fulani, like those between Fur and Baggara of the Jebel Marra, are

> mainly based on the complementarity of goods and services connected with their different subsistence patterns. They agree on the codes and values that apply to the situations in which they articulate, whereas comprehensive differences are maintained in other sectors of activity. These differences do not just relate to features that are of differential functional value in the pursuit of agriculture and animal husbandry respectively, but are of a more arbitrary character like language, standards relating to kinship and marriage, and the importance of hospitality (Haaland, 1969, pp. 60–61).

We must identify those areas of agreement, within which transactions occur comfortably, and those areas of difference, in which transactions occur either with difficulty, after considerable actual bargaining, or in which they do not occur at all. We define the 'ethnic group' as the largest arena of agreement on the relative worth of values circulated in transaction.

II

Of the major cultural differences between the Manga and the various Fula-speaking groups and the primary external idioms by which these differences are expressed, the most obvious are linguistic. Kanuric is a Nilo-Saharan language, related to a group of languages east of Lake Chad including Teda-Daza; Fula is a Western Atlantic language of the major grouping which Greenberg calls Niger-Congo (1963). Not only are the two languages grossly distinct, but most native speakers of one are totally ignorant of the other. Only a tiny minority of Manga men know any Fula at all; some Fulani men, particularly those resident in Manga villages, are at least moderately bilingual, although Hausa serves as the contact language in that part of Manga country which, in the 19th century, depended on Damagaram rather than directly on Bornu, the area from Goudoumaria west to Gouré. In only one dispute brought before the customary tribunal of Mainé-Soroa in 1968 involving litigation between a Manga and a Fulani did we find the Manga able to present his case in Fula, and not require an interpretation of his opponent's position. Since women are far less frequently bilingual than men, language differences impede the movement of persons across ethnic boundaries in marriage. Bilingual competence is especially limited to the vocabulary of the market-place. Even common acceptance of Islam does not facilitate linguistic communication, for the language of the liturgy, Arabic, is understood by neither group. Islam does, however, provide a point of congregation for the two peoples, reinforced by their common identification, at least in Mainé-Soroa, with the Tijaniyya fraternity.

There are a series of differences which while related to basic economic commitments are not derivable from them: dress, social organization, settlement pattern, and the like. Manga villages are tightly nucleated, a group of fenced, contiguous compounds, set on a high dune, above the cultivated fields and sources of water. (The fact that water has to be brought from the low-lying wells into the village, and the fact that many Manga men, invoking Islam, do not want their wives to make the outside trip bringing water to the compound, has created the niche of water-carrier, exploited by ethnic strangers, the Dagara.) Manga village men tend to gather in an open place west of the *maruma*'s compound, and the village mosque, often just an enclosed bit of ground, faces the chief's hut. The location of the village is environmentally suggested, because the low-grounds which flood during the rainy season would damage or destroy any straw or mud houses there erected, but the form of the village is in no sense determined by the habitat.

The Fulani live in dispersed settlements. Some, like the Wodaabe, build no permanent structures at all; their camp, a raised sleeping platform and a semi-circle of thorny bushes, has been well described by Dupire (1962, see photo facing p. 49). The Tuntunmanko'en and Kunanko'en, who farm as well as herd, build circular huts of straw, similar to those of the Manga, but with much more space between each family. The distinctive features of both Wodaabe and other Fulani homesteads are the ubiquitous *dangol*, long ropes to which are attached the suckling calves.

The formal structures of chieftainship are similar between the herders and farmers, a consequence of their joint experience in sudanic empires prior to colonization, and in modern political states since colonization. In both cases, the role of the chiefly hierarchy from the point of view of the dominating government was and is to collect taxes. With the exception again of the egalitarian Wodaabe, both Fulani and Manga are politically stratified. Paramount chiefs, now accorded the title *chef de canton*, the highest level of indigenous chieftainship recognized by the government of the Republic, receive behavioural deference (in posture and speech), voluntary labour, and they may be granted judicial functions as heads of *al-kalin* courts or *tribunaux coutumiers*. But at the level of the local group, differences are marked. The Fulani band is a cattle-managing corporation, distributing animals among its members, and directing them to open pasture. There is no private nor even familial or band tenure of pasture, and this has decided implications for the control of herd size. Fulani recognize the effects of herd size on environmental degradation, but having no title to their pastures, cannot reduce, at least not unilaterally, without simultaneously issuing an invitation to others to pasture animals on the improved browse. The *ardo*, band leader, has no rights of pasture allocation. The *maruma*, village chief, on the other hand, is the steward of the paramount Manga chief, the *katiela* (for Mainé-Soroa), and has the authority to allocate unused fields in the bush surrounding the village. This difference has, of course, to do with the recency of Fulani immigration, and is recognized in the saying, 'The Manga chief rules the land and the people; the Fulani chief rules only the people.'

Fulani local groups tend to be agnatic lineages, reinforced by endogamous marriage, particularly the patrilateral parallel cousin. Manga, like Hausa, have cognatic descent without defined corporations beyond the household. While the Manga also have a high frequency of cousin marriage, in the sense that most men marry a cousin early in their careers, these marriages are highly fragile (as are most Manga marriages [v. Cohen, 1971]), and do not easily reinforce ties among kinsmen. Indeed, while cousin marriage is preferred by persons *arranging* a union, especially for previously unmarried young persons, it is the least desired union for the young persons whose marriages are being arranged, and divorce often follows quickly upon the marriage rites.

The Manga village is not a kin unit, and not an economic corporation, although some of the villagers may well pool their labour for certain demanding tasks of preparing the fields, warding off birds before the harvest, and bringing in the crops.[1]

Finally, Manga and Fulani communicate their ethnic differences in dress, in facial marks, and in games. Manga boys and young men demonstrate their virility in wrestling, the *kambiri*; Fulani youth practise *sharo*, reciprocal beatings with canes, whips, or clubs (Dupire, 1970, pp. 205–6; Ekwensi, 1962, pp, 83). While they are avid spectators at each other's games, there is absolutely no joint participation.

[1] During the pre-colonial period when Bornu and Damagaram reigned, the Manga villagers did share responsibility for homicide occurring within the village bounds; that is, the sultan could fine villagers for 'permitting' a murder to have occurred (Horowitz, 1972b).

The principal exchanges between Manga and Fulani have to do with cattle. I have previously explored (Horowitz, 1972a) why Manga are unable or unwilling themselves to provide the labour requisite to satisfy their own desires in cattle and dairy produce, despite their agreement with the Fulani that the most satis-factory source of wealth is cattle. One would expect that having been in close contact with the Fulani over the past 70 or so years, the Manga would themselves have developed cattle specialists. This seems not to have happened. Most Manga own no cattle at all. The ratio of adult cattle to people in two Manga villages for which we have data is 0·4 to 1 and 0·34 to 1. Comparable figures for the Bornanko'en Fulani are 1·74 to 1 and for the Wodaabe 5·6 to 1. 'While the number of sheep and goats varies insignificantly from group to group, the Bornanko'en have between four and five times the cattle ratio of the Manga and the Wodaabe have approximately fifteen times' (*ibid.*, p. 109).

A cattle owning Manga farmer may either raise the animals himself or entrust them to a professional herder, a Fulani. Since the herd must be kept away from the cultivated fields, the first option requires abandoning the village and settled life, for the lonely and, to the Manga, fearful life in the bush. For them farming represents the ultimate economic activity for an ordinary man, and a successful farmer is accorded, in principle, prestige equal to that of the trader and the Muslim cleric. The esteemed Manga farmer 'provides food and hospitality to visitors . . ., follows the Islamic prescriptions of prayer and Ramadan, and supports political and economic superiors'.

The Manga feels that his ability to perform properly would be compromised as a herder for he would then have to accept a substantially reduced consumptive profile, and he therefore con-signs his few cattle to a Fulfulde-speaking specialist. But this is risky, since he has few claims on the loyalty of the herder. By limiting the number of animals he has he reduces the risk of great loss. The Manga feel that the Fulani do not give Manga animals the care they give to their own; for example, they say the Fulani deprive Manga calves of milk, while allowing their own calves to suck as much as they need. They accuse the Fulani of smuggling Manga animals across the border for sale in Nigerian markets, and then claiming that the animals were stolen or that they ran off. Many such disputes are heard by the Customary Tribunals (*Ibid.*, pp. 112–13).

Customary Law Tribunals have jurisdiction over civil disputes in rural Niger, including those which arise in the relationships between farmers and herders; an examination of court cases would reveal major points of tension between them. In the space allotted to this paper, I cannot do more than mention the major categories in which these conflicts fall. They may be divided into three principal classes: complaints of contract violation initiated by cattle-owning farmers against the herders to whom the cows have been consigned;[1] complaints of animals trespassing in cultivated fields, again initiated by the farmers; and complaints by the herders against attempts to extend cultivation into areas traditionally identified as pasture. While the *qu'ran* may be invoked to guarantee the veracity of testimony in any dispute, only those in the first category are regularly resolved with reference to Islamic jurisprudence. The greatest number of complaints are accusations of animal trespass, in which the farmer either seizes animals in his fields, or claims to have followed their spoor to the kraal of a herder. The Fulani often protest that the farmers intentionally cultivate in close proximity to pastures, trails, or sources of water, in order to entice the animals into the millet, and then have them seized or have the owner pay a fine disproportionate to the damage. The Fulani are reluctant to go before the Tribunal, either as plantiff or defendant, because the court may require a census of the herd for tax purposes, and herd size is commonly under-reported by the owners.

The one occasion on which the Fulani invariably protest is when the farmers encroach on pasture land. The court will not allow such expansion unless it can be shown that there is insufficient farm land for the sedentary people of the region. Even then, the court insists that sufficiently broad corridors be left to allow passage of animals; without such passages the

---

[1] Herding contracts are complex, and there is much variation. It is worth noting that for all the ambivalence and potential for conflict between cattle herder and (sedentary) cattle owner, especially when they are members of different ethnic groups, rarely is a case of contract violation brought before the customary court.

farmers have no legitimate recourse should animals enter the fields and consume the grain.

Let us examine cattle-related exchanges in closer view. Haaland (1969) and Barth (1967a, 1967b) have convincingly shown that Fur horticulturalists in the Jebel Marra traditionally managed two investment spirals: (1) labour—millet—beer—labour (through a beer-mobilized work party); and (2) cows—calves—cows. The first is limited by the difficulty of mobilizing labour in this form, since land is freely available to any Fur who wants to farm. The Fur labour party is essentially a social occasion, and labour is not a commodity in a market. In Mangari too there is sufficient land for those who wish to cultivate. The amount of land worked by an adult male among the Manga stands in close relationship to the number of persons who regularly work with him, the adult and adolescent members of his household. The Manga do not organize work parties with beer, and although they do exchange labour reciprocally, the practice seems neither to increase the amount of land farmed nor its productivity. Through luck or skilful husbandry, however, it sometimes happens that a farmer harvests a surplus, which he does not dissipate in increased household consumption. He may sell the excess grain and use the funds to purchase a cow.

Cattle are obtained from the Fulani normally through the mediation of a broker (universally called by the Hausa term *dilali*), who is a market specialist, maintaining the price within reasonable upper and lower limits and testifying to the legitimacy of the exchange by assuring the buyer that the animal is neither diseased nor stolen. Productive cattle do not appear frequently on the market, for the herders do not readily cull their breeding stock. Sterile, non-milk producers are sold to butchers. The few milch cows which appear on the market are quickly bought up.[1]

Given the prominence of the nuclear family and the very high rates of divorce and circulation of children, it is difficult for the Manga to organize a household capable of handling both

---

[1] Affluent Manga may also purchase cattle at the periodic customs auctions, in which herds seized from persons attempting to smuggle them across the Nigerian border without payment of export duty are offered for sale. Since these are commonly put up in lots of ten animals, at a price of about 5,000 F. CFA. each (*ca.* £8 or $20), it is clearly—and perhaps designedly—impossible for the average farmer to participate.

animals and a farm. Where only one or two cows are involved
and are not being bred, it is difficult but possible, since the
major activity is to provide them with adequate browse and
water without endangering one's own or, more importantly,
one's neighbour's fields. A man with a son can provide supervision for his cows, at the cost of his son's lost labour during the
cultivating season. But the man without sons or with more
cows, i.e., the successful farmer who has been able to invest in
cattle, has to make the choice of (1) abandoning cattle raising
altogether, (2) abandoning farming and specializing in cattle,
or (3) consigning the cows to a professional herder.[1]

The interest the Manga have in keeping animals out of their
fields during the growing season—as shown in herding contracts,
fencing, litigation—is balanced after the harvest by competitive
attempts to have the herders camp in their cropped fields to
provide manure in exchange for stubble, and to facilitate the
bio-degradation of the stubble which is not consumed. A herder
is more likely to spend at least a part of the dry season on the
fields of a man whose cattle he herds. The Manga clearly gain
by having their fields fertilized, although the lack of a labour

[1] This question—how a farmer may handle cattle—was meaningfully discussed
at a Nigerian Union for Credit and Cooperation session with Hausa farmers at
Maifarou. The transcript of the session, from which I here quote in translation,
was kindly made available by Mr. Peter Easton. In respect to the question, a
farmer replied:

There are some farmers who have up to seven [he later noted this figure was
exaggerated] cows, who fasten them in the compound and bring them food. These
persons know how to cope with the nuisances [of keeping cattle in the compound]
and also with the wearying chores of farm work. But it is for that reason that
others take their cattle away to the Fulani who are always in the bush. If you
have a lot of cattle, some of these Fulani will come and spend a part of the dry
season in your fields . . . That way they'll give you manure and return to their
bush country once the rains return. And you, you will have profited from the
manure from your cattle.

The 'nuisances' referred to by the farmer are the provisioning of grass and water:

A horse will drink a potful in the morning. A donkey will drink a potful in the
morning. If you buy two goats, two potsful will take care of them. But if you have
three or four cows, ten potsful won't suffice. As for grass, in the morning you can
buy 25 CFA worth and give it to your horse. The grass will last him three or
four days. But you can spend 100 CFA on grass for your cow and before the next
day she will have grubbed it all—she'll ruin half and eat half. Tomorrow you'll
have to buy some more again. On the other hand, one in the bush [a Fulani]
lets his cow go in the morning and she finds her own food; then she returns and
spends the night at the camp, and the next day he lets her go again. That's what
makes them keep cattle out in the country.

supply beyond the household precludes the expansion of holdings. The Fulani prefer to camp on larger fields, where they will be able to stay for a while before having to move camp to fresh pasture. Some farmers have found that digging a well on their fields, easing the watering of the herds, encourages the herdsmen to remain even after the surrounding pasture is exhausted. They simply graze their animals over a wider range and return to the camp and well each evening.

In Mainé-Soroa, the Wodaabe are full-time cattlemen, and devote their entire labor resources to herding. The other Fulani, the Tuntumanko'en, Bornanko'en, Kunanko'en, etc., mix herding and horticulture, have a much more restricted range, and tend instead of nomadizing in families or bands, to send the animals out with boys and young men, while the older men, women, and children remain at the farms, and care for a smaller milk-providing herd.

We have shown that the consignment of cattle by a farmer to a professional herder has a high potential for conflict in Mangari because each actor's attempt to maximize his own advantage is likely to be at the expense of the other. This suggests that it may well be organizationally useful to maintain ethnic segmentation in precisely such a transactive relationship. While fellow members of the ethnic group would be under moral pressure at least not to favour their own animals over those consigned to them, for example, there are few if any effective controls which the farmer could apply once the animals had left his view. It would be assumed that the herder was acting to enhance his own gain even if it were not so. This tension might then threaten the other strands of relationship which integrate the members of an ethnic group. The ethnic stranger is useful, then, because of the single-strandedness of the relationship and because one's expectations of his behaviour allow for the attempts on both sides to obtain the advantage.

Without making any claim about 'optimal' adaptation, it is clear that this distribution of ethnic groups in ecologically district niches works, and makes for an at least moderate degree of productivity in a marginal environment. Perhaps as Coon suggests (1958, pp. 3–4), such ethnic specialization increases productivity, by having children trained early to their assigned adult economic activity. But it is also clear that there is no simple environmental reason why the Manga could not develop cattle-men of their own. As there are full-time Fulani farmers, there could theoretically be full-time Manga herders. The restraints on Manga pastoralism are cultural, not environmental; they derive from the values of Manga life. The ecological perspective here employed is not another word for environmental deter-minism. It focuses on the interplay of a habitat and a culture; it exposes the use of an environment elected by the people of a particular ethnic group. There is no inherent necessity for any specific set of exploitative behaviours, despite the fact that over the years the meshing between habitat and culture may be so intimate that it appears natural, mandatory, and divinely ordained.

ACKNOWLEDGMENTS

Field work in the Niger Republic in 1967–9 and 1970 was sup-ported by a grant from the National Science Foundation (GS 1489), supplemented by a grant from the Research Foundation of State University of New York, to whom grateful acknow-ledgment is hereby recorded. Thanks are due too to the Centre Nigérien de Recherches en Sciences Humaines and to its directors Jean Rouch and Dioulé Laya for facilities generously made available.

REFERENCES

Asad, Talal
>   (1970) *The Kababish Arabs: Power, Authority and Consent in a Nomadic Tribe*. New York: Praeger.
Bacon, Elizabeth
>   (1954)'Types of pastoral nomadism in central and southwest Asia'. *Southwestern Journal of Anthropology*, 10, pp. 44–57.
Barth, Fredrik
>   (1966) *Models of Social Organization*. Royal Anthropological Institute, Occasional Paper No. 23.
>   (1967a) 'Economic spheres in Darfur,' in R. Firth, ed., *Themes in Economic Anthropology*. London: Association of Social Anthro-pologists, Monograph No. 6.
>   (1967b) *Human Resources: Social and Cultural Features of the Jebel Marra Project Area*. Institute of Social Anthropology, Bergen (Norway).

Barth, Heinrich
 (1965) *Travels and Discoveries in North and Central Africa*. Three
  Volumes. London: Frank Cass and Co. Ltd.
Cohen, Ronald
 (1971) *Dominance and Defiance: a Study of Marital Instability in an
  Islamic African Society*. American Anthropological Association,
  Anthropological Study No. 6.
Coon, Carleton S.
 (1958) *Caravan: the Story of the Middle East*. Rev. ed. New York:
  Holt, Rinehart and Winston, Inc.
Denham, Major, *et al.*
 (1966) *Missions to the Niger. The Bornu Mission 1822–25*. (Narrative
  of Travels and Discoveries in Northern and Central Africa, by
  Denham, Clapperton, and Dudney.) Cambridge: Published for
  the Hakluyt Society at the University Press.
Dupire, Marguerite
 (1962) *Peuls nomades: étude descriptive des Wodaabe du Sahel Nigérien*.
  Paris: Institut d'Ethnologie.
 (1970) *Organisation sociale des Peul: étude d'ethnographie comparée*
  Paris: Librairie Plon.
Dyson-Hudson, Neville
 (1972) 'The study of nomads', in W. Irons and N. Dyson-Hudson,
  eds. *Perspectives on Nomadism*. Leiden: E. J. Brill.
Ekwensi, Cyprien
 (1962). *Burning Grass: a Story of the Fulani of Northern Nigeria*.
  London: Heinemann Education Books Ltd.
Foureau, F.
 (1902) *D'Alger au Congo par le Tchad*. Paris: Masson et Cie.
Goffman, Erving
 (1959) *The Presentation of Self in Everyday Life*. Garden City, New
  York: Doubleday Anchor Books.
Greenberg, Joseph H.
 (1963) *The Languages of Africa*. Indiana University Research Center
  in Anthropology, Folklore, and Linguistics, Publication No. 25.
Haaland, Gunnar
 (1969) 'Economic Determinants in Ethnic Processes', in F. Barth,
  ed., *Ethnic Groups and Boundaries: the Social Organization of
  Culture Difference*. Boston: Little, Brown and Company.
Horowitz, Michael M.
 (1967) 'A reconsideration of the "Eastern Sudan"'. *Cahiers
  d'Etudes Africaines*, 7, pp. 381–98.
 (1970) 'Ba Karim: an account of Rabeh's wars'. *African Historical
  Studies*, 3, pp. 391–402.

(1972a) 'Ethnic boundary maintenance among pastoralists and farmers in the Western Sudan (Niger)'. *Journal of Asian and African Studies*, 7, pp. 105–14.

(1972b) *Manga of Niger.* Ethnocentrism Series No. 5. New Haven: HRAFlex Books (in press).

Krader, Lawrence

(1969) *Pastoralism.* International Encyclopaedia of the Social Sciences. Volume 11: 453–61. New York: Crowell Colliers and Macmillan, Inc.

Landeroin

(1910) *Les Documents Scientifiques de la Mission Tilho, II.* Paris.

Stenning, D. J.

(1966) 'Cattle values and Islamic values in a pastoral population', in I. M. Lewis ed., *Islam in Tropical Africa.* London: Published by Oxford University Press for the International African Institute.

Urvoy, Y.

(1949) *Histoire de l'Empire du Bornou.* Mémoires de l'Institut Français d'Afrique Noire No. 7. Paris: Librairie Larose.

RÉSUMÉ

A travers la région soudanaise, pasteurs et agriculteurs se trouvent unis par un réseau complexe de relations d'échanges, impliquant des transferts de produits pastoraux et agricoles et l'accès au pâturage et à l'eau. Ces échanges ont lieu le plus fréquemment entre personnes qui non seulement exploitent des niches écologiques différentes mais sont aussi membres de groupes ethniques différents, avec des comportements, des codes et des évaluations distinctes dans les régions non directement concernées par les objets échangés à travers leurs frontières.

Dans cet essai je considère certains aspects des relations d'échange, dans la situation ethno-sociologique complexe—quoique non atypique—du Sud-Est nigérien, et d'après des observations de terrain. La division en pasteurs et agriculteurs se trouve en étroite relation avec la segmentation ethnique, avec les 'Peul', parlant le fulani, d'une part, et les Manga et Mobeur, parlant le kanouri, d'autre part. La question soulevée concerne le processus qui crée et maintient cette distribution des populations et des activités à l'intérieur d'une aire géographique délimitée.

La discussion est divisée en trois sections:

1. Historique—Nous montrons que les Manga occupaient la région, en tant que cultivateurs de mil, bien avant l'apparition des Peul avec leur gros bétail, les chèvres et les moutons au début du XXe siècle. La date récente de l'arrivée des Peul signifie qu'ils ne possèdent pas de titres indiscutés au pâturage et à l'eau.

2. Culturelle—Nous décrivons les principaux traits culturellement distinctifs de ces populations, pour montrer comme l'appartenance ethnique est rendue manifeste et apparente.

3. Sociologique—Nous donnons des détails sur les transactions portant sur le bétail et franchissant la frontière et suggérons les raisons pour lesquelles les deux niches exploitées sur le même terrain—l'élevage et l'agriculture—restent identifiées avec des populations ethniquement distinctes. Nous suggérons de plus l'utilité fonctionnelle, 'organisatrice', des échanges, dans cette situation, entre des ethnies étrangères l'une à l'autre.

Nous mettons l'accent, d'une façon générale, sur les processus plutôt que sur les catégories. L'approche, orientée vers l'action, touche le comportement et ne vise pas à définir des limites classificatoires entre les types divers de mouvements pastoraux, une activité qui semble trouver de moins en moins de justification scientifique.

XIII

Maasai pastoralism in historical perspective

ALAN H. JACOBS

INTRODUCTION

The Pastoral Maasai who inhabit the Great Rift Valley areas of Kenya and northern Tanzania are the largest and perhaps best known of several distinct groups of people in East Africa who speak *Maa*, a language belonging to the Eastern Nilotic branch of Eastern Sudanic languages of Africa. The aim of this essay is to outline in broad perspective some aspects of the development of pastoralism in Maasailand.[1]

Though all of the people who speak *Maa* occasionally refer to themselves collectively as *Olmaa*—the 'Maa-speaking Peoples'—only the purely Pastoral Maasai, who today number over 226,000 persons, call themselves and are referred to by all the others as *Ilmaasai*. Other Maa-speaking groups include: the Arusha (97,000) and Baraguyu (29,000) of Tanzania; and the Samburu (58,000), Njemps (7,000) and various 'Dorobo' groups (22,000) of Kenya.[2] While common language, frequent inter-marriage, and certain shared customs have contributed to broad similarities between them, each of the Maa-speaking peoples has evolved historically as distinct and autonomous groups with important differences in social beliefs and practices,

[1] Except for minor changes, this essay is essentially the same as that prepared and presented to the I.A.I. Seminar on 'Pastoralism in Tropical Africa', held in Niamey, Niger from 13–21 December 1972. Grateful acknowledgement is due to both the National Science Foundation (U.S.A.) and Institute of African Studies, University of Nairobi for financial support of some of the research on which this essay is based, and to the I.A.I. for financial assistance to attend the seminar.

[2] All population figures are based on the 1958 Tanganyika Census and the 1969 Kenya Census, adjusted and brought up to date by assuming a two per cent annual increase for Pastoral Maasai, Samburu, Njemps and 'Dorobo' groups, and a two-and-half per cent increase for Arusha and Baraguyu. Altogether, the Maa-speaking peoples number over 438,000 persons of whom 52% are purely Pastoral Maasai, 164,000 of whom live in Kenya and 62,000 in Tanzania.

and marked differences in patterns of social and economic organization.

Diet and economy

For Pastoral Maasai, traditional differences in dietary practices have always been among the more important traits by which they see themselves as set apart from other Maa-speaking peoples (Jacobs, 1965a and b). The Arusha of the Mount Meru area of Tanzania, for example, are sedentary mixed farmers who subsist mainly on a banana–millet–maize diet (Gulliver, 1963), while the Njemps (*Iltiamus*) of the Lake Baringo area of Kenya are known to fish and forage as well as cultivate to supplement their meagre livestock holdings. Hunting and honey-collecting are the main subsistence activities of the various 'Dorobo' groups who, though often of different ethnic origins and culturally marginal to the mainstream of Maa-speaking peoples, nevertheless, until recently, occupied a vital, symbiotic economic role in the development of the latter.[1] Today, the Samburu of northern Kenya (Spencer, 1965) and the Baraguyu of central Tanzania (Beidelman, 1960 and 1961) more closely resemble the Pastoral Maasai in economy, but are still known to them as people who, in the past, commonly ate fish, fowl, and the meat of wild animals, and eagerly supplemented their irregular and modest pastoral diet by trading for, or even occasionally growing themselves, maize and other agricultural foods.

Until the last decade, Pastoral Maasai not only rejected all such alternative modes of subsistence available to them, but they possessed strong prohibitions against the eating of agricultural and other non-pastoral foods. And they tended to regard persons who did not share these dietary practices as socially distinct and culturally separate from themselves. Indeed, eschewing hunting, fishing, and farming, the Pastoral Maasai

---

[1] For example, not only did Pastoral Maasai obtain from various Dorobo groups much of their traditional medicine, pottery and other materials, such as shields, honey for brewing beer, and elephant and rhino horns for trading with coastal caravans, but during rare periods of extreme hardship many Maasai families survived for short periods almost solely on food supplied by Dorobo friends. Similarly, many prosperous Maasai herdsmen owe their success as pastoralists, in part, to information regularly supplied to them by Dorobo on favourable pasture and herding conditions.

differed significantly from other Maa-speaking peoples in their zealous adherence to a purely pastoral diet and in their tenacious determination, reinforced by certain religious and cosmological beliefs, to attempt to subsist solely off the milk, meat, and blood of their livestock.

Shorthorned Zebu cattle form the mainstay of Pastoral Maasai livestock holdings and it is mainly fresh or curdled cow's milk—occasionally supplemented with steer's blood—that forms the bulk (80%) of their annual diet. Cows are rarely slaughtered for meat and steers are raised mainly for communal ceremonial feasts, at which they are sacrificed and their meat consumed as a community ritual. Though herd size varies considerably among individual families, and estimates of total cattle populations are both variable and notoriously inaccurate from year to year, it would appear that for the past quarter-century Pastoral Maasai possessed on the average 14 head of cattle *per capita*, thus making them one of the wealthiest cattle-owning peoples throughout Africa. Generally speaking, a typical family of eight to ten persons owns 125–140 head of cattle, of which 57–60% invariably are adult milch cows on which the family depends for daily subsistence.

Pastoral Maasai also keep large flocks of sheep and goats, and lesser numbers of donkeys, all of which play a vital role in sustaining their cattle-based economy. Sheep and goats are seldom milked, nor is their milk ever consumed by men; rather, they are kept exclusively for meat consumption or for trading off to acquire cattle to improve herd structure. Donkeys are used solely as pack animals, not only to move household goods from one settlement-grazing area to another, but also, more importantly, to carry daily drinking water for immature stock and human consumption, thereby increasing greatly the grazing areas to which *whole* families can move with their livestock as a single and interdependent subsistence unit. Though sheep and goat ownership varies greatly, and wealthier cattle-owning families often have few or none, a typical family of eight to ten persons generally owns 150–200 sheep and goats, and at least five or six donkeys.

It is true, of course, that other pastoral societies in Africa (or segments of them) subsist for some part of each year on a largely pastoral diet. But none have, to my knowledge, either the same dietary zeal or adequate numbers of livestock to enable the vast majority of their population to pursue as persistently a pastoral mode of subsistence as that practised by the Pastoral Maasai. Indeed, compared to other pastoralists—many of whom actually subsist in large part on agricultural foods either grown for them by sedentary segments of their population or obtained through trade of their livestock—there are important respects in which the pastoralism of Maasai represents an *atypical* variety in Africa—one characterized, paradoxically, by an extreme commitment to a purely pastoral diet.

Important concomitants in the development of this systems have been: the relatively rich and extensive grasslands traditionally occupied by Maasai, enabling them to maintain large subsistence herds; their lack of any highly centralized political institutions that might otherwise have promoted or necessitated exploitation of alternative foods; and the historical absence in their area of any large-scale or extensive trading networks that might have impinged on and gradually influenced their otherwise self-sustaining economic practices.

Interestingly enough, recent medical research (Kang-Jey, *et al.*, 1971) suggests that a preponderant milk diet is likely to be of considerable antiquity among Maasai. For, in addition to unusually low serum cholesterol levels and a paucity of coronary heart disease, Pastoral Maasai have been found to possess a unique biological trait—a high incidence of immunoglobulin IgA—that allows them to absorb the high cholesterol content of their high animal fat diet; this trait is thought to be genetically acquired and is identified as being directly related to (and probably adaptively acquired from) their practice of subsisting mainly on unpasteurized cow's milk—a practice that is likely to have existed for over a millennium in order for the trait to become genetically fixed among so vast a population. Similarly, the fact that other East African pastoralists, such as the Samburu, Turkana and Rendille, have significantly higher serum cholesterol levels suggests that the purely pastoral component of their diets is of either shorter historical time depth or of a distinctly lower milk-drinking content.[1]

[1] See Kang-Jey, *et al.*, 1971, p. 392, Table 3. It should be emphasized that the genetic conclusions of this study are still hypotheses that require further research before they can be accepted as proved. Nevertheless, they do point to areas of

Historical dimensions

Contrary to earlier interpretations, pastoralism has a long history in East Africa. Indeed, recent archaeological excavations have revealed abundant evidence of livestock domestication in various parts of Maasailand beginning as early as the first millennium B.C. (Odner, 1972; Bower, 1973; and Gramly, 1971). Of particular interest is a settlement site at Narosura in Narok District, Kenya, that is radiocarbon dated to the beginning of the first millennium B.C. In addition to stone tools, stone bowls, small polished stone 'celts', pottery, hut-post holes and hearths, over 5,000 bones were found of which the majority proved to be domestic livestock, and of the latter a large number were identified as belonging to mature female cows. Together with an absence of any direct evidence of agriculture or extensive hunting, these finds suggest a community of predominantly pastoral people who raised cattle for milking. Moreover, the occurrence of stone bowls at the site in association with livestock bones suggests that the vast numbers of other 'stone bowl sites' found earlier throughout the Rift Valley area, all of which previously represent only burial sites, may also very probably indicate evidence of early Neolithic pastoral peoples.

Pastoralism has also exercised an important and often beneficial influence on the historical development of certain ecological regimes in Maasailand over the past three thousand years, again in ways contrary to previous interpretations. For example, for years many wildlife conservations have argued that traditional pastoralism was destroying the environment and endangering the future of wildlife in areas such as the Serengeti Plains, Ngorongoro Crater and Amboseli Park. Yet, research by a host of recent ecologists (e.g., R. Bell, M. Watson, M. Gwynne, D. Weston and M. Rainey) have demonstrated that the particular short grassland regimes of these areas, which today support vast herds of wild ungulates and their predators, were not created by nature alone, but rather by pastoralists and the

---

significant difference between Pastoral Maasai and other pastoral peoples that may have important cultural and historical dimensions. For example, both Greek sources (quoted in Huntingford, 1966, pp. 60–70) and Chinese records (Duyendak, 1949, p. 12) refer to purely milk-drinking pastoralists in the interior of East Africa as early as 130 B.C. and A.D. 838 of whom the Maasai may be modern descendants.

intensive grazing of their domestic livestock and their judicious use of fire.[1] Very briefly, their studies suggest the following.

Except for buffalo, the majority of wild ungulates in East Africa are ecologically adapted in their grazing-browse patterns to a particular layer of short to medium grassland herbage, and they are unable to utilize efficiently medium to tall grasses. Short grasslands left solely to nature quickly revert to tall grasses followed by rapid bush encroachment, thereby reducing the herbage available to these plains ungulates. For instance, in 1957 Pastoral Maasai were forced to move permanently from the Moru Kopjes because it was thought that their alleged over-grazing would endanger the 'natural' migratory routes of the Serengeti Plain's ungulates; yet today, the area is dominated by *Themeda triandra* ('Red Oats Grass'), a tall, highly nutritious, fire-resistant grass, and it is also virtually devoid of its former large wildlife populations, except for occasional herds of buffalo and giraffe, and since 1964 it has been avoided by the annual plain's ungulate migrations. In short, rather than destroying the wildlife environment, it now appears increasingly clear that heavy pastoral grazing of medium to tall grassland regimes is both a necessary and beneficial condition for the development and maintenance of the vast herds of wild ungulates that are found in these areas today (Bell, 1969).

It is still unclear as to when precisely the Pastoral Maasai emerged as a distinct people. On purely linguistic evidence, they appear to have diverged from the Samburu as early as a thousand years ago (B. Heine, 1972, personal communication). Oral traditions of the Maasai suggest that they originated in the area west of Lake Rudolf and then slowly moved southwards into the central Rift Valley, probably not much before A.D. 1400 and very likely because of increasing natural desiccation in the Lake Rudolf area at that time. However, by the beginning of the seventeenth century, they had already occupied Ngorongoro Crater and the Serengeti Plains in northern Tanzania, having chased away a former semi-pastoral people known to them as *Iltatua* (Jacobs, 1972a). Yet one thing seems certain:

[1] Most of the research cited here is unpublished or currently in the press, and my remarks are based on numerous personal conversations with the researchers involved and access to their unpublished materials. However, some idea of the quality of the data and validity of the conclusions can be gained by consulting Bell, 1969, 1971, and 1972.

namely, that virtually all of the areas into which Maasai initially expanded had previously been occupied by earlier pastoral or semi-pastoral peoples, most probably early Southern Nilotic-speaking (Ehret, 1971), whose economic activities not only helped to domesticate the landscape in the form of wells and other man-made water supplies, but also helped to prepare these areas for the purely pastoral mode of exploitation that the Pastoral Maasai were to bring to them.

While Pastoral Maasai expanded southwards through the richer grasslands of the central Rift Valley, other Maa-speaking groups tended to develop mainly along its eastern and western fringes, often occupying areas which, though suitable for agriculture, were generally less favourable for pastoralism because of poor grasses, local disease problems, and other factors. Indeed, much of the economic history of the Maa-speaking peoples during the eighteenth and nineteenth centuries consists of semi-pastoral groups attempting to expand by raiding and warfare into the richer grassland plains occupied by the Pastoral Maasai (Jacobs, 1965b, Chapt. II).

Many of these historic, semi-pastoral, Maa-speaking groups —such as the Loogolala, Losekelai, and Laikipiak—were subsequently defeated and no longer exist today as distinct tribal groups, their survivors having been dispersed or absorbed by the Pastoral Maasai. However, because several of these events occurred just at the time of initial European penetration into the interior of East Africa, and because many of the raids and military exploits of the semi-pastoral groups were attributed unwittingly but erroneously by Europeans to the Pastoral Maasai, there arose a widespread and persistent misconception that the Pastoral Maasai were an aggressive, ferocious, war-like people who not only inhibited the development of neighbouring agricultural peoples, but whose entire mode of pastoralism depended on regular raiding against their neighbours to replenish their herds (Jacobs, 1965b and 1968).

An account of the full impact of European control and settlement of Maasailand is beyond the scope of this paper. However, brief mention must be made of two aspects. First, ravaged by the Great Rinderpest Epidemic of 1890 and subsequent smallpox outbreaks, Pastoral Maasai progressively lost large areas of their richest and most important dry-season grazing to European settlement and systematic encroachment by their African agricultural neighbours during the early years of the twentieth century. The best-known examples were the famous 'Masai Moves of 1904 and 1911' which resulted in Pastoral Maasai of Kenya being contained within a much reduced, government controlled 'Southern Reserve'. The deceptions perpetrated against them at that time, together with the later failure of the colonial government to honour promises, have had a persisting influence on Pastoral Maasai attitudes to all subsequent development efforts planned for them, particularly those involving innovations in land ownership and management.

Secondly, the policies of European settlement not only denied Pastoral Maasai access to much of their former high-potential grazing areas, but it also affected the quality of both their herd management practices and livestock as well. Prohibited by veterinary regulations from moving livestock through European areas in the north from which they traditionally acquired stock to up-grade their herds and flocks, Maasai were also prevented by law from purchasing fresh stock in so-called 'public' auctions, it being argued that they '. . . . kept the price (at bidding) to such a (high) figure that is was unremunerative for Europeans to purchase them', or if allowed to raise Merino sheep as they wished to do as early as 1906, Maasai ' . . . would be tempted to steal sheep from their European neighbours'.[1] Faced with reduced grazing facilities, declining herd size and quality, but increasing population pressures, many Pastoral Maasai were forced to abandon traditional systems of herd management in favour of alternative modes that were often detrimental to the physical environment.

Territorial organization

Today, there are about 164,000 Pastoral Maasai in Kenya who occupy 16,000 square miles, and about 62,000 in Tanzania who occupy 24,000 square miles. Very roughly, this works out to an overall pastoral density of ten persons and 190 livestock *units* —(i.e., five sheep and goats equal to one adult cow, and one adult donkey equal to two cows)—per square mile for Kenya Maasai, and three persons and 65 livestock units per square

[1] Quoted from McGregor Ross, *Kenya from Within*, 1927, p. 139 and from Norman Leys, *Kenya*, 1924, p. 95.

mile for Tanzania Maasai, though in localized areas actual densities tend to be higher and only rarely lower. When set against modern estimates of ideal range management ratios for East Africa, that vary from eight to 20 acres per livestock unit depending on local environments, it can be said that much of Pastoral Maasailand is presently overstocked and, in terms of traditional subsistence practices, over-peopled as well.[1]

Contrary to prevailing, popular misconceptions, the Pastoral Maasai were never organized as a single tribe under a unified political system. Rather, they were divided traditionally into a number of named tribes or 'sections' (*olosho*), each with its own territory and autonomous political structure based on a tribally organized age-set system (Jacobs, 1965b). The two largest tribes are the Kisonko (55,000) and Purko (42,000), the former living mainly in Tanzania, the latter mainly in Kenya; while the two smallest are the Damat (2,500) and Dalalekutuk (3,000), both in Kenya.

Each tribe organized its age-set system separately, and individual male heads of compound polygynous families secured rights to communal grazing and water within their tribal boundaries by initiation into a specific tribal age-set. Families of one Maasai tribe were prohibited from grazing their herds in the territory of another without first securing the latter's approval. Though in periods of drought or famine, there was often institutionalized sharing of each other's resources, and occasionally some changing of tribal affiliations, families generally grazed solely within their own tribal territory and were prepared to defend these boundaries by force, if necessary, against unauthorized intrusions.

Each tribe was itself divided into a number of named localities (*enkutoto*), each with its own permanent water supplies for dry season grazing and clearly defined boundaries for wet season pasture, within which families practiced an essentially transhumance mode of pastoralism. Each locality was organized politically with its own 'council of elders' under the leadership

---

[1] It must be emphasized that these figures are simply estimates based on presently inadequate human and livestock census data, and that they exclude all non-Pastoral Maasai who live in Maasailand which, if added, would greatly increase overall density estimates for particular areas. Nevertheless, these figures do point to serious over-peopling and overstocking problems that are unlikely to be solved by existing, mainly traditional, subsistence practices.

of its own local age-set 'spokesmen'. Though in theory the locality could not be said to own land in the same sense as the tribe—that is, could *not* prevent fellow tribesmen of other localities from grazing within their locality—in practice, the fact that each locality was a self-contained ecological and socio-political unit enabled its local leaders to manage its resources and public affairs as if they did own the land.

Indeed, individual families secured rights to communal resources only by common residence within the same locality over long periods of time and by regular participation, involving specific obligations, in local age-set activities. Families would, thus, hesitate to move frequently from one locality to another because of the rights and obligations that attached to local loyalties, and the need to transfer them. Though localities vary enormously in size and population depending on local environment and other factors, an average locality consists of about 300 square miles (200,000 acres) with 1,000 persons (or roughly 125 families) in possession of about 19,000 livestock units.

During the colonial period, the importance of tribal boundaries tended to fade slightly due to the imposition of colonial rule and administration, and today they have disappeared completely in Tanzania under its *Ujamaa* policies of national ownership of all land. Though this gave rise to some inter-tribal emigration and blurring of particular tribal boundaries, the importance of localities as a focus for community organization has remained relatively unchanged. Moreover, in Kenya, recent national policies aimed at establishing freehold title to all land have actually revived the importance of traditional tribal affiliations and have given rise to considerable squabbling and scrambling between various Pastoral Maasai to re-establish former boundaries, which in turn has tended to strengthen the importance of localities as basic units of ecological and socio-political organization.

Herding systems

Within each locality of a tribe, the principal unit of livestock management is the 'kraal camp' (*enkang'*), consisting of several, independent polygynous families who have joined together mainly on the basis of congeniality and common interest in the economic exploitation of their immediate vicinity. Kraal camps are also the basic units of settlement and the principal centres of domestic life. Each camp is surrounded by a circular, thorn-bush fence, and entrance is made through a number of separate gates, each owned by an independent family. Wives build mud-dung, igloo-like houses on either side of their husband's gate along the interior perimeter of the fence, and the total number of gates to a camp generally indicates the number of resident families. A typical camp will consist of six to eight families, some 50–80 persons, and often as many as 1200–1500 livestock units, of which a large number are cattle.

In keeping with the strongly egalitarian values of Maasai society, kraal camps are not organized under formal leaders, nor is there any overall kinship structure to the camp in which polical authority resides. Patrilineal clanship regulates marriage and forms the basis for inheritance, but clans are not organized as local groups nor are there any formal clan leaders. Though some households of a camp may be related to others by various ties of kinship, Maasai adamantly hold that a camp should not consist solely, or even predominantly, of members of one descent group. 'Better for kinsmen to live apart lest they quarrel over cattle,' they say, or 'grass belongs to every man, not just to particular kin groups.' Settlement of disputes and enforcement of customary law within a camp rest mainly with the local 'council of elders' (*enkigwana*), comprised of members of particular age-sets from all the kraal camps in a named locality. A typical locality consists of 15–20 kraal camps and a local council numbering some 80–100 elders.

While ownership and control of livestock reside solely with individual families, it is a measure of the common economic interest and congenial cooperation that characterize kraal camp organization that the camp's entire herds are generally pastured and watered together as a single herd, and always corralled communally at night in the open centre of the camp for pro-tection against predators. Elders meet daily to discuss herd movements and to determine whose sons will act as herdboys and which elders will supervise them. Though personal disputes or differences of opinion over herd management sometimes cause families to break away and join another camp (generally in their same local area), most camps maintain a core of con-genial members over several years who work cooperatively, both among themselves and together with other camps of their locality, to insure the most efficient use of their community resources.

Lack of space prevents a full discussion of all the various herding systems practised today by the Pastoral Maasai, their diversity and complexity depending in large part on local environmental and historical circumstances. Generally speaking, they involve transhumant herd and family movements from permanent, high-potential, dry season pasture reserves based on permanent river, well or spring water supplies to temporary, outlying, low-potential, wet season grazing areas based on rain ponds and other temporary surface water supplies. Very briefly, herding systems today fall into three broad categories (Branagan, 1962).

First, there are those Maasai who, because of geographic isolation or lack of external pressures, maintain more or less traditional herding systems that are generally in balance with their subsistence needs, their social values and the local environment. Based on permanent water supplies that comprise the focus for their dry season grazing reserves, they practise a number of crude but efficient management techniques to conserve and improve their pasturage. These include: elaborate grazing sequences involving systematic reconnaissance of and movement to wet season grazing flushes in order to create standing hay in the dry season reserves; regular use of donkeys to carry water, both to expand the grazing area and to permit camps to stay away from their dry season reserves as long as possible; moderate burning of grasslands during good rainfall years either to rid it of ticks and other livestock disease carriers or to promote growth of more nutritious grass species; careful management of sheep and goats to avoid damage to grass at critical growth periods and to extend grasslands by regular browsing of bush encroachment; and regular social rebuke and avoidance of families or camps that fail to adhere to good management principles.

The best examples of this first category of herding systems are found in the 'Masai Steppe' area of Tanzania and various local areas in and to the west of the Loita Highlands of Kenya. Though relatively unproductive in terms of the national economy, this system enables its members to enjoy a high standard of subsistence and health, and to sell surplus stock to pay taxes and purchase moderate amounts of consumer goods. Moreover, livestock populations tend to remain fairly static within this system over long periods of time, generally in balance with the local environment.

A second category consists of those Maasai who, because of the loss of their former, high-potential, dry season reserves to European settlement, or wild life parks or agricultural development, have been forced to establish permanent camps in low-potential, formerly wet season grazing areas. This category represents the antithesis of the first and has had disastrous effects on traditional herding practices, on social life generally, and on the local environment. For, although often provided with permanent bore-holes in these areas to water stock, there was limited scope for improvement or extension of pasture resources because of low or erratic rainfall. Faced with deteriorating pastures, lack of grazing mobility and often high livestock losses, many families drifted into apathy and careless herding practices due to the hopeless struggle against impossible conditions which they saw as having occurred as a result of the alienation of their former, high-potential dry season reserves. Some elders took to marrying alien wives who could cultivate a bit to supplement decreasing pastoral supplies; others took to livestock trading or occasional wage-labour, while many simply took to drink and increased apathy. The Sinya, Ngare Nanyuki, and Longido plains in Tanzania which were tied to dry season reserves in the Kilimanjaro and Mount Meru highlands, and many of the Rift Valley plains bordering Nairobi and the Aberdare Range in Kenya, represent herding systems of this category.

A third category, one practised by the majority of Maasai today, consists of all those families whose situation and standards of herding fall somewhere in between the above two extremes. Faced with increasing pressures on their land and population increases, Pastoral Maasai of this third category continue to fight with a combination of old as well as new management practices—such as cattle dips, innoculation programmes and changes in dietary habits—against what can only be described as an insidious decline in their total situation (Branagan, 1962). Many of their existing high-potential reserves are already planned for alternative economic use, such as wheat production, alien individual or company ranches, or wildlife tourist attractions. While such development schemes are likely to result in significant short-term benefits to the national economy, they continue to eat away at Maasai pastoral potentials and create long-term problems as to the most efficient and beneficial use and development of the low-potential areas into which Maasai have progressively been pushed, which will eventually involve higher capital costs to solve.

Economic development and the future

Viewed in long-term historical perspective, it may be said that traditional pastoralism has had a largely beneficial effect on the ecological and economic development of Maasailand until, of course, fairly recently. Indeed, as noted earlier, recent ecological research suggests that pastoralists like the Maasai may be responsible in large part for actually creating the grassland conditions that gave rise to the unique wild ungulate populations that now play so important a role in the tourist industries of Kenya and northern Tanzania, and which in Kenya alone today earn K.£ 24 million (67 million U.S. dollars) in annual revenue.

During the last half-century, however, Maasai pastoralism has begun to have detrimental effects on local environments, due largely to progressive over-peopling, overstocking, and over-grazing that have resulted mainly from the loss of high-potential areas on which their traditional herding systems were formerly based. Paradoxically, much of the injurious effect has been either caused or exacerbated by poorly designed and highly erratic development schemes and policies that were imposed on them during this time (Branagan, 1962; Davis, 1970; Halderman, 1972; and Jacobs, 1963 and 1972b). To cite but one recent example: for years efforts have been made to develop Maasai as settled, mixed farmers; yet in 1968, wheat schemes undertaken by Maasai in the Narok District of Kenya not only produced surpluses to an extent that Government could not dispose of the grain profitably and lost large sums in subsidies, but Maasai were then prevented for the next two years from replanting and urged to return to full-time herding while their fields remained idle and non-productive.

Again, lack of space prevents a summary of the history of development schemes in Maasailand. However, two general observations must be made. First, often misled by popular misconceptions as to what Maasai traditional pastoralism consisted of, development schemes have tended to be limited in scope to the more obvious, high-potential areas of Maasailand, thereby unwittingly creating a host of new problems in the low-potential areas, to which increasing numbers of Maasai have been forced to move, that will involve enormous costs to solve in the future. Such schemes tended not only to ignore the vital interdependence of wet season grazing areas to dry season reserves for achieving maximum herding mobility and grazing efficiency, and to leave unsolved the problem of pastoral development in the low-potential areas, but, because they inevitably denied access to some former, high-potential area users who got overlooked in the initial plans, they also created impossible management problems for traditional pastoralism in the low-potential areas, to the detriment of the total environment.

Secondly, virtually all development schemes initiated among Pastoral Maasai have failed to achieve their stated aims because of crucial defects in the planning process *itself*. Among the most prevalent errors have been: (*a*) failure to look at and analyse the history and experience of past innovation schemes; (*b*) failure to acquire good pre-planning data on the empirical facts of the area concerned, against which development success could be monitored and evaluated; and (*c*) failure to build into the plan adequate and efficient safe-guards to enforce compliance, to monitor and evaluate progress, and to ensure that implementation is fulfilled.

Or put differently, what has characterized most development in Maasailand is that particular innovation plans never made explicit their theory as to why and for what carefully considered reasons the plan was likely to succeed. The result was that specific theories about how best to promote particular innovations never got properly tested (let alone clearly formulated), and the opportunity to '. . . learn from one's mistakes . . .' was lost. What is urgently needed today are plans that not only make empirical and logical sense for particular situations, but plans that are also based on explicit *social* theories as to how and why a particular innovation is likely to succeed.

The fact that the same mistakes persist today in development approaches in Maasailand does not augur well for the future. Indeed, viewed in historical perspective, the immediate future of Maasai pastoralism appears bleak as well as obscure.

BIBLIOGRAPHY

Bell, Richard
   (1969) *The Use of the Herb-layer by Grazing Ungulates in the Serengeti National Park.* Unpublished Ph.D. thesis, University of Manchester.
   (1971) 'A Grazing Ecosystem in the Serengeti'. *Scientific American*, Vol. 225, No. 1 (July), pp. 86–93.
   (1972) 'An African Grazing System and Its Exploitation'. *Journal of the Livestock Production Society of Kenya.*
Beidelman, T.
   (1960) 'The Baraguyu'. *Tanganyika Notes and Records*, No. 56, pp. 245–278.
   (1961) 'Baraguyu Housetypes and Economy'. *Tanganyika Notes and Records*, No. 57, pp. 56–66.
Bower, John R. F.
   (1973) 'Seronera: Excavations at a Stone Bowl Site in the Serengeti National Park, Tanzania'. *Azania*, Vol. 8, pp. 71–101.
Branagan, D.
   (1962) *The Development of Masailand.* Unpublished Report, Dept. of Veterinary Services, Government of Tanganyika, February, 23 pp.
Davis, R. K.
   (1970) *Some Issues in the Evolution, Organization and Operation of Group Ranches in Kenya.* I.D.S. Seminar Paper, University of Nairobi, November. 27 pp.
Duyvendak, J. J.
   (1949) *China's Discovery of Africa.* London.
Ehret, C.
   (1971) *Southern Nilotic History.* Northwestern University Press.
Gramly, R.
   (1971) *Archaeological Survey & Excavations at Lukenya Hill, Kenya.* Unpublished report, Inst. of African Studies, Un. of Nairobi.
Gulliver, P.
   (1963) *Social Control in an African Society:* A Study of the Arusha, the Agricultural Masai of Northern Tanganyika. London.

Halderman, J. M.
    (1972) *An Analysis of Continued Semi-nomadism on the Kaputiei Maasai Group Ranches: Social and Ecological Factors.* I.D.S. Seminar Paper, University of Nairobi, January. 47 pp.

Huntingford, G. W.
    (1966) 'The Peopling of the Interior of East Africa by its Modern Inhabitants', in *The History of East Africa*, Vol. 1 (eds. R. Oliver & G. Mathews). Oxford.

Jacobs, A. H.
    (1963) *The Pastoral Maasai of Kenya: A Report of Anthropological Field Research.* Cyclostyled by the Ministry of Overseas Development, London. 127 pp. (see especially, part II—'A Scheme for the Total Development of Maasailand').

    (1965a) 'African Pastoralists: Some General Remarks'. *Anthropological Quarterly*, Vol. 38, No. 3, pp. 144–154.

    (1965b) *The Traditional Political Organization of the Pastoral Maasai.* Unpublished D.Phil. thesis, Oxford University. 427 pp.

    (1968) 'A Chronology of the Pastoral Maasai', in *Hadith I* (ed. by B. A. Ogot), Nairobi.

    (1972a) 'The Discovery & Oral History of Narosura'. Appendix to Odner, 1972, pp. 79–87.

    (1972b) 'The Pastoral Maasai' in *Cultural Source Materials for Population Planning in East Africa* (ed. by Angela Molnos), 4 Vols., Nairobi.

Kang-Jey, *et al.*
    (1971) 'The Masai of East Africa: Some Unique Biological Characteristics'. *Archives of Pathology*, Vol. 91 (May), pp. 387–410.

Odner, Knut
    (1972) 'Excavations at Narosura: a Stone Bowl Site in the Southern Kenya Highlands'. *Azania*, Vol. 7, pp. 25–79.

Spencer, Paul
    (1965) *The Samburu: A Study of Gerontocracy in a Nomadic Tribe.* London.

RÉSUMÉ

Les Maasai pasteurs, dont la population actuelle dépasse 226.000 personnes, habitent les riches plaines herbacées de la Great Rift Valley du Kenya et de la Tanzanie septentrionale. C'est le groupe le plus important et peut-être le mieux connu parmi plusieurs autres d'Afrique orientales, qui parlent le Maa, une langue nilotique orientale. Les Maasai pasteurs différents des autres populations de langue Maa par leur attachement à un régime purement pastoral et par leur détermination tenace, renforcée par certaines croyances religieuses et cosmologiques, à ne se maintenir en subsistance que grâce à l'usage abusif du lait, de la viande et du sang de leurs animaux.

La variété de zébu à cornes courtes constitue la base des troupeaux Maasai et le lait frais de vache l'essentiel (80%) de leur régime annuel. Le bétail est rarement abattu pour l'alimentation. Les Maasai possèdent en moyenne 14 têtes de bétail par individu, dont 57 à 60% sont dans tous les cas des vaches laitières adultes. Ils gardent de grands troupeaux de chèvres et de moutons, aussi bien qu'un nombre moindre d'ânes. Chèvres et moutons sont rarement traits et leur lait ne sert pas à la consommation humaine; on les garde pour la consommation de la viande ou pour le commerce en vue d'acquérir du gros bétail pour améliorer la composition du troupeau. Les ânes ne sont utilisés que comme animaux de bât pour déplacer le matériel domestique. Plus encore, ils servent à transporter l'eau des sources lointaines destinées à l'usage des hommes et des jeunes animaux, augmentant ainsi l'aire des pâturages vers lesquels les familles au complet peuvent se déplacer avec leurs troupeaux en tant qu'unités de subsistence distinctes et interdépendantes. Une unité de résidence typique, famille polygame de 8 à 10 personnes, possède généralement 125/140 têtes de gros bétail, 150/200 têtes de petit bétail et au moins 5 à 6 ânes. C'est-à-dire un total de 165/190 animaux.

Des recherches médicales récentes suggèrent que les Massai possèdent des caractéristiques biologiques uniques qui les différencient des autres pasteurs d'Afrique orientale et qui sont en rapport avec leur extraordinaire régime lacté, datant probablement d'un millénaire au moins. Des recherches archéologiques récentes indiquent également que le pastoralisme a une longue histoire en pays Maasai, remontant au moins à un millénaire avant J.-C. et témoignent de l'existence d'un régime lacté. Particulièrement intéressantes sont les récentes recherches écologiques qui suggèrent que le pastoralisme primitif fut en grande partie responsable des conditions d'aparition de la prairie qui occasionnèrent le développement d'exceptionnelles populations d'ongulés sauvages que l'on trouve aujourd'hui en pays maasai et qui forment la base du tourisme en Afrique orientale; le pastoralisme maasai a joué un rôle vital dans le maintien de ces conditions herbacées au bénéfice écologique de la vie sauvage et de l'environnement.

Contrairement aux malentendus populaires, les Maasai ne furent jamais organisés en une seule tribu à l'intérieur d'un système politique unifié, ni ne furent les pasteurs agressifs, belliqueux, pillards qu'ils sont réputés être parfois. Plus exactement ils étaient traditionnellement divisés, comme ils le sont aujourd'hui, en tribus dénommées ou 'sections' (*closho*), possédant chacune son territoire propre et une structure politique autonome basée sur un système de classes d'âge organisé au niveau tribal. Chaque tribu était à son tour divisée en un certain nombre de 'localités' (*enkuloto*), chacune étant une unité écologique indépendante. Elle possédait ses réserves de pâturages de saison sèche, centrées sur des points d'eau permanents et des limites nettement définies, des pâturages de saison des pluies centrés sur des mares temporaires, à l'intérieur desquels les mouvements des troupeaux tendent à se maintenir stables sur de longues périodes de temps. Chaque localité possède aussi son propre système de classes d'âge, son conseil des anciens, la plus petite et plus importante unité d'organisation politique d'une communauté maasai. Les tribus comprennent de 2.500 à 55.000 personnes, tandisqu'une localité typique contient environ 1000 personnes (grossièrement 125 familles) qui occupent environ 300 miles carrés (200.000 acres) et possèdent quelque 19.000 têtes de bétail.

Dans chaque localité d'une tribu, l'unité capitale de gestion du bétail aussi bien que l'unité de résidence est le campement—kraal (*enkang*)—comprenant plusieurs familles polygynes indépendantes qui prennent part ensemble, surtout pour des raisons de convenance, et d'intérêt commun, à l'exploitation économique de leur environnement immédiat. Un campement typique est composé de 6 à 8 familles, quelque 50 à 80 personnes et souvent d'au moins 1200 à 1500 têtes d'animaux, surtout de gros bétail. Quoique la propriété et le contrôle du bétail soient l'affaire des familes individuelles, tous les troupeaux du campement sont généralement adminitrés comme une seule unité et ont tendance à se déplacer dans la même localité durant de longues périodes. Les disputes et le contrôle social à l'intérieur des campements entre eux sont généralement entre les mains du conseil des anciens de la localité. Les systèmes d'élevage varient beaucoup mais consistent surtout en mouvements de transhumance des campements et des familles entières entre leurs réserves permanentes de saison sèche et leurs pâturages temporaires de saison des pluies, souvent dans la même localité. Durant le dernier demi-siècle de nombreux Maasai ont perdu une grande partie de leurs anciennes réserves de saison sèche de forte capacité, les aliénant à l'installation européenne et les cédant à l'empiétement de l'agriculture africaine. Les Maasai furent ainsi non seulement repoussés dans les secteurs anciens de pâturages de faible capacité et réduits à une moindre productivité, mais du fait aussi de l'accroissement de la population humaine il s'ensuivit une détérioration progressive à la fois du milieu local et des modes de vie traditionnels.

Paradoxalement cet effet néfaste fut pour beaucoup causé ou amplifié par une politique en pays maasai et des projets de développement économique mal préparés ou très capricieux. Egaré souvent par des préjugés populaires relatifs au contenu des pratiques pastorales maasai, le développement eut tendance à limiter son rayon d'action aux secteurs maasai les plus manifestes et au potentiel élevé, créant ainsi involontairement une foule de nouveaux problèmes—dans des secteurs de faible potentiel ou un nombre croissant de Maasai dut se replier— dont la solution ne sera que plus coûteuse dans le futur. Ce qui, en fait caractérise surtout le développement actuel en pays Maasai n'est pas une connaissance insuffisante des problèmes spécifiques et de leurs diverses solutions, mais plutôt le fait que les plans particuliers d'inovation ne rendent jamais explicite leur théorie relative aux raisons précises pour lesquelles le plan a des chances de réussir. Il en résulte que les théories sur les moyens de production des innovations particulières ne sont jamais éprouvées ni même clairement formulées et on y perd l'avantage de tirer parti de ses erreurs.

Les erreurs des cinquantes dernières années étant encore commises aujourd'hui en matière de développement du pays maasai, on ne peut rien présager de bon pour l'avenir. Le futur immédiat du pastoralisme maasai reste à vrai dire menaçant.

XIV

The dynamics of nomadism: Prospects for sedentarization and social change

I. M. LEWIS

Although they have always appealed strongly to English romantics (and eccentrics), nomads have generally acquired an evil reputation. Today, as in the past, the exponents of sedentary civilization have come to regard the word 'nomad' as a term of abuse and virtually synonymous with such expressions as 'bandit', 'gypsy', and more recently, 'drop-out'. (Many of these connotations are implied in the Arabic *bedu*.) Of no fixed address, here today and gone tomorrow, the nomad's capricious movements are judged to severely curtail his commitment to the state which is, by definition, sedentary and of fixed geographic location.

Nomads are indeed frequently no respecters of national frontiers which they cross and re-cross with bewildering rapidity, evading arrest or taxation, avoiding some new 'modernizing programme', or any of those other intrusions of modern administration or 'good government' which the exponents of urban culture seek to impose on their 'more backward' subjects. Those who disappear so abruptly and mysteriously will, of course, return equally suddenly when some attractive benefit appears within their sphere of movement. These elusive qualities are rendered even more irritating to those responsible for the maintenance of law and order by their frequent combination with stock-raiding, feuding, smuggling and other predatory pursuits. Such activities are, moreoever, often combined with an arrogant bellicose character which displays open contempt for the docile peasant, and ill-concealed hostility towards the local representatives of the central government. These attributes are readily associated with the nomad's reputation for preferring numbers to quality in herd management, and his frequent reluctance to participate in betterment schemes specifically designed to improve his livestock and their access to natural resources. Taken together with his other characteristics, this behaviour simply adds a further dimension to the much vaunted 'bewildering irrationality' of nomads. This general stereotype is, moreoever, sometimes accepted and actually exulted in by the nomads themselves who regularly make a defiant parade of all those attributes which they know are most calculated to annoy their sedentary neighbours and rulers. This is one way in which they seek to express their cultural identity. No wonder everyone wants to settle nomadic peoples; or, if that fails, to consign their jurisdiction to a hostile neighbouring state!

The inhabitant of the British Isles need travel no further than France to discover how pervasive this stereotype of nomadic negativeness is; for, as is well-known, the French countryside is replete with stern notices forbidding access to 'nomads' (and, of course, similar attitudes currently prevail in Britain in regard to gypsies). Even well-informed ecologists and agronomists paint a similar picture. The following quotation from Allan's standard work, *The African Husbandman* (1965), is a typical example: 'Nomadic pastoralism is inherently self-destructive, since systems of management are based on the short-term objective of keeping as many animals as possible alive without regard to the long-term conservation of land resources. The general picture . . . is one of steadily increasing stock numbers on progressively deteriorating land.' This diagnosis of what might be called 'nomadic inadequacy' agrees completely with many others made by equally qualified authorities.

This paper is not designed to challenge all these assumptions or to attempt to restore the nomad's image by presenting a Utopian view of the merits of 'positive pastoralism'.[1] Rather, I want to question how useful it is, especially in the context of social change and development studies, to operate with a single undifferentiated concept such as 'nomadism'. I hope to show that there is a danger that this term may simply be employed as a general dumping ground for 'difficult cases', and that by being used to group together very different types and conditions

[1] Cf. Salzman, 1971b, pp. 325–36, for a similar assessment in the Iranian context to that made here.

of society may obscure vital distinctions which are of crucial importance in development projects. What I have to say will, I fear, tend in the end towards the rather unhelpful (but perhaps realistic) conclusion that while there are some general issues intimately connected with nomadism (and thus perhaps some intrinsic nomadic qualities), global remedies are not likely to be very helpful. Although individual examples do throw some light on others, each case ultimately requires close and detailed study in its own local circumstances. By 'circumstances' I mean the environment in the widest sense, and here the *political* setting may be almost as crucial a factor as the ecological. For, as has often been pointed out but is still as often overlooked, nomadism is in part a *political* response.[1] More positively, I hope to suggest that factors which are conducive to change and development generally, whatever the traditional economy, are equally likely to prove effective in the case of nomads. Indeed, in some respects at least, some nomads seem more receptive to change than peasant cultivators.

II

First, the stereotype of nomadic irrationality and obscurantism. Insofar as this assessment is based on herding practices, it received anthropological warrant, as it were, in M. J. Herskovits' well-known diagnosis of the 'Cattle-complex' (Herskovits, 1926). When it was originally applied in 1926, this term helped to draw attention to the highly significant social and religious role of cattle among the East African pastoralists. What this characterization obscured, however, was the extent to which herd accumulation with the stress of quantity rather than quality represented an entirely rational stock-raising response in the prevailing ecological conditions. As is now increasingly recognized, whenever arid conditions evoke a nomadic response, stock accumulation, however exhaustful of grazing resources, is a sensible insurance policy designed to build up capital assets[2] and to offset the deleterious effects of future lean years. It is no

---

[1] Cf. D. G. Bates, 'The Role of the State in Peasant-Nomad Mutualism' in Salzman (ed.), 1971a.

[2] This view is urged fairly strongly in my *A Pastoral Democracy*, 1961. It is discussed more generally by R. Paine, 'Animals as Capital: Comparisons among Northern Nomadic Herders and Hunters' in P. C. Salzman, *loc. cit.*

more irresponsible, and often indeed a great deal less selfish than other forms of capitalistic speculation with which we are more familiar. The partition of a man's livestock in separate herding groups, grazing in different areas, has the same risk-spreading and resource-maximizing effect. If, in addition, stock surplus to immediate needs are 'lent' to distant and less well-to-do relatives and dependants who act as temporary herders, then the prosperous pastoralist has the further satisfaction of doubling the yield from his investment. His livestock are likely to do better, and at the same time he earns the respect and support of those who thus become indebted to him.

These practices clearly bespeak much shrewd calculation, and similar qualities are also revealed in the pastoralist's impressive knowledge of the faunal resources of his environment and his adjustment of herd movements to secure the best grazing and watering conditions which are accessible to him. Overstocking may thus be short-sighted in terms of a larger view of human needs and resources, and a longer-sighted vision of life. But for the people we are concerned with here, whose main preoccupation is often very simply with daily, and shall we say annual, survival, overstocking makes good short-term sense. Precarious ecological niches do not encourage that wide-ranging humanitarian concern for the future of the human species which the over-privileged members of affluent societies can so readily display. Indeed, it has also been argued (although I am not sure how generally true this is) that over-stocking is sometimes deliberately pursued in order to reduce the incidence of ticks, flies and other animal pests which flourish in exuberant vegetation.

In the same fashion, herd management is regularly also adapted to the specific ecological needs of particular types of livestock, and it is here that the physical environment makes its most direct and discernible impression on social organization. So, for example, among the Turkana pastoralists of north-west Kenya (Gulliver, 1955) who are completely dependent on their stock, sheep, and goats with their relatively different requirements form a separate herding unit from that concerned with cattle management. The Somali pastoral nomads of the Horn of Africa take this a stage further with their heavy dependence on camels. While cattle-rearing is significant in some regions, most northern pastoral Somali are essentially herdsmen of sheep, goats, and camels. The contrasting water and grazing requirement of these two categories of livestock (sheep and goats on the one hand, and camels on the other) lead to the establishment of two separate herding units. The first consists of families moving over relatively short distances with the small stock and burden camels, and forced in the dry seasons never to range far from the wells. The grazing camels, on the other hand, which even in the driest conditions can survive for at least fourteen days without watering, can thus be driven far from permanent water into the best available grass and pasture. Their water requirements are met by bringing them back at regular intervals to the deep wells where they are watered. This ecologically and zoologically based cleavage is accompanied by significant social divisions. The grazing camels are herded by boys and young bachelors who live a Spartan existence with the animals in their care: the sheep and goats and burden camels (with a few milch camels) are led by married men with their wives and children. Cattle-herding may require a third management unit; and the disposition and movement of the various stock-units varies seasonally. After the rains when water and grass are abundant, the separate herding units of a given family or lineage tend to congregate together since the watering and feeding requirements of their respective stock can then all be satisfied in the same place (cf. Lewis, 1961, pp. 31–126).

III

Such striking variations in herding arrangements and group composition have encouraged some recent anthropological writers on nomadism to propose general correlations between the species of livestock reared, herd organization, and salient features of social structure. Thus, inspired by F. Barth's beguiling concept of 'generative models' (Barth, 1966), Paula Rubel (1969) has recently argued that kinship organization and marriage patterns will vary according to the extent to which nomads rely upon different categories of livestock. However, as Pastner (1971) has pointed out, this bold attempt to relate types of nomadic social structure to types of nomadic economy seems too simplistic. It is questionable whether her examples (Arab nomads, some Persian pastoralists and the Somali) do exhibit the correlations she urges, and certainly her typology excludes a wide array of pastoral nomads ranging from the Arctic reindeer herders to the Basseri or Baluchi nomads of Persia—to say nothing of the Fulani.

The difficulty in assigning specific changes in social organization to specific differences in the importance of a given category of livestock, is nicely illustrated by comparing herding arrangements among the Boran Galla of southern Ethiopia and northern Kenya with those described above for the Somali. Both peoples are ethnically and culturally quite closely related and occupy similarly arid environments which they exploit with the same range of livestock: camels, cattle, sheep, and goats. Among the Boran, however, these are herded in a very different fashion and with contrasting social implications. Here, as Paul Baxter (1966) who has studied them extensively describes it, the situation is as follows: 'Boran divide their stock into lactating cows, dry cows, lactating camels, dry camels, and sheep and goats each of which can, in that order, subsist on less frequent watering and coarse graze or browse. Most Boran also value their stock in that order . . . It is customary for the adult males of a family to live with the herd or flock which accords with their status in the family.' So eldest brothers herd the more prestigious livestock, while younger brothers look after those which are less highly valued. The result is that both families and livestock resources are split up to an even greater extent than among the Somali. For people of the same generation or age, *but of different families*, tend to associate in similar pastures with similar livestock. This dispersion of kinsmen and the creation of neighbourhood ties between men of similar age and generation helps to contribute to the overall unity of the Boran as a definable group.

This brief reference to Somali and Galla pastoralism involves quite detailed and even esoteric differences between kindred and contiguous pastoral nomads; but these are distinctions which, I would argue, are highly significant to the design and execution of any effective development scheme. I introduce them here, however, to emphasize the difficulty in formulating a simple prototype of a nomadic social system, different versions of which could be predicted directly from knowledge of the relative dependence on different species of livestock.

This raises the question: are other approaches any more helpful in providing data from which we could make useful predictions about types of nomadic society and their social (and development) implications? We can make some sort of a start by noting that—whatever the individual cultural and institutional arrangements may be—some nomads are obviously more nomadic than others: some are more mobile with respect to either or both frequency of movements and distances covered, and more or less dependent upon livestock as the basic subsistence resource (although these two factors are not always directly correlated). Obviously there is a continuum between sedentary cultivation (with stock-raising) at one extreme to pastoral nomadism in the full sense at the other pole. At this latter extreme we have the so-called 'great nomads' (the French *grands nomades*) which is usually taken to include the itinerant camel pastoralists of the Sahara (with the more widely ranging Fulani), and the Arab Bedouin of the Arabian deserts. With their less far-flung and more regular cycles of grazing movements, the Somalis already represent a less extreme type of nomadism; and further along the spectrum still we must place those pastoralists with a more restricted and regular oscillation between summer and winter quarters, usually qualified by the adjective 'transhumant' (and sometimes referred to as 'vertical' nomads, since the grazing areas frequented are so often at different altitudes). Although the degree of direct dependency on cultivation (as distinct from its products obtained by trade) increases as we move in this direction, some of the most pastoral peoples are paradoxically the least mobile. Here the central Masai of Tanzania[1] are an excellent example: just as the Bedouin and other Muslim nomads, heavily involved in trade and consuming large quantities of rice and grain, illustrate the opposite.

Common sense suggests that such wide differences in economy and degree of mobility will be bound to have some effect on socio-political organization. In fact comparison within a

---

[1] See e.g., A. H. Jacobs, *The Pastoral Masai*, Oxford D.Phil. thesis (unpublished), and the same author's 'African pastoralists: some general remarks', *Anthropological Quarterly*, 1965, 38, pp. 144–54.

given culture area (where several variables can be controlled) such as that of the Somali Democratic Republic, shows quite clearly how sedentarization tends to expand the size of effective political groups and to make them more hierarchical and centralized in their decision-making procedures. Thus the southern Somali cultivators who combine animal husbandry with agriculture are arranged in much larger, stable political units, with a more clearly defined and formally institutionalized system of authority, than is the case among their northern nomadic kinsman (Lewis 1961; 1969). P. C. Salzman (1967) has recently attempted to establish a wider, cross-culturally valid correlation of this sort between the aridity and uncertainty of the environment (and hence the necessarily mobile character of the associated nomadism) and political organization. From an interesting comparison of the Zagros tribes (Basseri, Bakhtiari, and Qashquai) with the Somali, and the Jie, Turkana, and Karimojong (in East Africa), Salzman concludes that the harsher the environment the more informal and uncentralized the associated political organization. As he himself puts it: '. . . nomads living in an area of predictable climate and relatively great resources will have political authority roles and stable group parameters, . . . and nomads living in an area of unpredictable climate and relatively sparse resources will have no political authority roles, or at least weak and temporary ones, and have unstable group parameters' (Salzman, 1967, p. 128).

My own view is that this is again an oversimplification which ignores, or minimizes the significance of a large number of other relevant variables (for instance, *the size of the total cultural units involved*, and, above all, the *wider political* circumstances and relations between the nomads, their sedentary neighbours, and their government). Nevertheless, Salzman's study does stress several very important aspects of nomadism: namely, the crucial variable of environmental uncertainty and instability at the micro-ecological level and that, as it happens, the majority of nomadic societies (or at least those known to me) tend to have loosely organized and uncentralized political systems which might be characterized as 'republican'. This conclusion is, I think, fully compatible with Spooner's more recent characterization (with which I agree) that: 'Nomadism is an extreme

form of adaptation which generates extreme degrees of instability of minimal social groupings and requires a high degree of
fluidity of social organization. There are, however, no forms of
social organization or other cultural features which are either
found in all nomadic societies or found exclusively in them'
(Spooner, 1971, p. 208).

IV

If, then, there is no very specific or clearly identifiable 'culture
of nomadism', at least we can expect political organization to
be open-ended, flexible and above all fluid. These, of course, are
not the best conditions for successful external intervention, if the
objective is to secure the general adoption and effective implementation of radical changes in way of life or social structure.
For as the colonial administrations found, and as the Super
Powers have recently rediscovered, it is much easier to deal with
stable authoritarian regimes than with those which are more
genuinely democratic or republican in character. Communities
of this latter kind do, however, offer some purchase to external
influence and innovation through their characteristic division
into opposing factions which are open to manipulation. But the
problem is to back the 'right' (i.e., most successful) faction, and
also to avoid the desired innovations becoming simply instru-
mental devices in a factional struggle which will soon discard
them in favour of other alternative symbols of rivalry. More
positively and specifically, we can note the most nomadic societies provide ideal conditions for the dissemination of news and
information: they are excellent communication systems. Most
of their members may be illiterate, but news and information
pass round verbally with extreme rapidity—much more rapidly,
in my experience, than in sedentary societies. (Here, incident-
ally, specialized itinerant bards, poets, or community criers and
orators may, as among the Arabs and Somali, play a very significant and much neglected role as 'media-men'.)

I have already referred to the healthy pragmatism (often
tempered with a certain fatalism) which seems to be a general
feature of most nomadic societies (and not simply of those that
happen to be Muslim). Despite the great *cultural* differences in
forms of social and political organization which I have already

emphasized, it is an interesting—though seldom discussed fact that beliefs in witchcraft are generally of little significance among nomads.[1] This is all the more striking given the important part they play in the practical day to day beliefs of most sedentary tribesmen and peasants throughout the world. Now witchcraft beliefs, and especially fears of being accused of witchcraft, are regularly employed to discourage deviation from established norms of conduct and existing expectations of success and happiness. They express the consensus and often also the conscience of the community, discouraging innovation and change. Witchcraft accusations themselves provide an idiom for ventilating hostilities and tensions less directly than that provided by direct physical violence. Nomads are usually more direct and more pragmatic.

As I see it, these are all features which suggest a certain openness of texture in the social fabric of nomadic communities. This, of course, is not to be construed as an unlimited willingness to accept any novel proposition unconditionally. It is rather a question of being prepared to consider new prospects on one's own terms. For there is no doubt at all that even those who have been forced by environmental pressures to become nomads, rather than being nomads by choice, do develop a paradoxically strong attachment to this pattern of life which makes them resistant to the blandishments of indiscriminate sedentarization. Often they seem to prefer the devil they know to the one they do not.

Yet, the history of Africa and Asia is replete with striking examples of nomadic peoples who have settled on the land and become cultivators, usually retaining, where possible, an interest in pastoralism. So, for instance, the majority of the estimated ten million strong Galla people of Ethiopia are today cultivators living in the central and southern highlands into which they poured in a vast series of nomadic invasions in the sixteenth and seventeenth centuries, almost engulfing the ancient Christian civilization of the Amharas and Tigreans. Today, the Boran Galla in the extreme south, to whom I have referred, best preserve the old nomadic pastoralism which the majority of the Galla have now largely discarded. Obviously these radical changes occurred slowly and were inevitably

---

[1] For a recent exception, however, see Baxter, 1972.

influenced by the example of the surrounding and politically centralised Amhara who, eventually, succeeded in re-establishing their ascendancy and finally encapsulated the Galla within their far-flung empire. It was also significant that the Galla had horses and cattle as did the Amhara, and that the latter traditionally employed ox-drawn ploughs in cultivation. For this is the pattern of agricultural technology which the Galla have adopted from the Amhara and now export to the adjoining Somali in the relatively well-watered contiguous area which runs into the northern central parts of the Somali Democratic Republic. From about the turn of the century, Somali pastoralists of this region have begun to adopt this system of ox-drawn plough cultivation from their largely Muslim Galla neighbours and which they identify with the latter (see Lewis, 1961, pp. 90–126).

An interesting contrast is provided by the case of the southern cultivating Somali who are similarly largely derived from nomads who settled in the better-watered regions of the south of Somalia from about the fifteenth century onwards. Here, however, the original cultivators were it seems Swahili-speakers at least along the Shebelle and Juba rivers, and they were engaged in hoe-tillage cultivation. The nomads who moved into this region, in both dry- and wet-farming areas, employed wherever they could Swahili or other non-Somali labourers to do the actual work of cultivation, leaving the partly settled ex-nomads as a pastoral aristocracy (see Lewis, 1969; Luling, 1971). So, for instance, slaves were imported from the East African coast and Ethiopian hinterland and social stratification inevitably developed. (Members of the former pastoral aristocracy wryly observed in 1966 that in 'the old days slaves were our tractors'.) These contrasting patterns of northern and southern Somali sedentarization illustrate how nomads may accept cultivation based on ox-drawn ploughs from neighbouring and ethnically closely related Muslims while regarding hoe-cultivation as an essentially inferior occupation suitable for slaves and other servile groups. Clearly pastoral arrogance is a critical factor here. Notice also how mechanization is later accepted as a suitable substitute for low-class labour. These examples of sedentarization under ecological and other pressures from a region with which I am familiar, can easily be replicated elsewhere. J. E. G. Sutton (1970), for instance, has recently pointed out how similarly diverse settlement processes are to be found in the local history of that prototype of East African pastoralism, the Masai, as well as within the Kalenjin Cluster (i.e., the Kipsigis, Nandi, Elgeyo, Pokot etc.).

v

These examples illustrate what might be termed 'natural' or spontaneous processes of sedentarization. Our concern here is with contrived or directed sedentarization which we want to happen quickly and effectively and the issue is how, if environmental resources permit it, this is to be achieved as smoothly and effectively as possible. The answer in general terms is simple: by creating or fostering circumstances which produce forces and trends that seem as 'natural' as possible to those involved and appeal to their pragmatic entrepreneurial skills, for all nomads seem to make excellent entrepreneurs. Nomads generally live in stark, harsh environments and are used to responding rationally to ecological and economic pressures. They pursue an advantage where they see one, and it is not unattainable. So economic factors have to be set and presented in such a fashion as to promote settlement by demonstrating that it is a paying proposition, where this is in fact the case and this is a realistic policy. Some nomadic pastoralists have adopted cultivation because population pressures thrust them into areas where this was a sensible adaptation to better soil conditions, and rinderpest and other cattle scourges have often reinforced switches of emphasis away from pastoralism towards agriculture. Incentives should have a very pragmatic and, initially at least, survival-directed character: later the profit motif should be stressed, and it should never be forgotten that those who are concerned with pastoral nomads are dealing with some of the thickest-skinned capitalists on earth, people who regularly risk their lives in speculation. Nomads seem to make especially good entrepreneurs, willing to adopt new techniques and economic concerns, in situations where they compete with people of other ethnic groups.

Beyond these considerations, the sedentarization of nomads raises more general problems which are part and parcel of innovation and radical social change generally. If this view is correct then such insights as can be gleaned from dynamic studies of social change are as relevant to nomadic development schemes as to others. The literature on this subject is of course vast, and I can only record a few impressionistic points here. In fact I shall limit myself to two related comments. The first is that successful innovation is very often best introduced by 'outsiders' who may act as a ginger-group. Such intrusive entrepreneurs are often particularly successful in stimulating curiosity, envy, and imitation, those three essential ingredients for promoting change. Clearly it is necessary to choose appropriate innovators who are acceptable to the local community and whose position will inspire admiration and stimulate emulation. Second, a great many successful technological innovations seem to be associated with ideological change. Most of the farming setlements among the northern pastoral Somali seem to have originated as Muslim religious settlements. Similarly, sectarian religious movements whether of a Muslim or Christian character are very often associated with closed community salvation-through-hard-work ethics of the Protestant type. The Mourides of Senegal are a splendid example which has recently been reported in some detail (D. Cruise O'Brien, 1970); and the economic significance of the Tijani *tariqa* for Hausa migrants in southern Nigeria has similarly been explored by Abner Cohen (1969). These studies of the entrepreneurial role of religious movements in Islam recall Evans-Pritchard's classic analysis of the Sanusi in Cyrenaica (Evans-Pritchard, 1949). The Ismaili movement might also be quoted as a further case in point.

Finally, there is the much wider question of whether sedentarization is in fact a feasible aim to pursue in terms of economic advantage. There must be many arid areas such as the northeastern part of the Somali Democratic Republic where, short of major oil discoveries, nomadism is probably the best ecological response available. The problem then is that such regions are both an asset and a liability to the states concerned. In years of good rainfall, they satisfy the subsistence needs of the nomadic producers themselves as well as supplying meat and other animal products both for local urban consumption and for the export market. But in bad years the combination of commercialization of animal husbandry and rapid population increase, quickly exhausts such elasticity as the traditional system of stock management processes. Recurrent famine-relief becomes, in effect, part of the price which may have to be paid for excessive commercial exploitation when this occurs without adequate adjustment of the other factors involved.

Nomadism, in any case, makes fluctuating demands on man (and woman) power and often includes disguised un-(or under-) employment. There may thus be a pool of seasonally surplus manpower waiting to be tapped. This potentially has been recognized by all concerned in the Sudan and is an important source of seasonal labour utilized in cotton-picking by the sedentary cash-crop cultivators of the Nile Valley.[1] Such interaction, of course, serves to remind us of the interdependence of nomad and sedentary community and the integrative ties which link nomads with their neighbours. Chronic over-grazing and overpopulation within the nomadic sector ensure a more permanent pool of manpower which, where cultivation is not a feasible solution, may be employed in the development of local industries where resources permit. This, of course, should be combined with pastoral betterment and well-drilling schemes wherever these are possible. Programmes for range management and grazing control can be implemented, but they require a sophisticated knowledge of the pastoral habits and social institutions of those concerned if there is to be any chance of their success. The highly integrated and internally peaceful Boran Galla, for instance, would adapt much more easily to grazing control schemes than the more bellicose Somali nomads with their innumerable internal divisions.

REFERENCES

Allan, W.
  (1965) *The African Husbandman*. London.
Barth, F.
  (1965) *Models of Social Organization*, Royal Anthropological Institute Occasional Paper 23.

[1] See Abbas Mohammed, 'The Nomadic and the Sedentary: Complementary Polarities, not Polar Opposites', 1972.

Baxter, P.
(1966) 'Acceptance and Rejection of Islam among the Boran of the Northern Frontier District of Kenya' in I. M. Lewis (ed.), *Islam in Tropical Africa*. London.
(1972) 'Distance makes the heart grow fonder', in M. Gluckman (ed.), *The Allocation of Responsibilities*. London.

Cohen, A.
(1969) *Custom and Politics in Urban Africa*. London.

Evans-Pritchard, E. E.
(1949) *The Sanusi of Cyrenaica*. Oxford.

Gulliver, P. H.
(1965) *The Family Herds*. London.

Herskovits, M. J.
(1926) 'The Cattle Complex in East Africa', *American Anthropologist*.

Jacobs, A. H.
(1965) 'African pastoralists: some general remarks', *Anthropological Quarterly*.

Lewis, I. M.
(1961) *A Pastoral Democracy*. London.
(1969) 'From Nomadism to Cultivation: the expansion of Political Solidarity in Southern Somalia', in M. Douglas and P. M. Kaberry (eds.), *Man in Africa*. London.

Luling, V.
(1971) The Social Structure of Southern Somali Tribes, unpublished Ph.D. dissertation. London.

O'Brien, D. C.
(1971) *The Mourides of Senegal*. London.

Pastner, S.
(1971) 'Camels, Sheep and Nomad Social Organisation: A Comment on Rubel's Model', *Man*, pp. 285–88.

Rubel, P.
(1969) 'Herd Composition and Social Structure: on building Models of nomadic pastoral societies', *Man*, pp. 268–73.

Salzman, P. C.
(1967) 'Political Organization among nomadic peoples', *Proceedings American Philosophical Society*, April 1967.
(1971a) *Comparative Studies of Nomadism and Pastoralism*. (*Anthropological Quarterly*, Special Issue, July 1971). This contains useful bibliographies of recent studies of nomadic societies by social anthropologists.
(1971b) 'National Integration of the Tribes in Modern Iran', *Middle East Journal*, pp. 325–36.

Spooner, B.
(1971) 'Towards a Generative Model of Nomadism' in P. C. Salzman (ed.), *Comparative Studies of Nomadism and Pastoralism.* (*Anthropological Quarterly*, Special Issue, July.)
Sutton, J. E. G.
(1970) 'Cattle-keeping in the Kenya Highlands', paper delivered at SOAS Seminar on African Cattle-keeping, London, June 1970.

RÉSUMÉ

Cette communication débute par un examen des stéréotypes fallacieux concernant le nomadisme. Contrairement à l'imagerie populaire, les pasteurs nomades ont développé des types très rationnels d'élevage dans des conditions écologiques rudes qui souvent défient toute autre forme rationnelle d'exploitation économique. Cependant le nomadisme devrait être considéré comme une réponse non totalement écologique mais aussi politique du moins en partie. L'organisation d'une société nomade particulière est très clairement influencée par son degré de dépendance à l'égard de certaines catégories de cheptel.

Des tentatives récentes pour établir un prototype nomade ou 'modèle' pouvant servir à prédire les types de structure sociale d'après le mode d'élevage semblent trop simplistes pour être convaincantes. Un tel déterminisme est dépassé par les variations de structure sociale et politique des sociétés nomades. Mais bien qu'il apparaisse des différences considérables entre les structures fondamentales des société nomades certains traits communs sont en général évidents. La plupart de ces sociétés ont une organisation sociale souple et 'ouverte' et peu manifestent un degré de forte centralisation politique. Cette texture lâche trouve son complément sur le plan mystique, les croyances et la sorcellerie entravant rarement l'opportunisme exubérant et pragmatique de la plupart des cultures nomades.

· Lorsque leur intérêt entre en jeu, ces particularités facilitent souvent un changement social radical, y compris l'adoption d'une économie partiellement ou avec le temps, totalement sédentaire. Des exemples d'innovation de ce genre en Afrique du Nord-Est, se présentant dans des conditions naturelles, la où les stimuli écologiques et économiques appropriés sont présents, prouvent avec évidence les qualités d'entreprise des nomades.

L'effet catalytique considérable de la conversion religieuse est souligné. La sédentarisation et autres formes de 'modernisation' doivent être cependant examinées à fond, avant d'en faire les buts essentiels d'une politique visant à l'amélioration du nomadisme. Certains nomades ont un niveau de vie plus élevé que les communautés sédentaires voisines.

XV

Pastoral Nomadism as a form of land-use: The Twareg of the Adrar n Iforas

JEREMY SWIFT

A society with little material technology, living in a difficult landscape, may show a range of social adaptations to the demands of its environment. The relationship is not static, since environment and culture evolve both autonomously and in reaction to each other. The cultural complex may also be conservative, and slow to respond to changed environmental conditions, leading to lags in adaptation, environmental chances missed, or cultural practices persisting when they no longer make sense or have even become harmful. And within an adaptive cultural system individuals behave in a variety of ways, because there may be a difference between rational individual behaviour and adaptive cultural behaviour.

The purpose of this paper is to examine briefly some of the theoretical choices in herd management strategy facing a given nomad society, and to show how these choices are made rationally in relation to the possibilities offered by the natural environment, and the constraints it imposes; in the light of these choices I construct a model of nomad behaviour in relation to pasture and water resources, and then summarily describe the consequences of recent changes beyond the nomads' control.

The Adrar n Iforas[1]

The Adrar n Iforas is a group of low mountains (500–800 metres high), gravel plains and wadis in northern Mali, on the border between sahel or arid steppe vegetation, and true desert.

[1] I did fieldwork in the Adrar n Iforas from May to September 1971 and from January to March 1973, with financial help from the Social Science Research Council and the Emslie Horniman Scholarship Fund. Thanks are due to the Malian government for assistance in the field.

It is inhabited by the Kel Adrar confederation of Twareg[1] together with their ex-slaves, and some Arab nomads. The Kel Adrar have camels, cattle, sheep, and goats, and although there are no reliable figures on human population or family herd size, they have a pastoral economy close to the minimum subsistence level.[2]

The Kel Adrar divide their year into three seasons: a rainy season (*akesa*) from July to early November, a cold season (*tajrest*) from November to March, and a hot season (*ewelen*) from March until the end of June. Rainfall is sparse and unreliable; the mean for the last 27 years at Kidal (1946–1972) is 130·6 mm per annum, and over 80% of the rain falls in July, August, and September. Annual variations at Kidal are quite large (seven years during the same period had less than 100 mm), and one bad year is enough to set pasture and shallow wells back seriously. The start of the rains at the end of the dry season is more variable still: in seven years out of the last ten the July total failed to reach the monthly mean. The sahelian vegetation of the Adrar is dominated by annual and perennial grasses (*Aristida, Panicum, Andropogon, Chloris*), and by scattered *Acacia* and *Balanites* trees. Drinking water comes mainly from shallow seasonal wells in wadi beds, or from deep (up to 50 metres) wells tapping the groundwater table.

The Kel Adrar economy

The Kel Adrar have to make the most of their environment, and protect themselves against its main hazards. Their economy and some aspects of their social organization reflect these demands.

The main product of the Kel Adrar economy is milk. Herd management technology is rudimentary. Cows and camels

[1] The whole confederation is most often referred to by its members, and by other Malian Twareg, as the Kel Adrar (the People of the Mountain). The term Iforas has been often used since the French occupation at the start of this century as an administrative designation for the whole confederation, but in fact refers only to the chief noble clans.

[2] Official 1971 livestock service estimates for the Cercle de Kidal are: 34,000 camels, 21,000 cattle, 136,000 sheep and goats. With an estimated human population for the same area of 25,000 (the official 1969/70 census gave 21,500, which is probably slightly low), there are approximately 1·4 camels, 0·8 cattle, and 5·4 sheep/goats per head. Although these figures are too rough to be of much value, they do indicate a very poor economy.

conceive only after the onset of the rains and the new green pasture they give rise to, and so calves and young camels are born early in the following rainy season. Sheep are prevented from breeding until December or January, so lambs are also born in the rainy season. Goats are hardier than other animals and do not depend on green pasture; their breeding is arranged so that the kids are born after the young sheep, from October to January. In this way there is some milk for most of the year, although the rainy and early cold seasons, from September to January, are times of abundance. A little of the good season milk is preserved, but the largest potential surplus is in camel milk, which, for biochemical reasons, cannot easily be transformed into either butter or cheese.[1] The lack of ways of preserving surplus camel milk results in an unbalanced annual food consumption schedule, and a need to make up the dry season food deficiency.

During the cold season, when riding camels have been well fed and there is adequate grass and water, some of the Kel Adrar carry salt from the mines at Taoudenni to the Niger, or trade their animals and dairy products in the markets of the Tidikelt 1,000 kms to the north in Algeria. Salt is traded for animals and food grains, and the caravans bring back dates, tobacco, sugar, tea, blankets, or cloth from Algeria. These in turn are sold or bartered, and in this way the dry season deficiency in milk is made up in grain. Animals are also taken south to the Niger Republic, and sold or exchanged directly for grain. Seasonal food shortages may also be made up by collecting wild seeds and fruits, and by occasional hunting.

There are serious limitations on Kel Adrar nomadism as a way of life. The surplus of camel milk from the good months cannot be exchanged for other foods while it is plentiful, nor stored for the bad months, and grazing is too poor and the population too large for there to be a consistent export of live animals on a large scale. And the environment is unpredictable and full of hazards: variations in annual rainfall and in the onset of the rains at the end of the dry season, animal diseases, predators, and dust-storms which disperse herds, and until the 1930s regular raids by neighbouring nomads. In a society which lives entirely from its animals, loss of animals means immediate

[1] M. Gast (1969, pp. 38–42).

destitution. This possibility, and the need to do something about it, loom large in Kel Adrar life.

Kel Adrar herd management strategy

The relationship between a nomadic population and its natural environment depends on the size of the human population, the size of its herds, and the capacity of the environment to provide water and food for domestic animals. To give adequate subsistence, a family's herd cannot fall below a theoretical minimum,[1] and so for a given human population there is a minimum total herd size. As the human population grows, this minimum total herd size grows in constant relation to it. The environment can support a certain number of animals without its ability to regenerate being affected, although in a semi-desert habitat like the Adrar this carrying capacity varies widely from year to year and from place to place. In the absence of any technology for increasing its productivity, the environment sets a limit on herd size, and so ultimately on the human population, although this limit will take the form of a Ricardian shading off into unproductive land rather than a Malthusian brick wall. With a growing human population, there will come a moment when the total herd size reaches this environmental limit, and the herd ceases to grow. If the human population continues to grow, the number of animals per family will fall below the subsistence threshold, and people will have to emigrate or starve.

Although there are no reliable historical data on Kel Adrar population size, the rough figures for livestock per person given above indicate that it is now close to the maximum that a pastoral economy with negligible technology can support in the Adrar; there are no large areas of unexploited pasture left within reach of wells, and indeed the scarcity of dry season

---

[1] Theoretical because of the number of variables involved, the difficulties of calculation, and the various possible answers. In the case of the Kel Adrar, the minimum family herd would be made up of the milking herd, animals for sale to provide hot season grain, animals for caravans and other transport, and a safety margin for participation in the socio-economic transactions described below, on which long-term security depends. But the possibility of minor specialisations within the economy (for example, less reliance on a milk herd, compensated by more caravanning), means that there are alternative possibilities for a minimum herd.

grazing and the signs of soil erosion seem to show that the carrying capacity of the environment has already been passed. In this situation, rational behaviour would seem to demand that the human population be held steady or reduced (through contraception, social constraints on fertility, or emigration) and that the herds be managed so as to conserve the natural environment's ability to regenerate itself each year. This would be conventional livestock management, and would have obvious advantages, the chief of which would be to ensure pasture and water supplies in the long term. However there are reasons to think that, in the Adrar, this strategy would not be realistic. Indeed there are logical reasons for the Kel Adrar to continue to try to build up their herds and manage them according to principles different from conventional livestock management, irrespective of the environmental consequences. These reasons would have had even more force in the past, when the social values and norms regulating economic conduct were formed.

The strategy of limiting herds to the carrying capacity of the environment works well in places where pasture and water are in adequate and dependable supply, are privately owned, where the risk of drought or disease is small, where animals are raised mainly for consumption and can easily be sold for money, and where the money thus earned can be invested in improvements to privately owned pasture and water, and on protection from animal disease. The livestock manager's main concern is long-term profit maximization from his herd, which demands wise use of pasture and water.

The Kel Adrar face a very different situation. Pasture and water vary widely from year to year, and are scattered erratically over a huge area; these resources are held communally and used nomadically. Profits from sale of animals cannot be invested in the herd or in improved factors of production. It would be difficult to calculate a precise carrying capacity for such lands, and even if it were possible it would demand large yearly adjustments in herd size, which would throw the Kel Adrar subsistence base into annual disarray, and would, anyway, be of little use in mitigating the effect of very bad years. Kel Adrar animals are raised mainly as a subsistence source of milk and for transport, not for meat consumption, and there is often no ready market, especially for camels.

There is another reason why herd limitation to the carrying capacity of the environment is not a feasible strategy. Pasture is common property, freely exploited by all the Twareg and other nomads of the Adrar; the same is largely true of water. These two essential resources are subject to the same problem of limited use as are all commons: by over-grazing common pasture or over-using common water supplies, the individual herdsman can personally reap the full benefit of his extra animals, while the cost (in the form of insufficient water and pasture) is shared between all the herdsmen together. There is thus a divergence between private and social costs and benefits, which cannot be resolved (indeed is made worse) by individually rational or utility maximizing behaviour. The only solution to this problem lies in collective constraints and collective utility maximizing behaviour, which would demand knowledge, technology and social control much beyond that available in Kel Adrar society.[1]

So it is clear that in the Adrar a strategy of limiting herd size to the carrying capacity of the environment would be very difficult to operate even if human population control was feasible. In fact, Kel Adrar herd management follows a different code of basic economic conduct, which may be summarized as follows:

For the Kel Adrar, female animals are a capital stock providing the main consumption products (milk and young male animals for sale to buy grain). Male camels and donkeys provide transport. Young male goats are ordinarily slaughtered shortly after birth so as to release maximum milk for human consumption, while adult male sheep and bullocks of one and two years are sold or bartered as the main source of income in money and kind. Female animals of all species, and most male camels, are jealously kept, and are not normally killed for meat or sold.

[1] In the Ahaggar in Algeria pastures were allocated to specific clans in return for payments to the Amenokal, although these clans could not keep others out in time of need. Pastures were occasionally rested from grazing. (Lhote (1944, pp. 255–6) and Lhote and Nemo (1963, pp. 129–30).) No such system seems ever to have operated in the Adrar, which was always thought of as free grazing, not only for the Kel Adrar, but also for the Kel Ahaggar, the Oulimidden and other nomads. Even if grazing is reserved for a particular clan, to the exclusion of other clans, the problem of limited use of collective resources still arises within the clan.

Kel Adrar cash needs are limited to taxes, grain, and what cloth, tea, sugar, and tobacco they do not get from their caravan trading. This gives them a nearly fixed target income requirement, and so the number of animals sold depends primarily on the price they can get for each. At higher prices, the same target sum can be reached by selling fewer animals. This behaviour means that animals surplus to subsistence requirements are not sold in response to market demand, but in response to the cash needs of their proprietors. In fact sale of animals is largely confined to cold and hot season needs for grain, and immediately after the first rains it becomes impossible to buy an animal from families who would have sold the week before.[1]

There are other forces working in the same direction. In the Adrar, one of the main goals of herding strategy must be to insure the herdsman against the possibility of complete destitution. The risk of drought or disease is large, amounting to a certainty that there will be several bad years in the lifetime of each herdsman. The only help in surviving such periods will come from such internal arrangements as the community is able to make. The Kel Adrar react to these emergencies through a variety of formal transactions with animals between individual herdsmen. The main categories of concern here are the following: (*a*) *tiyyaten*. The free loan, for a season or longer, of lactating animals as a source of milk, without expectation of receiving anything in return. *Tiyyaten* animals can be recalled by their owners at any time, for any reason. (*b*) *tiferen*. Renting lactating females as a source of milk (*tefert n akh*) or male camels for riding, at a mutually agreed price. (*c*) *akh idderen*. The outright gift of a lactating animal. A similar transaction with riding camels is known as *tasnit*. (*d*) *inuf*. Reciprocal gifts of anything: money, animals, cloth etc. *Inuf* is always done in expectation of a return, though this may be a year or more later. *Inuf* relationships last several years, during which time the market value of the goods exchanged approximately equals out. The product of caravans is often not bartered but goes into *inuf* exchanges.

---

[1] The creation after Independence in the early 1960s of customs duties between Mali, Algeria, and Niger, and of the Malian franc in 1962, cut across two of the main markets for Kel Adrar animals and made sales more difficult.

Although these transactions are described by the Kel Adrar as mainly moral acts, and do in practice create cohesive social bonds and client relationships, their main signifiance is economic: they redistribute according to need the livestock capital on which each family's subsistence depends. In doing so, this system of transactions is an important cultural adaptation to the uncertain environment occupied by the Kel Adrar. A herdsman who has lent animals *tiyyaten* to another can at any time recall his animals if he suddenly loses part or all his herd. Existing or new *inuf* relationships can be used to raise animals quickly in similar circumstances. Kel Adrar are so mobile that animals lent *tiyyaten*, and people with whom one has *inuf* relations, are often several hundred kilometres away; so the risk to each herdsman is spread over a sufficiently large area for it to be unlikely that disaster will affect everyone equally. A good herdsman in trouble will generally have no trouble in borrowing animals or being given them. It seems probable that the ease with which an individual can make up a herd again in case of loss is related to his standing within the whole system of transactions I have described, a sort of social credit rating in Kel Adrar society as a whole; his rating is high if he has lent or given to others in trouble in the past, and this means that he can more easily borrow when in need himself. This means that there is survival advantage to the individual herdsman in contributing animals to the system of loans and gifts, and is another incentive to retain animals surplus to subsistence requirements.[1]

We may summarize the argument about Kel Adrar herd management strategy as follows. A strategy of limiting herds to the carrying capacity of the environment would demand voluntary human population stabilization; such a strategy would be extremely difficult to operate and would give no advantage in bad years. It is also made difficult by the diver-

---

[1] There is an interesting confirmation of this hypothesis of the role of animal transactions in Kel Adrar society. The slaves of the Adrar Twareg were freed at the time of Malian Independence, and after 1961 and 1962 many ex-slaves set up as independent herdsmen with a few animals of their own. Very few survive in this role, and what data I was able to gather indicates that they were unable to recoup after losing most of their animals in 1968 and 1969. Twareg survived this period by borrowing and being given animals by more fortunate herdsmen, but the ex-slaves did not belong to such a system, and there were too few of them to reinvent it for themselves.

gence between rational individual behaviour and rational collective behaviour in the use of common property resources such as pasture and water. Kel Adrar herding strategy is dominated instead by the fact that animals are mainly a capital stock, by the backward-bending supply curve in livestock arising from the fact that the Kel Adrar sell to raise a fixed target income, and by the need to fuel the system of loans, exchanges, and gifts of animals which gives social insurance to the individual herdsman in case of disaster.

Land-use consequences of pastoral strategy

The consequence of such a herding strategy is that the main potential limits to herd size are the amount of labour available for herding, and the quantity of water and pasture. But in the case of the Kel Adrar shortage of labour does not seem to be a serious constraint on herd size. Pastoral nomadism, particularly as practised by them, is not labour-intensive. Camels and cows are often left in pasture without herdsmen; during the rainy season they drink from surface pools, and in the other seasons they can make their way to the well without attendants. Goats are often looked after by children, who in many tasks have replaced former servile labour. Drawing water from wells in the cold and hot seasons is hard work, but takes comparatively little time, as cattle drink every second or third day only, and camels every fifth or sixth. Joint herding arrangements are often made between different tents in the same camp. The Kel Adrar are quite leisured, and labour is not a limiting factor, given the size of the herds they now have.

Pasture and water are a more serious limit. At the end of the hot season the animals eat out all the pasture around the wells, until there is an area with a radius of 20 to 35 kms bare of all but the most resistant and inedible vegetation; this is the distance animals can cover between drinking. At the edge of this zone a dynamic equilibrium is set up. If there are too many animals, some die, bringing the population down to a number the environment can support. Rainy season pasture quality influences the fertility of breeding animals and the survival of their offspring, so insufficient rains act directly to keep animal populations low. Periodically, when the hot season lasts longer than usual or when the rains and the pasture they bring are inadequate, many animals die. Grazing pressure is then much reduced, which allows the vegetation to recover; this in turn encourages a rapid growth in the herds to the previous level.

It is evident that Kel Adrar herding strategy evolved when there was more freedom of action, fewer nomads, and much more land. In these circumstances, exhaustion of pasture and water was temporary, and much less serious since the nomads could move. Periodically major disasters brought human and animal populations well down below the carrying capacity, giving the vegetation a chance to recover. But there is no new land to move to now. Circumstances beyond Kel Adrar control, such as international frontiers and customs barriers, have reduced their ability to move; at the same time modern medicines have prevented massive human deaths and reduced the impact of animal disease epidemics. Their herding strategy is increasingly inappropriate in the changed circumstances the outside world imposes on the Twareg; as a result it may in the long-run be disastrous for them. Ancient survival mechanisms such as these are not easily modified however.

The ecological consequences are clear. In the long-run there is a steady degradation of the land and accelerated erosion. The overgrazing around the hot season wells leaves large areas of soil unprotected at the onset of the rains, which arrive in violent storms. Instead of percolating slowly through to recharge the groundwater table, the rain runs off in flash floods in the wadis. Water remaining on the surface is unprotected from sun and wind, and much of it quickly evaporates. The high winds which accompany the early rains blow away the unprotected soil. The result is rapid land degradation, which is now going on actively throughout the Adrar.

As long as the Kel Adrar follow the herding strategy described above, measures to develop their economy, such as digging new wells or improved veterinary medicine, will be likely to have a simple effect. Instead of improving the condition of existing herds and increasing the market offtake, larger herds will be enabled to live in the same near-starvation as before. The fluctuations in herd size will be accentuated without any great increase in marketed animals, environmental deterioration will be hastened, and the whole existence of the pastoral society (the only one capable of making an economic return, or even a living, from such an environment), will eventually be threatened.

REFERENCES

Gast, M., Maubois, J.-L. et Adda, J.
  (1969) *Le lait et les produits laitiers en Ahaggar.* Mémoires du CRAPE
    XIV. Paris, Arts et Métiers Graphiques.
Lhote, H.
  (1944) *Les Touregs du Hoggar.* Paris: Payot.
Lhote, H. et Nemo, J.
  (1963) *Le régime juridique des terres au Hoggar.* Alger Travaux de
    l'Institut de Recherches Sahariennes, XXII, pp. 123–144.

RÉSUMÉ

Les Twareg de l'Adrar des Iforas au Mali ont une économie pastorale de subsistance fondée sur les chameaux, bovins, ovins, et caprins. En réponse à l'incertitude des ressources en eau et pâturages, ils pourraient soit chercher à limiter leurs troupeaux par rapport à la capacité de charge du milieu, soit accroître le plus possible leurs troupeaux sans tenir compte des conséquences sur le milieu naturel. La première politique serait difficile à pratiquer et désavantageuse en cas d'année particulièrement mauvaise. Une autre difficulté proviendrait de la divergence entre la rationalité du comportement individuel et celle du comportement collectif quant à l'usage des ressources communes telles que l'eau et les pâturages. D'autre part certains facteurs favorisent une politique d'accroissement maximal du troupeau: le fait que les animaux constituent surtout une réserve essentielle fournissant lait et transport, la décroissance de la courbe d'approvisionnement provenant du fait que les Kel Adrar vendent surtout pour atteindre un revenu fixé d'avance, et le besoin d'alimenter le système de prêts, échanges et dons qui est la forme principale de sécurité sociale du pasteur en cas de désastre.
  Cette politique d'accroissement de la taille du troupeau sans égard aux conséquences sur le milieu est une survivance

enracinée dans les valeurs et les structures sociales des Kel Adrar
La quantité de main-d'oeuvre disponible n'est pas un
facteur limitatif important, aussi la taille des troupeaux n'est-
elle conditionnée que par l'abondance de l'eau et des pâturages
de saison sèche. Ce système s'est développé lorsque les pasteurs
étaient moins nombreux, les terres plus abondantes et que des
famines périodiques et des hétacombes de bétail pouvaient
réduire la taille des troupeaux en dessous de la capacité de
charge.

La médecine moderne et les mesures vétérinaires, associées à
une diminution des pâturages disponibles, rendent cette politique moins rationnelle qu'autrefois et il en résulte une désertification accrue.

La création de puits, le développement des soins vétérinaires,
accélèrent probablement ce processus, si n'intervient pas une
compréhension de cette politique d'accroissement du troupeau
des Kel Adrar.

XVI

Le nomade, conservateur de la nature? L'exemple de la Mauritanie centrale

CHARLES TOUPET

Le nomade a souvent été accusé de provoquer la désertification en laissant ses troupeaux saccager la couverture végétale. Nous voudrions montrer, en prenant nos exemples en Mauritanie centrale, que cette accusation lancée par les sédentaires, n'est pas toujours fondée et que là où les conditions écologiques sont particulièrement fragiles, le pasteur nomade, par son mode de vie et ses techniques d'exploitation, bien loin de porter atteinte au milieu, peut contribuer efficacement à la conservation de la nature.

La Mauritanie centrale s'étend entre les parallèles 15° 30′ N et 21° N. C'est un ensemble de hauts plateaux gréseux plus ou moins ensablés: du Sud au Nord: l'Assaba et l'Afollé, le Tagant et l'Adrar. Les Maures appellent cette suite de hautes terres: Trab el-Hajra, le pays de la pierre.

L'originalité de la Mauritanie centrale tient en effet à la vigueur de ses reliefs. Les plaines sont rares—Regueiba et Aouker—et forment de simples enclaves au milieu des plateaux qui étendent leurs longues surfaces étagées, bordées d'escarpements abrupts souvent couronnés d'une altière corniche dont la hauteur du commandement peut atteindre plusieurs centaines de mètres. C'est le domaine du grès, depuis les grès les plus tendres qui affleurent sur les versants et dans les cuvettes, jusqu'aux grès quartzitiques qui sous-tendent l'architecture des massifs.

Comme les versants et surtout les dépressions et les plaines sont profondément ensablés, à la suite de la désagrégation des grès, toute cette région est sous le règne de la silice. A cette unité topographique et pétrographique correspond une unité hydrologique et hydrogéologique. Les rares pluies qui s'abattent sur ces plateaux fortement diaclasés sont en effet restituées soit par des nappes alluviales, soit par de nombreuses sources qui jalonnent les versants et donnent naissance à des oueds parcourus en saison des pluies par des crues abondantes et bienfaisantes. Il s'agit essentiellement d'un écoulement endoréique; la plupart des oueds se perdent dans des mares d'épandages à l'exclusion des plus méridionaux, tels le Karakoro, le Garfa ou le Gorgol qui effrangent le massif de l'Assaba et se jettent dans le Sénégal.

La fréquence des nappes alluviales, l'importance saisonnière des oueds confèrent à la Mauritanie centrale, des possibilités d'aménagement que la rigueur du climat ne pouvait autoriser. Non seulement l'élevage et la culture de décrue en sont fortement favorisés, mais aussi la culture du palmier-dattier, grâce aux ressources hydrauliques relativement constantes et facilement exploitables avec les moyens dont disposent actuellement les populations se livrant à cette culture; 90% des dattiers mauritaniens sont concentrés dans cette région.

Tout cela a contribué à faire du Trab el-Hajra le coeur historique de la Mauritanie. Ses remparts ont protégé durant tout le Moyen-Age les populations noires sédentaires (les Gangara) qui y ont édifié des terrasses et des villages; ils ont permis à certaines tribus berbères, telles celle des Idawich, de constituer au XIe siècle à nos jours une dynastie régnante dans le Tagant, malgré les assauts des tribus guerrières arabes qui se répandaient dans le Guebla et dans le Hodh. C'est en son sein qu'ont été édifiées les grandes cités dont le rayonnement s'est étendu à tout le Sahara occidental: Aoudaghost, d'abord, dans le Rkiz, dont Al-Bakri nous donne une description précise vers 1065–1068; Tichit et surtout Chingueti fondée par des Idawali vers 1400 et dont le prestige devint si grand que tout l'espace peuplé par les Maures fut appelé: trab ech-chingueti: le pays de Chingueti. Plus que les autres régions de Mauritanie, le Trab el-Hajra offre donc aux sociétés nomades des possibilités de diversifier leurs techniques d'exploitation et leur mode de vie. Aux sollicitations de la nature s'ajoute l'influence des cités. Il y a dans cette région un équilibre profond entre la grande nomadisation encore pratiquée par de nombreuses tribus, la semi-nomadisation de plus en plus adoptée, qui concilie l'élevage et la culture et la vie citadine axée sur l'exploitation de la palmeraie et le commerce. Cet équilibre est en passe d'être rompu par la vague de sédentarisation.

Cette vague de sédentarisation traduit une crise de la civilisation et de l'économie traditionnelles : apparition de besoins nouveaux d'ordre alimentaire avec la consommation grandissante de mil et de riz, d'ordre sanitaire, d'ordre scolaire et culturel surtout pour satisfaire la demande en cadres du nouvel Etat mauritanien : apparition corrélative d'une éthique nouvelle fondée sur le rejet des structures anciennes et l'adoption d'une voie démocratique : libération des esclaves, déclin de l'autorité des chefs tribaux, autonomie plus grande de la femme et des jeunes vis-à-vis du chef de famille.

Il est évident que la ville attire tous ces gens qui aspirent à un changement. Non seulement la capitale (Nouakchott) ou les centres industriels (Zouérate, Nouadhibou) mais surtout les Ksour régénérés (Atar, Tidjikja, Kiffa) et même les plus humbles bourgades nées près d'un barrage de culture ou d'une palmeraie. La ville apparaît ainsi comme le creuset de la société nouvelle en gestation.

Parmi toutes les conséquences de cette transformation, nous ne retiendrons, dans le cadre de cette communication, que celles qui concernent l'environnement. Elles sont très graves : toutes les zones péri-urbaines, sur un rayon qui est proportionnel à l'importance de la population, sont profondément dégradées : abaissement de la nappe phréatique, destruction du couvert végétal : les herbes par le piétinement des troupeaux, les arbres par abattage en vue de la construction et de la cuisine. Chaque bourgade devient ainsi un pôle de désertification. Ceci est d'autant plus grave que le climat de cette région semble tendre vers une aridité croissante.

Les données climatiques

Le climat de la Mauritanie centrale se caractérise d'une part par l'importance de l'évaporation dont les totaux annuels mesurés à l'évaporomètre Piche dépassent 3 m 50 pour toutes les stations, d'autre part par la faiblesse des pluies : médiocrité des totaux annuels, amenuisement sensible des quantités du Sud vers le Nord, raccourcissement corrélatif de la durée des pluies. Dans le Sud, aux confins du Soudan la pluviométrie annuelle est de l'ordre de 600 mm (Sélibabi : 649 mm en 38 jours) ; dans le Nord à l'orée du Sahara, elle est de l'ordre de 100 mm (Atar: 103,5 mm en 15 jours). Enfin ces maigres pluies sont l'objet d'un variabilité considérable aussi bien dans l'espace que dans le temps.

Pour le voyageur qui, au gré de son chameau, parcourt les plateaux du Trab el-Hajra à la saison des pluies, le paysage apparaît souvent comme une véritable marquetterie de secteurs mouillés, luisant de l'eau qui ruisselle sur les dalles, de secteurs à peine humectés par la frange de la pluie et de secteurs secs encore voilés sous une couche de poussière. L'étendue des aires de pluie est en effet fréquemment localisée. En fait une analyse des distributions quotidiennes de pluie permet de préciser qu'elle varie sensiblement selon la nature des précipitations : les pluies d'orage ou de lignes de grain qui tombent en début et en fin de saison et qui sont les plus fréquentes à cette latitude sont assez localisées ; par contre les pluies de mousson qui tombent au coeur de l'été sont plus étendues ; quant aux pluies d'hiver leur aire est liée à l'ampleur des dépressions polaires qui les provoquent.

Les variations interannuelles sont également très sensibles. Sur la période 1925–1968, Atar a reçu 14 mm en 1964 et 225 mm en 1950, soit 16 fois plus, Tidjika 33 mm en 1942 et 422 mm en 1967, soit 12,7 fois plus ; Kiffa, 142 mm en 1960 et 663 mm en 1933, soit 4,7 fois plus ; Sélibabi, enfin la station la plus méridionale, 350 mm en 1942, 1100 mm en 1936, soit encore 3,1 fois plus.

Le calcul du coefficient de variation qui exprime le pourcentage de l'écart type par rapport à la moyenne montre clairement que la variabilité augmente sensiblement du Soudan vers le Sahara. Ce coefficient qui est de 25,4 à Sélibabi s'élève à 34,0 à Kiffa, 48,7 à Tidjikja et 45,1 à Atar.

Mais pour le pasteur, la succession des années est aussi importante que l'ampleur des variations : une communauté pastorale peut survivre à une année exceptionnellement sèche mais non à deux ou trois consécutives sans pluie.

Les observations météorologiques sont trop récentes en Mauritanie pour que l'on puisse rechercher l'existence éventuelle de cycles d'humidité ou de sécheresse ; on se bornera à noter que certaines périodes sont très excédentaires (par ex.: 1951–2) un très déficitaires (1941–2 et surtout 1970–2).

Enfin les variations au cours de l'année sont également considérables. Or la distribution des pluies au cours des saisons règle l'apparition et le maintien des pâturages. Il ne suffit pas en effet que la quantité annuelle de pluie soit normale ou excédentaire, il importe davantage que ce total soit la somme de nombreuses pluies assez fortes pour être utiles et bien réparties c'est-à-dire non séparées par des intervalles de sécheresse trop longs.

A la suite de nombreuses observations on peut avancer que la première pluie utile, celle qui fait naître l'herbe, doit être au moins de 20 mm et qu'elle doit être suivie d'autres pluies dans un délai inférieur à trois semaines pour que les pâturages tiennent.

L'analyse des pluies quotidiennes dans différentes stations du Sahel mauritanien montre que rares sont les années au cours desquelles les pluies sont bien réparties (Ch. Toupet, 1975).

Le couvert végétal

L'appréciation de la densité du couvert végétal, en zone semi-aride, est bien délicate: le grand nomade regueibat, chassé loin vers le Sud par une sécheresse persistante, qualifie le Tagant de forêt; ce même Tagant ou le Hodh apparaissent comme un désert au Dioula qui a quitté les rives verdoyantes du Sénégal pour vendre sa pacotille de campement en campement.

De fait, le manteau de végétation qui drape les surfaces rocheuses, les regs et les dunes de la Mauritanie centrale varie considérablement selon les saisons et la latitude.

Qu'il pleuve en hiver sur les plateaux de l'Adrar desséché et aussitôt le sol se couvre d'herbes vertes aux fleurs vivement colorées qui attirent les troupeaux de chameaux à des centaines de kilomètres à la ronde; dans le Sahel central, Tagant, Assaba, les premières pluies de l'été transforment la monotone steppe aux chaumes grisés de soleil et de poussière en une prairie éphémère riche de nombreuses espèces annuelles. La modification n'est pas moins sensible dans l'espace, elle concerne la physionomie et la composition floristique. Les plaines du Guidimakha qui frangent au Sud les massifs de l'Assaba et de l'Afollé sont couvertes d'une savane arbustive dense—un peuplement fermé—le sol nu n'y apparaît que là où les paysans soninké ont défriché. Plus au Nord, au-delà de l'hysohyète

600 mm, la steppe se substitue à la savane dont ne subsistent que quelques lambeaux; progressivement les arbres et les arbustes s'espacent, le tapis herbacé se troue de multiples lacunes laissant apparaître le sol nu. Plus au Nord encore, vers l'isohyète 100 mm le désert apparaît, c'est le domaine du minéral, la végétation n'est plus qu'une intruse, admise dans quelques endroits privilégiés, où se concentrent les eaux de ruissellement ou à l'occasion d'une pluie exceptionnelle.

A cet amenuisement de la densité correspond une diminution de la vitalité des plantes: telle espèce comme *Acacia raddiana* qui est un bel arbre de 12 à 13 m de haut dans le Sud n'est plus au Nord qu'un arbuste haut de 5 à 6 m.

Dans le même sens la flore devient moins riche. En l'absence d'un inventaire floristique exhaustif il est, certes, impossible de préciser cette raréfaction de la flore du Sud vers le Nord et d'utiliser un indice expressif tel que celui de richesse aréale. On peut néanmoins estimer—en ne tenant compte que des phanérogames—que le nombre des espèces doit être de l'ordre de 600 en Afollé et de 300 en Adrar.

Cette raréfaction de la végétation du Soudan au Sahara appelle évidemment une explication climatique: la diminution des pluies du Sud vers le Nord en quantité et en durée aini que leur irrégularité croissante. Cependant la Mauritanie centrale, dans son ensemble, apparaît comme beaucoup moins dénudée que les régions qui la bordent à l'Ouest ou à l'Est: la steppe est généralement plus dense, elle est souvent interrompue au bord des oueds par des liserés arbustifs formant des taches de verdure appréciables, le long desquels survivent des espèces habituées à des climats plus méridionaux, plus humides. A la même latitude que l'Adrar et que le Nord du Tagant s'étend, vers l'Est, un des déserts les plus rigoureux au monde, la Majabât al-Koubrâ, dans lequel l'indice de richesse aréale s'abaisse au chiffre infime de 4, (Th. Monod, 1958, p. 207).

Ce contraste est trop net pour qu'on puisse l'expliquer uniquement par le trajet des dépressions soudano-sahariennes qui confèrent aux Hautes Terres du Trab el-Hajra une pluviométrie légèrement supérieure à celle des contrées avoisinantes.

Le relief intervient d'une façon décisive. D'une part, il favorise dans les cuvettes, à l'abri des vents desséchants de l'Est, des microclimats moins défavorables. D'autre part, il permet un ruissellement et un écoulement appréciables qui alimentent les nappes alluviales des grandes vallées qui le strient et le long desquelles la végétation devient plus dense, les pâturages plus persistants.

Ces diverses conditions expliquent l'extrême variété des pâturages dans le temps et dans l'espace.

On peut distinguer, en effet, un secteur central et méridional où le tapis herbacé peut, les bonnes années, être abondant, rester vert durant l'été et se transforme dès les premières semaines de la saison sèche en paille et un secteur septentrional (Adrar) où les pluies d'automne et d'hiver, relayant des pluies d'été insuffisantes, entretiennent, certaines années, un pâturage herbacé beaucoup moins abondant mais qui reste vert jusqu'à la fin de l'hiver. La composition floristique et la richesse des pâturages diffèrent selon les sols.

Ce sont les zones ensablées qui supportent l'essentiel des pâturages. Les sols de bas-fond présentent un grand intérêt car ils portent des pâturages de légumineuses et d'halophytes dont l'absorption est l'un des éléments essentiels de la cure de sel; leur superficie est, hélas, très restreinte.

Les variations de la pluviométrie montrent toute l'importance du pâturage arbustif qui résiste mieux que la strate herbacée au rigueurs de la sécheresse.

L'attitude du nomade devant la nature

L'empreinte du nomade sur une nature démesurée semble fragile et épisodique: quelques tombes éparses marquées de dalles de grès et envahies par les sables, quelques tentes brunes dont le faîte perce audessus des acacias, quelques enclos pour le bétail fermés de branches sèches d'épineux, quelques puisards ouverts au ras du sol vers lesquels convergent les pistes que le martèlement des animaux a tracés. Mais cette emprise si légère, si fugace traduit justement une adaptation à une nature dont les possibilités de mise en valeur sont soumises à des seuils bioclimatiques impératifs. Dans cette perspective, la première qualité du nomade est son ascétisme, la rigueur qu'il apporte, en particulier, à limiter ses besoins alimentaires et vestimentaires.

Le nomade se contente de peu: du lait de ses troupeaux et de mil quand il peut en obtenir de ses cultures de décrue ou en acheter aux paysans du Sud; il consomme très peu de viande car le cheptel est un capital qu'il ne faut pas entamer; en juillet seulement, lors de la gatna, il se gave de dattes fraîches. Son seul luxe, depuis un siècle environ, est le thé qu'il aime très sucré et qui lui apporte à la fois un stimulant et un heureux prétexte à longues conversations. A cette frugalité s'ajoute une grande simplicité vestimentaire. Le nomade a abandonné les peaux d'animaux sauvages et domestiques de ses ancêtres pour s'habiller de cotonnades bleues importées.

Sa frugalité et sa résistance organique permettent au nomade de parcourir sans trêve cette campagne dont il connaît tous les recoins. Pas une dune, pas une colline, pas un talweg qui n'ait son nom. Dans le Trab el-Hajra comme dant tous les pays de nomadisation la toponymie est d'une richesse extraordinaire.

La conduite du troupeau exige, en outre, une observation vigilante de l'état du ciel: une saute de vent, une baisse de température, l'apparition de nuages, le déploiement d'un rideau de brume sont autant de signes précurseurs de sécheresse ou de pluie qu'il faut interpréter.

L'intimité avec la nature est ainsi le fruit d'une expérience fort ancienne que le père transmet à son fils et qui est précieusement conservée dans les chroniques tribales.

Cette connaissance se prolonge naturellement dans une utilisation maximale des ressources du règne végétal et du règne animal.

La cueillette offre un appoint, appréciable en tout temps, indispensable en période de famine. Les femmes, les servantes surtout, ramassent en août–septembre les multiples graines des graminées sauvages: l'*az*; ces graines grillées et pilées sont consommées en bouillie au moment toujours difficile de la soudure. Les sauterelles grillées sont également largement consommées. Les jeunes bergers qui, toute la journée, n'ont qu'un peu de lait à boire, trompent leur faim avec les baies du jujubier (*Ziziphus nummularia*), du lgleia (*Grewia tenax*), de l'*imijij* (*Grewia bicolor*), de l'*eizen* (*Boscia senegalensis*), de l'*atil* (*Maerua crassifolia*). Dans un autre domaine, beaucoup de plantes sont à la base de la pharmacopée maure. Enfin de nombreux ustensiles indispensables à la vie du campement sont fabriqués sur place; récipients en peaux de chèvres bien sûr, mais aussi menus objets de vannerie confectionnés avec des chaumes de graminées ou des rachis de palmier, liens et cordages tressés avec le *sbot* (*Stipagrostis pungens*) etc. . . . Il y a donc bien, enracinée depuis des générations, une profonde symbiose du nomade et de la nature. Ce lien du nomade avec la nature est si puissant que les Maures contraints depuis peu par les transformations politiques et économiques de vivre en ville, gardent la nostalgie de la tente. Même en 1972, bien des habitants de Nouakchott ne pouvant supporter l'univers clos de la cité s'octroient un congé de quelques semaines pour s'évader et revivre la vie de brousse.

Les solutions techniques

L'élevage extensif nomade, par son adaptation aux conditions écologiques des zones semi-désertiques, implique une protection marquée de la couverture végétale: 'la pression de l'homme et de ses troupeaux n'est ni ubiquiste, ni permanente' (Th. Monod et Ch. Toupet, 1961, p. 274). Mais cet équilibre entre la charge des hommes et des troupeaux et les ressources en eau et en pâturage est constamment remis en question. Trois raisons majeures peuvent être invoquées: les variations de la pluviométrie, la composition du troupeau, les techniques pastorales. Si l'année est pluvieuse, et mieux encore si une suite d'années enregistre des pluies excédentaires, l'accroissement du cheptel est sensible. Non seulement les pasteurs qui vivent dans la 'badiya',[1] mais aussi les citadins (fonctionnaires et commerçants principalement) investissent dans l'élevage. Le cheptel est d'ailleurs resté pour beaucoup synonyme de capital. Le danger de surpâturage est alors manifeste. Il est localisé essentiellement autour des points d'eau. Les citernes naturelles sont très fréquentes, les nomades distinguent la mare de rocher ou guelta et la mare de plaine ou daya. Les gueltas sont des vasques creusées au pied des ruptures de pente; elles sont la plupart du temps permanentes, soit qu'une source les alimente, soit qu'elles bénéficient du sous-écoulement. Elles sont souvent protégées des ardeurs du soleil par de hautes murailles ou, par une végétation abondante. Malheureusement, un certain nombre d'entre elles sont inaccessibles aux troupeaux en raison des éboulis et des chaos de rochers. Les dayas sont des mares d'hivernage dont la quasi totalité se tarissent plus ou moins

[1] Badiya: le pays des nomades, la 'brousse'.

rapidement au long de la saison sèche. Elles ponctuent le plus souvent le cours des oued—les Maures leur donnent alors le nom de *tichilit*—ou elles draînent les eaux de ruissellement d'une dépression fermée. Elles favorisent l'existence d'un liseré dense de végétation: amour (*Acacia nilotica*), roseaux et surtout prairie éphémère de graminée et de légumineuses qui offre aux troupeaux un pâturage de choix. Parfois leurs rives sont partiellement mises en culture et de nombreuses et violentes querelles opposent alors cultivateurs et pasteurs.

Pour pallier les insuffisances de citernes naturelles, soit inaccessibles, soit susceptibles de tarissement, soit tout simplement trop éloignées des pâturages, les nomades, depuis les temps les plus anciens, se sont avérés d'excellents puisatiers.

Les autorités administratives se sont préoccupées d'aider les pasteurs. Une section d'hydraulique, créée en juillet 1951, a réalisé un travail substantiel, en liaison avec les hydrogéologues et orienté vers deux buts: implanter de nouveau puits dans les régions délaissées jusqu'alors, améliorer les techniques de forage et de protection des puits par la généralisation du béton et des margelles qui diminuent dans une sensible mesure la pollution des eaux. L'implantation des puits nouveaux est malheureusement soumise à des impératifs politiques (par exemple lorsqu'un chef de tribu exige le forage de puits nouveaux dans une région déjà bien pourvue) ou techniques (c'est le cas des secteurs qui ne recèlent aucune nappe). Le résultat est que certaines régions de riche pâturages ne possèdent aucun puits et ne peuvent donc servir à l'alimentation des troupeaux, tandis que d'autres secteurs trop largement pourvus en points d'eau sont surpâturés.[1]

Si une succession d'années déficitaires survient, les risques de dégradation de la couverture végétale ne sont pas moins évidents, mais pour d'autres raisons. La première tient à l'extrême fragilité d'un manteau de végétation. La sécheresse chasse les troupeaux vers les secteurs méridionaux moins touchés: le seuil du surpâturage y est rapidement dépassé. La

---

[1] De nombreuses études ont montré que la distance du campement au point d'eau ne doit pas excéder un seuil (7 à 8 km) qui est fixé par les possibilités de déplacement des animaux qui ont le plus constamment besoin d'eau et qui sont le moins mobiles, c'est-à-dire les bovins. Les points d'eau peuvent donc desservir une surface théorique de pâturage de 160 à 200 km^2 et y entretenir, sur la base de 10 hectares par bovin, un cheptel de l'ordre de 1600 à 2000 unités-bétail.

seconde tient à la conception même de l'élevage en Mauritanie. Bien que la commercialisation du bétail y soit en effet très développée (Ch. Toupet, 1963), le pasteur nomade ne s'est pas totalement départi du réflexe atavique qui consiste à conserver le plus d'animaux possible, même les plus vieux, dans l'espoir de reconstituer les troupeaux décimés par les désastreuses épizooties.

La composition du troupeau intervient aussi en ce que le mode de broutage diffère sensiblement selon les animaux. Le dromadaire ne consomme que peu de chaque plante, varie son choix selon les saisons et surtout se déplace constamment: il préserve le pâturage. Par contre la chèvre détruit les pâturages par un broutage excessif; non seulement elle ronge la strate herbacée plus profondément que les moutons, dromadaires ou bovins, mais encore elle concourt à la destruction de la strate arbustive en dévorant les jeunes pousses, coupant les rejets et mutilant les frondaisons des arbustes dans lesquels elle grimpe avec une agilité étonnante.

Quant aux techniques pastorales, bien qu'elles s'inscrivent dans le cadre d'une nomadisation qui diminue très sensiblement les risques de dégradation de la couverture végétale, il en est deux qui sont d'une nocivité réelle, il s'agit du mode d'ébranchage des arbres fourragers et des feux de brousse.

L'ébranchage est traditionnellement pratiqué au cours de la saison sèche; avec leur hache (*gadoum*) les bergers coupent à moitié les branches qu'ils rabattent en couronne autour du fût afin d'en permettre le broutage. Cette technique a des conséquences fatales: les blessures engendrent une perte sensible de sève, elles sont parfois si importantes qu'elles empêchent l'arbre de rejeter; en outre, l'amoncellement autour des troncs de branches qui se dessèchent en quelques jours constitue de véritables brasiers lors du passage des feux de brousse.

Ces feux sont certes moins considérables qu'en zone soudanienne; la nocivité de leur action n'en est pas moins grande. Ils sont allumés par les pasteurs tout au long de la saison sèche dans le but de brûler les vieux chaumes absolument inconsommables et de provoquer de nouvelles poussées d'herbe tendre.

Ces avantages éphémères sont bien loin de compenser les

conséquences fâcheuses: extension de l'incendie que les bergers ne peuvent contrôler et qu'un réseau de pare-feux très insuffisant ne peut circonscrire, destructions de nombreux jeunes plants, diminution du nombre des espèces fourragères au bénéfice d'espèces xérophiles (par exemple, *Balanites aegyptica*), réduction en cendres des feuilles, branches et troncs dont le lent pourrissement aurait engendré de l'humus.

En définitive, le pasteur malgré le soin qu'il apporte à varier ses itinéraires pour diluer la charge du bétail sur des espaces plus grand reste prisonner de techniques extensives qui, en réduisant la biomasse et en diminuant les possibilités de régénération de la végétation, s'avèrent particulièrement nuisibles lorsque la charge du bétail excède les possibilités du pâturage.

Il convient donc de préconiser dans le cadre de la nomadisa-tion des améliorations techniques: respect de l'arbre et adoption d'un mode d'ébranchage qui ne soit pas nocif, rationalisation de l'élevage des chèvres, interdiction des feux de brousse. C'est à ce compte que le pasteur nomade sera réellement un protecteur de la Nature.

OUVRAGES CITÉS

Monod, Th.
  (1958) *La Majâbat al Koubrâ: Contribution a l'étude de l''Empty-Quarter' ouest-saharien.* Dakar, IFAN, Mém. N° 52, 407 p. 135, fig., 3 pl.h.t., 81 pl. ph. h.t.
Monod, Th. et Toupet, Ch.
  (1961) 'Utilisation des terres de la région saharo-sahélienne', in: *Histoire de l'utilisation des terres des régions arides*, p. 263–77, 3 fig. Paris, UNESCO. Recherches sur la zone aride. Vol. XVII.
Toupet, Ch.
  (1963) 'Le problème des transports en Mauritanie'. *Bull. IFAN*, B, p. 80–106, 1 fig.
  (1975). *La sédentarisation des nomades en Mauritanie centrale sahélienne.* Dakar, 490 pp. 55 fig., 31 tabl.

SUMMARY

A study of nomadism in central Mauritania shows that in a semi-arid zone it is the nomad, far more than the settled farmer, who contributes to the conservation of nature. The minute and irregular rainfall, and consequent fragility of plant life, mean that any sedentarization results in a rapid degeneration of the land.

By contrast the whole nomad culture is based on an intimate acquaintance with this harsh natural milieu and is marked by both great frugality and an empirical but thorough knowledge of the topography and the weather. Nomadic stock-raising, which is adapted to the surroundings, exerts a light, flexible pressure on the plant covering which does it no permanent damage. But the balance between the needs of men and animals and the available resources in water and pasture is constantly being challenged; principally as a result of variations in annual rainfall, but also because of changes in the composition of herds and in pastoral methods.

It seems that certain improvements (e.g., a rational approach to goat-raising, a ban on brush-fires) can be suggested which, within the framework of existing nomad culture, would permit enhanced protection of the natural environment.

XVII

Tradition et développement au Soudan oriental: l'exemple zaghawa

MARIE-JOSÉ ET JOSEPH TUBIANA

Plusieurs séjours parmi les éleveurs zaghawa, dont des mois de vie en commun, nous ont conduits à nous poser la question suivante: peut-on, concrètement, améliorer la situation matérielle et morale des éleveurs des zones arides, et par là même augmenter leur contribution à la prospérité de l'ensemble national dont ils font partie?

La société zaghawa, sur laquelle nous nous appuyons pour proposer des solutions simples, applicables à d'autres états de la zone soudanaise, vit dans la région du Soudan Oriental de part et d'autre de la frontière entre les républiques du Tchad et du Soudan. Son domaine est celui d'une steppe à graminées et épineux; la pluviosité moyenne est de 300 mm dans le sud du pays, de 100 dans le nord avec des précipitations centrées sur le mois d'août, durant une saison des pluies courte et d'une grande irrégularité.

Les Zaghawa pratiquent en permanence un élevage transhumant très diversifié: vaches, chameaux, moutons, chèvres, chevaux, ânes, et s'adonnent épisodiquement à la culture du mil; ils récoltent les graines et les fruits sauvages; ils chassent; enfin, ils commercent pour se procurer, le plus souvent par échange, les produits qu'ils ne trouvent pas sur leur territoire. En temps normal, ils arrivent à réaliser un équilibre fragile qui leur permet de survivre et de franchir les difficiles périodes de soudure. Mais que survienne une ou plusieurs années de sécheresse consécutives, comme en 1969–70, c'est alors la famine, l'exode, la mort des bêtes et l'angoissante question des hommes: faut-il rester dans un pays aussi dur ou essayer de se fixer ailleurs?

C'est pour avoir connu cette période, avoir longuement

discuté de ces problèmes avec les Zaghawa eux-mêmes, leur avoir proposé des améliorations et avoir vu leurs réactions qu'il nous semble raisonnable de dire qu'une amélioration sérieuse est possible sans coercition, avec le consentement des intéressés. Ce ne sera pas un bouleversement spectaculaire et immédiat ayant recours à l'intervention de techniques perfectionnées venues de l'extérieur, mais une oeuvre de longue haleine, enracinée dans les connaissances empiriques et scientifiques que les hommes ont de leur propre milieu, et faisant appel au potentiel humain de ce pays. Les résultats s'en feront sentir, pour certains, presque immédiatement, pour d'autres dans les cinq ou six années consécutives, et constitueront une base pour d'autres développements.

Ces propositions portent sur l'amélioration des pâturages, sur la possibilité d'une certaine agriculture et d'un début d'arboriculture, sur l'amélioration de l'horticulture, sur une meilleure utilisation de l'eau, sur le développement de l'artisanat et de la petite industrie et sur la formation des hommes.

Amélioration des pâturages

Nous nous appuyons sur les connaissances botaniques de ces éleveurs. Les Zaghawa savent bien que sur certains pâturages (*ǧizu*) des plantes sont consommées par les chameaux et d'autres par les moutons. Aussi associent-ils ces animaux dans un même troupeau pour les envoyer brouter ensemble. Ils connaissent la qualité des différents fourrages: coriace ou tendre, plus ou moins salé, échauffant, plus ou moins nourrissant, etc. Ils savent utiliser les pâturages aériens que sont certains arbres et leurs bergers ont l'habitude de faire tomber branches feuillues et gousses avec un outil spécial, sorte de long crochet en bois, pour alimenter leurs troupeaux. C'est à partir de cet ensemble de connaissances techniques que des améliorations peuvent être apportées.

Il sera bon de rechercher un équilibre entre herbes broutées par les moutons et herbes broutées par les chameaux et de propager certains fourrages en fonction de leur indice d'appétence (Gillet, 1961: 95–107; Bourreil, 1968: 23–5). Il faudra lutter contre le pâturage pauvre où prédomine le *Cenchrus biflorus* (arabe: *askanit*): en effet celui-ci, laissé de côté par les animaux, tend de ce fait à se développer au détriment du pâturage plus riche à *Dactyloctenium* (arabe: *absabé*) ou à *Aristida* (arabe: *kreb*) partout où ils sont en concurrence. *Dactyloctenium* et *Aristida* préférés et pâturés avant la maturité des graines se resèment moins facilement. Lorsque la cueillette était davantage pratiquée, les peuplements de *Dactyloctenium* ou d'*Aristida* étaient protégés des animaux tant que les graines n'avaient pas été moissonnées: situation bien plus favorable que la situation actuelle. On peut envisager de rétablir l'équilibre en faisant pâturer le *Cenchrus biflorus* en vert par les chèvres ou d'autres animaux, en utilisant pour cela des abattis d'épineux formant parcs. D'autre part les graines de *Cenchrus biflorus* sec continueront à être ramassées pour fabriquer du goudron.

On s'emploiera à détruire systématiquement des arbustes totalement inutiles comme *Calotropis procera* (ar. *ušar*) qui se propagent rapidement sur les étendues sableuses et les déserti-fient irrémédiablement en éliminant toute autre végétation; on reboisera en arbres pouvant fournir des pâturages aériens, tel *Maerua crassifolia* (ar. *kurmut*), etc.

Cette amélioration des pâturages présente l'avantage d'être opérée dans le cadre du système pastoral existant, système rationnel qui repose sur la transhumance d'une partie des troupeaux, telle que nous l'avons décrite en détail par ailleurs (Tubiana, 1971). Il convient de maintenir et si possible d'éten-dre cette transhumance qui d'une part permet de diversifier les troupeaux: chameaux et moutons transhument pendant 4 à 5 mois de l'année tandis que vaches et chèvres restent près des villages, et qui, d'autre part, donne à l'homme la possibilité d'exploiter les ressources de zones qui, sans ses allées et venues, seraient livrées au désert sans aucun profit pour la collectivité.

La possibilité de stocker de l'herbe ne doit pas être négligée. Nous en avons rencontré un exemple en pays zaghawa kobé (village de Sélimara); nous n'avons pas eu l'occasion de le vérifier ailleurs, ce qui ne veut pas dire que le cas soit unique. L'herbe, coupée à la faucille immédiatement après la saison des pluies est mise à sécher—et par là même entreposée—dans les branches d'un arbre. Ce procédé pourrait être étendu et les réserves de fourrage sec ainsi constituées seraient consommées durant la saison sèche et chaude, lorsque les bêtes se regroupent autour des puits. Cette solution est plus avantageuse que le séchage de l'herbe sur pied, car elle met le fourrage à l'abri des animaux et des incendies.

Possibilité d'une agriculture adaptée

Les Zaghawa savent cultiver le mil. Ils défrichent, clôturent grossièrement les champs avec des épineux, sèment, sarclent les jeunes pousses, chassent les oiseaux et moissonnent. Toutes ces opérations s'échelonnent de mai à octobre. Il y aura récolte si les pluies sont suffisantes; dans le cas contraire les épis ne parviendront pas à maturité et on récoltera parfois moins que la semence. Aussi, certaines années, lorsque les pluies tardent à venir, on s'abstient de semer.

Ce côté aléatoire de la culture du mil, qui n'est pourtant pas une céréale exigeante, nous montre à quel point celle-ci est un pari.

Les Zaghawa par ailleurs, récoltent, et récoltaient autrefois en larges quantités, les graminées sauvages dont leur pays offre une grande variété (Tubiana, 1969). Elles sont beaucoup moins exigeantes que le mil. Cette situation nous a conduits à proposer aux Zaghawa et aux populations qui connaissent les mêmes conditions écologiques d'ensemencer en graminées sauvages les sols qui conviennent à celles-ci. L'échec est improbable et la perte éventuelle est minime. Ces graminées présentent en outre l'avantage d'être disponibles dès la fin du mois d'août alors qu'au mieux le mil n'est pas mûr avant octobre. *Absabe* et *kreb* étant toutes deux à même de fournir d'excellentes polenta, ce sont ces deux graminées qu'il conviendrait de cultiver en premier lieu, d'autant que chacune veut un sol différent.

Cette démarche de mise en culture de céréales dont l'adaptation est déjà faite s'accompagne d'une nouvelle possibilité de progrès par la sélection des semences. C'est à ce niveau que des Instituts spécialisés pourraient intervenir.

Introduction de l'arboriculture

Un grand nombre d'arbres fournissent aux hommes et aux animaux un complément de nourriture particulièrement apprécié en période de disette, sous forme de fruits pour les uns, de branches feuillues et de gousses pour les autres: *korno* (*Ziziphus spina christi*), *heğliğ* (*Balanites aegyptiaca*), *mokhet* (*Boscia senegalensis*) pour ne citer que quelques uns, donnent des fruits qui sont mangés frais ou dont on extrait du sucre, de la farine, dont on utilise aussi les amandes.

L'*Acacia seyal* (*talha*) et le *Maerua crassifolia* (*kurmut*) sont d'excellents pâturages aériens; quant à l'*Acacia senegal* (*kitir*), il fournit la gomme qui, commercialisée, introduira de l'argent frais dans le circuit économique.

Ces arbres sont dispersés dans la brousse, livrés aux déprédations des hommes qui ne se privent pas de casser des branches maîtresses selon leur besoin, et les mutilent de façon parfois irrémédiable; livrés aussi trop jeunes aux animaux qui les broutent presque entièrement et les empêchent de croître.

Il est nécessaire d'encourager un début d'arboriculture avec constitution de petits peuplements d'arbres de la même espèce (ou d'espèces associées) offrant une plus grande densité d'individus. Ces plantations devront être protégées pendant la croissance des jeunes arbres au moyen de clôtures faites d'abattis d'épineux (*zériba*), technique bien connue des populations et utilisée pour les champs et les enclos des animaux.

Un essai plus délicat pourrait être également fait avec l'extension de la culture du palmier-dattier dont les fruits ont une haute valeur nutritive. Cette culture est pratiquée de longue date par les Toundjour, voisins méridionaux des Zaghawa du Soudan: les bords des ouadi dans les régions de Koutoum et surtout de Fatta Bornou offrent à la vue une véritable rue de palmiers. On en trouve aussi de nombreux peuplements dans les montagnes du Dar Fournoung, près des sources. Un apprentissage technique pourrait être entrepris par quelques Zaghawa auprès des Toundjour; des rejets pourraient être transplantés à titre expérimental en divers endroits bien choisis (un premier essai pourrait être fait dans les régions de Dor et d'Anka avec, nous semble-t-il, de fortes chances de succès, en arrosant les jeunes arbres pendant les premières années). La variété de palmiers cultivée par les Toundjour pourrait d'ailleurs être améliorée avec le concours d'un Institut spécialisé.

Amélioration de l'horticulture

Les femmes ont l'habitude de faire, dans les lits des ouadis et sur leurs berges, des jardins temporaires où elles cultivent, après les pluies, des tomates (qu'elles feront par la suite sécher), des piments, des oignons et des gombos (*Hibiscus esculentus*). Ces jardins, fournissant les composantes de base de la sauce qui accompagne la polenta quotidienne, ne semblent pas être l'objet de beaucoup de soins; ils pourraient sans trop de peine donner des résultats supérieurs. Situés, comme ils sont, non loin des puits, une irrigation par rigoles, imitée de celle pratiquée dans leurs jardins par les Toundjour (cités plus haut pour la culture du palmier-dattier) doit être suggérée et encouragée. Ainsi pourraient être entretenus des jardins quasi-permanents (presque jusqu'à la fin de la saison sèche).

Il est aussi possible d'introduire de nouveaux légumes entrant facilement dans la composition de la diète habituelle: aubergines, courgettes ou potirons, fèves, pois chiches, haricots, etc., et aussi des arbres fruitiers: orangers, citronniers, manguiers, goyaviers . . . comme nous avons pu l'observer dans les jardins administratifs et dans ceux de quelques chefs traditionnels.[1]

On s'efforcera d'acclimater des variétés prospérant actuellement en Afrique.[2]

Le problème de l'eau

Des améliorations peuvent être apportées à deux niveaux: techniques de puisage et constitution de réserves d'eau.

(a) Puisage:

Jusqu'à ce jour, le puisage se fait à la main, à l'aide d'une puisette pendue à une corde. Le puits ont généralement de 15 à 20 m de profondeur, mais certains puits permanents peuvent atteindre jusqu'à 60 m. Cela implique en effort humain considérable en peine et en temps et on peut facilement imaginer que des gens avant tout pasteurs, hésitent, une fois qu'ils ont abreuvé leurs bêtes et pourvu à leur propre consommation, à continuer de tirer l'eau pour irriguer leurs jardins.

[1] Des recherches dans ce sens ont étés faites au Niger par C. Raynaut (1969, p. 31, les variétés cultivées).
[2] Sans exclure l'introduction, de sujets non africains. C'est ainsi qu'une variété américaine de pastèques a été acclimatée avec succès au Dar-Four, où elle est connue sous le nom de 'Rothmans'.

Les administrations coloniales avaient commencé à construire des puits cimentés, équipés de pompes à moteur diesel ou
de norias métalliques mues à la main à l'aide d'une manivelle
(vu à Hiri-ba en 1956). Dans ce village, au bout de quelques
temps, la manivelle était au fond du puits et les usagers, après
avoir pendant quelques jours fait tourner la roue à la main,
s'étaient remis à puiser l'eau avec leur puisette de cuir au bout
d'une corde. On peut observer d'une manière générale que les
populations utilisant les puits équipés de moteurs diesel étaient
incapables de se procurer le carburant à leurs frais et qu'il
n'existait pas sur place de technicien en mesure de réparer
l'équipement en cas de panne, ce qui peut être catastrophique
en saison sèche quand de nombreux troupeaux sont rassemblés.

Il convient d'introduire dans ces régions, parmi des populations, soulignons-le une fois de plus, de pasteurs, le puits à
traction animale tel que l'on peut l'observer dans tout le
Sahara central, au Fezzan, au Tassili, dans l'Aïr et dans l'Adrar

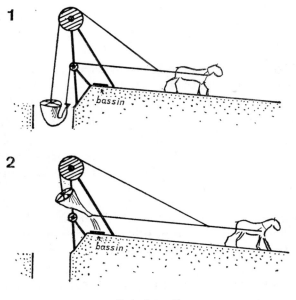

Puit à poulie

Well worked by a pulley

pour ne citer que quelques endroits. R. Capot-Rey nous en fait une claire description qu'il convient de reprendre ici:

'C'est un système de tirage ingénieux qui substitue à la traction verticale de l'homme la traction horizontale d'un animal, mulet ou chameau.[1] Ce système se compose d'un

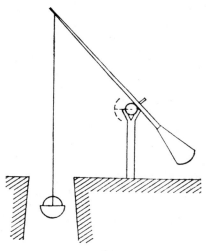

Puit à balancier

Hand-operated beam well (shadoof)

delou (puisette) ouvert à une de ses extrémités comme un seau et terminé à l'autre extrémité par un tuyau; le delou est re-monté avec le tuyau relevé par une corde glissant sur une poulie; lorsque le tuyau arrive à la hauteur d'un rouleau placé au-dessous de la poulie, il se rabat et l'eau coule dans un bassin. Pour diminuer l'effort de l'animal, on donne à la piste de halage une certaine pente de façon que l'animal descende quand il tire et remonte quand le delou descend. Le delou contient de 20 à 30 litres d'eau et descend en moyenne deux fois par minute.'[2]

---

[1] Les Zaghawa ont des chameaux; ils pourraient aussi substituer au mulet une espèce d'âne très robuste, le *rifai*.

[2] Capot-Rey, 1953, pp. 320–1. Pour prendre quelques exemples dans le domaine 'toubou' dont font partie les Zaghawa, Ch. Le Cœur signale le système de puits à poulie dans la zone sahélienne, terrain de parcours des Daza, où il est actionné par

Au cours de la discussion du problème des puits, un notable
zaghawa nous a dit avoir connaissance de l'existence de puits
de ce genre chez les Berti voisins.

Un autre système, le puits à balancier (chadouf), présente
une autre possibilité. On le trouve au Fezzan, dans l'Ahaggar,
l'Adrar mais aussi au Tibesti, au Soudan et en Egypte; nous
en prenons la description à nouveau dans R. Capot-Rey:
'Le puits à balancier consiste essentiellement en un levier
pivotant autour d'une traverse fixée à deux montants en bois,
en briques ou en maçonnerie. Le levier est fait d'un tronc de
palmier, quelquefois de deux perches en tamaris qui coulissent
de façon à suivre les variations du niveau de l'eau. A l'extrémité
du bras le plus court, on fixe un contrepoids, à l'autre, on
suspend l'ustensile qui sert de puisette. Le puits se manoeuvre
à la main, en tirant sur la corde à laquelle est suspendu le seau
que le contrepoids suffit à remonter . . . Le travail consiste à
tirer sur la perche et à vider le seau.'[1]

Les deux systèmes présentent chacun un certain nombre
d'avantages. Tout d'abord leur construction et leur entretien
ne nécessitent aucune dépense en numéraire. Tous les matériaux peuvent être trouvés sur place et l'entretien et le dépannage
sont à la portée des utilisateurs eux-mêmes, sans aide exté-
rieure. Le *puits à traction animale* convient mieux aux grandes
profondeurs. Il nécessite une construction en remblai. La nappe
d'eau doit être assez abondante pour permettre un débit
supérieur pendant plusieurs heures de suite. Le *puits à balancier*
utilise davantage de bois longs; il permet surtout de s'alimenter
dans une nappe peu profonde et s'accommode d'un faible
débit, mais le travail de l'homme y est plus important. 'L'avantage de la poulie est de permettre l'usage d'une corde très longue
alors que le balancier n'agit au maximum que du double de la
largeur de chacun de ses bras' (Leroi-Gourhan, 1943, p. 98).

---

une vache (*Dictionnaire ethnographique teda*, 1950, article *yige doroso*) et Capot-Rey,
1961, p. 111, mentionne que les Libyens ont introduit au Borkou depuis quelques
années le puits à traction animale actionné par un âne. Ce type de puits à été
observé par M. Le Coeur et C. Baroin ches les Daza et Azza du Niger. Il est là
aussi actionné par un âne.

[1] Capot-Rey, 1953, pp. 322–23. Voir également C. Raynaut, *op. cit.*, p. 18 qui
donne une description très précise, Ch. Le Coeur, *op. cit.*, article *yoba*, ainsi que
Capot-Rey, 1961, p. 111. Ce type de puits existe également chez les Berti cités plus
haut.

En fait, les deux types de puits coexistent dans de nombreuses oasis du Sahara. Le choix doit donc se faire selon les conditions locales.

Ces deux types d'ouvrage reçoivent l'eau dans un bassin (cimenté ou en bois). Ils évitent ainsi que l'eau soit souillée par la puisette—ou la touque qui la remplace—habituellement posée à même le sol dans la boue ou les déjections d'animaux. Mais un effort d'éducation doit être fait dans ce sens, pour que les bassins soient disposés et utilisés correctement.

(b) Constitution de réserves d'eau :

Grâce aux vestiges archéologiques (région du Djebel *uri*) et à la légende d'origine de certains clans (celle du clan *ǧude* dans la région du *wadi nanu*), nous pouvons dire que les habitants de ces régions savaient de longue date construire des barrages en pierres (à Uri) ou en bois (?) afin de constituer des réserves d'eau.

Récemment l'administration soudanaise a fait édifier deux barrages réservoirs, de petites dimensions, en pays zaghawa : *ba-sao* en pays *kobe*, non loin de la frontière tchadienne, et *metel-koru*, au sud d'*um-buru*, en pays *tuer*. Ce dernier, sur lequel nous savons un peu plus de choses, a été construit avec la main d'oeuvre locale, des matériaux locaux (plus du ciment) sur les plans d'un ingénieur lui-même zaghawa. Ceci a déjà valeur d'exemple. Si ce type de petit barrage, en eau toute l'année, pouvait être multiplié dans tous les endroits où il est techniquement possible d'en édifier un (vallée bien dessinée, à profil jeune coupé de seuil rocheux), cela vaudrait la peine d'être tenté. Il est nécessaire que de telles réserves soient petites et nombreuses afin d'éviter, en certaines périodes de l'année (saison sèche et chaude) une trop grande concentration d'hommes et d'animaux. Danger de rixes pour les uns, de sur-pâturage pour les autres, sans parler des épidémies qui peuvent toucher chaque groupe. C'est vers une multiplication de ce type d'aménagement qu'il faut tendre et non pas, nous semble-t-il, vers des réalisations plus grandioses mais de rentabilité incertaine parce que plus onéreuses, et pleines de risques (pannes, épidémies, bagarres) comme les stations de pompage.

Dans une deuxième étape, on pourrait étudier la possibilité d'utiliser une partie de ces réserves d'eau pour irriguer les cultures en jardins. C'est une eau limoneuse plus fertilisante que celle des puits.

Artisanat et petite industrie

L'amélioration des techniques de l'élevage par les divers moyens que nous avons suggérés conduit logiquement au croît des troupeaux. L'augmentation du nombre de leurs animaux permettra de faire comprendre aux éleveurs—qui ont déjà des notions solides de ce problème—la nécessité d'améliorer la qualité des bêtes, soit pour le lait soit pour la viande. Mais ceci ne pourra se faire que lorsqu'un certain seuil quantitatif aura été atteint, car l'éleveur des sociétés que nous considérons, dans une situation de pénurie, ne se préoccupe que de quantité, secondairement de qualité.

Il ne s'agit pas non plus de rechercher un nombre maximal sans cesse croissant de têtes de bétail, mais un nombre optimal qui peut être défini schématiquement ainsi : le nombre maximal d'animaux que peut nourrir et abreuver le pays en fin de saison sèche, en année moyenne. Ce nombre optimal sera défini de manière empirique selon les régions et atteint par approximations successives.

Il faudra faire comprendre aux éleveurs qu'ils ont intérêt à *vendre* leur surplus de bêtes en début de saison sèche et chaude (février–mars), lorsqu'elles sont au mieux de leur condition, plutôt que de les voir *crever* à la fin de cette saison, efflanquées, affamées, assoiffées.

Un petit organisme local pourrait en début de saison sèche faire des offres d'achat pour la boucherie, en évitant de priver les troupeaux de leurs plus beaux éléments, ce qui serait contraire à la politique d'amélioration qualitative qu'on préconise. Les bêtes achetées pourraient être abattues sur place (création de petits abattoirs) et les carcasses exportées par avion cargo vers les grandes villes, ce qui éviterait les longs déplacements vers les centres de consommation des bêtes sur pied et les pertes qui s'en suivent, en poids et en nombre.

On pourrait aussi répandre la technique de la viande de boeuf ou de chameau fumée d'autant plus que les Zaghawa connaissent déjà la technique de la viande découpée en lanières et séchée au soleil. Il existe une méthode éthiopienne très simple de fabrication ($q^w ant'a$: viande de boeuf ou de mouton, pimentée séchée et fumée, aussi savoureuse que la *pastourma* ou le boeuf des Grisons). De petites usines artisanales de fumaison de viande pourraient être installées à peu de frais et emploieraient de la main d'oeuvre locale à une période où elle est relativement disponible.[1]

La plupart des populations considérées étant musulmanes, cette viande fumée, provenant de bêtes abattues par des musulmans, pourrait être consommée dans tous les pays qui pratiquent la religion islamique.

Les peaux pourraient être séchées (pour l'exportation) ou tannées (soit sur place, soit dans un site davantage pourvu en eau : tannerie artisanale par les procédés locaux ou tannerie industrielle).

Les forgerons devraient être encouragés à recommencer à tanner les peaux de moutons avec leur laine, pour en faire, comme cela était l'usage il n'y a pas bien longtemps, des couvertures rectangulaires de peaux cousues, plus chaudes et plus durables que les couvertures en coton d'importation, et sûrement pas plus chères. Ces couvertures en dehors de leur utilisation locale pourraient être exportées sur les villes et jusqu'en Europe (comme tapis ou dessus de lits).

Les mêmes forgerons étant souvent aussi tisserands il faudrait remettre en honneur cet artisanat et envisager la construction de métiers à tisser, basés sur le même principe que le leur, mais permettant de tisser des bandes de coton de 60 cm ou 80 cm de largeur et non plus seulement de 10, 20 ou 30 cm. De tels métiers sont courants en Ethiopie.

La formation des hommes

Que ce soit l'amélioration de systèmes ou de techniques pratiqués par les gens depuis longtemps, ou emprunt de techniques nouvelles mais simples, à des populations culturellement proches, cela demande de la part des utilisateurs une adhésion qui n'est possible dans la plupart des cas qu'après des explications et un enseignement appropriés.

---

[1] On pourrait aussi imaginer de faire de la viande en poudre, en broyant os et chair, comme cela a été réalisé au Kenya dans les années 1959–62 pour alimenter les populations éprouvées par la sécheresse et utiliser ainsi les troupeaux voués à la mort (information orale d'A. H. Jacobs lors de ce séminaire). Il est à remarquer qu'actuellement les Zaghawa utilisant la viande séchée la réduisent en poudre dans un mortier avant de la faire entrer dans la composition de la sauce.

La société zaghawa comme bien d'autres sociétés africaines est riche d'un potentiel humain sur lequel l'état doit s'appuyer. Il est donc nécessaire de créer très rapidement des *écoles rurales* ayant pour but de former des bergers, véritables techniciens de l'élevage, ainsi que des techniciens en tous genres. Ces écoles devront avoir des programmes, des manuels et des méthodes d'enseignement spécialement adaptés.[1] Le calendrier scolaire devra suivre le rythme saisonnier de la population; on pourrait prévoir une scolarité de 6 mois par an, avec des périodes de 3 mois à l'école et 3 mois dans la famille, pour que celle-ci ne pâtisse pas trop du départ d'un de ses membres et que l'enfant ne soit pas coupé d'elle et des travaux à accomplir dans la vie réelle.

Une école expérimentale pourrait être ouverte avec l'aide de la F.A.O., et confiée à un instituteur et à un technicien. Selon sa réussite plusieurs écoles de ce type pourraient être envisagées et quelques années plus tard, il faudrait alors penser à un *Institut de l'élevage et de l'agronomie en milieu semi-désertique,* qui pourrait former des ingénieurs. Bien entendu ces écoles doivent être ouvertes à tous les enfants qui le désirent, qu'ils soient fils de princes, de gens du commun ou de forgerons. Ces derniers ne seront pas sans poser de problèmes. En effet, rares sont les forgerons qui de nos jours osent ou peuvent matériellement et psychologiquement envoyer leurs enfants à l'école. Or, leurs enfants seront longtemps encore les seuls à accepter de faire certains travaux que refuse de faire le reste de la population.

Conclusion

De 1960 à 1970, le pays zaghawa a connu une succession de plusieurs années de sécheresse; en 1969, ce fut la famine. Bêtes et gens sont partis en masse vers le sud pour trouver de l'herbe et de l'eau. Hommes et femmes s'employèrent comme main d'oeuvre salariée et ont pu ainsi se procurer des céréales; quant aux animaux, la plupart ont crevé (en particulier victimes de la mouche tsé tsé). Quelques bêtes ont survécu en pays zaghawa en pâturant les branches des arbres restés verts malgré tout.

Cette situation et la crainte de la voir se reproduire a pro-

---

[1] La partie orale de l'enseignement devrait faire une grande place à la langue vernaculaire. On peut aussi envisager l'utilisation de films en langue zaghawa.

voqué la réflexion de certains responsables zaghawa qui ont élaboré un projet de déplacement massif et définitif de la population dans la région de Hofrat en-Nahas (au sud du 10ème parallèle), dans le sud Dar-Four. Le projet a reçu un accueil mitigé: accord presque total des jeunes, mais opposition des gens mûrs et des vieux. Une proposition de compromis a été étudiée: liberté à chacun de rester ou de partir, maintien des chefferies existantes avec, pour ceux qui partiraient, obligation de continuer à obéir à leurs chefs respectifs qui délègueraient des représentants.

1971 fut une meilleure année, le projet ne prit pas corps. Seuls quelques individus restèrent dans le sud; leur chiffre ne dépasse pas, semble-t-il, celui des émigrants habituels qui chaque année partent à la recherche d'un complément de ressources.

Il n'en reste pas moins qu'un problème a été posé et qu'il mérite que l'on y prête attention. Supposons que massivement les Zaghawa soient partis s'établir dans le sud. Deux perspectives s'offraient: ou bien leur pays devenait un désert ou bien plus vraisemblablement, il était annexé à leurs terrains de parcours par les nomades voisins: Kababish, Ziyadiyeh, etc., avec en conséquence l'impossibilité du retour des Zaghawa à leurs anciens villages. Ces éleveurs transhumants auraient dû se transformer en cultivateurs sédentaires. Comment se serait passée cette mutation? La région, enfin, où il était envisagé qu'ils s'établissent, n'est pas vide d'habitants. Comment ceux-ci auraient-ils réagi devant cette arrivée massive? Une certaine solidarité peut jouer en période de famine mais accepter que des gens s'établissent chez vous à demeure est une autre affaire. Il est bien évident que les frictions auraient été nombreuses.

Une solution aussi brutale et irréversible que le déplacement (ou la concentration à demeure) d'une population ne doit être envisagée que lorsque toute autre est impraticable. Il faut préférer l'amélioration, sous tous ses aspects, du modèle économique actuel, qui permettra aux hommes et aux animaux de mieux vivre durant les années normales et de bien supporter les années de sécheresse. Dans le cas d'une catastrophe, toujours possible, une aide de l'état en grains et éventuellement en fourrage est certainement moins onéreuse—si l'on se place sur le plan économique et social—qu'un transfert de population. Sur le plan humain, est-il besoin de dire qu'un tel transfert implique, à plus ou moins longue échéance, l'extinction d'une culture et l'appauvrissement d'une nation.

P.S. Les réflexions et suggestions qui constituent cette communication n'ont pas été élaborées spécialement à l'occasion de ce séminaire. En 1970, plusieurs responsables zaghawa issus du cadre traditionnel ou de formation moderne nous ont exposé leurs problèmes et nous ont demandé notre avis sur les interrogations qu'ils se posaient. Nous avons eu de longues conversations avec eux pour discuter point par point des solutions possibles à leurs difficultés. Ces discussions ont occupé différentes séances séparées par plusieurs jours d'intervalle ce qui permettait à nos interlocuteurs et à nous-mêmes de réfléchir, d'aborder de nouvelles questions et de préciser les modalités d'application des aménagements sur lesquels se faisait un accord.

Telle est le genèse de notre communication.

Cette intéressante expérience vécue par nous mais provoquée par nos interlocuteurs nous a convaincus que, quelle que soit notre position: ethnologues, agronomes, économistes, administrateurs, techniciens, etc. . . , il nous faut dépouiller nos préjugés vis-à-vis du mode de vie nomade si nous voulons vraiment être utiles et efficaces. Il faut bien constater que jusqu'à présent la plupart du temps les instances chargées de régler les problèmes des sociétés nomades sont composées de citadins sédentaires: de là peut être leur inadéquation à leur tâche et leurs échecs.

OUVRAGES CITÉS

Bourreil, Pierre
 (1968) 'A Herbivore Appetency Evaluation. Index for Certain Darfur Province Plants (Sudan)'. *Dossier de la R.C.P. 45*, no. 3, pp. 23–5.
Capot-Rey, Robert
 (1953) *Le Sahara Français.* Paris: Presses Universitaires de France.

(1961) *Borkou et Ounianga*. Etude de géographie régionale, Mémoire de l'Institut de Recherches Sahariennes no. 5. Alger.

Gillet, Hubert

(1961) Pâturages sahéliens, le ranch de l'ouadi Rimé. *Journal d'Agriculture tropicale et de Botanique appliquée*, VIII, no. 10–11, oct.–nov.

Le Coeur, Charles

(1950) *Dictionnaire ethnographique téda*. (Mémoires IFAN). Paris: Larose.

Leroi-Gourhan, André

(1943) *L'Homme et la Matière*. Evolutions et Techniques. Paris: Albin Michel.

Raynaut, C.

(1969) 'Quelques données de l'horticulture dans la vallée de Maradi'. *Etudes Nigériennes*, no. 26.

Tubiana, Marie-José

(1969) La pratique actuelle de la cueillette chez les Zaghawa du Tchad. *Journal d'Agriculture tropicale et de Botanique appliquée*, XVI, no. 2–5, fév.–mai, pp. 55–83.

(1971) Système pastoral et obligation de transhumer chez les Zaghawa (Soudan-Tchad). *Etudes rurales*, no. 42, pp. 120–71.

SUMMARY

Is it possible through practical measures to improve the position of the animal breeders of the arid zones, while increasing their contribution to the national prosperity of the country to which they belong?

We base our affirmative answer on observations made among the Zaghawa, who live in the Sudan and Chad on either side of the frontier, on the southern boundary of the Sahara. These transhumant breeders of camels, sheep, cattle, and goats grow bullrush millet intermittently, gather wild seeds and fruit, and hunt; they trade in order to obtain those goods or products they are unable to provide on their own. They normally manage to achieve a precarious balance that enables them to survive, but the arrival of drought means certain famine and the death of the flocks and herds.

Using these people's practical and scientific knowledge of their environment so as to make the most efficient use of the country's manpower, one may improve the pastures, develop agriculture and horticulture, and introduce arboriculture.

1. *Improving the pastures*

The breeders know which plants are preferred by camels, sheep and cows. On the whole they use the pastures correctly by herding together sheep and camels. Cows present a problem of a different kind in that they cannot move about quite as easily. Those pastures abundant in *Cenchrus biflorus*, which is left untouched by animals, are as a consequence prone to spread at the expense of the rest which do not re-seed so readily. A possible solution would be to restore the balance by putting goats or other animals to graze on the green *Cenchrus biflorus* and to keep them there using thorn enclosures. Again those shrubs serving no useful purpose, like the *Calotropis procera*, could be systematically destroyed and replaced by trees or shrubs that could provide browsing pastures. The practice of storing dry fodder by placing it on top of thorns could be disseminated.

2. *The possibility of modifying the form of agriculture*

Growing millet is extremely risky. Men should be urged to sow suitable soils with the seeds of wild grasses, alongside the cultivation of millet, for failure is unlikely and any eventual loss will be minimal. The wild grasses have the further advantage of being available from the end of August, whereas at best millet is not ripe before October. If the millet crops fail, the fields of wild grasses will prevent famine, and if the millet harvest is good, the cultivated grasses could be grazed by the animals.

3. *Introducing arboriculture*

The possibility of cultivating trees could be demonstrated using hardy local species capable of surviving periods of drought, namely *Ziziphus spina christi*, *Balanites aegyptiaca*, *Boscia senegalensis*, *Acacia seyal*, *Maerua crassifolia*, etc. providing substantial supplements of food for men or animals. Plantations could be preserved by thorn enclosures until the trees are no longer in danger of being destroyed by animals. It might be possible to extend cultivation to the date-palm with which the neighbouring Tunjur have long experience.

4. *Improving horticulture*

Women grow tomatoes, pimentos, onions, and lady's fingers in temporary gardens. Situated close to the wells, these gardens might be productive for a longer period if they were irrigated by the elementary methods used by the Tunjur. It might be possible to cultivate aubergines, courgettes, pumpkins, beans, chickpeas, haricot beans, etc. together with orange, lemon, mango, and guava trees.

5. *The problem of water*

The output of wells could be improved by making more widely known the hand-operated beam well or the well worked horizontally by camel or donkey. On certain wadis, one might build small cheap dams that are greatly appreciated by people where they already exist.

6. *Developing craftsmanship and small industries*

Increasing the flocks and herds ought to lead to an improvement in the quality of the animals and to the sale of surplus animals at the beginning of the dry and hot season. The creation of local organizations offering to buy for slaughter, and the establishment of slaughterhouses and small artisanal factories for smoking meat might allow small local industries to be set up.

Promotion of craftsmanship (e.g. tanning hides, weaving cotton) might not only allow satisfaction of local demand but also leave a surplus for the export trade.

7. *Educating the men*

The improvement of traditional systems and techniques requires the agreement of the users which could be obtained by organizing an information campaign and by preparing a suitable form of instruction (through specialized rural schools).

Conclusion

The suggestions proposed by us in this paper derive from discussions we had in 1970, at their request, with various Zaghawa notabilities, following the difficulties they experienced after several years of drought.

It is preferable to improve and modify from every point of view the present economic model and reject such extreme and irreversible solutions, as that envisaged after the famine, of moving the entire population.

INDEX